财政部规划教材
四流融合新质财经系列丛书
丛书主编　谭秋云

业财融合筹资管理

王忠孝　刘翠屏　谭函梅　主　编
郁春兰　陈代堂　陈　静　肖盼希　副主编

中国财经出版传媒集团
中国财政经济出版社
·北京·

图书在版编目(CIP)数据

业财融合筹资管理 / 王忠孝,刘翠屏,谭函梅主编.
北京：中国财政经济出版社,2024.8. --（财政部规划教材）（四流融合新质财经系列丛书 / 谭秋云主编）.
ISBN 978-7-5223-3205-5

Ⅰ.F275.1

中国国家版本馆CIP数据核字第2024B6F062号

责任编辑：李昊民	责任校对：张　凡
封面设计：刘鹏飞	责任印制：张　健

业财融合筹资管理
YECAI RONGHE CHOUZI GUANLI

中国财政经济出版社 出版

URL：http://www.cfeph.cn
E-mail：cfeph@cfemg.cn

（版权所有　翻印必究）

社址：北京市海淀区阜成路甲28号　邮政编码：100142
营销中心电话：010-88191522
天猫网店：中国财政经济出版社旗舰店
网址：https://zgczjjcbs.tmall.com
北京鑫海金澳胶印有限公司印刷　各地新华书店经销
成品尺寸：203mm×260mm　16开　19印张　401 000字
2024年8月第1版　2024年8月北京第1次印刷
定价：49.80元
ISBN 978-7-5223-3205-5
（图书出现印装问题，本社负责调换，电话：010-88190548）
本社图书质量投诉电话：010-88190744
打击盗版举报热线：010-88191661　QQ：2242791300

丛书主编：谭秋云

顾　　问：王仁祥　谢志华

—— 丛书编委会 ——

主　　　任：谭秋云
副 主 任：方　旭　何万能　李昊民
委　　　员：崔德明　王忠孝　杨　萍　王庆国　刘小海　陆春芬　周宇霞　赵金玲
　　　　　　李厚永　朱春浩　沈北平

—— 丛书审定委员会 ——

主　　　任：谢志华
副 主 任：王化成　方红星　张新民　杜兴强　袁　淳　樊建军
委　　　员：方　旭　曹　鑫　何万能　罗先进　谭青云　张大伟　李昊民　李春友
　　　　　　朱纪红　谭　文　高丽萍　刘放兵　李永利　陈东升

本书编写组：（按姓氏笔画排序）

卜谊榕　马亚萍　马春梅　王　欢　王财莉　王忠孝　王春雷　方雪艳
计媛媛　占芳芳　邝　雨　宁德显　冯　云　伍柳花　向兆礼　刘　颖
刘翠屏　许雨菲　牟昀汀　孙本梓　孙红燕　杨　波　李伊泠　李　佳
李轶扬　李唯安　李嘉佩　肖盼希　何　惕　邹　茜　应　樱　张茂燕
张　晓　张　斌　陈代堂　陈贺鸿　陈　菁　陈　静　陈　瑾　范　珂
林慧涓　郁春兰　周永清　周晓丹　郑　敏　胡文艳　胡　涛　胡越君
袁　礼　袁利升　黄秋萍　龚　玲　蒋少伟　覃金艳　程　云　谢紫微
谭函梅　潘　瑾

本书参编院校：（按首字笔画排序）

山东理工职业学院	广东交通职业技术学院
广东邮电职业技术学院	广东财贸职业学院
广东职业技术学院	广西交通职业技术学院
广西安全工程职业技术学院	广西职业技术学院
广州科技职业技术大学	广州番禺职业技术学院
中山火炬职业技术学院	长沙商贸旅游职业技术学院
北海职业学院	合肥财经职业学院
江西工业贸易职业技术学院	江苏财会职业学院
安徽工业经济职业技术学院	安徽中澳科技职业学院
安徽财贸职业学院	安徽林业职业技术学院
安徽职业技术学院	南宁职业技术大学
柳州铁道职业技术学院	重庆财经职业学院
闽西职业技术学院	珠海艺术职业学院
桐城师范高等专科学校	浙江金融职业学院
浙江建设职业技术学院	惠州工程职业学院
黑龙江职业学院	湖南工业大学
湖南交通工程学院	湖南财经工业职业技术学院
湖南现代物流职业技术学院	徽商职业学院

丛书参编企业：（按首字笔画排序）

广州贤能控股有限公司	天健会计师事务所
五矿有色金属控股有限公司	中联重科股份有限公司
华天实业控股集团有限公司	兴湘商业保理有限公司
泰格林纸集团股份有限公司	特变电工衡阳变压器有限公司
湖南中德安普大数据网络科技有限公司	湖南东云供应链管理有限公司
湖南安信联合会计师事务所（普通合伙）	湖南金州律师事务所
湖南建工集团有限公司	湖南省神州映晟产教融合控股集团有限公司
湖南省煤业集团有限公司	湖南钢铁集团有限公司
湖南高新创业投资集团有限公司	湖南海利化工股份有限公司
湖南唯国资产评估事务所（普通合伙）	湖南路桥建设集团有限责任公司

序言一

　　湖南物华天宝、人杰地灵，是中国近现代教育的重要发祥地之一，不断续写着"惟楚有材，于斯为盛"的教育辉煌。近年来，湖南高举"楚怡"职教精神旗帜，坚持把职业教育主动融入经济社会发展大局，坚持教育与产业同频共振，初步构建起具有湖湘特色的现代职教体系，为湖南乃至中国加快构建新发展格局，推动高质量发展提供了强有力的技术技能人才支持。目前，湖南全省共有职业院校581所，在校生156万人，11所高职院校入选国家"双高计划"，入选学校数居全国第5位；国家级教学成果奖、示范专业点、教学竞赛成绩等核心指标均居全国前列，两次获国务院职业教育真抓实干督查激励通报，是部省共建的职教改革发展高地之一，是部省协同推进省域现代职业教育体系建设改革试点省份之一，职业教育整体发展水平已进入全国"第一方阵"，为全国积极探索产教融合、科教融汇的新路径积累经验并作出示范。

　　全国业财税数智化服务行业产教融合共同体（以下简称"共同体"）成立以来，全面落实习近平总书记"要根据科技发展新趋势，优化高等学校学科设置、人才培养模式，为发展新质生产力、推动高质量发展培养急需人才"的重要指示批示精神，联合共同体内行业组织、学校、科研机构、上下游企业，立足教育链、人才链、产业链数智化转型需要，吸收产业一线最新成果，探索破解财经类专业长期存在的"所学非用，所用非学""知行不一""理实脱节"等问题，全面推动专业建设、课程资源、教师队伍、教材教法、实践教学、示范基地、产教研一体等全要素、全方位的改革。特别是共同体牵头，联合省内外200余所职业院校和行业企业，以共建共享"湖南中德安普新质财经学院"为载体，积极应对财经行业新技术、新业态、新标准、新工艺的变化，在人才培养模式改革上进行有益的探索，首创并构建了全新的业务流、数据流、财税流、知识流"四流融合"新质财经人才培养模式，重塑了高质量新质财经技能人才培养目标，重构了业财数据应用与管理标准体系和课程体系，搭建了"四流融合"数字化教学平台，开发了一批业财数据应用与管理创新教材，培养了一批具备业财数据应用与管理技能的双师型教师团队，有力提升了适应湖南"三高四新"战略、"4×4"现代产业体系发展需要的有业务场景视角、有大数据素养、有财税专业知识、有技术应用能力的新财经技能人才培养质量。参与改革的教师、学生对改革效果十分满意，一致认为这次改革不仅是教学手段的改革，更是人才培养目标、教学内容、教学方法和学习方法的改革，开阔了视野，提高了人才培养质量，拓宽了创新创业与就业渠道。这一改革是真正的课堂革命，实现了场景式、数字化教学，适应了智能时代新要求，是一场颠覆性改革和引领式创新，走在了全国高职院校的前列。

在2024年5月召开的"四流融合"新质财经系列教材研讨会上，全国140多所本科、高职院校，20多家企业，300多位专家学者共研共商"四流融合"新质财经人才培养模式改革大计，这将成为"四流融合"新质财经人才培养模式改革的重要里程碑。共同体要发挥首创精神、引领示范作用，联合全省、全国更多职业院校、行业企业参与，聚焦"四流融合"金专业、岗课融通金课程、业财融合金教材、双师双能金教师、产学研创金基地的建设，充分发挥教材、师资的基础性作用，吸引更多学校参与此项改革。

湖南省教育厅将举全省之力全面支持，争取2024年省内70多所开设有财经类专业的高职院校均全面开展此项改革，并积极向全国推广。同时，要及时、认真总结提炼改革经验，推广改革成果，在国家级精品在线开放课程、国家规划教材、国家优秀教材奖、国家教学成果奖等方面取得新突破，引领其他专业创新改革。湖南省教育厅将一如既往关心、支持共同体的建设和发展，希望共同体、全国四流融合新质财经人才培养体系联盟以此为契机，抢抓发展机遇，勇于改革创新，努力把共同体、联盟办得更好，将其打造成"一体两翼"校企合作、产教融合新典范，"五金"建设新标杆，为湖南职业教育高质量发展提供新经验，为全国现代职业教育体系建设提供新范式、新样板。

王仁祥　湖南省教育厅副厅长

2024年7月

序言二

人类社会是人的社会，人始终是第一位的，人是人类社会的出发点和归属；人类社会提高生产力是以人为基础的。新质生产力涉及人和劳动资料、劳动对象，是人运用劳动资料对劳动对象发生作用，人是其中主体的、能动的、积极的、创新的因素。正因如此，一切社会都需要将人的能力发挥到最大。在当今我国社会新质生产力提高的过程中，必然离不开人才培养这一基本前提。如何提高人才培养的质量，一直是人类探索的问题。在新时代、新技术的背景下，通过人才培养模式变革提高人才培养质量，既更为迫切，也迎来了新的机会。

教育或者学习的目的到底是什么，一般认为就是让受教育者获得更多的知识，所以学校是知识的殿堂，老师是知识的传授者，学生是知识的学习者。考试要考知识，到社会工作后要用知识，似乎知识成了教和学的目的。但知识是从哪里来的？知识反映的是什么？人来到这个世界从根本上就是要认知世界，世界以客体的形式存在，包括客体的自然界、客体的人类社会、客体的他人以及客体的自我，都需要认知。只有认知了这个世界，人才能利用这个世界，才能更好地与这个世界融为一体。人类要认知世界这一客体，首先必须要将其反映到大脑之中，没有这一反映，就无法构筑起人与客体世界的联系，也就没有了认知的起点。客体世界反映到人的大脑之中就形成了场景，所谓场景就是人对客体世界的主观反映，通过这一场景，人不仅与客体世界形成了认知联系，更为重要的是通过对这一场景的属性进行归纳和抽象，并用创造的文字进行表达，形成了人类的知识体系。可见，知识生成的过程是人对客体世界进行反映，以此为基础形成场景，再对场景的属性进行抽象和表达的过程。显然，场景是知识之母，而客体世界又是场景之母。由此出发，教和学的目的就是要通过知识的学习，找到和发现知识赖以存在的场景，并进一步将场景和现实的客体世界进行比对，这样既可以判断现有知识的准确性，也可以进行知识的创新。学生通过知识学习是要了解知识背后的场景，老师的讲授是要把自己感知的场景用人类创造的文字语言传导给学生，让学生也能感知并沉浸在同样的场景之中，这就是场景化学习和场景化教学。一旦对客体世界有了真实的、全面的、系统的、完整的场景感，人们就可以将这种场景转化为知识，知识的学习就不再重要，场景的感知将成为知识创造的基础。

至今，财会的教和学主要是以核算场景为基础形成的，核算场景是以标准化、规范化、统一化的会计准则为基础形成的。企业业务活动的结果为开启会计核算之旅的起点。财会的本质是要对企业的业务活动进行全面、系统、完整、连续和实时的反映，从而形成财会信息体系或者财务报告体系。但实际上，以核算场景为基础而形成的财会信息体系只是反映一定时期财务状况和经营成果的价值结果信息，并没有提供形成这一价值结果的业务原因信息，从而导致业财信息的脱钩，业财融合就成为一个尚未解决的重大问题。业财融合起源于企业的底层逻辑，即一切业务都要创造价值，而业务价值的创造要通过人来实现，因此可归结为企业的一切员工要通过开展业务实现企业价值最大化。这本是天经地义的事情，但为什么会成为一个尚未解决的重大问题？原因在于企业必须要将管账、管钱的部门与从事业务的部门分离，以形成内部牵制，其结果是财会部门主要提供一定时期财务状况和经营成果的价值结果信息，业务部门伴随其业务活动的进行只提供部分业务信息，这样就造成了企业价值结果信息与业务原因信息的分离。这种分离一方面使财会难以对业务进行反映，难以提供业务信息；另一方面使企业无法分析和判断哪些业务创造了价值、怎样创造了价值和创造了多少价值，也难以考核和评价每个员工对企业价值贡献的程度，使财会信息的决策有用性大大降低。并且，以此为基础进行的财经教育使人才的培养囿于标准化、规范化的会计准则所构造的原理和方法体系，结果是培养的财经人才往往只懂财会而不懂业务，所学的理论也落后于现实的实践，人才培养出现重大"瓶颈"问题。如何从现在主要着重于核算场景转向业务场景，实现核算场景与业务场景的有效融合，既是企业业财融合的内在要求，也是新质财经人才培养体系根本变革的内在需要。

新质财经人才培养的教和学的基础是教材，知识体系的构造是通过教材形成的。人才培养方案的核心是课程，课程又是以教材为基础的。这些无不说明了教材在人才培养和课程质量提高中的作用。进行财经教育的改革就有必要从教材和教法着手，新质财经人才培养的教材和教法的变革根本上在于怎样实现业财融合。从教材的内容上，如何将会计核算及其核算的对象企业的业务活动转化为教材的内容成为改革的基本方向。通过这一改革，学生不仅能够感知核算场景，更为重要的是能够感知企业的业务场景，也就是能够深入了解企业业务活动的全过程、全要素、全方面，并以此为基础对企业的业务活动进行价值分析和判断。从教学的方式上，如何通过财会知识体系的学习再现核算场景尤其是业务场景，成为教法变革的基本要求，满足这一要求才能真正实现新质财经人才培养内容的业财融合，也才能真正实现教学知识与场景的融合，即实现场景化教学。大数据、人工智能、云计算、物联网、区块链等新技术的使用，不仅能够生动逼真地将企业的业务活动展现在教与学之中，使学生全面了解财会信息或者会计核算赖以存在的业务基础，以及业务活动自身，而且能够将财会知识体系与核算场景、业务场景之间的内在关系予以展示，可以使学生亲身体验知识与场景之间的内在联系，以及场景转化为知识体系的过程。

正是基于以上的思想，我们进行了这次教材及教法的变革，这种变革虽然已经进行了十年，并且已在人才培养和企业培训中产生了积极良好的反响，但仍然需要我们坚持不懈地探索、修正和完善。有许多的教育工作者和实践工作者参与其中，他们已经付出了大量的心血，也仍将继续奉献，期盼有更多致力于教育模式变革的人参与其中。我们相信，通过集体的智慧和群策群力的努力，教育变革的春天就在眼前。

谢志华　教育部高等学校工商管理类专业教学指导委员会副主任委员
谭秋云　湖南中德安普大数据网络科技有限公司董事长
2024年7月

编者按

随着数智化时代的到来,财经教育正面临着前所未有的挑战与机遇,打造一个支持、服务现代产业高质量发展的新质财经教育教学体系,是企业界和教育界共同的社会责任和历史使命。

遵循数据驱动、流程再造、风险管控、价值创造等理念,依托业财税数智化"四流融合"(业务流、数据流、财税流、知识流)应用系统,编写的"四流融合新质财经系列丛书",包括《业财融合会计基础》《业财融合采购管理》《业财融合生产管理》《业财融合销售管理》《业财融合筹资管理》《业财融合投资管理》《业财融合分配管理》《业财税综合分析》《Python在业财融合中的应用》《业财税融合大数据综合应用》,并分别出版高职专科和本科两种类别,这是在新质生产力背景下新质财经教育理论研究与实践探索相结合的成果。

一、编写指导思想

党的二十大报告明确提出:"要办好人民满意的教育,全面贯彻党的教育方针,落实立德树人根本任务,培养德智体美劳全面发展的社会主义建设者和接班人,加快建设高质量教育体系。"2021年财政部《会计改革与发展"十四五"规划纲要》提出:"构建适应经济发展、产业结构调整、新技术革命和国家治理能力现代化等新形势的会计学科专业体系。"国务院国有资产监督管理委员会《关于中央企业加快建设世界一流财务管理体系的指导意见》提出:"推动财务管理从信息化向数字化、智能化转型,实现以核算场景为基础向业务场景为核心转换,成为企业数字化转型的先行者、引领者、推动者,为加快产业数字化、数字产业化注智赋能。""四流融合新质财经系列丛书"适应了会计职能从传统的算账、记账、核账、报账向价值管理、资本运营、战略决策辅助等职能持续转型升级的客观需求;适应了财务管理从信息化向数字化、智能化转型，实现以核算场景为基础向业务场景为核心转换的迫切需要；适应了财务服务对象由单个企业或集团的利益相关者，延伸到整个产业链、供应链、生态链，促进数据、信息、技术、标准、金融等全方位协同融合的现实需要，是对党的二十大精神的贯彻落实，也是新时代财经商贸类专业产教融合、岗课赛证融通、高质量转型发展的必然要求。

二、编写背景与目的

首先，数智化时代涌现的人工智能、大数据等许多颠覆性技术创新改变了生产、管理和服务方式，带来了更高效、更智能的工作模式和商业模式，需要企业转变和拓展职能，加强数据治理和应用，优化内部管理和资源配置，推动商业模式创新，实施企业战略发展和价值创造。这些新业态、新模式需要一大批既懂业务又懂财务和管理，具备数据思维、业财思维，具备风险控制、价值创造能力的高素质复合型业财数据管理人才。

其次，要发展新质生产力。价值最大化已成为企业管理核心目标，企业管理已深入成本管控、风险控制、战略规划、资源配置、绩效评价等各个环节，更加注重数据价值挖掘和智能技术应用。基于财经领域新现象、新业态、新技术和新管理方式，财经专业需要从根本上转型升级，重构、重组、重设一种新的教育理念和体系来应对这一变革，从师资、课程、教材、教学内容、教学方式、实践基地等方面进行探索创新，促进财经职业教育与产业发展紧密对接，推动企业从传统的成本导向型向价值导向型转变，赋能企业可持续高质量发展。

三、编写内容与结构

依据数据融合和价值创造核心理念，编者团队编写了高职专科和本科两个系列，遵循"以业务为基础，以场景为载体，以流程为主线，以节点为管控，以决策为中心，以数据为要素，以价值为导向，以财税为支持，以知识为工具，以能力为目标"的理念，围绕企业经营活动中的筹资、采购、生产、销售、分配、投资等业务流程内容，采用"场景导入—认知识别—分析研判—风险控制—任务实施"的架构体系，全流程、全场景、全数据、全节点呈现产业资源、产教资源，并将其转化为教材资源。

四、丛书特色与亮点

本丛书有别于传统财经商贸类教材，特色明显。

（一）思政内化

本丛书价值引领与知识传授并重，将爱国、诚信、法治、公正等社会主义核心价值观，以及节俭、责任、廉洁、奉献等正义的世界观融入每个教学项目、教学场景，培养德技兼修、德才兼备的新质财经人才。

（二）业财融合

本丛书通过产业资源全场景导入，进行跨专业、跨课程融合，将不同专业领域、不同课程必备的核心知识和技能进行系统化重组重构，实行数据驱动、实战导向，将财务知识与业务知识深度融合，理论与实践相结合，实现了岗课合一、岗课融通，满足一人多岗、一岗多能综合能力培养要求，形成一套真实、完整、连续、全面的业财融合知识体系。

（三）数据驱动

本丛书贯通数据治理思维，通过业务场景、业务节点，深度融合数据分析技术与财经专业知识，打通从业务到财务的价值链条，有利于培养学生数据挖掘、预测分析、风险评估及可视化等技能，以及从海量数据中发现业财规律、创新业财模式、指导业财决策、优化业财策略、促进业财创新的能力。本丛书依托产教融合数字化教学平台，形成了以数据为核心，线上线下融合，全覆盖、全穿透财经业务的特色教材体系。

（四）场景教学

本丛书采用任务驱动的全场景教学模式，业务场景贯穿每一个节点，始终以场景为载体，以场景认知识别，以场景分析研判，以场景管控风险，以场景创造价值，以场景提炼总结。学生在"做中学""学中做"，学做一体，知行合一。

（五）节点控制

本丛书通过对财经商贸类专业的专业基础课程和核心课程知识点与技能点的碎片化、场景化，对接岗位要求，以业务为基础进行流程重构，把经济活动中的"业务项目、业务任务、业务流程、业务场景、业务标准、业务价值"与"教学项目、教学任务、教学流程、教学场景、教学标准、教学效果"进行产教逻辑衔接，精准梳理业务的每个流程、每个节点，将业务节点变为教学难点、重点、要点，围绕节点进行认知识别、分析研判、风险控制，达到课岗对接、教产合一、教随产走。

（六）价值导向

本丛书从价值创造的视角出发，通过业务基础、流程主线、场景载体、数据要素、节点管控等教学设计，深入剖析每个业务节点在价值创造过程中的作用与机制，帮助学生理解管理在核算到财务端、财务到业务端、业务到业务端价值创造过程中的关键作用，培养学生形成价值导向的管理思维，提升财经管理工作的价值创造能力，同时助推核算会计向价值会计转型发展。

本丛书由全国业财税数智化服务行业产教融合共同体、湖南中德安普大数据网络科技有限公司及中国财政经济出版社联合策划，来自全国的60位专家担任教材主编。感谢湖南省教育厅、湖南省人民政府国有资产监督管理委员会、湖南省教育科学研究院、中国会计学会、中国商业会计学会等单位的大力支持；感谢全国300多所学校、500多位参编教师及泰格林纸集团股份有限公司等20多家企业、40多位实战专家，感谢他们的辛苦付出及卓越创新；同时还要向本丛书引用的文献等资料的原作者和单位表达感谢。

在此向关心、支持新质财经教育事业的所有同仁一并致谢。

丛书编委会
2024年7月

前　言

党的二十大报告明确提出："加快发展数字经济，促进数字经济和实体经济深度融合，打造具有国际竞争力的数字产业集群。"大数据、人工智能、物联网、云计算、区块链等新技术的快速发展，不仅促进了数字经济产业化，更驱动了传统产业和行业的数字化转型。作为推动数字化转型的重要助力，财务数字化变革促使业务与财务迅速融合。新业务、新流程、新规范的不断涌现，激发企业不断提升内部管理水平和风险控制能力。

本教材是基于业务流、数据流、财税流、知识流"四流融合"理念开发的创新型教材。"四流融合"理念来源于湖南中德安普大数据网络科技有限公司与多所学校多年来深度合作的经验总结，该公司拥有30余年财税类技术经验，是一家科技型、创新型、数智化、生产性服务企业，从事财税类教育教学咨询与产业咨询服务超10年，在业财税融合、岗课赛证融通、职业技能大赛、产教学研一体、大数据应用、场景应用等教学服务和资源建设上经验丰富，并在职业技能等级培训评价、现代学徒制人才培养、行业产教融合共同体建设等多项工作中发挥主体作用，旗帜鲜明地提出"四流融合"理念。该理念在财税行业数字化转型、业财税融合日趋紧密的背景下，对财税行业的发展具有较强指导作用。

本教材聚焦企业筹资管理，以企业筹资活动为主要内容，以知识够用为原则，以业务场景为基础，以价值创造为导向，以风险节点为管控，以流程管理为主线，以财税处理为主体，从而实现业务流、数据流、财税流、知识流全面融合，极大提高数智财务人才的培养质量。

本教材共分为八个部分：项目1筹资认知与识别，项目2筹资成本、风险与结构分析，项目3筹资预算与规划，项目4资金运营与管理，项目5筹资渠道与方式决策，项目6筹资执行与管控，项目7筹资确认与核算，项目8筹资分析与考评。

本教材具有以下特点：

1. 深入推进课程思政，实现教学内容与思政内容有机融合

每个项目均有明确的素质目标，将职业素养、职业精神具体化。在业务实践上，注重实现创新精神、风险控制意识、价值创造思维等职业态度与职业技能的深度融合。

2. 以业务活动风险节点为管控，实现数据流驱动创造价值

内容还原实际业务处理流程，从业务到财务，以数据流驱动工作进程，不仅做到了"知其然"，还能"知其所以然"。在场景中明确财务数据来源、实际业务需求，继而以数据为驱动、以需求为杠杆，进行资金的动态运营与管理，从而实现价值创造和风险控制。

3. 以企业业务场景为基础，实现业务内容全流程贯通

教材内容基于企业真实业务开发，依据企业业务处理过程实现全流程贯通，并基于大数据背景进行分析。项目1依托企业2022年历史数据和2023年筹资总体设计，明确筹资内涵、目的、原则、政策等基本内容，同时对企业筹资策略、筹资动机和筹资流程的具体应用进行了分析。项目2基于企业2022年经营数据，分析了筹资结构、成本与风险，提出2023年资金结构优化举措。项目3通过全面预算编制，明确2023年资金缺口。项目4结合具体业务制订月度资金计划，并给出日常运营管理措施。项目5基于前面确定的资金缺口和资金结构，明确2023年筹资渠道和方式的选择与决策。项目6对2023年筹资方式进行具体执行与管控。项目7对2023年筹资方式筹集的资金予以确认与核算。项目8全面分析与评价企业全年的筹资活动，明确筹资管理的优势与短板。本教材实现了企业筹资业务的全流程闭环学习。

4. 重构内容创新教材体例，图文并茂利于学习使用

教材采用项目任务式编写体例，每个项目的学习目标使学生总体把握学习目的。多场景搭建企业真实业务情境，发布要解决的具体任务。任务导入、任务实施设置"认知识别""分析研判""风险控制"三个主要栏目，分别讲解场景中需要具备的专业知识，分析如何解决场景中的具体任务，明确任务解决过程中可能存在的风险并提出对策。教材的内容针对性强，能引导学生在场景化学习中深层次理解和把握筹资工作中要具备的知识、技能和职业素养。任务小结的"知识—业务"思维导图，让学生对学习内容建立起整体意识。

5. 校企合作编写教材，确保教学内容的前沿性和实践性

本教材由校企合作编写，除了职业院校的一线教师，还有来自企业一线的工作人员，

同时教材配备了常规的教学PPT和相关教学资源，有效覆盖课前自主预学、课中深化共学、课后拓展延学的教学全过程，有力支撑财务会计类专业课堂教学改革与实践。

教材编写团队包括36所院校（34所高职院校、2所本科院校），57位教师。教材由王忠孝、刘翠屏、谭函梅担任主编，郁春兰、陈代堂、陈静、肖盼希担任副主编，还有其他多所院校和相关企业人员参与了编写工作。主要执笔人员具体分工：浙江金融职业学院王忠孝、牟昀汀编写项目1；广州番禺职业技术学院陈贺鸿、潘瑾，江西工业贸易职业技术学院胡越君编写项目2；长沙商贸旅游职业技术学院刘翠屏、陈代堂、何惕编写项目3；湖南现代物流职业技术学院郁春兰、肖盼希、陈瑾编写项目4；闽西职业技术学院陈静、安徽财贸职业学院孙红燕、山东理工职业学院范珂编写项目5；闽西职业技术学院陈静，黑龙江职业学院王欢，山东理工职业学院范珂，广西交通职业技术学院胡涛，安徽财贸职业学院孙红燕，广东财贸职业学院谢紫微、张茂燕编写项目6、项目7；江苏财会职业学院谭函梅、张晓编写项目8。

本教材是各院校与企业倾力合作和集体智慧的结晶，在编写过程中得到了多位领导和多家单位的关心与帮助，感谢湖南省教育厅、湖南省人民政府国有资产监督管理委员会、湖南省教育科学研究院、中国会计学会、中国商业会计学会等单位组织的大力支持，感谢湖南中德安普大数据有限公司谭秋云董事长的精心指导和伍柳花老师对教材案例、企业数据的支持，在此一并再表谢意。

虽然我们在教材的特色建设上做了许多努力，但由于编写水平有限，书中难免存在疏漏之处。恳请教材使用院校和读者给予关注并提出改进意见，以便我们进一步修订和完善。

谢谢！

编者

2024 年 8 月

获取更多教学资源
请扫码登录本书场景资源库
登录账号获取请联系：slrhxzcj@163.com
cfeph@cfemg.cn

目 录

筹资场景概述   1

项目1   筹资认知与识别   4

   任务1   筹资认知   4
   任务2   认知筹资价值观念   9
   任务3   认知筹资需求动机   14
   任务4   认知筹资流程   20

项目2   筹资成本、风险与结构分析   27

   任务1   资金成本分析   27
   任务2   筹资风险分析   36
   任务3   资金结构分析   46

项目3   筹资预算与规划   55

   任务1   全面预算准备   56
   任务2   销售现金预算   61
   任务3   生产现金预算   68
   任务4   采购现金预算   76
   任务5   投资现金预算   81
   任务6   期间费用预算   85
   任务7   财务预算   95

项目4　资金运营与管理　　106

任务1　基于业务视角的价值创造　　108
任务2　基于财务视角的风险控制　　135

项目5　筹资渠道与方式决策　　152

任务1　筹资渠道分析与决策　　152
任务2　筹资方式分析与决策　　159

项目6　筹资执行与管控　　167

任务1　银行借款执行与管控　　168
任务2　发行股票执行与管控　　177
任务3　应收账款保理执行与管控　　184
任务4　融资租赁执行与管控　　201
任务5　发行债券执行与管控　　204
任务6　其他方式筹资执行与管控　　209
子任务1　政府补助执行与管控　　210
子任务2　商业信用融资执行与管控　　219

项目7　筹资确认与核算　　224

任务1　银行借款的核算　　225
任务2　发行股票的核算　　228
任务3　应收账款保理的核算　　239
任务4　融资租赁的核算　　242
任务5　发行债券的核算　　246
任务6　其他筹资方式的核算　　252
子任务1　政府补助的核算　　252
子任务2　商业信用融资的核算　　254

项目8　筹资分析与考评　　258

任务1　资金运营分析与评价　　258
任务2　筹资分析与评价　　263
任务3　筹资绩效考评　　271

筹资场景概述

一、行业及企业基础资料

我国造纸行业是一个与国民经济和社会发展紧密相关的基础原材料生产行业。2022年，我国纸及纸板消费量达12,403万吨，占全球消费量的1/4，纸浆消费量约为11,295万吨，我国纸及纸板的生产与消费水平均处于全球前列。

珠江纸业股份有限公司（简称"珠江纸业"）始建于2000年，地处广东省东莞市，紧邻京广铁路大动脉，与京珠高速公路和107国道相连，靠近珠江水系，水陆交通十分便利，不仅物流成本较低，还能快速响应市场需求，周边丰富的水资源也为造纸生产提供了稳定的原料供应。公司位于经济活跃的华南地区，与上下游企业建立了紧密的合作关系，形成产业链协同效应。

珠江纸业主要从事文化类印刷用纸的生产、销售，主导产品有胶版纸、颜B纸、轻型纸、颜A纸、轻涂纸、办公用纸、淋膜原纸、热敏原纸、牛皮包装纸9个品种，产品广泛应用于高档书刊、报纸、杂志的印刷，在国内享有较高声誉。

珠江纸业以五年规划为导向，以全面预算为抓手，实施从计划、执行、过程控制，到绩效考核的全面和全方位管控。公司在供应链管理方面成效显著。

珠江纸业成立了以董事会为核心的组织结构，组织中的各个机构各自承担特定的职责，共同推动公司的发展。公司组织结构如图0-1所示。

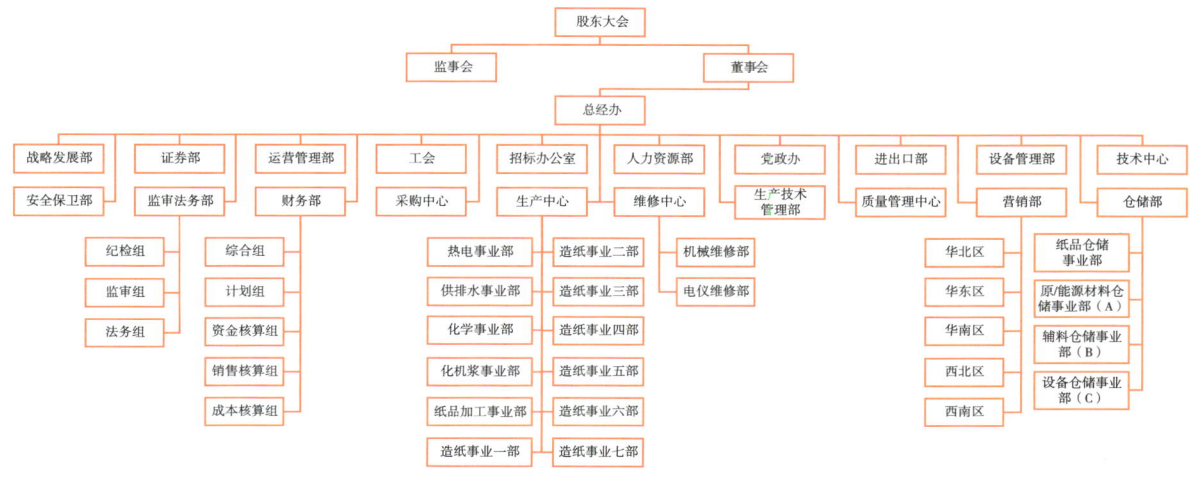

图0-1　公司组织结构

二、筹资业务概况

珠江纸业拥有10条造纸生产线，主要生产印刷用纸、办公用纸和包装纸，年设计产能96万吨，设有1个化学事业部、1个化机浆事业部、7个造纸事业部、1个纸品加工事业部。珠江纸业的资金来源渠道较广，包括自有资金、银行贷款、债券发行、融资租赁、股权筹资等。公司以价值最大化为导向，结合珠江纸业的资金结构、资产配置、现金创造、现金管理等确定外部筹资需求，根据自身财务状况、市场环境和项目需求选择合适的筹资方式，追求资金成本最低及企业价值最大化，确保造纸业务的顺利进行和可持续发展。公司筹资业务流程如图0-2所示。

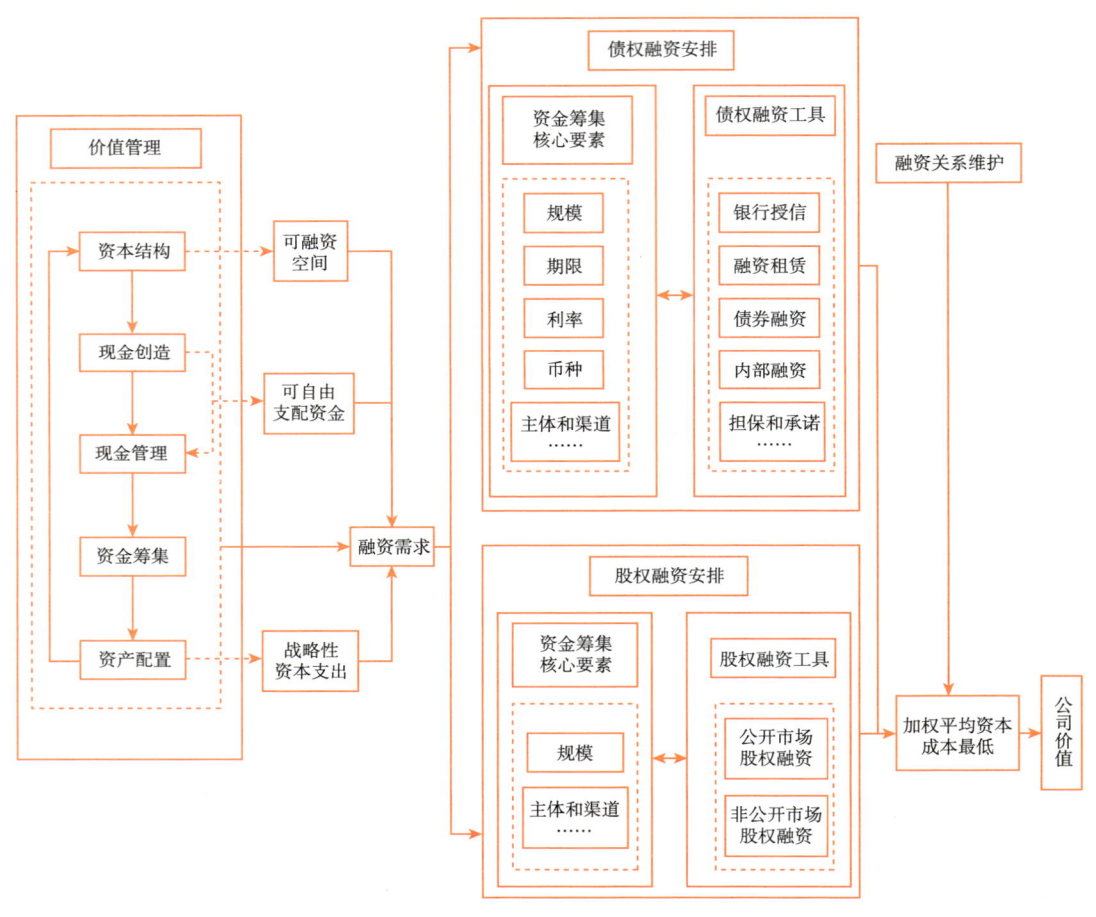

图0-2　公司筹资业务流程

三、筹资业务流程

公司财务部根据战略和运营需求编制全面预算，以全面预算为基础分析企业经营发展资金需求。通过评估内外部筹资环境，制订年度筹资计划。通过明确筹资目的、期限和成本，选择合适的筹资方式，以提高效率、降低成本。公司最常见的筹资方式就是银行借款。根据市场情况、流动性风险，制订银行授信计划，结合投资项目或日常生产经营需要，在授信额度内申请贷款金额并签订贷款合同。收到银行贷款资金后，公司要明确每笔筹资的金额、利率、期限、还款计划等，按期还本付息，避免因资金链断裂而影响企业的正常运营。年度终了时，由公司筹资考核小组对筹资效益、筹资成本、成本风险等进行分析与考评。

本书以珠江纸业2023年筹资业务及核算过程为背景，将其业务流、数据流、财税流及相关知识流融合（见图0-3），进行编写。

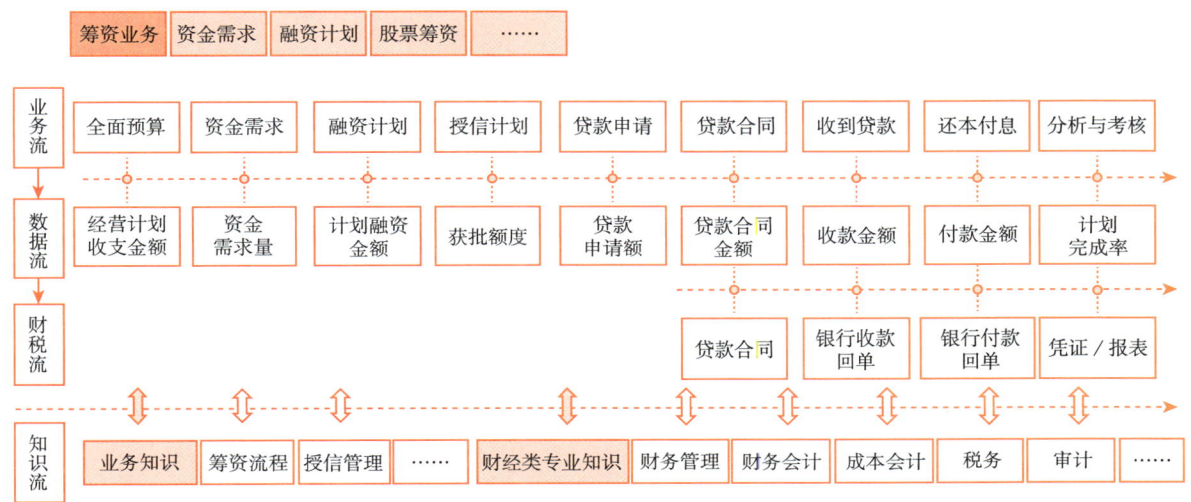

图0-3 "四流融合"的筹资流程

项目 1　筹资认知与识别

学习目标

知识目标

1. 了解适中型、稳健型、激进型三种筹资策略；
2. 理解筹资的基本内涵、目的和原则；
3. 掌握筹资价值分析、筹资需求动机、筹资业务流程。

技能目标

1. 能够分析企业的资金需求并制定合理的筹资策略；
2. 能够识别和应对不同筹资需求动机，并对其风险进行研判；
3. 能够有效规范筹资流程，确保筹资活动合法合规。

素质目标

1. 具有财务规划能力，具备筹资风险防范意识；
2. 具有职业判断能力，具备解决筹资问题的能力；
3. 具有系统性思维，能够在筹资动机和策略选择上进行全面考虑。

任务 1　筹资认知

【教学重点】筹资目的及原则。
【教学难点】筹资政策与制度分析。

资金是企业生产经营的血液，没有资金，企业将无法持续经营。筹集资金是企业通过一定的渠道，采用适当的方式向企业外部单位和个人以及从企业内部筹措生产经营活动所需资金的一种财务活动。企业不论是维持日常生产经营活动，还是扩大生产经营规模，购置设备、开发新产品、进行技术改造等，都必须拥有一定数量的资金作为保障。

任务导入

【**场景1-1**】公司资金来源渠道较广,包括银行贷款、债券发行、融资租赁、股权融资等。2022年,珠江纸业以价值最大化为导向,优化调整公司债务结构(见表1-1)。据此理解筹资内涵、目的和原则。

表 1-1　　　　　　　　　　2022 年筹资情况分析

日期:2022年12月31日

筹资渠道		……	金额(元)	考虑占用天数的融资金额(元)	利息费用(元)	税前资本成本率(%)	税后综合资本成本率(%)
银行授信	项目贷款	……	3,309,000,000.00	1,937,316,666.67	80,888,659.74	4.18	0.54
	流动资金贷款	……	5,875,800,000.00	2,827,682,222.23	102,069,697.61	3.61	0.68
	银行承兑汇票	……	0	0	0	0	0
	小计	……	9,184,800,000.00	4,764,998,888.90	182,958,357.35	3.84	1.22
融资租赁		……	196,961,346.72	177,284,173.17	8,420,998.23	4.75	0.06
债券融资		……	421,240,485.25	421,240,485.25	18,291,104.49	4.34	0.12
股权融资	股本	……	1,397,733,148.00	1,397,733,148.00	—	8.00	0.87
	资本公积	……	4,775,884,697.61	4,775,884,697.61	—	8.00	2.98
	库存股	……	−183,165,498.10	−183,165,498.10	—	8.00	−0.11
	盈余公积	……	249,711,917.87	270,737,008.19	—	8.00	0.17
	未分配利润	……	997,612,873.83	1,186,838,686.71	—	8.00	0.74
合计		……	17,040,778,971.18	12,811,551,589.73	209,670,460.07	—	6.05

注:完整表格扫码获取。

1. 筹资的目的

认知识别　筹资目的

(1)满足企业设立的需要。作为企业设立的前提,筹资活动是财务活动的起点。新企业设立必须准备充足的启动资金,以便购置厂房、机器设备,购进原材料等。

(2)满足生产经营的需要。筹资活动是企业最为经常性的财务活动,一是满足简单再生产的资金需要,二是满足扩大再生产的资金需要。

(3)满足偿还债务的需要。企业为了生产经营以及获取财务杠杆利益,通常会有一定程度的负债。债务到期必须偿还,如果到期时企业的现金支付能力不足,或者虽有一定的支付能力但支付后将影响目前的资本结构,便产生了筹资的需要。

（4）满足资金结构调整的需要。资金结构的调整是企业为降低筹资风险、减少资金成本而对权益资本与负债间的比例关系进行的调整，属于企业重大的财务决策事项，也是企业筹资管理的重要内容。

分析研判 企业的多元筹资目的

珠江纸业2023年的经营计划，明确以市场为导向，以科技创新为动力，采取淘汰落后、改造提升、新建扩建和参与国内造纸业兼并重组等措施，突出企业核心竞争力，培育提升盈利能力等，体现企业多元化筹资目的。

2. 筹资的原则

认知识别 筹资的原则

（1）筹措合法原则。企业筹资要遵循国家法律法规，合法筹措资金。不论是直接筹资还是间接筹资，企业最终都通过筹资行为向社会获取了资金。企业的筹资活动不仅为自身的生产经营提供了资金来源，也会影响投资者的经济利益，影响着社会的经济秩序。企业必须遵循国家相关的法律法规，依法履行法律法规和投资合同约定的责任，合法合规筹资，依法披露信息，维护各方的合法权益。

（2）规模适当原则。企业要根据生产经营及其发展的需要，合理安排资金需求。企业筹集资金，要合理预计资金需求量。筹资规模与资金需求量应当匹配一致，既要避免因筹资不足，影响生产经营的正常进行；又要防止筹资过多，造成资金闲置。

（3）取得及时原则。企业要合理安排筹资时间，适时取得资金。筹资过程中要合理预测资金的需要时间，使筹资与用资在时间上相衔接，既避免过早筹集资金形成的资金投放前的闲置，又防止取得资金的时间滞后，错过资金投放最佳时间。

（4）来源经济原则。企业要充分利用各种筹资渠道，选择经济可行的资金来源。企业所筹集的资金都要付资金成本。不同筹资渠道和方式所取得的资金，其资金成本各有差异。企业应当在考虑筹资难易程度的基础上，选择经济、可行的筹资方式，力求降低筹资成本。

（5）结构合理原则。企业筹资管理要综合考虑各种筹资方式，优化资金结构。筹资要综合考虑股权资本与债务资本的关系、长期资本与短期资本的关系、内部筹资与外部筹资的关系，合理安排资金结构，保持适当偿债能力，防范企业财务危机。

分析研判 依据公司《筹资管理制度》和实际，确定筹资原则

在珠江纸业《筹资管理办法》中，明确了合法合规原则，规模适当原则，综合权衡、降低成本原则，适度负债、防范风险原则等。

风险控制 市场分析与预测需要更精准

珠江纸业需要把握市场趋势和潜在风险，关注造纸业政策动态及竞争对手的战略调整。这些因素都影响企业的发展战略和经营计划，与企业筹资工作密切相关。市场分析与预测越精准，对企业筹资越有利。

1. 制定筹资相关制度

【场景1-2】 为更好地完成筹资，珠江纸业制定了《筹资管理办法》《筹资决策管理办法》《筹资执行管理办法》《银行信贷融资管理办法》《资金管理办法》《筹资管理办法》《募集资金管理与使用办法》《费用报销管理办法》《预算管理制度》等系列政策与制度（见表1-2）。

表 1-2　　珠江纸业筹资管理相关政策制度

序号	制度文件名
1	《筹资管理办法》
2	《筹资决策管理办法》
3	《筹资执行管理办法》
4	《银行信贷融资管理办法》
5	《资金管理办法》
6	《募集资金管理与使用办法》
7	《费用报销管理办法》
8	《预算管理制度》

注：完整内容扫码获取。

认知识别　筹资政策与制度

企业在筹资过程中，应建立筹资业务的政策与内部控制制度，防范筹资过程中的差错与舞弊，降低筹资成本，控制筹资风险。

（1）建立岗位责任制。明确相关部门和岗位的职责、权限，确保办理筹资业务的不相容岗位相互分离、制约和监督，不能由同一部门或个人办理筹资业务的全过程。筹资业务的不相容岗位至少包括：筹资方案的拟定与决策、筹资合同或协议的订立与审核、与筹资有关的各种款项偿付的审批与执行、筹资业务执行与相关会计记录。

（2）建立严格的授权审批制度。明确授权批准的方式、程序和相关控制措施，规定审批人的权限、责任以及经办人的职责范围和工作要求。严禁未经授权的机构或人员办理筹资业务。审批人应当根据筹资业务授权批准制度的规定，在授权范围内进行审批，不得超越审批权限。

（3）建立筹资绩效考核制度。明确筹资计划的合理性、筹资成本的控制、筹资风险的评估及资金使用的透明度。筹资考核制度应确保筹资活动的有效性和合规性。

（4）建立筹资业务流程。明确筹资决策、执行、偿付等环节的内部控制要求，并设置相应的记录或凭证，如实记载各环节业务的开展情况，确保筹资全过程得到有效控制。

分析研判　筹资的政策与制度

珠江纸业制定了《筹资管理办法》《筹资决策管理办法》《筹资执行管理办法》《银行信贷融资管理办法》等系列政策与制度，为筹资工作的顺利开展奠定了基础。

风险控制 完善的筹资政策与制度是筹资工作的具体保障

完善的政策与制度是资金安全的保障，资金使用合理可以进一步提高资金利用效率，也能够规范企业的筹资行为，提升企业形象，促进企业的长远发展。

2. 明确筹资原则

【场景1-3】珠江纸业在《筹资管理办法》《筹资决策管理办法》《筹资执行管理办法》等系列制度中明确了筹资工作需要遵循的原则。珠江纸业筹资管理原则如图1-1所示。

筹资管理办法

......

第五条 筹资决策原则

（1）合法合规原则。筹资活动必须符合国家法律、法规和公司章程。

（2）统一筹措原则。筹资活动由公司财务部统一组织和管理，确保筹资活动的协调和高效。

（3）综合权衡，降低成本原则。在筹资活动中，应综合考虑各种因素，力求降低筹资成本。

（4）适度负债，防范风险原则。筹资活动应控制负债水平，防范财务风险，确保稳健经营。

......

图1-1 珠江纸业筹资管理原则

风险控制 遵循原则降低风险

理解筹资原则，遵循筹资原则，确保筹资合法合规，站在公司整体上做好顶层设计，有效协调资金使用，提升资金使用效率，降低资金使用成本，达到企业效益最大化，优化资金结构，防范财务风险，有利于企业平稳有序发展。

任务小结

资金是企业生产经营的血液，筹集资金是企业经营的起点，不论是企业设立、日常生产经营、偿还债务，还是资金结构调整，都必须拥有一定数量的资金。企业在筹资过程中，要遵循合法合规原则、规模适当原则、取得及时原则、来源经济原则、结构合理原则。企业应建立筹资业务相关政策与内部会计控制制度，防范筹资过程中的差错与舞弊，控制筹资风险，降低筹资成本。

"知识—业务"思维导图，如图1-2所示。

图1-2 "知识—业务"思维导图

任务2　认知筹资价值观念

【教学重点】不同筹资策略与风险分析。
【教学难点】授信额度与机会成本。

机会成本是指企业为从事某项经营活动而放弃另一项经营活动的机会，或利用一定资源获得某种收入时所放弃的另一种收入。另一项经营活动应取得的收益或另一种收入，即为正在从事的经营活动的机会成本。

任务导入

【场景1-4】根据《筹资管理办法》及2022年度经营情况，珠江纸业和中国工商银行之间签订协议，拥有信用额度50,000万元，2022年使用信用额度内资金35,000万元，请分析珠江纸业筹资的机会成本。

认知识别　授信额度

授信额度是指商业银行为客户核定的短期授信业务的存量管理指标，一般可分为单笔贷款授信额度、借款企业额度和集团借款企业额度。只要授信余额不超过对应的业务品种指标，无论累计发放金额和发放次数为多少，商业银行业务部门均可快速向客户提供短期授信，即企业可便捷地循环使用银行的短期授信资金，从而满足客户对金融服务快捷性和便利性的要求。

分析研判　授信额度内资金机会成本分析

珠江纸业使用中国工商银行信用额度内资金35,000万元，有15,000万元资金尚未使用，如果公司的经营收益率为8%，其机会成本为15,000×8%=1,200（万元）。

【场景1-5】根据《筹资管理办法》及2022年度经营情况，珠江纸业和中国建设银行之间签订协议，拥有信用额度30,000万元，2022年除使用信用额度内资金30,000万元外，又增加5,000万元用款量，请分析公司筹资的机会成本。

分析研判　授信额度外不同方式成本分析

珠江纸业使用中国建设银行信用额度内资金30,000万元外，又额外增加使用5,000万元资金。增加的5,000万元资金在信用额度之外，不论是中国建设银行提供，还是其他银行或金融机构提供，均需要按照银行要求支付借款利息。如果通过融资租赁、发行债券、发行股票等其他方式筹资，也需要支付相关资金成本。

风险控制　授信额度与筹资风险

一般来说，公司与银行进行借款谈判时，应尽可能争取金额更大的信用额度，这样对公司来说是有利的。信用额度内公司使用的资金需要支付利息，信用额度内公司未使用的资金通常成本很低，甚至没有成本。

【场景1-6】 根据《筹资管理办法》及2023年度经营计划,珠江纸业分别确定了稳健型、激进型、适中型三种筹资策略(见表1-3至表1-6)。

表 1-3　　　　　　　　　　　2023 年现金预算　　　　　　　　单位:元

项目	预算
一、可使用现金	8,145,195,573.31
二、支出合计	6,702,177,621.30
其中:生产经营资金支出	5,469,627,621.30
投资支出	1,232,550,000.00
……	……
三、现金多余或不足	1,443,017,952.01
四、筹资活动支出	4,238,468,196.23
五、期末现金余额	806,264,815.39
六、资金筹集缺口	3,601,715,059.61
其中:中短期资金缺口	1,704,165,059.61
其中:长期资金缺口	1,897,550,000.00

注:完整表格扫码获取。

表 1-4　　　　　　　　2023 年度融资计划(稳健型)

编制部门:财务部　　　　编制日期:2023年1月2日　　　　　　　　　单位:元

一、融资需求分析			
资金增量溢余/需求(溢余为负,需求为正)			3,601,715,059.61
结算需要	银行承兑汇票		340,000,000.00
	……		……
	小计		755,000,000.00
待筹集资金(项目资金仅列示,不再计入)			4,356,720,000.00
二、融资安排			
	筹资渠道		2023年计划融资金额
银行授信	项目贷款		982,760,000.00
	流动资金贷款		1,518,960,000.00
	……		……
	小计		3,256,720,000.00
融资租赁			0
债券融资			0
内部贷款			100,000,000.00
股权融资	总金额		1,000,000,000.00
	……		……
合计			4,356,720,000.00

1. 稳健型筹资策略

认知识别　稳健型筹资策略

稳健型筹资策略是一种较为谨慎的筹资策略，按照这种筹资策略，企业的一部分临时性流动资产要依靠长期筹资方式来解决，即企业的短期筹资少于企业临时性流动资产。企业的长期资本不但能满足长期资产的需求，而且能满足部分短期或临时性流动资产的资金需求。

分析研判　稳健型筹资策略应用

珠江纸业在制定筹资策略过程中，也制定了一种稳健型筹资策略，股权融资100,000万元，项目贷款融资98,276万元，内部贷款10,000万元，银行承兑汇票融资34,000万元，中短期资金缺口170,416.51万元，长期资金缺口189,755万元。其中，长期资金来源198,276万元，完全能够满足长期资金缺口189,755万元，还有部分资金可以用于短期资金用途，该筹资策略属于稳健型筹资策略。

风险控制　稳健型筹资策略存在的风险

稳健型筹资策略中长期资金来源金额不仅满足长期投资的需要，而且满足部分短期资金的使用需求，在进一步增强企业偿债能力的同时，也降低了利率变动风险。虽然公司的筹资策略较为稳健，但长期资金增加会使企业的资金成本增加，利润减少。

表1-5　　2023年度融资计划（激进型）

编制部门：财务部　　编制日期：2023年1月2日　　单位：元

一、融资需求分析			
资金增量盈余/需求（盈余为负，需求为正）			3,601,715,059.61
结算需要		银行承兑汇票	340,000,000.00
		……	……
		小计	755,000,000.00
待筹集资金（项目资金仅列示，不再计入）			4,356,720,000.00
二、融资安排			
筹资渠道			2023年计划融资金额
银行授信		项目贷款	802,680,000.00
		流动资金贷款	1,699,040,000.00
		银行承兑汇票	340,000,000.00
		……	……
		小计	3,256,720,000.00
融资租赁			0
债券融资			0
内部贷款			100,000,000.00
股权融资		总金额	1,000,000,000.00
		……	……
合计			4,356,720,000.00

2. 激进型筹资策略

认知识别　激进型筹资策略

激进型筹资策略是一种扩张型筹资策略，在这种筹资策略下，企业短期筹资方式筹措的资金不仅能满足企业临时性流动资产的需要，而且能解决一部分永久性流动资产的资金需要。临时性负债（如短期借款）的资金成本一般低于长期负债和权益资本的资金成本，因而激进型筹资策略下临时性负债所占比例较大，该政策下企业的资金成本降低。激进型融资政策是一种收益性和风险性都较高的融资政策。

分析研判　激进型筹资策略应用

珠江纸业在制定筹资策略过程中，制定了一种激进型筹资策略，股权融资100,000万元，项目贷款融资80,268万元，内部贷款10,000万元，流动资金贷款融资169,904万元，银行承兑汇票融资34,000万元，中短期资金缺口170,416.51万元，长期资金缺口189,755万元。其中，长期资金来源180,268万元，不能完全满足长期资金缺口189,755万元；短期资金来源213,904万元，能够完全满足短期资金缺口170,416.51万元。此外，还有一部分用于长期资金，该筹资策略属于激进型筹资策略。

风险控制　激进型筹资策略存在的风险

长期资金需求不仅需要长期资金来源支持，还占用部分短期资金来源，短期资金来源偿还时用于长期资金需求的资金可能还没有回笼，因此，是否有资金偿还短期债务存在很大不确定性。公司筹资策略较为激进，追求长期投资带来的高回报，因此公司承担了更高的财务风险。

表 1-6　　　　　　　　　　2023 年度融资计划（适中型）

编制部门：财务部　　　　编制日期：2023年1月2日　　　　　　　　　　　　　单位：元

一、融资需求分析			
资金增量溢余/需求（溢余为负，需求为正）			3,601,715,059.61
结算需要	银行承兑汇票		340,000,000
	……		……
	小计		755,000,000
待筹集资金（项目资金仅列示，不再计入）			4,356,720,000
二、融资安排			
筹资渠道			2023年计划融资金额
银行授信	项目贷款		897,550,000
	流动资金贷款		1,604,170,000
	……		……
	小计		3,256,720,000
融资租赁			0
债券融资			0
内部贷款			100,000,000
股权融资	总金额		1,000,000,000
	……		……
合计			4,356,720,000

3. 适中型筹资策略

认知识别 适中型筹资策略

适中型筹资策略采取债务和股权两种筹资方式相结合的方法，利用股权筹资扩大筹资规模，并通过适当的债务筹资调整风险。长期资金来源与长期资金用途相对应，短期资金来源与短期资金用途相对应。

分析研判 适中型筹资策略应用

珠江纸业凭借成熟的业务和管理体系，在综合考虑经营风险和财务风险后，决定采取适中型筹资策略。该策略涉及股权融资100,000万元，项目贷款融资89,755万元，内部贷款10,000万元，流动资金贷款融资160,417万元，中短期资金缺口170,416.51万元，长期资金缺口189,755万元。其中，长期资金来源189,755万元，能够满足长期资金缺口189,755万元；短期资金来源170,417万元，能够满足短期资金缺口170,416.51万元，符合公司稳健发展的长远目标。

任务小结

按照长期资金来源和短期资金来源与长期资金使用和短期资金使用对应关系，可以将筹资策略划分为稳健型筹资策略、激进型筹资策略、适中型筹资策略。稳健型筹资策略中长期资金来源金额不仅满足长期投资的需要，而且满足部分短期资金的使用需求，在进一步增强企业偿债能力的同时，也降低了利率变动风险。激进型筹资政策下，临时性负债所占比例较高，企业的资金成本降低，但是收益性和风险性都较高。适中型筹资政策下，长短期资金来源与长短期资金使用相匹配，风险和收益相对均衡。

"知识—业务"思维导图，如图1-3所示。

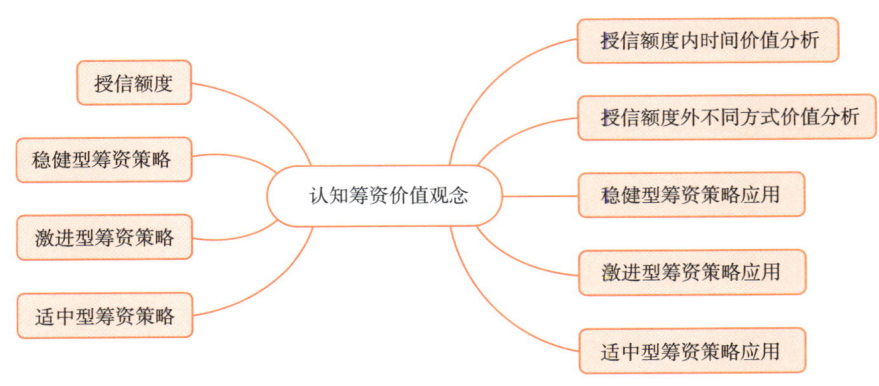

图1-3 "知识—业务"思维导图

任务3 认知筹资需求动机

【教学重点】经营性筹资动机、资本性筹资动机、战略性筹资动机。
【教学难点】各种需求动机的风险研判。

企业筹资最基本的目的是企业经营的维持和发展，但每次具体的筹资行为，往往受特定动机的驱动。企业筹资的具体动机是多种多样的，如为了重置设备、引进新技术、进行技术和产品开发，为了对外投资、兼并其他企业，为了资金周转和临时需要，为了偿付债务和调整资金结构等。在实践中，筹资动机有时是单一的，有时是混合的，总结归纳起来主要有四类，即经营性筹资需求、资本性筹资需求和战略性筹资需求。

任务导入

【场景1-7】根据《筹资管理办法》及2023年度经营计划，明确珠江纸业的筹资动机。珠江纸业2023年度经营计划如图1-4所示。

2023年度经营计划

（1）资本性筹资需要。战略部聘请外部专家对市场上的造纸技术进行调研分析，拟投资一条新的生产线，预计生产线投资总金额1.8亿元，预计2023年12月底完成建设。除此之外，战略部拟在2023年增加财务性投资项目，相关资金需要财务部协助支持。

（2）战略性筹资需要。为推进落实公司林纸一体化战略，寻求新的盈利增长点，公司拟对香舍园林进行重大股权投资，证券部与财务部相关同事需做好后期资金支持工作。

技术研发投资方面，公司将继续加大在技术研发方面的投入，优化生产工艺，寻找替代性原材料，降低生产成本，以提高市场竞争力。投资金额约为1亿元，需要通过筹资手段支持研发项目的开展。

（3）经营性筹资需要。除了资本性筹资需要、战略性筹资需要等专项资金需要，企业更频繁的是为了满足日常生产经营的经营性筹资需要，请务必做好资金运营，保障资金安全，做好风险防范工作。

公司全体员工需全力以赴，保障2023年各项经营计划指标按计划完成，自2023年1月1日起执行，后附年度预算表。
……

图1-4 珠江纸业2023年度经营计划

认知识别 经营性筹资动机

经营性筹资动机是指为了满足经营业务活动的正常开展所形成的支付需要而产生的筹资动机。企业在开展经营活动的过程中需要一定量的资金供给，支持日常生产经营季节性、临时性资金需求。

分析研判 经营性筹资动机是企业的基本需求

为保障2023年珠江纸业日常经营活动顺利进行，根据2023年度的经营计划和战略发展目标，制订相应的资金筹集计划。其中，珠江纸业在开展经营活动的过程中一定会有维持正常经营活动的资金需求，如购买原材料的资金支付、员工工资的发放等。

风险控制 季节性经营筹资策略

公司经营性筹资往往具有临时性、季节性特征，其业务量和收入在不同季节存在显著波动，因此对资金的需求也呈现出明显的季节性特征。这类公司在旺季时可能面临较大的资金需求，如原材料采购、库存储备、营销推广等，淡季的资金需求可能相对较小。为了应对这种季节性的资金波动，需要企业精准预测，事先做好资金来源筹划，以确保在关键时刻能够满足支付需求。这不仅关系到日常运营的顺畅，也是企业信誉和市场竞争力的重要体现。

认知识别 资本性筹资动机

资本性筹资动机是指企业因调整资金结构而产生的筹资动机。资金结构调整的目的在于降低资金成本、控制财务风险、提升企业价值，这类筹资通常不会增加企业的资本总额。企业产生资本性筹资动机的具体原因有两方面：一方面，优化资金结构，合理利用财务杠杆效应；另一方面，偿还到期债务，进行债务结构内部调整。

分析研判 明确资本性筹资动机

基于2023年经营计划，珠江纸业坚持可持续发展和循环经济理念，全力推进资金结构调整，加快高值化能力配置，突出企业核心竞争力，培育提升盈利能力。对资金结构的调整属于企业资本性发展规划，基于此开展的筹资，其动机为资本性筹资动机。

风险控制 强化企业债务偿还的时效性与风险控制

公司资本性筹资的主要目的是调整资金结构，在此过程中债务资金的偿还成为关键环节，能否及时偿还债务，直接关系到企业的财务健康和稳定。例如，企业面对一些即将到期的债务，可能需要通过借入新的债务来偿还旧债，以维持资金结构的稳定。在资本性筹资的过程中，企业需要审慎评估债务的到期结构和偿还能力，确保筹资策略与企业的长期发展目标相匹配，降低因债务偿还问题引发的财务风险，保障企业的持续稳定发展。

认知识别 战略性筹资动机

战略性筹资动机是指企业因扩大经营规模或满足对外投资需要而产生的筹资动机。企业维持简单再生产所需要的资金是相对稳定的，通常不需要或很少需要追加筹资。一旦企业扩大再生产，扩张经营规模，开展对外投资，就需要大量追加筹资。具有良好发展前景、处于成长期的企业，往往会具有战略性的筹资动机。

分析研判 明确战略性筹资动机

按照公司战略规划，珠江纸业坚持走内涵发展之路，以转变经济增长方式、调整优化结构为主线，采取了一系列发展措施，包括淘汰落后产能、改造提升现有设施、新建扩建项目，以及积极参与国内造纸业的兼并重组。这是公司战略层面的规划，旨在推动公司的可持续发展，增强市场竞争力，并实现长期的经济效益。

风险控制 精准规划战略性筹资

战略性筹资作为企业长期发展的关键财务活动，因其涉及的资金规模庞大且使用周期较长，对企业的未来发展具有深远的影响。企业在进行战略性筹资时，必须确保筹资的时间和数量与投资决策和计划紧密相连，以实现资金的最优配置。这不仅涉及资金的筹集，还包括资金的投放时机，确保资金能够在最需要的时候投入到关键项目中，避免因时机不当而导致投资机会的丧失。同时，企业还应避免资金的闲置，通过有效的资金管理，确保资金能产生最大的效益。

 任务实施

1. 经营性筹资动机

【场景1-8】珠江纸业财务部测算2023年度资金缺口，根据总经理办公室（以下简称"总经办"）关于2023年经营计划等相关文件，依据经营性筹资动机整合销售现金预算、生产现金预算、采购现金预算、产品成本预算等内容，编制2023年现金预算（见表1-7）。

表 1-7　　2023 年现金预算　　　　　　　单位：元

项目		预算
可使用现金	期初现金余额	1,464,921,532.27
	……	……
	小计	8,145,195,573.31
生产经营资金支出	直接材料支出	3,926,450,674.47
	直接人工支出	117,049,856.85
	制造费用支出	667,557,791.06
	销售费用支出	292,952,010.52
	管理费用支出	123,444,458.91
	研发费用	100,766,903.70
	税金及附加	35,159,080.99
	所得税费用支出	22,315,380.94
	增值税预计支出	183,931,463.86
	其他支出	0
	小计	5,469,627,621.30

注：完整表格扫码获取。

认知识别 公司年度经营计划

公司年度经营计划是实现战略和经营目标的行动蓝图，涵盖销售、生产、研发、财务、人力

资源等主要业务领域，包括关键绩效指标（KPIs）和财务预期。年度经营计划的制订需基于对市场环境、内部资源和未来趋势的深入分析，明确使命、愿景和价值观，分析外部机遇与威胁，评估内部优势与劣势。经营计划需包括市场策略、产品开发、生产运营、财务预算、人力资源、风险管理等，需要跨部门协作，定期审查调整，以适应经营变化，有效执行监控，助力业务目标实现和价值创造。

认知识别 全面预算管理

全面预算管理是企业确保财务稳健和流动性管理的关键工具，具体可分为经营预算（即业务预算）、资金预算和财务预算。

分析研判 明确经营性筹资需求，编制公司年度经营预算

为保障2023年珠江纸业日常经营活动的顺利进行，根据2023年度的经营计划和战略发展目标，珠江纸业制订了相应的资金筹集计划。

（1）预计销售现金收入：数据来源于销售现金预算表资金回收金额。

（2）直接材料支出：数据来源于采购现金预算表资金支付金额（3,926,450,674.47元）。

（3）直接人工支出：数据来源于生产现金预算表（直接人工）全年现金支出（117,049,856.85元）。

（4）制造费用支出：数据来源于生产现金预算表（制造费用）全年现金支出（667,557,791.06元）。

（5）销售费用支出：数据来源于销售费用现金预算表现金支出（含税）（292,952,010.52元）。

（6）管理费用支出：数据来源于管理费用现金预算表现金支出（含税）（123,444,458.91元）。

（7）研发费用支出：数据来源于研发费用现金预算表现金支出（含税）（100,766,903.70元）。

风险控制 编制年度现金预算应保证高度的准确性和前瞻性

公司年度现金预算的编制要求具有高度的准确性和前瞻性，需要财务团队与销售、采购、生产和人力资源等部门紧密合作。预算编制完成后，公司管理层将对其进行审查，并根据公司的财务策略和市场条件进行必要的调整。

一旦年度现金预算被批准执行，它将成为公司监控现金流的依据。公司需要定期与预算进行比较，分析偏差原因，并采取适当的措施来纠正偏差，确保现金流量符合预算目标。

2. 资本性筹资动机

【场景1-9】珠江纸业根据2022年筹资明细台账，结合2023年尚未到期的借款及2023年新增借款，明确企业资金筹集缺口（见表1-8）。

表1-8　　　　2023年现金预算　　　　单位：元

项目		预算
一、可使用现金	期初现金余额	1,464,921,532.27
	……	6,588,308,309.11
	小计	8,145,195,573.31

续表

项目		预算
生产经营资金支出	直接材料支出	3,926,450,674.47
	……	……
	小计	5,469,627,621.30
投资支出	项目支出	1,232,550,000.00
	支付股利	0
	小计	1,232,550,000.00
二、支出合计	—	6,702,177,621.30
三、现金多余或不足	—	1,443,017,952.01
四、筹资活动支出	已有合同2023年到期借款	3,188,000,000.00
	……	……
	小计	4,238,468,196.23

注：完整表格扫码获取。

认知识别 企业筹资台账

企业筹资台账是企业财务管理的重要组成部分，它详细记录了企业在不同时点通过各种渠道进行的筹资活动及其相关信息。筹资台账不仅包括了融资的金额、利率、期限、还款计划等关键财务数据，还涵盖了筹资的类型（如债务筹资、股权筹资）、用途以及与筹资相关的合同条款和条件，包括但不限于贷款合同、债券发行文件、股东协议等。

通过建立和维护筹资台账，企业能够更加清晰地了解自身的财务状况和资金结构，评估不同融资方式的成本和效益，从而作出更加合理的筹资决策。此外，筹资台账还有助于企业监控筹资风险，确保按时偿还债务，避免因资金链断裂而影响企业的正常运营。

分析研判 明确资本性筹资需求，编制公司年度现金预算筹资支出

公司在制订筹资计划时，首要任务是确保现有债务的及时和有序偿还。为此，公司首先针对筹资台账对现有债务进行全面审查，明确债务总额、结构、利率和到期日。其次，通过预测未来现金流入和流出，制订详细的债务偿还计划，确保每笔债务都能按时偿还。在满足债务偿还需求的前提下，分析额外的筹资需求，选择合适的筹资方式，如银行贷款、债券发行或股权筹资，并评估不同筹资方式的成本和风险。最后，企业应合理安排筹资时间，避免资金使用效率低下，并考虑与债权人协商债务重组，以改善现有债务条件。

风险控制 把握筹资需要量的变动规律，遵循债务资金的安全使用原则

企业要合理安排和使用长短期债务资金，防止出现债务风险；要严格管理和控制资金流向，防止挪用、串用资金；要特别防止上市公司大股东挤占、挪用上市公司贷款，形成新的大股东占用。

3. 战略性筹资动机

【场景1-10】珠江纸业根据2023年投资计划，划分不同投资类型（见表1-9）。

表 1-9　　　　　　　　　　　　　2023 年投资计划

投资类型	项目名称	建设内容	资金来源	2023年投资计划（万元）
战略性投资	香舍园林股权收购案	收购香舍园林企业，实现上游林业资源与下游造纸业务一体化	发股	91,000
战略性投资	新产品研发项目	新品技术研发，寻找合适材料替代进口纸浆，提高产品质量，降本增效	自有资金	10,000
……	……	……	……	……

日期：2022 年 11 月 22 日　　　　　　　　　　　　　　　　　　　　制表人：陈丽

注：完整表格扫码获取。

认知识别　融入新型生产力要素并进行战略性调整

珠江纸业不断探索和应用最新技术，优化生产流程，促进生产自动化和信息化。通过收购香舍园林股权，整合被收购公司的技术资源，加速技术创新和产品升级，实现协同效应，提高整体运营效率和盈利能力。通过一系列战略性调整，充分利用新型生产力要素，实现企业的转型升级，增强市场竞争力，并确保可持续发展。

分析研判　明确战略性筹资动机，测量战略性投资资金需求

自 2022 年 4 月起，珠江纸业启动了对香舍园林公司的股权收购计划，标志着公司在扩展业务版图和实现战略多元化方面迈出了重要一步。此次收购的总投资额高达 93,400 万元，这一数额展示了公司为实现长期战略目标所作出的重大财务承诺。该项股权投资于 2022 年支付意向金 2,400 万元，2023 年需支付金额为 91,000 万元。

依据双方签订的战略收购协议，以及明确的付款进度安排，战略投资部负责将所需的投资资金进行汇总，并与财务部紧密合作，确保资金的及时调配和有效管理。这一过程涉及资金筹措、风险评估、成本效益分析等多个方面，要求战略投资部与财务部之间高度协调一致，实现信息共享。

风险控制　资金筹措在企业兼并收购过程中是一个复杂且风险较高的环节

战略性筹资需充分考虑国家和地区的政治制度、经济体制、法律法规等相关因素的影响，尤其是相关法律法规对筹资方式、规模、期限的限制规定，综合制定筹资方案。如果并购企业自有资金充裕，根据"啄食顺序理论"，以自有资金作为并购资金，是最佳选择。如果企业负债率已经较高，财务风险较大，需对自身的资金结构有清醒的认识，在此基础上判断是否具备承担债务的能力，合理选择筹资方式。

任务小结

企业筹资最基本的目的是维持企业经营，促进企业发展，即为企业的经营活动提供资金保障。但每次具体的筹资行为，往往受筹资动机的驱动。筹资动机有经营性筹资动机、资本性筹资

动机、战略性筹资动机等。在企业筹资活动中，往往多种动机兼而有之，可以称为混合性动机，所以要明确各种动机影响，掌握其风险点，采取有效措施控制风险，确保企业经营平稳有序。

"知识—业务"思维导图，如图1-5所示。

图1-5 "知识—业务"思维导图

任务4　认知筹资流程

【教学重点】制订并执行筹资计划，资金运营与管理。
【教学难点】筹资风控与决策。

在正常情况下，企业资金的需求来源于两个基本目的：一是满足经营运转的资金需要；二是满足投资发展的资金需要。企业创立时，要按照规划的生产经营规模，预计长期资本需要量和流动资金需要量；企业正常营运时，要根据年度经营计划和资金周转水平，预计维持日常营业活动的资金需求量；企业扩张发展时，要根据扩张规模或对外投资的大额资金需求，安排专项资金。

任务导入

【场景1-11】珠江纸业根据自身财务状况、市场环境和项目需求选择合适的筹资方式，追求资金成本最低及企业价值最大化。随着市场需求的增长和公司扩张计划的实施，需要筹集资金以支持新项目的启动和现有业务的扩展。根据"四流融合"的筹资流程，明确珠江纸业筹资的业务流程（见图1-6）。

1. 筹资预算与规划

认知识别　筹资预算

企业对在预算期内需要新借入的长短期借款、经批准发行的债券，以及对原有借款、债券还本付息、发行股票等各项资金活动进行资金测算。

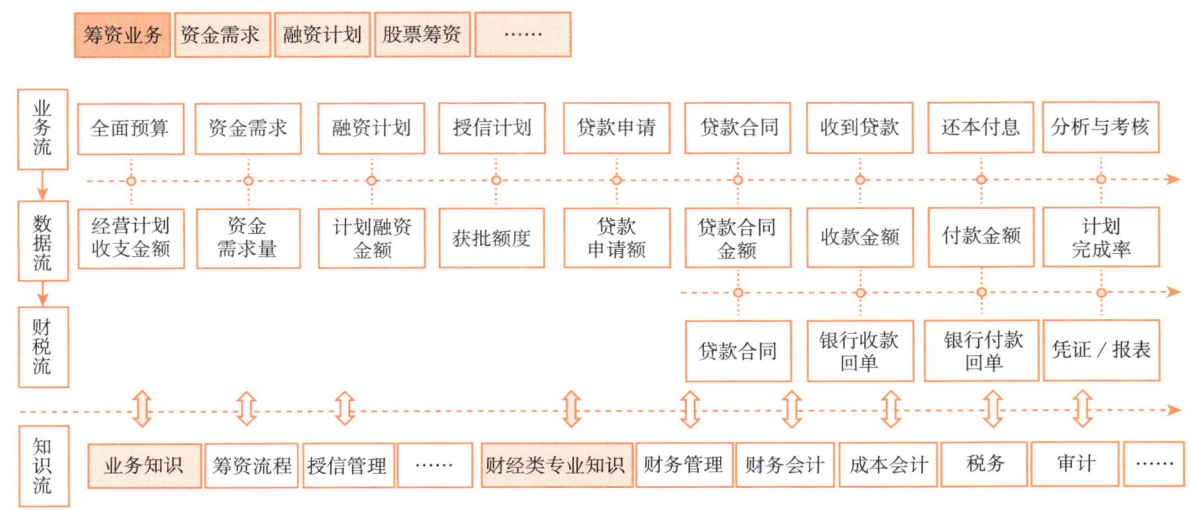

图1-6 "四流融合"的筹资流程

认知识别 筹资规划

通过科学的筹资规划措施,企业能够确保资金筹集活动的顺利进行,同时优化资金结构,降低筹资成本,提高资金使用效率,支持企业的持续发展,提升市场竞争力。

企业对全年的筹资预算根据债务筹资、股权筹资等不同方式进行划分。通过评估不同筹资方式的成本以及对税务的影响等,明确本年度筹资计划的筹资渠道和筹资规模。

2. 资金运营与管理

认知识别 资金运营

有效的资金运营能够确保企业资金的流动性、安全性和盈利性,为企业的稳健成长提供动力。它要求企业不仅要保证日常运营的资金需求,还要通过精准的现金流管理,实现资金的最优配置。企业应通过内部资金的合理调配,减少对外部筹资的依赖,降低筹资成本。同时,通过短期资金和长期资金的合理规划,确保企业在不同发展阶段的资金需求得到满足。

认知识别 资金管理

一般情况下,企业筹资计划是由财务部牵头,收集汇总采购中心、生产中心、投资部、战略规划部、营销部等各部门的预计资金缺口,编制经营预算、专门决策预算和财务预算,测算下一年度资金需要量。企业根据每月实际生产经营情况,将年度融资计划拆分为月度融资计划,具体对资金进行运营与管理。

3. 筹资渠道与方式

认知识别 筹资渠道

筹资渠道是指企业筹集资金的来源方向与通道。一般来说,根据资金的来源范围不同,可将企业的筹资渠道分为内部筹资和外部筹资。其中,内部筹资一般指利用留存收益筹资,外部筹资可以向银行、其他企业、社会公众等筹集资金。

认知识别 筹资方式

根据企业所取得的资金特性不同，筹资方式分为股权筹资和债权筹资两大类。股权筹资包括吸收直接投资、发行股票、利用留存收益等，债权筹资包括银行借款、发行债券、融资租赁、利用商业信用等。

【场景1-12】 珠江纸业资金部根据《筹资决策管理办法》《筹资执行管理办法》《银行信贷融资管理办法》等相关制度文件，明确筹资决策与执行流程。

4. 筹资风控与决策

认知识别 筹资风控

一般情况下，企业筹资计划是由财务部和规划部门共同拟订的。经过财务审核之后，公司制企业应上报董事会，由董事会决定后报请股东大会表决，并及时组织董事会办公室、财务部、审计部、投资管理部等部门对筹资方案进行可行性论证。可行性论证重点关注战略风险、发行风险、市场风险、政策风险、控制权风险、筹资成本、资金结构等。发行债券还应当重点关注利率风险、偿还能力以及流动性风险等。

认知识别 筹资决策

在充分论证筹资风险的基础上形成论证意见，重大筹资方案形成可行性评估报告。企业在进行筹资决策时，必须综合考虑自身的财务状况、市场环境、项目需求以及潜在的筹资成本和风险。

在进行筹资决策时，企业首先需要评估自身的财务状况，包括资产负债表、利润表和现金流量表，以确定资金缺口和筹资需求。其次，企业应分析市场环境，包括利率水平、资本市场状况和宏观经济趋势，以预测不同筹资方式的成本和可行性。最后，企业还需考虑项目的具体需求，如资金规模、用途和预期回报，以确保筹资活动与企业战略目标相一致。筹资决策应基于对成本、风险和收益的综合评估，选择最符合企业长期发展战略的筹资方式。通过科学的筹资决策，降低筹资成本，提高资金使用效率，为企业的持续发展提供坚实的财务支持。

5. 筹资执行与管控

认知识别 筹资执行

企业根据月度筹资计划具体确定筹资规模、筹资方式、筹资成本等。以银行贷款筹资方式为例，企业在执行筹资计划时将与银行签订授信协议、贷款合同等，企业收到银行借款后将根据贷款合同、还款情况逐笔登记筹资台账，确保还本付息。

分析研判 银行借款筹资执行

2022年6月，珠江纸业向中国银行东坑支行申请综合授信，由财务部提起授信申请4.8亿元授信总额度，财务部经理、财务总监逐级审批，最后提交总经办由总经理审核签字。

公司根据信用贷款类型筹备银行贷款资料，包括基础资料、财务资料。若贷款类型是保证贷款，银行贷款资料还需涵盖企业类担保人资料。

认知识别 筹资管控

筹资计划执行过程中，企业需要建立严格的监控机制，跟踪筹资活动的进展和资金的使用情况，包括定期审查筹资成本、资金流入和流出以及投资回报。通过这种方式，企业能够及时发现偏差，采取纠正措施，确保筹资计划的顺利实施。

6. 筹资确认与核算

认知识别 筹资确认

在筹集资金到账时，财务部会将每笔资金按照筹资合同的约定，及时准确地记录在公司的账簿上。此后，珠江纸业根据筹资计划和资金需求，合理分配资金到不同的项目和部门。筹资确认与核算小组监督资金的分配过程，确保资金的使用符合公司的筹资目的和计划。

认知识别 筹资核算

筹资确认与核算涉及资金的接收、记录、分配和监控，是确保筹资账务的准确性和及时性，保障公司财务透明度和合规性的关键环节。珠江纸业会定期对筹资成本进行核算，包括利息支出、手续费、管理费等，以确保筹资成本在可控范围内。珠江纸业会定期向股东、投资者和监管机构披露筹资账务信息，包括筹资规模、资金使用情况、筹资成本等，以增强市场对公司的信心。

任务实施

【场景1-13】2023年1月，珠江纸业根据年度筹资计划和1月筹资计划进行筹资考核（见图1-7）。

认知识别 筹资分析与评价

为规范公司经营运作中的筹资行为，降低资金成本，减少筹资风险，提高资金运作效率，由人力资源中心、运营中心、财务管理中心等部门共同对筹资工作进行考核，对资金安全性、效率性等进行综合考评，运用财务指标，如资金成本率、债务与权益比率、财务杠杆效应等，衡量筹资方案的合理性。同时，企业还应考虑筹资活动对企业声誉、市场竞争力和长期发展战略的影响。

风险控制 筹资内控的监督检查

依据公司章程和股东大会决议，由监事会对筹资管理进行检查监督，由审计部对筹资业务进行审计监督，由财务部对筹资过程进行财务监督等。企业筹资的具体监督检查内容应包括筹资业务相关岗位及人员配置是否存在不相容职务混岗现象；筹资业务授权批准手续是否健全，是否存在越权审批情况；筹资决策是否按照程序进行，决策责任制度是否落实到位；筹资执行是否按合同或协议支付筹资费用、本金、租金、利息、股利等；筹资业务会计处理是否真实，信息披露是否及时、完整等。

【场景1-14】2023年1月，珠江纸业财务部测算资金缺口，编制资金需求表，交由总经办下发2023年经营计划，计算经营收支金额（见图1-8）。

珠江纸业股份有限公司筹资考核方案

珠江纸业总经办字〔2023〕4号　　　　　　　　　　　　　　　　　　　　　签发人：王 旗

为进一步规范公司经营运作中的筹资行为，降低资本成本，减少筹资风险，提高资金运作效率，特制定本方案。

一、公司绩效考核小组

成立以分管人事副总为组长，人力资源中心、运营管理中心、财务管理中心、党政办公室为成员的公司绩效考核小组，考核小组办公室设在人力资源中心。

二、部门考核

（一）考核对象：计划财务部、证券部。

　　　考核周期：季度考核、年度汇总。

（二）考核内容及权重：

1. 资金计划指标（50分）						
项目	指标	分值（分）	指标值	实际执行	考核得分	计分办法
资本成本率考核	项目贷款资本成本率	2	0.60%			完成目标值得满分，每低于目标值20%加1分，若未采用该筹资方式，得0分
	……	……	……	……	……	……
资本结构考核	企业综合资本成本率	14	6.29%			完成目标值得满分，每低于目标值20%加1分
	……	……	……	……	……	……
现有筹资风险分析	经营杠杆系数	5	3.83			完成目标值得满分，每低于目标值20%加1分
	……	……	……	……	……	……
小计		50				
2. 工作指标（30分）						
年度计划标杆完成度	新增筹资额	5	3,725,543,444.80元			完成目标值得满分，每超过或低于目标值10%加减1分
	……	……	……	……	……	……
小计		30				
3. 管理指标（20分）						
……	……	……	……	……	……	……
合计		100				

图1-7　筹资考核方案

珠江纸业股份有限公司

珠江纸业总经办字〔2023〕8号　　　　　　　　　　　　　　　　　　　　　签发人：王 旗

关于下发2023年经营计划的通知

根据公司战略规划，公司将着重突出资源控制优先和资源节约与高效循环利用，进一步完善林纸结合模式，增强企业在绿色、低碳发展理念上的权重；坚持走内涵式发展之路，以转变经济增长方式、调整优化结构为主线，以现有基础为依托，以市场为导向，以科技创新为动力，采取淘汰落后、改造提升、新建扩建和参与国内造纸业兼并重组等措施，提高企业盈利能力和内在活力；坚持可持续发展和循环经济理念，全力推进结构调整，加快高值化能力的培植，突出企业核心竞争力与盈利能力培育提升，使企业发展步入创新驱动、内生增长的良性轨道。促使公司向资源效益型企业转型，成为中国工业领域"资源节约、环境友好、科技创新、信誉良好"的典范企业。

2023年的主要经济指标：生产纸97.82万吨，主营业务收入54.94亿元；公司整体利润目标1.44亿元。

公司将集中精力抓好以下重点工作：

……

图1-8　关于下发2023年经营计划的通知

1. 筹资预算与规划

认知识别 经营计划收支金额

根据公司2023年经营计划，结合公司年度目标、市场预测、业务扩展计划、预期资本支出等因素，考虑到季节性波动、市场风险、信用条件变化等因素，在制订经营计划时，企业需要对未来的收入和支出进行精准的预测，以确保计划的可行性和准确性。经营计划的收支金额包括预期的销售收入、服务收入、投资收益等收入项目，以及生产成本、人力成本、营销费用、管理费用、财务费用等支出项目。

企业应基于市场研究、历史数据和业务发展趋势，对收入进行合理预测。同时，通过成本分析和预算控制，对各项支出进行精准规划。经营计划应与企业的财务目标和战略规划相一致，确保企业的盈利能力和持续发展。

认知识别 资金需求量

以经营预算的经营计划收支金额、专门决策预算的长期投资为依据，编制现金预算，用来反映预算期内预计现金收入与现金支出，以及为满足理想现金余额而进行筹资或归还借款等的预算。采用资金预测方法（如销售百分比法、线性回归法、高低点法）进行筹资规模测算。资金预算由可供使用现金、现金支出、现金余缺、现金筹措与运用四部分构成。

2. 银行贷款借款方式执行

认知识别 计划筹资金额

以测算的全年资金需求量为依据，结合企业内部留存收益情况，分析当年需对外融资金额，并编制年度融资计划和月度融资计划。

认知识别 贷款申请金额

贷款申请金额是企业或个人在向银行或金融机构申请贷款时提出的资金需求总额。

结合公司资金需求、还款能力以及贷款用途，企业在授信获批额度内可向银行或金融机构明确提出所需的贷款金额。企业在确定贷款申请金额时，应确保金额的合理性，避免申请过高的贷款额度导致还款压力过大，同时也不应过低以至于无法满足实际的资金需求。此外，企业还应考虑到贷款的利率、期限、还款方式等条件，以确保贷款申请的可行性和可持续性。

认知识别 贷款合同金额

贷款合同金额是指在贷款合同中明确规定的贷款总额，它是借款人与贷款机构之间达成的一致协议，反映了双方对贷款金额的共同认可和承诺。贷款合同金额是贷款协议的核心条款之一，它明确了借款人在合同期限内需要偿还的本金总额。这个金额通常是基于借款人的资金需求、还款能力、贷款期限以及贷款机构的信贷政策等因素综合确定的。

认知识别 收款金额

收款金额是指企业在签订贷款合同后，在约定的期限内拨付的贷款金额。企业在贷款金额到账后，根据银行收款回单逐笔登记收款金额，进行筹资台账登记及账务核算。

认知识别 付款金额

根据贷款合同约定的还款日,到期支付还款利息和本金。根据银行付款回单逐笔登记收款金额并进行账务核算。

认知识别 计划完成率

筹资计划完成率是衡量企业在一定时期内完成其融资目标程度的指标,它反映了企业筹资活动的实际效果与计划目标之间的匹配程度。企业在制订融资计划时,会设定具体的筹资目标,包括筹资的金额、方式、成本以及时间框架等。通过比较实际筹资情况与计划目标,筹资计划完成率为企业管理层提供了一个量化的评估工具。

公司筹资所涉及的知识包括业务财务会计、业务财务管理、业务成本管控、业务税务管理、业财税融合系列等内容。每个知识点相互关联并共同作用于整个筹资过程,以实现高效、经济、风险可控的筹资目标。具体知识呈现见项目二至项目八。

任务小结

筹资流程涉及预算、规划、分析、评价及风险管理。企业需根据战略和运营需求预测资金缺口,评估内外部筹资环境,制订筹资计划,明确目的、期限和成本,选择合适的筹资方式以提高效率、降低成本。同时,识别并评估市场、信用和流动性风险,制定风险管理措施。筹资确认与核算确保资金的正确记录和成本的准确计算,筹资分析与评价则对筹资效益、结构合理性和成本控制进行回顾,为未来筹资提供指导。企业应全面考虑这些因素,确保筹资活动顺利,通过科学管理在市场变化中保持竞争力,实现可持续发展。

"知识—业务"思维导图,如图1-9所示。

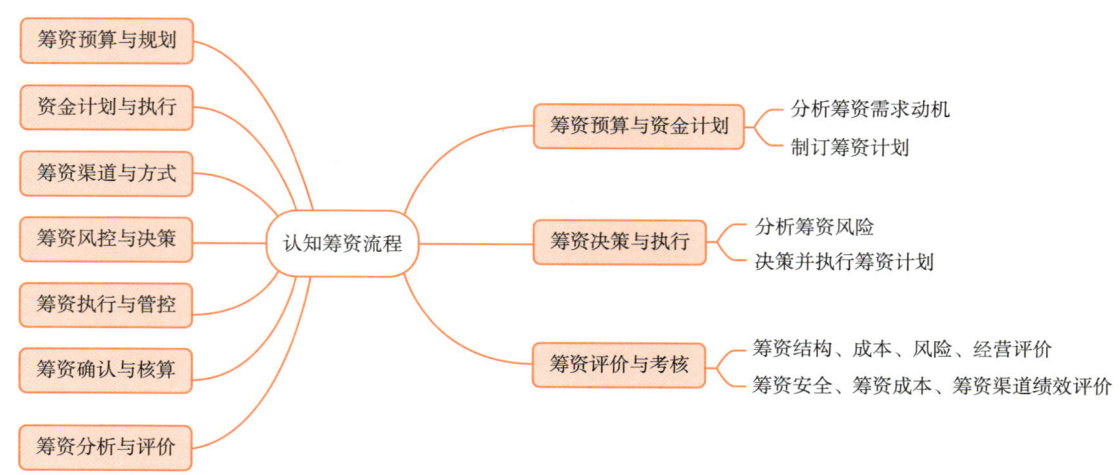

图1-9 "知识—业务"思维导图

项目 2　筹资成本、风险与结构分析

学习目标

知识目标

1. 掌握各种筹资方式及其存在的风险；
2. 掌握个别筹资成本、加权筹资成本的计算；
3. 掌握筹资过程性风险和杠杆风险；
4. 掌握最佳资金成本结构的确定方法。

技能目标

1. 能够熟练计算个别筹资成本、加权资金成本；
2. 运用相关工具进行大数据筹资成本分析、风险分析；
3. 运用定量和定性分析方法对企业筹资风险进行分析研判；
4. 能够合理确定企业筹资的资金结构。

素质目标

1. 具备筹资风险衡量与筹资成本计算的能力；
2. 具有成本效益观念，养成严谨细致的工作作风；
3. 具有数据驱动、"四流融合"的价值创造思维。

任务 1　资金成本分析

【教学重点】计算筹资个别资金成本。
【教学难点】计算筹资加权平均资金成本。

资金成本是资本所有权与资本使用权分离的结果，是企业为筹集和使用（或占用）资本而付出的代价，包括筹资费用和用资费用。

资金成本的运用范围非常广泛。如何在控制风险的情况下，合理降低资金成本，实现企业价值最大化，是筹资决策的主要目标。在投资活动中，资金成本的计算是投资决策的依据，公司会选择投资报酬率高于资金成本的项目。

在市场经济环境中，无风险利率、市场风险溢价、税率、资金结构等多方面因素的综合作用决定着企业资金成本的高低。

任务导入

【场景2-1】珠江纸业财务部汇总2022年筹资情况，计算分析筹资资金成本（见表2-1）。

表2-1　　　　　　　　　2022年筹资情况一览　　　　　　　　单位：元

筹资渠道		……	金额	利息费用
银行授信	项目贷款	……	1,937,316,666.67	80,888,659.74
	流动资金贷款	……	2,827,682,222.22	102,069,697.61
	银行承兑汇票	……	—	—
	小计	……	4,764,998,888.89	182,958,357.35
融资租赁		……	177,284,173.17	8,420,998.23
债券融资		……	421,240,485.25	18,291,104.49
股权融资	股本	……	1,397,733,148.00	—
	资本公积	……	4,775,884,697.61	—
	库存股	……	-183,165,498.10	—
	盈余公积	……	270,737,008.19	—
	未分配利润	……	1,186,838,686.71	—
合计		……	12,811,551,589.72	209,670,460.07

编制人：李燕　　　　　　　　　　　　　　　　　　编制时间：2023年1月1日

注：完整表格扫码获取。

认知识别　筹资方式

筹资方式是指企业筹集资金所采取的具体形式，它受到法律环境、经济体制、融资市场等筹资环境的制约，特别是受国家对金融市场和融资行为方面的法律法规制约。

一般来说，企业最基本的筹资方式有两种：股权筹资和债务筹资。股权筹资通过吸收直接投资、公开发行股票等方式取得，形成企业的股权资金。债务筹资通过向银行借款、发行公司债券、利用商业信用等方式取得，形成企业的债务资金。发行可转换债券、优先股股票筹集资金的方式，属于兼有股权筹资和债务筹资性质的混合筹资方式。

非公开定向债务融资工具（PPN）、私募股权投资、产业基金等是近年来实务中普遍采用的融资方式。

分析研判　公司筹资方式分析

2022年，珠江纸业构建了一个四元筹资结构，筹资方式有银行授信、融资租赁、债券融资、股权融资四种。

风险控制　银行授信筹资的风险

企业在进行银行授信时面临的风险主要包括信用风险、资金挪用风险、财务风险和法律风险。信用风险可能由于企业多头授信或过度授信导致信用膨胀，增加债务链的脆弱性。资金挪用风险源于企业可能将信贷资金违规投入高风险领域，如民间借贷、股市或房市，造成潜在的不良贷款。财务风险体现在高财务杠杆带来的沉重负担，一旦超出企业承受能力，可能导致资金链断裂。法律风险涉及银行可能因违反监管规定而受到处罚，或客户经理因违规操作面临刑事责任追究。为控制这些风险，公司应根据资金需求合理筹划银行授信规模。

风险控制　融资租赁筹资的风险

公司采用融资租赁方式筹资时，可能面临租赁公司因为企业信用状况不佳而提高租赁成本，也可能因利率波动或市场需求变化影响租赁成本和租赁资产价值。在租赁过程中的合同条款不明确或管理不善，可能导致企业承担额外成本或责任。由于租赁合同的长期性，导致企业在短期内难以调整资金结构，影响资金的流动性。企业在采用融资租赁筹资时，应全面评估这些潜在风险，并采取相应措施，如选择信誉良好的租赁公司、明确合同条款、加强设备和技术的评估以及制定灵活的资金管理策略，以降低融资租赁带来的风险。

风险控制　发行债券筹资的风险

公司通过发行债券筹资时，会面临包括信用风险、利率风险、流动性风险、再融资风险和法律风险在内的多重风险。例如，企业信用评级下降导致债券价值缩水或发行成本上升；利率风险源于市场利率变动，可能影响债券的吸引力和现有债券的市场价值；流动性风险是指企业可能因为资金储备与债券到期结构不匹配而面临短期流动性压力；再融资风险是指市场条件恶化时企业难以以合理成本进行再融资；法律风险涉及债券发行和交易过程中可能违反法律法规带来的法律后果。此外，宏观经济波动、行业政策变化或企业经营状况恶化，都可能增加债券融资的风险。因此，公司在决定发行债券筹资时，应综合评估市场条件、自身财务状况和未来资金需求，制定风险管理策略，以确保筹资活动的稳健性和可持续性。

风险控制　股权融资的风险

公司采用股权融资方式筹资时，主要面临稀释现有股东权益、控制权风险、市场信心风险和流动性风险。首先，股权融资可能导致现有股东的持股比例下降，从而稀释其对公司的控制权和收益权。其次，市场对股权融资的反应可能影响企业股价和市场信心，若市场解读为公司财务状况不佳或未来前景不明朗，可能导致股价下跌。公司在进行股权融资时，应充分考虑这些风险因素，通过合理设置资金结构、加强信息披露、维护良好的公司治理和市场沟通，以降低股权融资带来的潜在风险。

三 任务实施

1. 编制2022年债务筹资资金成本明细表

【场景2-2】财务部根据珠江纸业2022年融资情况明细，编制2022年债务筹资资金成本明细表（见表2-2）。

表2-2　　　　　　　　　2022年债务筹资资金成本明细表

筹资渠道		2022年筹资资本测算			
		金额（元）	利息费用（元）	税前资金成本率（%）	税后资金成本率（%）
		A	B	C=B÷A	D=B(1-15%)÷A
银行授信	项目贷款	1,937,316,666.67	80,888,659.74	4.18	3.55
	流动资金贷款	2,827,682,222.22	102,069,697.61	3.61	3.07
	银行承兑汇票	—	—	—	—
	小计	4,764,998,888.89	182,958,357.35	3.84	3.26
融资租赁		177,284,173.17	8,420,998.23	4.75	4.04
债券融资		421,240,485.25	18,291,104.49	4.34	3.69

编制人：李燕　　　　　　　　　　　　　　　　　　　　　　　　　编制时间：2023年1月1日

注：完整表格扫码获取。

认知识别　债务资金成本

债务资金成本包括借款利息和借款手续费用，借款利息是使用资金的费用，借款手续费用是筹资过程中发生的费用。由于利息可以在企业所得税前列支，可以起到抵税作用，一般计算税后资金成本率，作为债务资金使用成本。

债务资金成本率公式：

债务资金成本率=年度用资费用÷（筹资总额–筹资费用）

考虑企业所得税因素的债务资金成本率的计算公式：

Kb=年利率×（1–所得税税率）÷（1–手续费率）×100%=i（1–T）÷（1–f）×100%

式中，"Kb"是银行借款资金成本率，"i"是银行借款年利率，"f"是筹资费用率，"T"是所得税税率。

分析研判　债务资金成本的计算

珠江纸业债务筹资方式共有银行授信、融资租赁、债券融资三种渠道。以银行授信筹资渠道为例计算个别资金成本，珠江纸业企业所得税适用15%的优惠税率，并且满足企业所得税对银行借款利息的税前扣除规定，可享受债务利息税前扣除的抵税作用。

以项目贷款为例，2022年的利息费用为80,888,659.74元，贷款金额为1,937,316,666.67元，其税前资金成本可套用债务资金成本的通用公式。

税前资金成本=利息费用÷贷款金额=80,888,659.74÷1,937,316,666.67×100%=4.18%

税后资金成本=利息费用×(1−所得税税率)÷贷款金额=80,888,659.74×(1−15%)÷1,937,316,666.67×100%=3.55%

风险控制 债务筹资的风险

珠江纸业选用债务筹资方式,可享受企业所得税抵税作用,筹资成本较低。珠江纸业债务筹资的三种筹资方式中,银行信贷筹资成本较低,筹资期限和筹资金额具有一定的灵活性,属于筹资方式的首选,建议珠江纸业在制定2023年筹资预算的过程中多开展银行信贷筹资。但珠江纸业进行债务融资时,必须对潜在的市场风险、信用风险、流动性风险和法律风险进行全面评估。通过债务结构优化、还款能力分析、行业趋势监测、合规性检查以及风险预警系统来降低债务筹资的风险,对于长期贷款或者长期债券,应注意到期一次性偿还大额本金的集中兑付压力。

2. 编制2022年股权筹资资金成本明细表

【场景2-3】财务部根据珠江纸业2022年融资情况,编制2022年股权筹资资金成本明细表(见表2-3)。

表2-3　　　　　　　　　2022年股权筹资资金成本明细表

筹资渠道		2022年筹资资本测算		
		金额(元)	利息费用(元)	税前资金成本率(%)
股权融资	股本	1,397,733,148.00	—	8.00
	资本公积	4,775,884,697.61	—	8.00
	库存股	−183,165,498.10	—	8.00
	盈余公积	270,737,008.19	—	8.00
	未分配利润	1,186,838,686.71	—	8.00

编制人:李燕　　　　　　　　　　　　　　　　　　　　　　编制时间:2023年1月1日

注:完整表格扫码获取。

认知识别 股权资金成本

股权资金成本的计算方法有三种:资本资产定价模型、股利增长模型和债券收益率风险调整模型。其中,资本资产定价模型使用最广泛。

(1)资本资产定价模型。该模型是估计普通股资金成本的常用方法。按照资本资产定价模型,普通股资金成本等于无风险利率加上风险溢价。

普通股资金成本=无风险利率+β(平均风险股票报酬率−无风险利率)

其中,"β"表示股票的贝塔系数;"(平均风险股票报酬率−无风险利率)"表示市场风险溢价;"β(平均风险股票报酬率−无风险利率)"表示股票的风险溢价。

根据资本资产定价模型计算普通股的资金成本，必须估计无风险利率和市场风险溢价。

（2）股利增长模型。该模型假定收益以固定的年增长率递增，普通股资金成本的计算公式为：

普通股资金成本＝预期下年现金股利额÷普通股当前市价＋股利平均增长率

如果企业今年支付股利已知，预期下年现金股利额＝今年支付股利×（1+股利平均增长率）。

（3）债券收益率风险调整模型。根据投资"风险与收益对等"原理，普通股股东对公司的投资风险大于债券投资者，因而在债券投资者要求的报酬率上再要求一定的风险溢价。依照这一理论，股权的成本公式为：

普通股资金成本＝税后债券资金成本＋股东比债权人承担更大风险所要求的风险溢价

分析研判 股权资金成本的计算

公司采用债券收益率风险调整模型确定股权资金成本，根据【场景2-2】可知，债务筹资成本在3%~4%，风险溢价是凭借经验估计的。经过珠江纸业对风险溢价的评估，对风险较高的股票用5%，风险较低的股票用3%，综合分析确定2022年公司的股权资金成本为8%。

风险控制 公司控制权稀释的风险

公司控制权稀释的风险主要体现在当公司通过发行新股或引入外部投资者时，原有股东的持股比例会相应降低，从而可能导致公司决策权和经营控制权的转移。控制权稀释不仅可能削弱原有股东对公司发展方向的影响力，还可能引入与原有管理层理念不符的新股东，从而引发公司战略方向和企业文化的冲突。此外，如果新股东拥有较大的投票权，他们可能会推动对公司不利的决策，增加公司运营的不确定性。因此，公司在进行股权融资或增资扩股时，需要谨慎评估控制权稀释的风险，通过设置合理的股权结构、采用反稀释条款、维护核心股东的决策权等措施，来保护公司长期稳定发展和原有股东的利益。

3. 编制2022年加权平均筹资资金成本明细表

【场景2-4】财务部根据珠江纸业2022年融资情况明细表（见表2-4），计算公司加权平均筹资资金成本。

表2-4　　　　　　　　　2022年融资情况明细表

筹资渠道		金额（元）	考虑占用天数的融资金额（元）	利息费用（元）	税前资金成本率（%）	税后综合资金成本率（%）	账面价值权数（%）
银行授信	项目贷款	3,309,000,000.00	1,937,316,666.67	80,888,659.74	4.18	0.54	15.12
	流动资金贷款	5,875,800,000.00	2,827,682,222.22	102,069,697.61	3.61	0.68	22.07
	银行承兑汇票	0	0	0	0	0	0
	小计	9,184,800,000.00	4,764,998,888.89	182,958,357.35	3.84	1.22	37.19
融资租赁		196,961,346.72	177,284,173.17	8,420,998.23	4.75	0.06	1.38
债券融资		421,240,485.25	421,240,485.25	18,291,104.49	4.34	0.12	3.29

续表

筹资渠道		金额（元）	考虑占用天数的融资金额（元）	利息费用（元）	税前资金成本率（%）	税后综合资金成本率（%）	账面价值权数（%）
股权融资	股本	1,397,733,148.00	1,397,733,148.00	—	8.00	0.87	10.91
	资本公积	4,775,884,697.61	4,775,884,697.61	—	8.00	2.98	37.28
	库存股	−183,165,498.10	−183,165,498.10	—	8.00	−0.11	−1.43
	盈余公积	249,711,917.87	270,737,008.19	—	8.00	0.17	2.11
	未分配利润	997,612,873.83	1,186,838,686.71	—	8.00	0.74	9.26
合计		17,040,778,971.18	12,811,551,589.72	209,670,460.07	—	6.05	100.00

注：完整表格扫码获取。

认知识别 权数

加权平均资金成本的计算，存在着权数价值的选择问题，即各项个别资本按什么权数来确定资本比重（见表2-5）。权数可选择的价值形式有账面价值、市场价值、目标价值等。

账面价值权数是以各项个别资本的会计报表账面价值为基础来计算资本权数，确定各类资本占总资本的比重。其优点是资料容易取得，可以直接从资产负债表中得到，而且计算结果比较稳定。

市场价值权数是以各项个别资本的现行市价为基础来计算资本权数，确定各类资本占总资本的比重。

目标价值权数是以各项个别资本预计的未来价值为基础来计算资本权数，确定各类资本占总资本的比重。目标价值是目标资金结构要求下的产物，是公司筹措和使用资金对资金结构的一种要求。

表 2-5　　　　　　　　　　价值权数的形式与优缺点

形式	优点	缺点
账面价值权数	资料容易取得，可以直接从资产负债表中得到，而且计算结果比较稳定	当债券和股票的市价与账面价值差距较大时，导致按账面价值计算出来的资金成本不能反映目前资本市场上筹集资本的现时机会成本，不适合评价现时的资金结构
市场价值权数	能够反映现时的资金成本水平，有利于进行资金结构决策	现行市价处于变动之中，不容易取得，而且现行市价反映的只是现时的资金结构，不适用未来的筹资决策
目标价值权数	公司筹措新资金，需要反映期望的资金结构，目标价值是有益的，适用于未来的筹资决策	目标价值的确定具有主观性

认知识别 加权平均资金成本

加权平均资金成本是公司全部长期资本的平均成本，一般按各种长期资本的比例加权计算，故称加权平均资金成本。计算公司的加权平均资金成本有3种权重依据可供选择，即账面价值权重、实际市场价值权重和目标资金结构权重。

企业加权平均资金成本是以各项个别资本在企业总资本中的比重为权数，对各项个别资金成本进行加权平均而得到的总资金成本。加权平均资金成本的计算公式为：

$$Kw=\sum_{j=1}^{n}K_jW_j$$

式中，"Kw"为平均资金成本，"K_j"为第j个别资金成本，"W_j"为第j种个别资本在全部资本中的比重。

分析研判　权数的确定

珠江纸业根据自身情况，通过分析账面价值权数、市场价值权数、目标价值权数特点，选择以账面价值作为权数计算加权平均资金成本。

分析研判　加权平均资金成本的计算

珠江纸业计算加权平均资金成本时采用的权数是账面价值。

（1）债务筹资权数的计算。

项目贷款的账面价值权数=2022年项目贷款考虑占用天数的融资金额÷2022年总融资金额=1,937,316,666.67÷12,811,551,589.72×100%=15.12%

流动资金贷款的账面价值权数=2022年流动资金贷款考虑占用天数的融资金额÷2022年总融资金额=2,827,682,222.22÷12,811,551,589.72×100%=22.07%

融资租赁的账面价值权数=2022年融资租赁考虑占用天数的融资金额÷2022年总融资金额=177,284,173.17÷12,811,551,589.72×100%=1.38%

债券融资的账面价值权数=2022年债券融资考虑占用天数的融资金额÷2022年总融资金额=421,240,485.25÷12,811,551,589.72×100%=3.29%

（2）股权筹资权数的计算。

股本的账面价值权数=2022年股本考虑占用天数的融资金额÷2022年总融资金额=1,397,733,148.00÷12,811,551,589.72×100%=10.91%

资本公积的账面价值权数=2022年资本公积考虑占用天数的融资金额÷2022年总融资金额=4,775,884,697.61÷12,811,551,589.72×100%=37.28%

库存股的账面价值权数=2022年库存股考虑占用天数的融资金额÷2022年总融资金额=−183,165,498.10÷12,811,551,589.72×100%=−1.43%

盈余公积的账面价值权数=2022年盈余公积考虑占用天数的融资金额÷2022年总融资金额=270,737,008.19÷12,811,551,589.72×100%=2.11%

未分配利润的账面价值权数=2022年未分配利润考虑占用天数的融资金额÷2022年总融资金额=1,186,838,686.71÷12,811,551,589.72×100%=9.26%

（3）债务筹资个别资金成本（税后）的计算。

项目贷款的税后个别资金成本=2022年利息费用×（1−所得税税率）÷2022年项目贷款考虑占用天数的融资金额=80,888,659.74×（1−15%）÷1,937,316,666.67×100%=3.55%

流动资金贷款的税后个别资金成本=2022年利息费用×（1−所得税税率）÷2022年流动贷款考虑占用天数的融资金额=102,069,697.61×（1−15%）÷2,827,682,222.22×100%=3.07%

融资租赁的税后个别资金成本=2022年利息费用×（1−所得税税率）÷2022年项目贷款考虑占用天数的融资金额=8,420,998.23×（1−15%）÷177,284,173.17×100%=4.04%

债券融资的税后个别资金成本=2022年利息费用×（1−所得税税率）÷2022年项目贷款考虑占用天数的融资金额=18,291,104.49×（1−15%）÷421,240,485.25×100%=3.69%

（4）股权筹资个别资金成本的计算：股本、资本公积、库存股、盈余公积、未分配利润的个别资金成本为8%。

（5）加权平均资金成本的计算，具体如下。

$$Kw=\sum_{j=1}^{n}K_jW_j=15.12\%×3.55\%+22.07\%×3.07\%+1.38\%×4.04\%+3.29\%×3.69\%+（10.91\%+37.28\%−1.43\%+2.11\%+9.26\%）×8\%=6.05\%$$

说明：表格最终的计算结果是6.05%，与表格计算结果的差异是由于账面价值权数进行了四舍五入。

任务小结

通过掌握个别资金成本和加权平均筹资成本的计算，为评价不同筹资方式提供了定量工具。个别资金成本的计算包括债务资金成本的计算和股权资金成本的计算。加权平均资金成本根据个别资金成本与权数进行加权计算。

"知识—业务"思维导图，如图2-1所示。

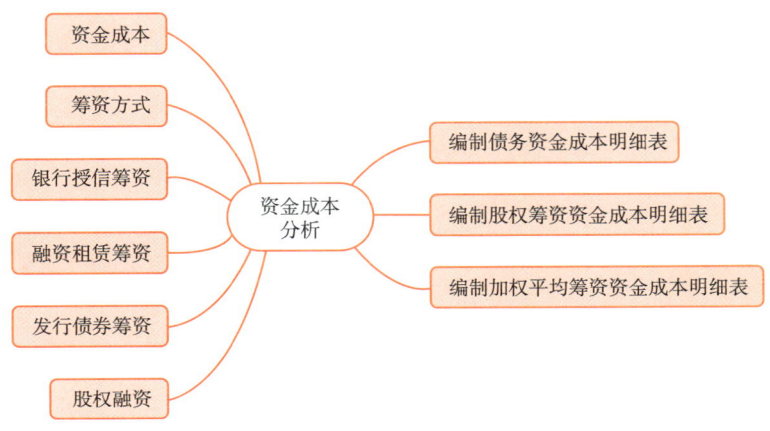

图2-1 "知识—业务"思维导图

任务2　筹资风险分析

【教学重点】 经营杠杆风险、财务杠杆风险分析。
【教学难点】 筹资偿还性风险分析。

不确定的行为或者决策导致经济损失的可能性即为风险。狭义的风险指发生财务损失的可能性。广义的风险是预期结果的不确定性。风险不仅包括负面效应的不确定性，还包括正面效应的不确定性。

筹资风险源于筹资活动，因为筹资活动的结果具有不确定性，当企业对筹资需求额度和资金运用管控不力时，筹资活动就会为企业带来筹资风险。筹资风险分析需要全面考虑筹资活动的各个环节和潜在风险因素，通过科学的风险评估和管理策略，降低筹资风险，确保企业的稳健发展。

任务导入

【场景2-5】 珠江纸业预算管理委员会根据《筹资管理办法》《筹资决策管理办法》《筹资执行管理办法》明确筹资管理工作流程，并向相关部门明确具体编制内容，进行2022年筹资风险分析（见图2-2）。

筹资管理办法

……

第五条　筹资风险

（一）筹资运营风险

筹资运营风险是指由于筹资活动存在越权审批、筹资策略制定不恰当、企业债务过高或资金调度不当等情况，导致企业不能及时筹资，影响企业生产经营活动的风险。筹资运营风险具体有：

（1）筹资不及时导致资金短缺，不能满足企业生产和经营发展的需要。

（2）筹资活动未经适当审批或超越授权审批，可能因重大差错舞弊、欺诈而导致损失。

（3）债务过高或资金调度不当，可能导致企业不能按期偿付债务。

（二）筹资财务风险

筹资财务风险是指由于筹资会计信息处理不当和筹资决策失误，企业可能面临财务信息不真实及资金成本过高的风险。筹资财务风险具体有：

（1）筹资记录错误或会计处理不正确，可能造成债务和筹资成本信息不真实。

（2）筹资决策失误，可能会造成资金冗余或债务结构不合理，导致筹资成本过高。

……

图2-2　筹资管理办法

认知识别　筹资风险路径分析

企业融资时需要考虑的关键要素，如资金需求量、资金使用方式和资金偿还期是否适当等，都应在筹资活动中被充分考虑。筹资风险分析通过定量和定性分析方法进行筹资风险过程性分析及筹资风险结果性分析。

分析研判 筹资风险研判

筹资运营风险是指由于筹资活动存在越权审批、筹资策略制定不恰当、企业债务过高或资金调度不当等情况，导致企业不能及时筹资，影响企业生产经营活动的风险。企业的筹资财务风险主要是由于筹资会计信息处理不当和筹资决策失误，企业可能面临财务信息不真实或资金成本过高的风险。

筹资风险定性分析方法主要是对公司的筹资制度管理、筹资活动管理、筹资预算管理三个方面进行考量，初步研判公司筹资风险过程性控制是否到位。

风险控制 筹资风险管理

筹资风险管理是在充分考虑运营过程中的各种风险因素之后，企业合理利用技术手段或者经济手段对相关筹资活动进行管理，力求使企业所面临的风险程度降到最低。

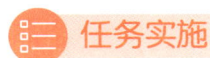

三 任务实施

1. 筹资风险过程性分析

【场景2-6】通过科学的企业财务预算，可以在一定程度上有效控制企业的财务风险和筹资风险。根据珠江纸业2022年筹资预算数及实际数，对公司筹资风险进行及时性分析（见表2-6）。

表2-6　　　　　　　　　　2022年筹资预算及实际数一览表　　　　　　　　　　单位：元

筹资渠道		分析数据	
		筹资实际数 A	筹资预算数 B
银行授信	项目贷款	1,937,316,666.67	1,845,063,492.07
	流动资金贷款	2,827,682,222.22	2,570,620,202.02
	小计	4,764,998,888.89	4,415,683,694.09
融资租赁		177,284,173.17	177,284,173.17
债券融资		421,240,485.25	421,240,485.25
股权融资	股本	1,397,733,148.00	1,397,733,148.00
	资本公积	4,775,884,697.61	4,740,065,576.59
	库存股	−183,165,498.10	−183,165,498.10
	盈余公积	270,737,008.19	265,428,439.40
	未分配利润	1,186,838,686.71	1,163,567,339.91
合计		12,811,551,589.72	12,433,656,479.33

编制人：李燕　　　　　　　　　　　　　　　　　　　　　　　　　　　编制时间：2022年12月10日

认知识别　筹资预算实施及执行与筹资风险的关系

优化企业的筹资预算方案，可以有效降低筹资风险。企业通过筹资管理能够充分评估下一年度可能出现的经济形势，充分做好预判，制定风险应对策略，测算下一年度的筹资成本并合理调整资金结构，以降低由于筹资结构不合理而导致的筹资风险。

分析研判　计算分析筹资风险及时性

通过计算公司2022年筹资预算与实际数据的差异，分析研判珠江纸业是否存在筹资不及时导致资金短缺、不能满足企业生产和经营发展需要的情况。差异分析方法可以应用绝对数分析和相对数分析进行定量分析。绝对数分析为筹资金额差异额=筹资实际数−筹资预算数，相对数分析为筹资金额差异率=差异额÷筹资预算数×100%。计算结果如表2-7所示。

表2-7　筹资风险及时性计算　　　　单位：元

筹资渠道		分析数据			
		筹资实际数	筹资预算数	差异额	差异率
		A	B	C=A−B	D=C÷B
银行授信	项目贷款	1,937,316,666.67	1,845,063,492.07	92,253,174.60	5.00%
	流动资金贷款	2,827,682,222.22	2,570,620,202.02	257,062,020.20	10.00%
	银行承兑汇票	—	—	—	—
	小计	4,764,998,888.89	4,415,683,694.09	349,315,194.80	7.91%
融资租赁		177,284,173.17	177,284,173.17	0	0
债券融资		421,240,485.25	421,240,485.25	0	0
股权筹资	股本	1,397,733,148.00	1,397,733,148.00	0	0
	资本公积	4,775,884,697.61	4,740,065,576.59	35,819,121.02	0.76%
	库存股	−183,165,498.10	−183,165,498.10	0	0
	盈余公积	270,737,008.19	265,428,439.40	5,308,568.79	2.00%
	未分配利润	1,186,838,686.71	1,163,567,339.91	23,271,346.80	2.00%
合计		12,811,551,589.72	12,433,656,479.33	377,895,110.39	3.04%

以银行授信的项目贷款筹资渠道为例，该筹资渠道的差异额为2022年筹资预算数−2022年筹资实际数，即1,937,316,666.67−1,845,063,492.07=92,253,174.60（元）；该筹资渠道的差异率为差异额÷2022年筹资预算数，即92,253,174.60÷1,845,063,492.07×100%=5%。

珠江纸业2022年筹资金额超筹资预算3.04%，超出金额为377,895,110.39元，表明公司实际筹资额超出预算金额。假设公司的实际生产经营用资金与预算无差异或差异很小的情况下，能够判断公司2022年实际筹资金额能满足企业生产和经营发展需要，不存在筹资不及时导致资金短缺的情况。

风险控制 筹资预算风险控制

筹资预算管理是筹资风险事前管控的主要方法。珠江纸业已开展全面预算管理,在 2022 年已对筹资活动进行筹资预算,待 2022 年末时需要对 2022 年的筹资预算进行评估,以便明确公司是否存在筹资不能按照预算执行,不能及时筹集资金的风险。由分析研判可知,珠江纸业 2022 年能够根据筹资预算完成资金的筹集工作,资金短缺风险较小。

【场景 2-7】财务部根据《筹资管理办法》《筹资决策管理办法》《筹资执行管理办法》,分析珠江纸业是否按照制度和流程对 2022 年的筹资活动进行管理,是否存在越级审批或审批不当的行为。①

认知识别 企业内控制度与筹资风险的关系

内控制度的有效性直接影响企业能否做到有效应对筹资风险、避免重大财务失误和维持稳健的财务健康状态。筹资活动内控制度的完善程度直接关系到企业的筹资风险控制能力和运营效率。

分析研判 筹资审批规范性审查

筹资审批规范性审查属于过程性风险分析,通过核查 2022 年筹资预算、筹资预算审批表、筹资方案审批表、筹资执行审批表等过程性文件,分析判定公司筹资活动是否存在越权审批、筹资策略制定不恰当、企业债务过高、资金调度不当等情况,编制 2022 年筹资审批规范性审查表(见表 2-8)。

表 2-8　　　　　　　　　　　　2022 年筹资审批规范性审查

筹资渠道		规范性分析			
		是否有预算	筹资预算审批是否得当	筹资方案是否审核、审批	筹资执行是否审核、审批
银行授信	项目贷款	有	得当	已审核审批	已审核审批
	流动资金贷款	有	得当	已审核审批	已审核审批
	银行承兑汇票	有	得当	已审核审批	已审核审批
融资租赁		有	得当	已审核审批	已审核审批
债券融资		有	得当	已审核审批	已审核审批
筹资运营风险规范性分析判定		通过核查 2022 年筹资预算、筹资预算审批表、筹资方案审批表、筹资执行审批表等过程性文件,公司筹资活动不存在越权审批、筹资策略制定不恰当等情况			

风险控制 筹资活动执行流程风险控制

珠江纸业筹资活动执行流程管控需要根据筹资管理制度、筹资决策管理、筹资执行管理的要求,明确筹资活动的执行情况是否符合制度,按照决策流程和执行流程进行事中管控,重点管控岗位不相容性的审核、审批过程,检查监督的要点。例如,分析资金需求时,需要财务部核实在资金需求分析过程中是否分析得全面、详细,是否参考上期资金需求情况。

---

① 《筹资管理办法》《筹资决策管理办法》《筹资执行管理办法》扫码获取(本书第 6 页)。

【**场景2-8**】根据2021年、2022年资产负债表、利润表的数据(见表2-9),计算短期偿债能力分析指标、长期偿债能力分析指标,并研判公司筹资偿还性风险。

表2-9　　　　　　　　　　　年度报表项目数据　　　　　　　　　　单位:元

	内容	2022年	2021年
资产负债表及利润表项目数据	货币资金	1,464,921,532.27	1,538,633,883.53
	交易性金融资产	1,113,907.00	1,670,860.50
	流动资产	5,483,001,268.23	5,337,935,968.01
	流动负债	4,284,324,240.19	4,385,946,594.70
	存货	828,716,980.22	810,640,228.26
	预付账款	298,153,785.69	110,427,328.03
	1年内到期的非流动资产	0	0
	负债总额	5,582,955,648.20	5,727,712,076.72
	所有者权益总额	7,237,777,139.21	6,781,456,211.79
	资产总额	12,820,732,787.41	12,509,168,288.51
	营业收入	5,856,586,773.85	5,513,388,590.40
	税前利润	485,564,385.93	226,134,328.58
	税前利润(调整非经营性净损益后)	394,463,385.72	141,101,796.85
	利息费用(费用化)	167,754,912.98	145,506,691.02
	利息费用(资本化)	41,915,547.09	22,978,462.53

注:完整表格扫码获取。

认知识别　长期偿债能力与短期偿债能力指标

通过使用企业偿债能力分析指标,定量分析筹资偿还性风险(见表2-10)。

表2-10　　　　　　　　　　偿债能力分析指标的计算及分析

偿债能力	分析指标	指标公式	指标内涵	指标分析
短期偿债能力分析指标	流动比率	流动资产÷流动负债	该指标是衡量企业流动资产在其短期债务到期前可以变现用于偿还流动负债的能力。过高的流动比率并非好现象,因为流动性越强,可能是企业滞留在流动资产上的资金过多,未能有效加以利用,可能会影响企业的获利能力	该指标是正相关指标,即该指标越高,说明企业偿还流动负债的能力越强,流动负债得到偿还的保障越大;经验表明,流动比率在2:1左右比较合适
	速动比率	速动资产÷流动负债	该指标是衡量企业流动资产中可以立即变现用于偿还流动负债的能力。速动资产=流动资产-存货-预付账款-1年内到期的非流动资产	该指标是正相关指标,即指标越大,表明公司短期偿债能力越强;通常正常的速动比率为1,低于1的速动比率被认为短期偿债能力偏低

续表

偿债能力	分析指标	指标公式	指标内涵	指标分析
短期偿债能力分析指标	现金比率	货币资金÷流动负债	该指标最能反映企业直接偿付流动负债的能力 货币资金是指现金类资产，包括企业所拥有的货币资金	该指标是正相关指标，即比率越大，说明企业偿债能力越强；通常现金比率保持在20%以上为宜
长期偿债能力分析指标	资产负债率	负债总额÷资产总额	该指标是衡量企业中由债权人提供的资金占资金总来源的比重	该指标为负相关指标，即指标越小，企业资产对债权人权益的保障程度越高，企业的长期偿债能力越强；一般该指标适宜水平为40%~60%
	产权比率	负债总额÷所有者权益总额	该指标是衡量企业负债经营是否安全、有利的重要指标，反映企业自有资金偿还全部债务的能力	该指标是负相关指标，即指标越低表明债权人权益保障程度越高，承担财务风险越小；通常该指标为1比较适宜
	利息保障倍数	（税前利润+利息费用）÷利息支出	该指标是衡量企业经营业务收益（息税前利润）与所支付的利息费用的倍数关系	该指标是正相关指标，即指标越大表明企业的偿债能力越强 分子的"利息费用"是指计入本期利润表中财务费用的利息费用；分母的"利息支出"是指本期的全部利息支出，不仅包括计入利润表中财务费用的费用化利息，还包括计入资产负债表固定资产等成本的资本化利息

分析研判　分析公司筹资偿还性风险

首先，根据珠江纸业2021年、2022年的资产负债表及利润表的数据，计算偿债能力分析指标（见表2-11）。

表2-11　　　　　　　　　　　　　偿债能力指标数据

分析内容		分析数据	
		2022年	2021年
短期偿债能力分析指标	流动比率	1.28	1.22
	速动比率	1.02	1.01
	现金比率	0.34	0.35
长期偿债能力分析指标	资产负债率	0.44	0.46
	产权比率	0.77	0.84
	利息保障倍数	2.68	1.70

其次，根据计算指标对珠江纸业2022年筹资风险偿债性进行分析。

流动比率是正相关指标，经验表明，流动比率在2左右比较合适，珠江纸业2022年的流动资产为5,483,001,268.23元，流动负债为4,284,324,240.19元，流动比率=流动资产÷流动负债=5,483,001,268.23÷4,284,324,240.19=1.28，2021年的流动比率为1.22，珠江纸业的流动比率连续2年都未达到2，存在筹资短期偿还性较弱的风险。

速动比率是正相关指标，经验值为1，珠江纸业2022年的速动比率为0.94，2021年的速动比率为1.02，略超经验值，并且2022年的速动比率较2021年有所提高，可判断2022年公司短期偿还能力有所提高，筹资偿债性风险有所降低。

在分析判断过程中，流动比率和速动比率有标准的分析值，但是根据企业所在行业的不同而有所不同，应根据分析指标的正相关或负相关性质进行分析评价。在分析过程中，可选择参照物，如行业数据、企业历史数据等。

风险控制 公司筹资活动偿还性风险控制

筹资活动对企业来说会产生支付能力下降、自有资金经济效益不稳定的风险，无法清偿到期债务或由债务导致公司资本收益发生变化的筹资风险。根据珠江纸业2022年短期偿债能力和长期偿债能力的分析和评价，公司筹资活动偿债性风险在可控的范围内，建议公司2023年可适度增加筹资金额。

2. 筹资风险经营杠杆分析

【**场景2-9**】财务部根据2021年、2022年利润表的相关数据，计算珠江纸业的经营杠杆系数，使用比较分析方法定量分析公司2022年的筹资风险。

认知识别 经营杠杆系数与经营风险

经营杠杆是指由于固定性经营成本的存在，使企业的资产收益（息税前利润）变动率大于业务量变动率的现象。经营杠杆反映了资产收益的波动性，用以评价企业的经营风险。用息税前利润（EBIT）表示资产总收益，则：

$$EBIT = S - V - F = (P - V_c)Q - F = M - F$$

式中，"$EBIT$"表示息税前利润，"S"表示销售额，"V"表示变动性经营成本，"F"表示固定性经营成本，"Q"表示产销业务量，"P"表示销售单价，"V_c"表示单位变动成本，"M"表示边际贡献。

经营风险是指企业由于生产经营上的原因而导致的资产收益波动的风险。引起企业经营风险的主要原因是市场需求、生产成本等因素的不确定性。经营杠杆系数（DOL）的计算公式：

$$DOL = \frac{EBIT_0 + F_0}{EBIT_0} = 1 + \frac{基期固定成本}{基期息税前利润}$$

分析研判 公司经营杠杆系数的计算及分析

在公司业务数据池中，获取销售收入、变动性经营成本、固定性经营成本的季度数据，根据息税前利润、边际贡献、经营杠杆系数的计算公式，分别计算年度数据，全年数据从年度报表中获取。

以2022年实际数据为例，计算2022年的经营杠杆系数（见表2-12）：1+485,242,482.10÷562,218,298.70=1.86。

表 2-12　　　　　　　　　　　　　　经营杠杆系数分析

项目	序号	2022年实际数（元）A	2021年实际数（元）B	差异额（元）C=A-B	差异率（%）D=C÷B
销售额	①	5,856,586,773.85	5,513,388,590.40	343,198,183.45	6.22
变动性经营成本	②	4,809,125,993.05	4,636,522,802.57	172,603,190.48	3.72
固定性经营成本	③	485,242,482.10	590,257,299.96	−105,014,817.86	−17.79
边际贡献	④=①-②	1,047,460,780.80	876,865,787.83	170,594,992.97	19.46
息税前利润（EBIT）	⑤	562,218,298.70	286,608,487.87	275,609,810.83	96.16
经营杠杆系数（DOL）	⑥=1-③÷⑤	1.86	3.06	−1.20	−39.22

风险控制　公司经营杠杆影响因素及经营风险控制

经营杠杆的影响因素包括产品售价、产品需求、产品成本等。当产品成本中存在固定成本时，如果其他条件不变，产销业务量的增加虽然不会改变固定成本总额，但会降低单位产品分摊的固定成本，从而提高单位产品利润，使息税前利润的增长率大于产销业务量的增长率，进而产生经营杠杆效应。与2021年相比，珠江纸业2022年的销售额增长6.22%，变动成本增长3.72%，即便固定成本增加，2022年经营杠杆系数较2021年低，说明2022年公司的经营风险较2021年低，分析原因主要是2022年销售额的增加。

经营杠杆本身并不是资产收益不确定的根源，只是资产收益波动的表现，经营杠杆放大了市场、生产等因素变化对利润波动的影响。经营杠杆系数越高，表明息税前利润受产销量变动的影响越大，经营风险就越大。

3. 筹资风险财务杠杆分析

【**场景2-10**】财务部根据2021年、2022年利润表的相关数据，计算珠江纸业的财务杠杆系数，使用比较分析方法定量分析公司2022年的筹资风险。

认知识别　财务杠杆系数与财务风险

财务风险是指企业由于负债筹资产生的资本成本负担而导致的普通股收益波动的风险。由于财务杠杆的作用，当企业的息税前利润下降时，企业仍然需要支付固定的资本成本，导致普通股剩余收益以更快的速度下降。

$TE=(EBIT-I)\times(1-T)-D$

$EPS=[(EBIT-I)(1-T)-D]\div N$

式中，"TE"表示普通股收益，"EPS"表示每股收益，"I"表示债务资金利息，"D"表示优先股股利，"T"表示所得税税率，"N"表示普通股股数。

测算财务杠杆效应的常用指标为财务杠杆系数（DFL）。财务杠杆系数是普通股收益变动率与息税前利润变动率的比值，其计算公式为：

$DFL=$ 普通股收益变动率 ÷ 息税前利润变动率 $=EPS$ 变动率 ÷ $EBIT$ 变动率

在不存在优先股股息的情况下,财务杠杆系数的计算也可以简化为:

$DFL=$ 基期息税前利润 ÷ 基期利润总额 $=EBIT_0 \div (EBIT_0 - I_0)$

如果企业既存在固定利息的债务,也存在固定股息的优先股,则财务杠杆系数的计算进一步调整为:

$$DFL = \frac{EBIT_0}{EBIT_0 - I_0 - \frac{D_P}{1-T}}$$

式中,"D_p"表示优先股股利,"T"表示所得税税率。

分析研判　公司财务杠杆系数的计算及分析

以2022年实际数据为例,计算珠江纸业2022年的财务杠杆系数(见表2-13):562,218,298.70 ÷(562,218,298.70–167,754,912.98)=1.43。

2021年和2022年,珠江纸业没有优先股股利,财务杠杆主要是受债券利息的影响,虽然2022年的债务利息较2021年增加15%,但是2022年的息税前利润较2021年增加76%,因此2022年的财务杠杆较2021年低,表明2022年的财务风险较2021年低。

表2-13　财务杠杆系数分析

项目	序号	2022年实际数 A	2021年实际数 B	差异额 C=A-B	差异率 D=C÷B
所得税税率	①	15%	15%	—	—
优先股股利	②	0元	0元	—	—
股数	③	1,397,733,148.00元	1,397,733,148.00元	0元	0
息税前利润(EBIT)	④	562,218,298.70元	286,608,487.87元	275,609,810.83元	96.16%
债务资金利息	⑤	167,754,912.98元	145,506,691.02元	22,248,221.96元	15.29%
财务杠杆系数(DFL)	⑥=④÷[④-⑤-②÷(1-①)]	1.43	2.03	-0.60	-29.56%

风险控制　公司财务杠杆影响因素及财务风险控制

影响财务杠杆的因素包括:企业资本结构中的债务资金比重、普通股收益水平等。其中,普通股收益水平又受息税前利润、利息高低的影响。债务比重越高、利息支付额越高、息税前利润水平越低,财务杠杆效应越大,反之则越小。

财务杠杆放大了资产收益变化对普通股收益的影响,财务杠杆系数越高,表明普通股收益的波动越大,财务风险也就越大。

珠江纸业通过提高息税前的利润有效降低了财务风险,根据2021年和2022年的数据分析,公司财务风险在一个合理可控的范围内。

4. 筹资风险联合杠杆分析

【场景2-11】财务部根据【场景2-9】和【场景2-10】计算珠江纸业的联合杠杆系数,使用比较分析方法定量分析公司2022年的筹资风险。

认知识别 联合杠杆系数与综合风险

联合杠杆是指由于固定经营成本和固定资本成本的存在,导致普通股每股收益变动率大于产销业务量变动率的现象。

只要企业同时存在固定性经营成本和固定性资本成本,就存在总杠杆效应。产销量变动通过息税前利润的变动传导至普通股收益,使每股收益发生更大的变动。用联合杠杆系数(DTL)表示联合杠杆效应程度,是经营杠杆系数和财务杠杆系数的乘积,也是普通股收益变动率与产销量变动率的倍数,计算公式为:$DTL=$ 普通股收益变动率 ÷ 产销量变动率。

联合杠杆系数分析如表2-14所示。

表2-14 联合杠杆系数分析

项目	序号	2022年实际数 A	2021年实际数 B	差异额 C=A-B	差异率 D=C÷B
经营杠杆系数(DOL)	①	1.86	3.06	1.20	39.22%
财务杠杆系数(DFL)	②	1.43	2.03	0.60	29.56%
联合杠杆系数(DTL)	③=①×②	2.66	6.21	3.55	57.17%

在不存在优先股股息的情况下,总杠杆系数的计算也可以简化为:

$DTL=DOL \times DFL=$ 基期边际贡献 ÷ 基期息税前利润

分析研判 公司联合杠杆系数的计算及分析

以2022年实际数据为例,计算珠江纸业2022年的联合杠杆系数:$1.86 \times 1.43=2.66$。珠江纸业2022年的联合杠杆系数较2021年低,表明公司2022年的综合风险较小。

风险控制 公司联合杠杆系数影响因素及综合风险控制

联合杠杆效应能够说明产销业务量变动对普通股收益的影响,据此预测未来的每股收益水平;揭示财务管理的风险管理策略,若要保持一定的风险水平,则需要维持一定的联合杠杆系数,经营杠杆和财务杠杆可以有不同的组合。

去杠杆是为了降低风险,若公司经营状况良好,高杠杆经营会让企业获得快速发展。若企业经营惨淡,即便去杠杆行为获得了成功,也难免因收不抵支走上破产清算的道路。筹资风险管理的根本在于通过高效的经营,保障企业在债务到期时能够还本付息。

任务小结

由于企业资金利润率和借款利息率都具有不确定性,使企业资金利润率可能高于或低于借款利息率。企业决策失误、管理措施失当都可能产生筹资风险。在资金结构中，若负债的比例过大，即过度负债经营，那么依赖于外界的因素过多，也就加大了企业的经营风险和财务风险。正确计算经营杠杆系数、财务杠杆系数、联合杠杆系数，合理确定债务资金与自有资金、短期资金与长期资金的比例，确保收益和风险平衡，实现企业价值的最大化。

"知识—业务"思维导图，如图2-3所示。

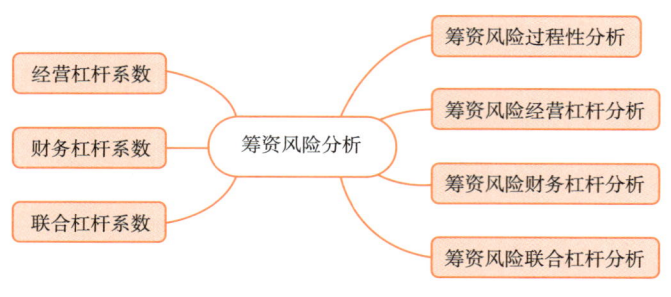

图2-3 "知识—业务"思维导图

任务3　资金结构分析

【教学重点】筹资资金结构的确定。
【教学难点】资金结构优化分析。

广义的资金结构是指全部债务与股东权益的构成比例，狭义的资金结构是指长期负债与股东权益的构成比例。本书采用狭义的资金结构。

资金结构是由企业采用的各种筹资方式筹集资金而形成的，各种筹资方式的不同组合，决定着企业的资金结构及其变化。总的来看，企业筹资方式分为债务资本和权益资本两大类。

资金结构分析是依据一家公司的资产组成及其所需资金构成，以及资金的来源和分配情况，来分析其短期和长期的偿债能力和投资选择，进而明确其财务决策和筹资决策，并采取合理的筹资措施改善资金结构，以提高企业的效益。

任务导入

【场景2-12】2022年10月，财务部根据《筹资管理办法》规定，从每股收益、项目贷款资金成本、流动资金贷款资金成本等指标分析珠江纸业2022年筹资情况，确定合理的资金结构及综合筹资成本，在年度预算编制工作开始前，对公司2023年度目标、筹资规模、资金结构、筹资成本、筹资种类及形式等事项提出建议（见图2-4）。

项目2 筹资成本、风险与结构分析

珠江纸业股份有限公司筹资管理办法

第一章 总则

第一条 目的

为了加强珠江纸业股份有限公司（以下简称"珠江纸业"）筹资管理，规范筹资行为，优化资金结构，降低筹资成本及风险，提高资金使用效率，根据《中华人民共和国公司法》《中华人民共和国证券法》《企业内部控制基本规范》等法律法规及《珠江纸业股份有限公司章程》（以下简称《公司章程》）的相关规定，结合公司实际情况，特制定本制度。

第二章 融资计划与方案

财务部在确定了合理的资金结构及综合筹资成本的基础上，在年度预算编制工作开始前，结合对市场前景和公司战略规划、经营状况、资金需求、付息还款能力、资金流动性等事项的分析评估结果，对公司下一年度目标、筹资规模、资金结构、筹资成本、筹资种类及形式等事项提出建议，形成下一年度的融资计划，经董事会审核后报股东大会审批，具体时间根据年终工作会议的时间确定。

……

图2-4 珠江纸业股份有限公司筹资管理办法

认知识别 资金结构优化方法

资金结构优化要求企业权衡负债的低资金成本和高财务风险，确定合理的资金结构。资金结构优化的目标是降低平均资金成本率，提高企业价值。资金结构优化的方法包括3种，如表2-15所示。

表2-15　　　　　　　　　　　　　　　资金结构优化方法

方法	定义	公式
每股收益分析法	是一种通过分析每股收益（EPS）来评估公司盈利能力和投资价值的方法，可以用每股收益的变化来判断资金结构是否合理，即能够提高普通股每股收益的资金结构，就是合理的资金结构	$[(EBIT-$债务利息$1)\times(1-T)-$优先股股利$1]\div$股数$1=$ $[(EBIT-$债务利息$2)\times(1-T)-$优先股股利$2]\div$股数2 在两个方案每股收益相等时，求息税前利润（该值类似于一个临界值） "$EBIT$"为息税前利润，"T"为企业所得税税率
平均资金成本比较法	是通过计算和比较各种可能的筹资组合方案的平均资金成本，选择平均资金成本最低的方案，即能够降低平均资金成本的资金结构，就是合理的资金结构	个别资金成本与权重对应相乘再相加，计算加权平均数
公司价值分析法	是在考虑市场风险的基础上，以公司市场价值为标准，进行资金结构优化，即能够提升公司价值的资金结构，就是合理的资金结构	公司价值$V=$权益资本市场价值$S+$债务资金市场价值B 假设公司各期$EBIT$不变，债务资金的市场价值等于其面值，因此只用计算权益资本市场价值 $S=(EBIT-I)\times(1-T)\div KS$ $KS=Rf+\beta(Rm-Rf)$ $KW=Kb(B/V)+Ks(S/V)$（此式表达的是股和债的加权平均数） 式中，"Rf"表示无风险报酬率，"β"表示股票的贝塔系数，"Rm"表示平均风险股票必要报酬率

认知识别 判断最优资金结构的标准

最优资金结构是使企业价值最大化的资金结构，同时，公司的加权平均资金成本也是最低的。

分析研判 资金结构决策方法的选择

企业应当遵循经济活动规律，充分考虑符合企业自身经济业务特点、基础数据管理水平、生产经营周期和管理的需要，选择或综合运用资金成本比较法、每股收益无差别点法、企业价值比较法等方法进行资金结构决策。

其中，每股收益无差别点法是根据财务部给出的不同筹资方案，计算不同筹资融资方案下珠江纸业的每股收益（EPS）相等时所对应的息税前利润（EBIT），选择每股收益较大的融资方案。

风险控制 最佳资金结构确定困难

适当利用负债可以降低公司的资金成本，但当债务比率过高时，杠杆利益会被债务成本抵消，企业面临较大财务风险。因此，企业应该确定其最佳的债务比率。由于每家企业都处于不断变化的经营条件和外部经济环境中，确定最佳资金结构十分困难。确定最佳资本结构的方法主要有3种：比较资本成本法、每股收益无差别点分析法、比较公司价值法。

三 任务实施

通过分析珠江纸业债务融资、权益筹资以及加权平均资本的结构与成本，能够发现公司资金结构存在的问题，并为珠江纸业2023年的资金结构指明优化方向。

1. 债务融资结构与成本分析

【场景2-13】为了做好2023年资金计划工作，珠江纸业根据2022年的融资情况，计算现有资金结构，启动资金结构相关调整工作，计算债务融资结构及成本（见表2-16）。

表2-16　　　　　　　　　　2022年债务资本实际数测算

筹资渠道		2022年融资资本测算					
		金额（元）	考虑占用天数的融资金额（元）	资金占比（%）	利息费用（元）	税前资金成本率（%）	税后综合资金成本率（%）
银行授信	项目贷款	3,309,000,000.00	1,937,316,666.67	15.12	80,888,659.74	4.18	0.54
	流动资金贷款	5,875,800,000.00	2,827,682,222.22	22.07	102,069,697.61	3.61	0.68
	小计	9,184,800,000.00	4,764,998,888.89	37.19	182,958,357.35	3.84	1.22
融资租赁		196,961,346.72	177,284,173.17	1.38	8,420,998.23	4.75	0.06
债券融资		421,240,485.25	421,240,485.25	3.29	18,291,104.49	4.40	0.12

认知识别 考虑占用天数的融资金额

考虑占用天数的筹资金额＝筹资金额 × 实际使用天数 ÷ 360

利息费用=筹资金额×筹资年利率×实际使用天数÷360

认知识别 税前资金成本率

债务资金成本是指借款和发行债券的成本，包括借款或债券的利息和筹资费用。

税前债务资金成本=政府债券的市场回报率+企业的信用风险补偿率

信用风险补偿率的确定分为五步：

（1）选择若干信用等级与本公司相同的上市的公司债券，只要等级合适，无须同行业。

（2）计算这些上市公司债券的到期收益率，找到期日相同或相近似的。

（3）计算与这些上市公司债券同期的长期政府债券到期收益率。

（4）计算上述两个到期率的差额，即信用风险补偿率。

（5）计算信用风险补偿率平均值（算术平均数），并作为本公司的信用风险补偿率。

认知识别 税后综合资金成本率

税后综合资金成本率也称加权平均资金成本率，是指根据各种资金来源的构成及其资金成本率计算的加权平均资金成本率。

加权平均资金成本=股本占融资总额的百分比×股权成本+债务占融资总额的百分比×债务成本×（1-税率）

分析研判 计算每股收益

2023年1月，财务部结合2022年净利润和股本数，计算珠江纸业2022年的每股收益。2022年净利润为420,344,506.13元，2022年初股本数量为1,397,733,148.00股，本年没有发生股本变动。

2022年公司每股收益=净利润÷在外流通普通股股数=420,344,506.13÷1,397,733,148.00=0.3007（元/股）

分析研判 计算项目贷款资金成本

2023年1月，财务部结合2022年利息费用和项目贷款资金，计算珠江纸业2022年的项目贷款税前资金成本。

2022年项目贷款税前资金成本=2022年项目贷款利息费用÷2022年项目贷款考虑占用天数的融资金额=（66,891,902.77+13,996,756.97）÷（1,563,902,777.78+373,413,888.89）×100%=4.18%

分析研判 计算流动资金贷款资金成本

2023年1月，财务部结合2022年利息费用流动资金融资金额，计算珠江纸业2022年的流动资金贷款资金成本。

2022年流动资金贷款资金成本=2022年流动资金贷款资金存量利息费用÷2022年流动资金贷款资金存量考虑占用天数的融资金额=（54,989,571.98+47,080,125.63）÷（1,515,379,444.44+1,312,302,777.78）×100%=3.61%

2022年融资资本测算如表2-17所示。

表 2-17　　　　　　　　　　　　2022 年融资资本测算

筹资渠道		2022 年融资资本测算					
		金额（元）①	考虑占用天数的融资金额（元）②	资金占比（%）③	利息费用（元）④	税前资金成本率（%）⑤=④÷②	税后综合资金成本率（%）⑥=⑤×③
银行授信	项目贷款	3,309,000,000.00	1,937,316,666.67	15.12	80,888,659.74	4.18	0.54
	流动资金贷款	5,875,800,000.00	2,827,682,222.22	22.07	102,069,697.61	3.61	0.68
	小计	9,184,800,000.00	4,764,998,888.89	37.19	182,958,357.35	3.84	1.22
融资租赁		196,961,346.72	177,284,173.17	1.38	8,420,998.23	4.75	0.06
债券融资		421,240,485.25	421,240,485.25	3.29	18,291,104.49	4.34	0.12

2. 权益融资结构及成本分析

【场景2-14】为了做好2023年资金计划工作，珠江纸业根据2022年的融资情况，计算现有资金结构，启动资金结构相关调整工作，计算权益融资结构及成本（见表2-18）。

表 2-18　　　　　　　　　　　　2022 年权益资本实际数测算

筹资渠道		2022 年融资资本测算					
		金额（元）	考虑占用天数的融资金额（元）	资金占比（%）	利息费用（元）	税前资金成本率（%）	税后综合资金成本率（%）
股权融资	股本	1,397,733,148.00	1,397,733,148.00	10.91	—	8.00	0.87
	资本公积	4,775,884,697.61	4,775,884,697.61	37.28	—	8.00	2.98
	库存股	−183,165,498.10	−183,165,498.10	−1.43	—	8.00	−0.11
	盈余公积	249,711,917.87	270,737,008.19	2.11	—	8.00	0.17
	未分配利润	997,612,873.83	1,186,838,686.71	9.26	—	8.00	0.74

分析研判　计算盈余公积资金成本

2022年，珠江纸业为满足公司正常经营活动，新增盈余公积融资42,050,180.64元，考虑占用天数的融资金额21,025,090.32元，2022年公司盈余公积资金成本为8%。

分析研判　计算未分配利润资金成本

2022年，珠江纸业为满足公司正常经营活动，新增未分配利润融资378,451,625.76元，考虑占用天数的融资金额189,225,812.88元，2022年公司未分配利润资金成本为8%。

3. 计算加权资金成本

【场景2-15】为了做好2023年资金计划工作，珠江纸业根据2022年的融资情况，计算现有资金结构，启动资金结构相关调整工作，计算加权资金成本。

分析研判　计算各筹资方式权重

2022年珠江纸业共筹资17,040,778,971.18元，考虑占用天数的融资金额为12,811,551,589.72元，全年利息费用209,670,460.07元。各筹资项目的占比计算如下：

（1）确定债务比例。

①银行授信中项目贷款1,937,316,666.67元。

占比=项目贷款考虑占用天数的融资金额÷考虑占用天数的融资金额合计数=1,937,316,666.67÷12,811,551,589.72=15.12%

②银行授信中流动资金贷款2,827,682,222.22元，占比22.07%。

③融资租赁177,284,173.17元，占比1.38%。

④债券融资421,240,485.25元，占比3.29%。

（2）确定股权比例。

①股权融资中股本1,397,733,148.00元，占比10.91%。

②股权融资中资本公积4,775,884,697.61元，占比37.28%。

③股权融资中库存股–183,165,498.10元，占比–1.43%。

库存股是指已公开发行的股票但发行公司通过购入、赠予或其他方式重新获得可再行出售或注销的股票。库存股股票既不分配股利，也不附投票权。库存股在会计实务中也指"库存股"会计科目，属于"所有者权益类"的备抵科目，表示所有者权益的减少，在公司的资产负债表上，库存股不能列为公司资产，而是以负数形式列为一项股东权益。

④股权融资中盈余公积270,737,008.19元，占比2.11%。

⑤股权融资中未分配利润1,186,838,686.71元，占比9.26%。

计算过程如表2-19所示。

表2-19　　2022年筹资资本实际数测算

项目		金额（元）①	考虑占用天数的融资金额（元）②	资金占比（%）（各项目金额÷合计）③	利息费用（元）④	税前资金成本率（%）⑤=④÷②	税后综合资金成本率（%）⑥=⑤×③
银行授信	项目贷款	3,309,000,000.00	1,937,316,666.67	15.12	80,888,659.74	4.18	0.54
	流动资金贷款	5,875,800,000.00	2,827,682,222.22	22.07	102,069,697.61	3.61	0.68
	小计	9,184,800,000.00	4,764,998,888.89	37.19	182,958,357.35	3.84	1.22
融资租赁		196,961,346.72	177,284,173.17	1.38	8,420,998.23	4.75	0.06
债券融资		421,240,485.25	421,240,485.25	3.29	18,291,104.49	4.34	0.12
股权融资	股本	1,397,733,148.00	1,397,733,148.00	10.91	—	8.00	0.87
	资本公积	4,775,884,697.61	4,775,884,697.61	37.28	—	8.00	2.98
	库存股	–183,165,498.10	–183,165,498.10	–1.43	—	8.00	–0.11
	盈余公积	249,711,917.87	270,737,008.19	2.11	—	8.00	0.17
	未分配利润	997,612,873.83	1,186,838,686.71	9.26	—	8.00	0.74
合计		17,040,778,971.18	12,811,551,589.72	100.00	209,670,460.07	—	6.05

注：完整表格扫码获取。

分析研判　计算加权平均资金成本

珠江纸业根据企业的总价值和加权平均资金成本，以企业价值最大化为标准，确定最佳资金结构。

加权平均资金成本是根据债务和股权比例计算出来的，可以使用以下公式计算：

加权平均资金成本＝债务比例×债务成本＋股权比例×股权成本

公司加权平均资金成本＝15.12%×3.55%+22.07%×3.07%+1.38%×4.04%+3.29%×3.69%+（10.91%+37.28%−1.43%+2.11%+9.26%）×8%=6.04%

最终的计算结果是6.04%，与表格计算结果（6.05%）的差异是由于公式中账面价值权数进行了四舍五入。

4. 资金结构分析

通过分析珠江纸业的资金结构，提出了优化方向和方案。

【场景2-16】财务部分析了珠江纸业2022年筹资结构中公司债及成本、权益融资及成本、加权平均资金结构及成本，从而发现公司资金结构目前存在的问题，在分析问题成因的基础上，确立了公司资金结构优化的目标和思路（见表2-20）。

表 2-20　2023年资金结构分析

编制部门：财务部　编制日期：2023年1月5日　金额单位：元

性质	项目		2022年末	2023年12月31日（预算）	2023年全年（预算）	2023年全年资金成本	综合资本成本（税后）
弹性融资	流动负债	短期借款	2,523,000,000.00	1,231,170,000.00	1,877,085,000.00	3.53%	0.43%
		其他	622,270,166.18	1,054,373,600.19	838,321,883.19	0	0
		小计	3,145,270,166.18	2,285,543,600.19	2,715,406,883.19	—	0.43%
	长期借款		1,854,000,000.00	2,086,550,000.00	1,970,275,000.00	3.87%	0.50%
	应付债券		418,497,905.75	—	209,248,952.88	4.44%	0.06%
	未分配利润		997,612,873.83	1,127,053,974.15	1,062,333,423.99	8.00%	0.65%
	其他非流动负债		21,220,000.00	21,220,000.00	21,220,000.00	0	0
	小计		6,436,600,945.76	5,520,367,574.34	5,978,484,260.06	—	1.64%
非弹性融资	租赁负债		88,411,408.01	30,168,942.79	59,290,175.40	4.75%	0.02%
	长期应付款		—	100,000,000.00	50,000,000.00	4.75%	0.02%
	一年内到期的租赁负债		55,556,168.26	58,242,465.22	56,899,316.74	4.75%	0.02%
	一年内到期的长期应付款		418,497,905.75	—	209,248,952.88	4.75%	0.06%
	实收资本		1,397,733,148.00	1,552,733,148.00	1,475,233,148.00	8.00%	0.90%
	资本公积		4,775,884,697.61	5,600,884,697.61	5,188,384,697.61	8.00%	3.17%
	库存股		−183,165,498.10	−183,165,498.10	−183,165,498.10	8.00%	−0.11%
	盈余公积（非公益金部分）		249,711,917.87	264,094,262.35	256,903,090.11	8.00%	0.16%
	小计		6,802,629,747.40	7,422,958,017.87	7,112,793,882.64	—	4.24%
总融资	融资合计		13,239,230,693.16	12,943,325,592.21	13,091,278,142.70	—	5.88%
弹性	资本结构弹性（弹性融资合计÷融资合计）		48.62%	42.65%	45.67%	—	—

认知识别 弹性融资与非弹性融资

弹性融资是指可以随时清欠、退还和转换的融资方式，主要指流动负债融资以及企业的未分配利润。这种融资方式具有较高的灵活性，允许企业在需要时调整其融资结构，以适应不同的财务需求或市场变化。相比之下，非弹性融资则缺乏这种灵活性，可能限制企业在不同时间或情况下调整其融资结构的能力。

分析研判 筹资建议

（1）债务融资结构现状。2022年，珠江纸业的债务融资主要为短期贷款，长期贷款融资相对较少，短期债务占总债务的比例为94.05%，这就导致珠江纸业的短期偿债压力较大。从企业的角度而言，目前为了防范风险，银行对企业长期贷款的审核比较严格，手续比较烦琐。此外，对于长期贷款，金融机构通常会要求贷款人提供相应保障，且贷款利率比较高。因此，相比于短期贷款，长期贷款的融资成本较高。

（2）权益融资结构现状。权益融资是指企业通过公开或非公开发行股票的方式获取的权益资本，这种融资方式一般不需要支付利息，也不需要偿还本金，但是通常每年需要支付一定比例的分红，这需要根据企业的经营情况决定。根据表2-18可知，2022年珠江纸业的权益融资主要由股本、资本公积金和未分配利润构成。其中，股本和资本公积是由珠江纸业通过吸引投资者投资、首次公开募集资金和非公开发行股票融资所得；盈余公积和未分配利润均为珠江纸业留存收益的组成部分，主要由公司日常经营所得的净利润产生。珠江纸业的资本公积在权益融资中占比较大，根据上述表格可以得出珠江纸业的权益资金成本为8%。

（3）加权平均资金成本现状。由于珠江纸业的权益资本占比为58.13%，而且权益资金成本相较于债务融资处于较高的水平，这提升了珠江纸业整体的加权平均资金成本，使公司的加权平均资金成本处于较高水平。

（4）资金结构优化建议。根据《筹资决策管理办法》，珠江纸业应防范风险，控制负债水平。2023年，可以增加战略权益筹资，有利于调整产业结构，实现多元化发展战略；采用非公开发行股票渠道筹资，有利于降低公司资产负债率，增强财务风险的抵御能力，有利于控制利息支出的增加，从而增加当期损益。非公开定向增发普通股，属于长期资金来源，稳定性强，将提升珠江纸业未来的再筹资能力。但权益资金筹资成本高，出于对综合资金成本和丰富筹资渠道的考量，珠江纸业可以搭配组合更多的筹资方式，达到拓宽筹资渠道的目的。

珠江纸业应收账款比较多，可以充分考虑应收账款保付代理，以获得流动资金，加快资金的周转。

珠江纸业应深入了解各家银行信贷政策、审批权限和贷款规模，结合公司的融资计划和资金状况，综合考虑银行的贷款风险政策、银行对企业的态度、贷款的专业化程度以及借款银行的稳定性，重新确定借款银行。

风险控制 公司短期偿债压力较大

珠江纸业的债务主要是短期银行借款，债券、银行长期借款融资较少，短期偿债压力较大。

任务小结

资金结构分析的最终目的是确定最佳资金结构,实现企业资金成本最低,企业价值最大,所以需要对企业的债权筹资结构、股权筹资结构进行计算和分析。

"知识—业务"思维导图,如图2-5所示。

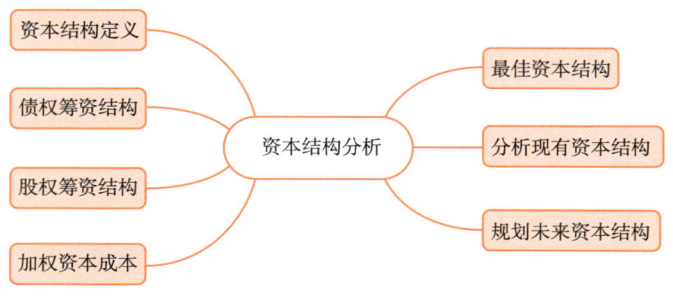

图2-5 "知识—业务"思维导图

项目 3　筹资预算与规划

学习目标

知识目标
1. 掌握全面预算的内容和编制方法；
2. 理解全面预算的编制程序，实现产供销平衡；
3. 掌握业务预算、现金预算、预计资产负债表、预计利润表的内容。

技能目标
1. 能够运用 Python、Excel 等工具进行大数据采集、预处理；
2. 能够运用数据驱动关联业务预算、资金预算、财务预算；
3. 熟练编制销售现金预算、生产现金预算、采购现金预算、投资现金预算、期间费用预算、现金预算、预计利润表及预计资产负债表。

素质目标
1. 具有数据驱动、风险控制的意识；
2. 具备产供销协同的全局观、权变的市场观；
3. 具有严谨细致的工作作风、"四流融合"的价值创造思维。

预算是企业在预测、决策的基础上，用数量和金额以表格的形式反映企业未来一定时期内经营、投资、筹资等活动的具体计划，是为实现企业目标而对各种资源和企业活动所做的详细安排，是计划的数字化、表格化、明细化表达。

预算通过规划、控制和引导经济活动，使企业经营达到预期目标；随时发现问题，采取必要措施，纠正不良偏差，实现企业内部各个部门之间的协调；作为企业财务活动的行为标准，使各项活动的实际执行有章可循。

在编制预算时，应结合实际情况，综合运用不同编制方法，并在编制说明中加以注明。企业应保持预算编制方法的连续性和预算指标的可比性。预算方法分类及用法，如表3-1所示。

表 3-1　　　　　　　　　　　　　　预算方法分类及用法

分类标准	预算方法	原理及用法
按照编制基础	零基预算	以零为起点，逐项审议预算期内各项收支的可行性、必要性、合理性，以确定收支水平的预算，一般适用于预算编制基础变化较大的预算项目
	增量预算	以上年度实际发生数为基数，以预算年度企业内外部环境对业务的影响程度为调整依据，进行预算编制
按照预算的状态	固定预算	以预算期内正常、可实现的某一固定的业务量（如生产量、销售量等）水平为唯一基础来编制预算
	弹性预算	在按照成本（费用）习性分类的基础上，根据量、本、利之间的依存关系编制的预算，分为公式法和列表法，一般适用于与业务量有关的成本（费用）、利润等预算项目
根据预算的时间属性	定期预算（阶段性预算）	以固定的会计期间（如日历年度）作为预算期间编制预算的方法，适用于固定资产、部门费用、咨询费、保险费、广告费等预算的编制
	滚动预算（连续预算或永续预算）	在编制预算时，将预算期与会计年度脱离，随着预算的执行，不断延伸补充预算，逐期向后滚动，使预算期始终保持为一个固定期间，此方法适用于定期预算以外的指标预算的编制

任务 1　全面预算准备

【教学重点】预算管理组织体系，全面预算的内容。
【教学难点】全面预算的编制程序。

全面预算是通过企业内外部环境的分析，在预测与决策基础上，调配相应的资源，对企业未来一定时期的经营、财务等作出一系列具体计划。全面预算由经营预算（也称业务预算）、资金预算、财务预算等一系列预算组成。全面预算体现了预算全员、全过程、全方位的特征。全员参与是各部门、各单位、各岗位、各级人员共同参与预算编制和实施。全方位是将全部经济活动纳入预算体系。全过程是各项经济活动的事前、事中、事后均要纳入预算管理过程。

企业如何做好全面预算准备？要先建立预算管理组织体系，再确定详细的全面预算编制时间，明晰全面预算编制程序。

任务导入

【场景3-1】珠江纸业预算管理委员会根据预算相关制度，构建全面预算管理组织体系，明确相关部门预算编制职责，为全面预算做好准备（见图3-1）。

认知识别　全面预算管理组织体系

企业一般具备预算管理决策机构、工作机构和执行单位三个层次的基本架构。《中华人民共和国公司法》规定，公司的年度财务预算方案、决算方案由公司董事会制订，经股东会审议批准后方可执行。

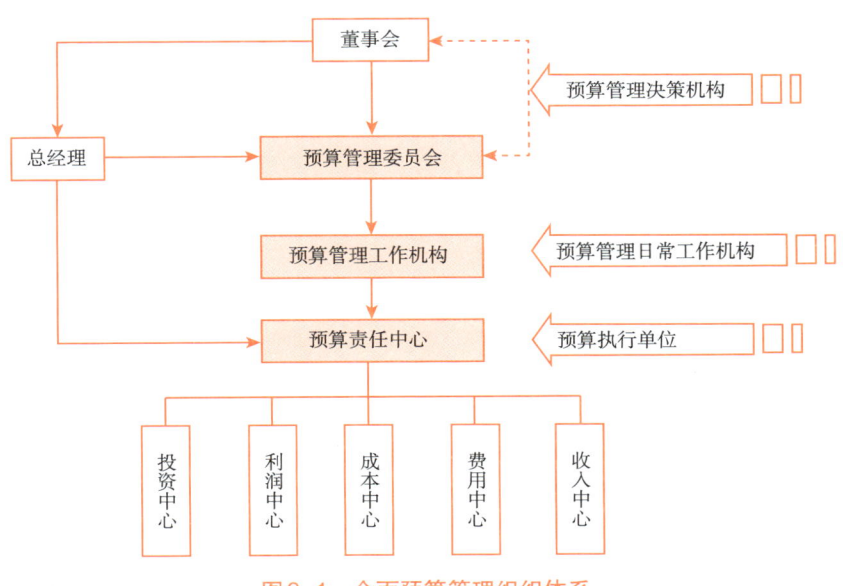

图3-1 全面预算管理组织体系

企业董事会、经理办公会等，应当对企业预算的管理工作负总责。预算管理委员会负责审批公司预算管理制度、政策，审议年度预算草案或预算调整草案并报董事会等机构审批，监控、考核本单位的预算执行情况并向董事会报告，协调预算编制、预算调整及预算执行中的有关问题等。财务部负责预算的跟踪管理，监督预算的执行情况，分析预算与实际执行的差异及原因，提出改进管理的意见与建议。

分析研判 建立预算机构的工作协调机制

公司预算管理部门主要起决策、组织、领导、协调、平衡的作用。公司根据自身的组织结构、业务特点和管理需要，责成内部生产、市场、投资、技术、人力资源等各预算归口管理部门负责所归口管理预算的编制、执行、监控、分析、评价等工作，并配合预算管理部门做好企业总预算综合平衡、执行监控、分析考核等工作。

风险控制 预算信息的不对称

信息不对称会影响公司的全面预算效果。由于信息不对称，产供销之间、上下级之间缺乏有效沟通，可能导致预算编制不精准，关键信息被隐瞒或遗漏，影响预算执行效果，使预算难以达到预定目标。

要明确各部门的预算编制责任，避免职责重叠和管理真空；鼓励全员参与，建立有效的沟通机制，确保信息畅通；建立实时共享的信息系统，以便管理层获得全面、准确的数据支持；建立预算进度反馈机制，及时纠正偏差，确保预算目标实现。

二 任务实施

1. 全面预算编制时间

【场景3-2】2022年10月13日,为了铺排2023年各项工作,珠江纸业发布启动预算会议通知,并于2022年10月20日召开预算启动会议,财务部根据会议精神于2022年11月1日下发《关于做好2023年预算工作的通知》,明确上报具体内容和时间节点(见图3-2)。

关于做好2023年预算工作的通知

各部门:

　　根据集团公司相关预算要求以及公司的实际情况,充分贯彻落实珠江纸业股份有限公司预算委员会相关研究决定精神,切实达成2023年利润目标1亿元、主营业务收入55亿元、经营活动净现金流5亿元、纸生产量98万吨的主要经济目标,2023年预算编制工作已正式启动,现对下一阶段工作提前部署要求如下:

　　……

　　二、上报内容及时间要求

　　根据公司要求,各部门需上报预算报告,包括预算情况说明书、预算工作总结及改进措施以及相关附件。上报工作分为3个阶段:

　　第一阶段的截止日期为2022年11月5日,各公司明确预算管理负责人及牵头部门,并上报归口预算管理联系人及联系方式至集团财务管理部。

　　第二阶段的截止日期为2022年12月15日,要求报送预算报表、预算情况说明书、预算工作总结及改进措施初稿,其中2022年的数据根据预计完成情况填报。

　　第三阶段的截止日期为2023年1月5日,要求报送预算报告正式文件。

　　特此通知。

　　附件:预算报表归属部门一览表

财务部
2022年11月1日

图3-2　珠江纸业关于做好2023年预算工作的通知

分析研判　预算编制时间

2022年10月13日,珠江纸业发布全面预算启动会议通知,这个时间点可以获取2022年前三季度的相关数据,为研判公司2022年绩效、预判2023年经营目标奠定较好的历史数据基础。2022年10月20日,珠江纸业召开全面预算启动会议,11月5日报送预算管理负责人及牵头部门,便于明确责任主体及范围,为预算编制留出较为充裕的时间。2022年12月15日,要求上报预算报表、预算情况说明书、预算工作总结及改进措施初稿,为预算的调整留出时间。

风险控制　编制预算需要充足的时间

公司编制预算的时间太早或太晚,可能导致预算准确性不高,或影响预算的执行。珠江纸业在预算编制方面的时间安排较为合理。

2. 全面预算编制程序

【**场景3-3**】珠江纸业预算管理委员会根据预算相关制度，明确全面预算工作流程，按照分级编制、逐级汇总的原则，实行全员参与、上下结合、分别编制、分类汇总、综合平衡的编制方式（见图3-3）。各部门对归口的业务做行动计划和预算，并对预算编制负责，公司对各部门予以监控审批。

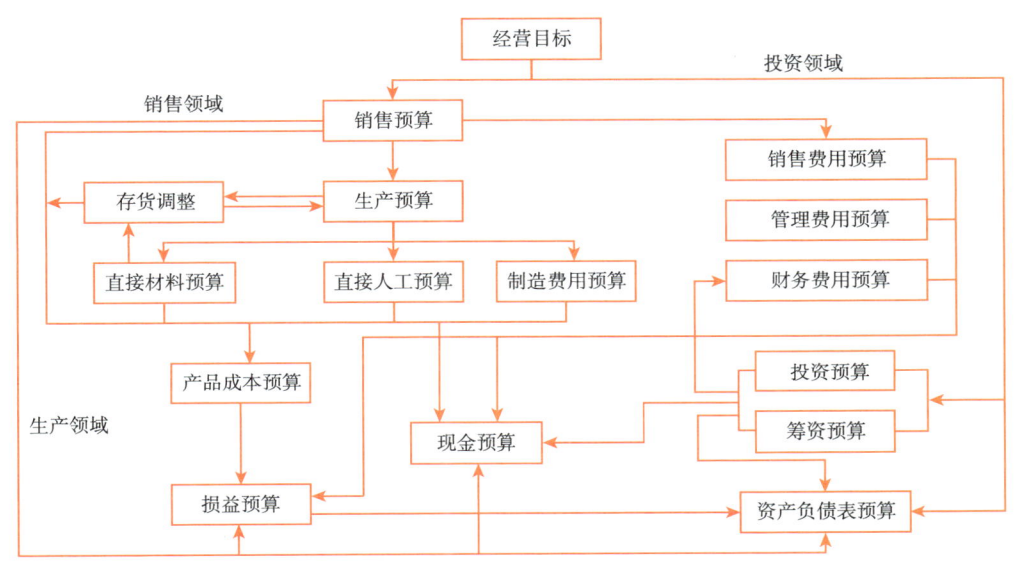

图3-3 全面预算编制程序

认知识别 全面预算的内容

全面预算包括经营预算、资金预算和财务预算。经营预算又叫业务预算，是反映企业预算期间日常供应、生产、销售、管理等实质性经营活动的预算，包括销售预算、生产预算、直接材料预算、直接人工预算、制造费用预算、产品成本预算、销售及管理费用预算。

资金预算是为企业不经常发生的长期投资项目或一次性专项业务所编制的预算，包括投资预算、筹资预算等。

财务预算是反映企业预算内预计的现金收支、经营成果和预算期末财务状况的预算，它包括现金预算、预计利润表和预计资产负债表。

认知识别 全面预算的编制程序

（1）企业评估。企业董事会或经理办公会根据企业发展战略和预算期经济形势进行评估和初步预测。

（2）下达目标。在决策的基础上，提出下一年度企业销售、成本费用、利润、现金流量预算目标，由预算管理委员会下达至各预算执行单位。

（3）编制上报。各预算执行单位按照预算目标和政策，结合自身特点以及预算的执行条件，提出本单位详细的预算方案,上报企业财务部。

(4)审查平衡。财务部对各预算执行单位上报的财务预算方案进行审查、汇总,提出综合平衡的建议。预算管理委员会应当进行充分协调。

(5)审议批准。财务部编制预算方案,报预算管理委员会讨论是否符合企业发展战略或者预算目标,不符合的责成有关预算执行单位修订、调整,符合的由财务部编制年度预算草案,提交董事会或经理办公会审议批准。

(6)下达执行。财务部对审议批准的年度总预算,一般在次年3月底以前,分解指标体系,由预算管理委员会逐级下达各预算执行单位执行。

分析研判 全面预算的编制思路

公司全面预算编制应当按照先确定经营目标,再编制经营预算、投资预算、筹资预算,最后编制财务预算的流程进行。

销售预算是珠江纸业年度预算的编制起点,"以销定产"确定颜B纸等产品的生产预算,根据生产预算、存货水平确定直接材料预算、直接人工预算和制造费用预算(变动制造费用预算),以上预算汇总形成产品成本预算。在其经营过程中,销售费用预算、管理费用预算必不可少。

珠江纸业的香舍园林股权投资、节能减排新生产线等项目,需编制投资预算。据其经营、投资需要,测算资金缺口,编制筹资预算。投资、筹资预算引起财务费用预算变动。

以各项经营预算、投资预算、筹资预算为基础,编制现金预算、预计利润表、预计资产负债表。

任务小结

全面预算管理不仅需要科学的组织体系保障,而且需要良好的机制协同,才能在充足的时间内按照企业评估、下达目标、编制上报、审查平衡、审议批准、下达执行的程序有序推进。在明确经营目标的前提下,依次编制经营预算、资金预算及财务预算,从而构成全面预算。

"知识—业务"思维导图,如图3-4所示。

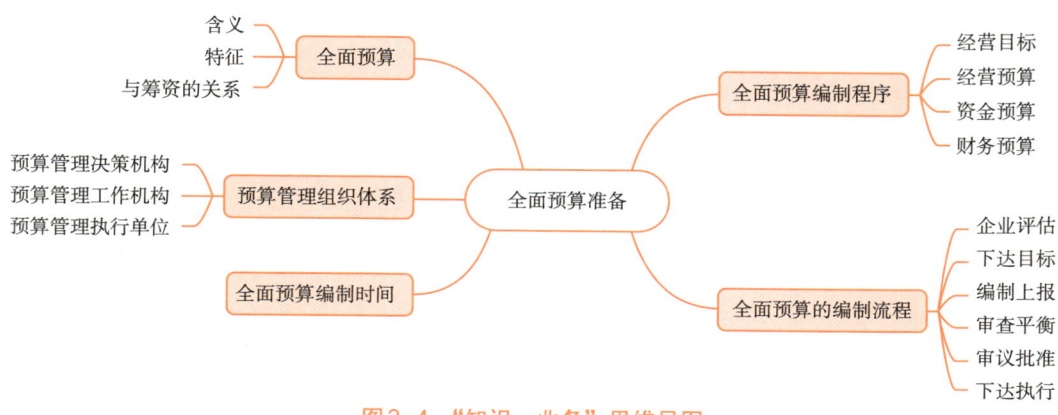

图3-4 "知识—业务"思维导图

任务2　销售现金预算

【教学重点】销售量预测，销售价格预测。
【教学难点】销售现金回收编制。

销售预算是指在销售预测的基础上根据销售计划编制的，用于规划预算期销售活动的一种经营预算。销售预算是整个预算的编制起点，其他预算的编制都以销售预算为基础。

销售商品、提供劳务收到的现金是企业最主要的现金收入来源，它直接反映了企业销售活动的成果和现金回收的效率。销售现金预算从而成为现金预算最大的现金收入项目。销售预算的起点是战略目标，基于战略目标编制销售现金预算。

任务导入

【场景3-4】2022年10月，为了规划2023年各项工作，珠江纸业启动2023年预算相关工作，形成预算启动会议纪要，拟由运营管理部测算销售现金回收情况（见表3-2）。

表 3-2　　2023年预算启动会议纪要（销售预算内容节选）

会议形式	线上会议	会议时间	2022年10月20日
会议主题	2023年预算启动会议		
参会人员	王旗、高陶涛、李亚南、钟淮敏、易子文、赵云飞、尤一辰、杨术案、胡洋		
主持人	董事长兼总经理王旗		
会议议程	①各部门汇报下一年度的预测报告 ②全面预算工作部署		
会议内容	会议通过以下有关销售预算的决议： ①积极落实公司扎实推进以浆为核心、林纸为基点的资源控制型企业战略规划，以市场为导向，更好地聚焦和支撑主责主业发展 ②推进"业财"深度融合，综合考虑历史销量、营销部牵头的各营销网点对2023年的销售量数据预估、财务部与营销部协同对2023年行业纸品销售量及全国经济形势上行的判断，一致认为2023年销售额将超过2022年，确定2023年公司目标利润为1亿元 ③营销部应该充分挖掘市场潜力，调动销售人员的主观能动性，采取灵活的销售策略和价格策略，从销售毛利率等指标优化产品结构，开拓新产品市场，加大销售和货款回笼力度，确保公司销售利润目标的全面完成 ④以利润考核为中心，按照销售网点历史数据、潜力，科学分解销售目标，层层压实责任，优化销售考核指标体系，做好年度绩效方案和月度经营分析，完善闭环绩效考核，降低企业生产经营风险，加快公司财务转型，聚焦主责主业，实现价值创造 ⑤由运营管理部按月编制2023年销售价格，按月、按季、按产品、按区域分解2023年销售量，并编制销售结构分解表及销售预算；参照历史结算比率，编制不同结算方式的销售现金回收预算，再上报财务部 ⑥提升公司财务管控水平，增加战略目标实施落地的考核权重，有效防范财务风险，提升综合效益，为公司高质量发展提供保障		

注：完整内容扫码获取。

认知识别 战略目标

战略目标是对企业战略经营活动预期取得的主要成果的期望值。

战略目标可以是市场导向的，如扩大市场份额、进入新市场；也可以是财务导向的，如提高利润率、实现收入增长；还可以是创新导向的，如开发新产品、优化生产流程等。

战略目标的制定要符合具体、可衡量、可达成、相关性和时限性的原则。

分析研判 制定科学可行的战略目标

珠江纸业分析了2023年纸品市场的发展趋势、国家的政策形势，预判2023年国内经济形势会好于2022年，2023年公司整体销售量将超过2022年。

珠江纸业综合考虑历史销售量、行业纸品销售量等数据，确定2023年公司目标利润1亿元这一财务导向的战略目标，符合战略目标具体、可衡量的原则。

研究纸品原材料——纸浆的供应链，发现纸浆供应链趋于稳定，使纸浆价格回落，公司产能可跟上市场需求，销售目标科学可行。

风险控制 战略目标风险

珠江纸业在制定战略目标时，需充分考虑纸品产能过剩或不足、供应链纸浆材料价格上涨、纸品销售价格下跌、回款不理想等风险。

珠江纸业应该紧盯纸品市场，积极寻找替代原材料，优化生产工艺，降本增效；根据消费者需求的变化，开拓吸油纸等环保新纸品，提升纸品品质与服务；合理调控生产规模，确保产销平衡，加强客户信用管理，加大销售回款考核。

三 任务实施

销售现金预算包括产品销售量预算、产品市场价格预测、年销售预算、年度销售现金回收预算等环节。对于销售过分依赖账期赊销的企业，有较多的应收账款，现金流入的期限往往比较长，为加快回收现金，企业需要在日常管理中注重细节，制定合理的信用政策，采取有效的催收手段，利用现代技术手段优化流程，并增强风险意识。这些措施的综合运用将有助于提高应收账款的回收效率，降低企业的资金压力。

1. 产品销售量预算

【场景3-5】珠江纸业的销售部门依据《关于2023年预算启动会议的通知》《2023年预算启动会议纪要》，以及财务部《关于公司经营目标与启动全面预算编制的通知》，借助市场大数据分析，根据直接法预测数据（权重85%）、历史法预测数据（权重10%）、市场预测法数据（权重5%），确定2023年各类纸品销售量为980,598.8吨（见表3-3）。

表 3-3　　　　　　　　　　　　　　　2023 年预计销售量（加权）　　　　　　　　　　　　　　单位：吨

项目	印刷用纸			包装用纸			办公用纸	合计
	颜B纸	轻型纸	大类小计	牛皮包装纸	淋膜原纸	大类小计		
销售量预测	137,689.72	44,894.43	771,104.56	140,332.39	27,172.98	167,505.37	41,988.83	980,598.76
第一季度	23,993.98	8,456.00	136,191.80	24,703.04	5,015.99	29,719.03	7,614.93	173,525.76
第二季度	34,800.01	10,734.04	193,826.07	35,093.00	6,888.97	41,981.97	10,181.98	245,990.02
第三季度	35,973.67	11,730.38	199,832.97	36,268.95	7,056.99	43,325.94	11,297.05	254,455.96
第四季度	42,922.06	13,974.01	241,253.72	44,267.40	8,211.03	52,478.43	12,894.87	306,627.02

注：完整表格扫码获取。

分析研判　2023 年预计销售量测算过程

（1）2023 年销售量预测（直接法）数据测算：综合考虑财务部牵头的公司历史销售量数据分析，营销部牵头的各营销网点对 2023 年的直接法销售量数据预估，财务部与营销部协同对 2023 年行业纸品销售量及全国经济形势上行的判断等，确定 2023 年销售量。

（2）2023 年销售量预测（历史法）数据测算：2022 年实际销售量×（1+结构调整）。

（3）2023 年销售量预测（市场预测法）数据测算：2022 年实际销售量×（1+加权增长率）。其中，加权增长率是通过大数据抓取统计部门网站等关于纸品的销售额、成本、利润等历史市场数据，当前销售额、库存量、市场趋势等市场实时数据，行业报告、竞争对手数据等外部数据，预测的纸品未来市场增长趋势。

（4）2023 年销售量预测（加权）数据测算：直接法预测数据×权重（85%）+历史法预测数据×权重（10%）+市场预测法数据×权重（5%）。最终确定 2023 年预计销售量为 980,598.76 吨。

风险控制　未考虑销售量弹性带来的风险

造纸行业是资金密集型行业，生产周期相对较短，但资金压力较大。珠江纸业未充分考虑销售量弹性，可能导致资金链安排不合理，出现资金短缺或闲置，影响企业的正常运营。造纸行业的原材料成本占比较大，且原材料供应存在不确定性。销售量波动大时，原材料采购和库存管理难度增加，可能导致成本失控，影响企业的盈利能力。

2. 产品市场价格预测

【场景 3-6】珠江纸业依据《关于 2023 年预算启动会议的通知》《2023 年预算启动会议纪要》，以及财务部《关于公司经营目标与启动全面预算编制的通知》，借助市场大数据分析，印刷用纸采用浆纸联动的线性回归法，包装用纸采用目标利润法，办公用纸采用市场导向法，确定 2023 年各类纸品的销售价格（见表 3-4）。

表 3-4　　　　　　　　　2023 年纸品价格预测（加权）　　　　　　　单位：元/吨

年月	颜B纸	……	牛皮包装纸	淋漠原纸	办公用纸
2022年1月	5,643.75	……	5,267.59	5,044.65	5,408.333
2023年2月	5,643.75	……	5,265.89	5,044.63	5,408.333
……	……	……	……	……	……
2022年12月	5,742.46	……	5,288.17	5,065.97	5,408.333

注：完整表格扫码获取。

分析研判　使用Excel函数进行线性回归分析

珠江纸业根据2022年针叶浆和颜B纸的实际价格，构建一元回归模型。利用Excel中的函数工具，设置斜率SLOPE和截距INTERCEPT函数。最终得到截距 a 为3,618.232783，斜率 b 为0.484922989919。模型为：

$$Y=3,618.232783+0.484922989919X$$

分析研判　销售定价方法选择

销售定价采用不同的定价方法，关键是如何选择合适的定价方法。珠江纸业的销售定价方法有营销网点为主体的直接法、公司为主体的历史数据法、外部市场与竞争对手为主体的市场预测法等。综合考虑成本的补偿、期望利润、客户的接受程度等因素，最终确定印刷用纸采用浆纸联动的线性回归法，包装用纸采用目标利润法，办公用纸采用市场导向法。

分析研判　2023年各类纸品预计销售价格测算过程

（1）2023年销售量价格预测（线性回归法）数据测算：$a+b \times$ 2023年纸浆预测价格。

（2）2023年销售量价格预测（目标利润法）数据测算：

目标销售收入＝预计变动成本＋预计固定费用＋预计目标利润

销售价格＝目标销售收入÷预计销售量

（3）2023年销售价格预测（市场导向法）数据测算：选定竞争对手的价格平均值。

风险控制　定价存在风险

珠江纸业在定价时，面临的主要风险包括市场需求波动导致的定价不准确、毛利率制定与市场预期的差异、纸浆价预测的不准确性、线性关系的局限性以及竞争对手策略调整带来的定价压力。

3. 年销售额预算

【场景3-7】珠江纸业财务部根据销售价格与2023年销售量计算2023年各类纸品销售额（见表3-5）。

表 3-5　　　　　　　　　　　　　　　2023 年销售额预算　　　　　　　　　　　　　　单位：元

项目	印刷用纸			包装用纸			办公用纸	合计
	颜B纸	……	大类小计	牛皮包装纸	淋膜原纸	大类小计		
销售均价	5,724.53	……	5,690.82	5,279.48	5,057.09	5,243.40	5,408.33	5,602.30
预计销售额	788,208,319.00	……	4,388,218,957.68	740,881,712.10	137,416,158.80	878,297,870.93	227,089,576.55	5,493,606,405.16
第一季度	136,272,508.40	……	769,253,478.44	130,289,839.30	25,340,849.03	155,630,688.28	41,184,077.21	966,068,243.93
第二季度	201,352,093.90	……	1,114,743,586.70	185,294,063.30	34,848,474.23	220,142,537.51	55,067,538.44	1,389,953,662.65
第三季度	205,441,170.90	……	1,134,437,739.31	192,009,292.30	35,779,948.47	227,789,240.81	61,098,208.32	1,423,325,188.44
第四季度	245,142,545.70	……	1,369,784,153.23	233,288,517.30	41,446,887.07	274,735,404.33	69,739,752.58	1,714,259,310.14

注：完整表格扫码获取。

分析研判　2023 年各类纸品销售预算测算过程

各类纸品预计销售额 = 每月各纸品销售量 × 每月各纸品销售价格

风险控制　市场环境变化导致实际销售收入与预算不符

珠江纸业在销售预算过程中面临的主要风险包括市场需求波动、原材料价格变动、竞争对手的策略调整以及政策法规变化等，这些会导致实际销售收入与预算不符。

珠江纸业需建立灵活的预算调整机制，实时跟踪市场变化，及时调整销售收入预算；关注绿色环保，提高产品质量，创新营销策略，增强市场竞争力；积极寻找纸浆等替代原材料，加快自有林地建设，降低价格变动对销售的影响。

4. 年度销售现金回收预算

【场景3-8】运营管理部根据前述相关数据编制销售现金预算（见表3-6）。

表 3-6　　　　　　　　　　　　　2023 年销售现金回收预算

项目	数据
期初应收账款（元）	65,376,968.97
期初应收账款本期回款率（%）	100.00
期初应收账款本期回款额（元）	65,376,968.97
期初应收票据（元）	141,090,084.64
期初应收票据本期回款率（%）	100.00
期初应收票据本期回款额（元）	141,090,084.64
本期含税销售额（元）	6,207,775,237.83
期初合同负债（元）	0

续表

项目	数据
期末合同负债占年含税销售额比重（%）	5.00
期末合同负债（元）	310,388,761.89
期末合同负债回款额（元）	310,388,761.89
本期含税销售额当期结算比率（%）	98.00
本期含税销售额当期银行存款结算比例（%）	90.00
本期含税销售额当期票据结算比例（%）	10.00
本期应收票据结算方式回款比例（%）	98.00
本期应收票据结算方式回款额（元）	596,194,733.84
本期银行存款结算方式回款额（元）	5,475,257,759.77
资金回收金额（元）	6,588,308,309.11
期末应收账款（元）	124,155,504.76
期末应收票据（元）	12,167,239.47

分析研判 销售现金回收预算

（1）期初应收账款：数据来源于2023年预计资产负债表。

（2）期初应收账款本期回款率：100%（根据销售部预测回款情况确定）。

（3）期初应收账款本期回款额＝期初应收账款×期初应收账款本期回款率。

（4）期初应收票据：数据来源于2023年预计资产负债表。

（5）期初应收票据本期回款率：100%（根据销售部预测回款情况确定）。

（6）期初应收票据本期回款额＝期初应收票据×期初应收票据本期回款率。

（7）本期含税销售额＝2023年销售预算×1.13。

（8）期初合同负债：数据来源于2023年预计资产负债表。

（9）期末合同负债占年含税销售额比重：预计为5%。

（10）期末合同负债＝本期含税销售额×期末合同负债占年含税销售额比重。

（11）期末合同负债回款额＝期末合同负债。

（12）本期含税销售额当期结算比率：98%（根据以往数据及经验判断）。

（13）本期含税销售额当期银行存款结算比例：90%（根据以往数据及经验判断）。

（14）本期含税销售额当期票据结算比例：1－本期含税销售额当期银行存款结算比例（只考虑银行回款和票据结算两种方式）。

（15）本期应收票据结算方式回款比例：98%（根据历史数据及经验判断）。

（16）本期应收票据结算方式回款额=（本期含税销售额–期初合同负债）× 本期含税销售额当期结算比率 × 本期含税销售额当期票据结算比例 × 本期应收票据结算方式回款比例。

（17）本期银行存款结算方式回款额=（本期含税销售额–期初合同负债）× 本期含税销售额当期结算比率 × 本期含税销售额当期银行存款结算比例。

（18）资金回收金额=期初应收账款本期回款额+期初应收票据本期回款额+期末合同负债回款额+本期应收票据结算方式回款额+本期银行存款结算方式回款额。

（19）期末应收账款=期初应收账款–期初应收账款本期回款额+（本期含税销售额–期初合同负债）×（1–本期含税销售额当期结算比率）。

（20）期末应收票据=期初应收票据–期初应收票据本期回款额+（本期含税销售额–期初合同负债）× 本期含税销售额当期结算比率 × 本期含税销售额当期票据结算比例 ×（1–本期应收票据结算方式回款比例）。

风险控制　注意规避货款回收风险

珠江纸业在货款回收过程中面临的主要风险包括客户信用风险、合同条款风险、法律诉讼风险、欺诈风险等。

珠江纸业应对客户进行全面的信用评估，以确定信用等级，并据此制定信用政策；审查合同，确保合同条款明确、合法、合理，监控对方履约情况，确保业务操作符合法律法规要求，并考虑通过购买保险或要求担保来转移部分风险；定期与客户进行账目核对，一旦发现货款逾期，立即启动预警机制，采取灵活有效的催收策略。

风险控制　结算比例与实际运营情况存在不符

珠江纸业在现金预算管理中应充分考虑根据历史数据、经验判断等设置的结算比例与实际运营情况可能存在的不符问题，采取有效措施加以应对和管理。通过动态调整结算比例、加强财务预测能力、建立风险预警机制、优化供应链管理、增强资金管理能力以及强化内部控制等措施的实施，有效降低现金预算的风险水平，确保公司的稳健运营和可持续发展。

任务小结

现金是企业的血液，是维持企业正常运转的重要前提，可持续的现金流主要来自销售产品回笼的资金。销售现金预算包括产品销售量预算、产品市场价格预测、年度销售额预算、年度销售现金回收预算等环节。测算产品市场价格的方法主要包括线性回归分析法、目标利润法、市场导向法等。

"知识—业务"思维导图，如图3-5所示。

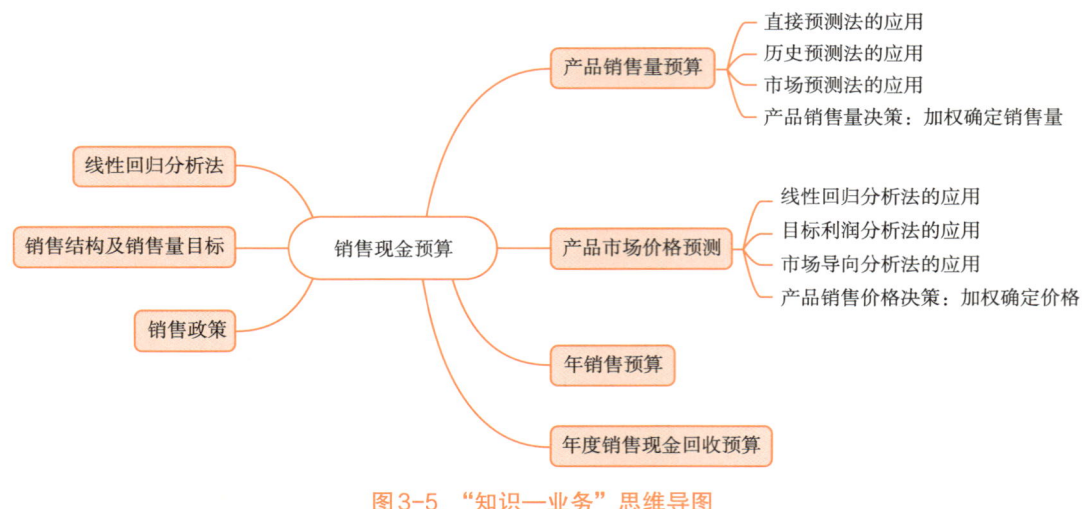

图 3-5 "知识—业务"思维导图

任务 3　生产现金预算

【教学重点】生产量预测，产销动态平衡。
【教学难点】生产现金预算编制。

生产预算是为规划预算期生产规模而编制的一种预算，它是在销售预算的基础上编制的，并且可以作为编制直接材料预算和产品成本预算的依据。其主要内容有销售量、期初和期末产成品存货、生产量。在生产预算中，只涉及实物量指标，不涉及价值量指标，不直接为资金预算提供资料。

通常，企业的生产和销售往往不能做到"同步同量"，生产预算除了考虑计划销售量外，还要考虑一定的产成品存货，以保证能在发生意外需求时按时供货，并可均衡生产，节省赶工的额外支出，据此确定直接材料、直接人工和制造费用预算。

任务导入

【场景3-9】2022年10月，为了做好2023年各项工作，珠江纸业启动2023年预算相关工作，形成预算启动会议纪要，拟由生产中心按照产品类别编制制造费用预算，按照纸品、工序编制直接人工预算，财务部按照产品类别编制单位成本预算（见表3-7）。

表 3-7 　　　　　　　　2023 年预算启动会议纪要（生产预算内容节选）

会议形式	线上会议	会议时间	2022年10月20日
会议主题	2023年预算启动会议		
参会人员	王旗、高陶涛、李亚南、钟淮敏、易子文、赵云飞、尤一辰、杨术案、胡洋		
主持人	董事长兼总经理王旗		
会议议程	①各部门汇报下一年度的预测报告 ②全面预算工作部署		
会议内容	会议通过以下有关生产预算的决议： ① 通过以销定产的生产模式，初步确定以销定产的生产计划，确定2023年纸生产量98万吨的生产目标 ② 以成本考核为中心，强化成本控制，优化生产工艺，寻找替代性原材料，预计降低原材料成本5%，以应对2022年原材料成本上涨20%对产品利润率的挑战 ③ 做好生产系统动态平衡工作，有效应对6~7月秋季教材、10~11月春季教材的征订高峰，继续保持2022年提高生产效率5%和产品质量2%的势头，降低消耗，提升效益，确保生产中心总利润在2023年增长至少5% ④ 加强节能环保和安全管理工作，不断提高员工安全和环保意识，实现达标排放和安全生产		

注：完整内容扫码获取。

认知识别　产销平衡

产销平衡是指在一定的时间周期内，产品生产量和销售量之间保持平衡的状态。这是供应链管理的关键，它直接影响着生产和销售的效率和成本。

在运营层面，产销平衡的策略有3种：一是以销定产；二是以产定销；三是执行"以销定产+以产定销"的产销混合策略，公司产销状况良好，坚持"以销定产，科学排产"，避免了不必要的存货积压造成浪费。

当生产量和销售量达到平衡时，企业可以避免库存积压和产能过剩的问题，同时也可以确保市场的供应稳定，满足消费者的需求。

分析研判　实现产销动态平衡的策略

珠江纸业要实现产销动态平衡，关键在于精准预测市场需求，制订灵活的生产计划，6~7月、10~11月旺季增产，满足需求，考虑备库；淡季减产，优化库存，并与供应商建立稳定合作关系，确保原材料供应。通过这些措施，珠江纸业能够有效地平衡淡旺季的产销，提高运营效率。

风险控制　建立实时生产系统，防止存货积压

生产量和销售量不平衡，企业会出现缺货或者库存积压的风险。面对造纸行业产能过剩和价格下滑的局面，珠江纸业主要面临的是存货积压的风险。

实时生产系统以准时生产为出发点，通过减少库存、缩短工时、降低成本和提高生产效率来优化生产过程，争取在需要的时候，按需要的量生产所需的产品，通过生产计划、控制及库存管理，实现物流和信息流的同步，达到降低成本、提高竞争力的目的。

任务实施

生产预算在实际编制时是比较复杂的，生产量受到生产能力的限制，产成品存货数量受到仓

库容量的限制，只能在此范围内安排产成品存货数量和各期生产量。此外，有的季度可能销售量很大，可以用赶工的方法增产，为此要多付加班费。如果提前在淡季生产，会因增加产成品存货而多付资金利息。因此，要权衡两者得失，选择成本最低的决策方案编制生产预算。

1. 生产量预算

【场景3-10】珠江纸业生产中心以销售预算为基础，依据财务部《关于公司经营目标与启动全面预算编制的通知》，根据预计销售量、预计期末产成品存货、预计期初产成品存货等相关数据，确定印刷用纸、包装用纸、办公用纸的预计生产量为978,179.76吨（见表3-8）。

表3-8　　　　　　　　　　　2023年度生产量预算

部门：生产中心　　　　日期：2023年1月4日　　　　单位：吨　　　　编号：YS-SC-2023

项目	印刷用纸				包装用纸		办公用纸	全年
	颜B纸-1#	颜B纸-4#、5#	轻型纸	……	牛皮包装纸	淋膜原纸		
预计销售量	137,689.72	44,894.43	……		140,332.39	27,172.98	41,988.83	980,598.76
加：预计期末产成品存货	7,743.22	2,751.17	……		9,969.71	1,687.80	2,325.93	61,784.14
合计	145,432.94	47,645.60	……		150,302.10	28,860.78	44,314.76	1,042,382.90
减：预计期初产成品存货	8,667.20	2,958.17	……		9,704.72	1,889.81	2,563.93	64,203.14
预计生产量	53,965.74	82,800.00	44,687.43	……	140,597.38	26,970.97	41,750.83	978,179.76

注：完整表格扫码获取。

分析研判　确定预计生产量

预计生产量＝预计销售量＋预计期末存货－预计期初存货

风险研判　持续监控和调整

生产量预算是一个动态的过程，需要持续进行监控和调整。珠江纸业应建立有效的预算执行监控机制，定期将实际生产量与预算进行对比分析，及时发现偏差并采取相应的纠正措施。通过持续监控和调整，可以确保生产量预算始终保持准确性。

2. 直接材料预算

【场景3-11】2023年1月，珠江纸业采购中心根据生产中心报送的年度生产量计划，结合纸生产工艺单耗（见表3-9），对2023年全年材料消耗量进行预测（见表3-10）。

表3-9　　　　　　　　　　　　生产工艺单耗

序号	产品类别	产品名称	产品单位	产品编号	物料类别	物料名称	物料编号	规格	单位	单位产品消耗指标	领料部门
1	印刷用纸	胶版纸	吨	—	原料	化机浆	ZC0001	—	吨	0.3410414	造纸事业七部
2	原料	化机浆	吨	ZC0001	辅料	液碱	FL0001	32%浓度	吨	0.04122696	化机浆事业部

注：完整表格扫码获取。

表 3-10　　　　　　　　　　　2023 年度材料消耗预测

部门：采购中心　　　　　　　日期：2023 年 1 月 4 日

预计消耗材料项目	单位	胶版纸	颜B纸	颜A纸	轻型纸	轻涂纸	热敏原纸	办公用纸	淋膜原纸	牛皮包装纸	预计消耗材料小计
液碱	吨	5,074.40	1,981.93	1,152.41	715.30	2,044.42	190.84	613.11	1,160.52	6,049.71	18,982.64
……	……	……	……	……	……	……	……	……	……	……	……
合计		23,532,979.52	8,930,210.69	5,043,903.55	2,933,198.70	8,834,233.64	915,076.70	89,274,077.10	1,868,662.18	9,845,229.39	151,177,571.47

注：完整表格扫码获取。

分析研判　　以液碱材料为例，2023 年胶版纸的生产量为 360,907.90 吨，根据生产工艺单耗数据，每吨胶版纸需要耗用 0.3410414 吨化机浆，每吨化机浆需要耗用液碱 0.04122696 吨，得出：

2023 年液碱预计消耗数量 = 液碱生产量 × 胶版纸生产工艺单耗中化机浆单耗 × 化机浆中液碱单耗 = 360,907.90 × 0.04122696 × 0.3410414 = 5,074.5（吨）

同理，计算生产其他纸品预计消耗的液碱数量，汇总可得出 2023 年预计消耗液碱合计数为 18,982.64 吨。

3. 直接人工预算

【**场景3-12**】珠江纸业生产中心依据《关于公司经营目标与启动全面预算编制的通知》，根据生产量、单位产品各类工时及单价等相关数据，编制 2023 年直接人工预算，预计全年现金支出 117,049,856.85 元（见表 3-11）。

表 3-11　　　　　　　　　　　2023 年直接人工预算

项目	印刷用纸		……	包装用纸		办公用纸	全年
	颜B纸			牛皮包装纸	淋膜原纸		
	颜B纸-1#	颜B纸-4#、5#					
预计生产量（吨）	53,965.74	82,800.00	……	140,597.38	26,970.97	41,750.83	978,179.76
单位产品工时（小时/吨）	1.85	1.21	……	1.19	1.18	0.64	0
人工总工时（小时）	99,837.00	100,188.00	……	167,311.00	31,826.00	26,721.00	1,149,757.00
每小时人工成本（元）	45.64	45.64	……	47.65	45.86	45.02	0
抄造人工成本（元）	4,556,561.00	4,572,580.00	……	7,972,369.00	1,459,540.00	1,202,979.00	54,214,780.00
纸加工成本（元）	233,671.65	358,524.00	……	608,786.66	116,784.30	421,265.87	4,476,003.14
化机浆人工成本（元）	1,135,685.06	1,742,489.27	……	8,785,412.74	1,685,316.64	890,355.18	27,566,674.79
电人工成本（元）	1,079,748.32	1,656,665.16	……	4,280,761.71	819,907.78	843,189.74	21,339,845.89
轻钙人工成本（元）	79,091.51	121,350.64	……	0	0	53,459.37	1,125,729.78

续表

项目	印刷用纸			包装用纸		办公用纸	全年
	颜B纸		……	牛皮包装纸	淋膜原纸		
	颜B纸-1#	颜B纸-4#、5#					
水人工成本（元）	35,398.66	54,312.40	……	261,955.54	50,251.26	27,585.90	843,818.09
回收碱人工成本（元）	308,283.00	473,000.69	……	2,384,810.26	457,481.11	241,687.92	7,483,005.16
人工总成本（元）	7,428,439.20	8,978,922.16	……	24,294,095.91	4,589,281.09	3,680,522.98	117,049,856.85
现金支出（元）	7,428,439.20	8,978,922.16	……	24,294,095.91	4,589,281.09	3,680,522.98	117,049,856.85

注：完整表格扫码获取。

分析研判　直接人工核算

珠江纸业直接人工成本主要分为抄造人工成本、纸加工人工成本、化机浆人工成本、电人工成本、轻钙人工成本、水人工成本、回收碱人工成本。

"颜B纸-1#"直接人工成本的计算过程如下（计算结果保留2位小数）：

（1）预计生产量：53,965.74吨，数据来源于2023年度生产量预算。

（2）单位产品工时：1.85小时/吨纸，数据来源于直接人工标准成本。

（3）人工总工时（小时）=预计生产量×单位产品工时=53,965.74×1.85=99,837（小时）。

（4）每小时人工成本：45.64元，数据来源于直接人工标准成本。

（5）抄造人工成本=人工总工时×每小时人工成本=99,837×45.64=4,556,561.00（元）。

（6）纸加工成本=预计生产量×工序直接人工标准成本=53,965.74×4.33=233,671.65（元）。

（7）化机浆人工成本=预计生产量×直接人工标准成本表——化机浆=53,965.74×21.044556454=1,135,685.06（元）。

（8）电人工成本=预计生产量×直接人工标准成本表——电=53,965.74×20.0080332978638=1,079,748.32（元）。

（9）轻钙人工成本=预计生产量×直接人工标准成本表——轻钙=53,965.74×1.465587476=79,091.51（元）。

（10）水人工成本=预计生产量×直接人工标准成本表——水=53,965.74×0.655946885208925=35,398.66（元）。

（11）回收碱人工成本=预计生产量×直接人工标准成本表——回收碱=53,965.74×5.71256873977276=308,283.00（元）。

（12）人工总成本=抄造人工成本+纸加工成本+化机浆人工成本+电人工成本+轻钙人工成本+水人工成本+回收碱人工成本=4,556,561.00+233,671.65+1,135,685.06+1,079,748.32+79,091.51+35,398.66+308,283.00=7,428,439.2（元）。

（13）现金支出：7,428,439.20元。

风险控制 劳动用工风险

珠江纸业用工风险主要体现在劳动合同的制定与用工形式、职业健康与安全以及人力资源管理等方面，比如公司涉及原料种植及砍伐、成品及半成品销售等主流产业，以及原材料加工、化学品制备、成品加工等辅助产业，如果采用同一格式的劳动合同文本，虽然经过劳动部门认可，但因合同文本需量身定制，管理不慎易造成法律风险。

珠江纸业应确保劳动合同文本的合法性和规范性，避免使用过于个性化或模糊的条款，以减少法律纠纷的风险。

4. 制造费用预算

【场景3-13】珠江纸业生产中心依据《关于公司经营目标与启动全面预算编制的通知》，根据生产量、机器工时、变动制造费用及固定制造费用等相关数据，编制2023年制造费用预算，预计全年现金支出667,557,791.06元（见表3-12）。

表3-12 2023年制造费用预算

项目	印刷用纸		……	包装用纸		办公用纸	全年
	颜B纸			牛皮包装纸	淋膜原纸	办公用纸	
	颜B纸-1#	颜B纸-4#、5#					
预计生产量（吨）	53,965.74	82,800.00	……	140,597.38	26,970.97	41,750.83	978,179.76
机器工时（小时）	8,418.73	17,222.21	……	14,524.31	2,786.33	1,608.23	85,871.22
单位变动制造费用（元/小时）	3,721.7187	2,152.8884	……	6,612.6077	6,544.5838	13,899.2777	0
变动制造费用（元）	31,332,144.87	37,077,496.13	……	96,043,564.14	18,235,370.18	22,353,235.38	490,049,755.47
固定制造费用（元）	17,027,403.84	37,006,438.08	……	84,654,042.96	11,766,442.20	14,170,265.16	447,164,350.80
制造费用合计（元）	48,359,548.71	74,083,934.21	……	180,697,607.10	30,001,812.38	36,523,500.54	937,214,106.27
折旧（元）	0	0	……	0	0	0	261,686,885.00
摊销（元）	0	0	……	0	0	0	7,969,430.21
现金支出（元）	48,359,548.71	74,083,934.21	……	180,697,607.10	30,001,812.38	36,523,500.54	667,557,791.06

注：完整表格扫码获取。

分析研判 制造费用分类

珠江纸业根据自身情况和会计政策，将制造费用合理划分为固定制造费用和变动制造费用，并据此制定相应的成本控制措施。固定制造费用包括工资及附加、折旧费及其他；变动制造费用包括间接材料、间接人工及其他。

分析研判 制造费用计算

2023年度"颜B纸-1#"制造费用预算的计算过程如下（计算结果保留2位小数）：

（1）预计生产量：53,965.74吨，数据来源于2023年度生产量预算。

（2）机器工时：8,418.73小时，根据计划排产量确定。

（3）单位变动制造费用：3,721.7187元/小时，数据来源于2023年度制造费用标准成本。

（4）变动制造费用＝单位变动制造费用×机器工时＝3,721.7187×8,418.73＝31,332,144.87（元）。

（5）固定制造费用：17,027,403.84元，数据来源于2023年度制造费用标准成本。

（6）制造费用合计＝变动制造费用＋固定制造费用＝48,359,548.71（元）。

（7）现金支出：48,359,548.71元。

5. 单位成本预算

【场景3-14】珠江纸业生产中心依据《关于公司经营目标与启动全面预算编制的通知》，根据2023年度直接材料预算、直接人工预算和制造费用预算，进行单位成本预算（见表3-13）。

表 3-13　　　　　　　　　　　　2023年度单位成本预算

项目		胶版纸	颜B纸	颜A纸	……	合计
直接材料（元）		1,357,182,809.29	529,077,488.40	306,312,096.11	……	3,641,729,906.61
直接人工（元）		32,848,119.02	16,407,361.36	10,717,293.75	……	117,049,856.85
制造费用（元）		321,878,162.99	122,443,482.92	69,896,578.25	……	937,214,106.27
本期出库	数量（吨）					980,598.76
	单位成本（元/吨）					—
	成本金额（元）					4,709,372,260.45
期初	数量（吨）					64,203.14
	单位成本（元/吨）					—
	成本金额（元）					309,725,944.68
期末	数量（吨）					61,784.14
	单位成本（元/吨）					—
	成本金额（元）					296,347,553.96
本期生产	数量（吨）					978,179.76
	单位成本（元/吨）					—
	单位原材料（元/吨）					3,722.965,916,418
	单位人工（元/吨）					119.660,886,103
	单位制造费用（元/吨）					958.120,526,098
	成本金额（元/吨）					4,695,993,869.73

注：完整表格扫码获取。

分析研判 2023年度单位成本预算数据测算

各类纸品直接材料数据：来源于2023年采购预算。

各类纸品直接人工数据：来源于2023年直接工人预算。

各类纸品制造费用数据：来源于2023年制造费用预算。

颜B纸总成本＝直接材料＋直接人工＋制造费用＝529,077,488.40+16,407,361.36+122,443,482.92=667,928,332.68（元）。

颜B纸单位成本＝颜B纸总成本÷颜B纸生产量＝667,928,332.68÷136,765.74=4,883.74（元/吨）。

说明：采购预算消耗是用所有纸品的消耗总量与单价相乘得出的计算结果；计算单位成本时，直接材料的核算是用每一种产品各自的消耗量与单价相乘得出的计算结果四舍五入后再相加，二者之间存在0.01元的差异。

任务小结

生产现金预算包括生产量预算、直接材料预算、直接人工预算、制造费用预算、单位成本预算等环节。生产现金预算对于企业的生产计划和决策具有至关重要的作用。它不仅可以帮助企业合理安排生产活动，提高生产效率和生产质量，还可以降低生产成本，减少浪费，提高企业的盈利能力。同时，生产现金预算还可以作为评估生产绩效和制定绩效考核指标的重要依据，有助于企业持续改进和提高生产管理水平。

生产现金预算是企业管理中不可或缺的一部分，它对企业的生产计划和决策具有深远的影响。因此，企业在编制生产预算时应充分考虑各种因素，确保预算的准确性和可行性。

"知识—业务"思维导图，如图3-6所示。

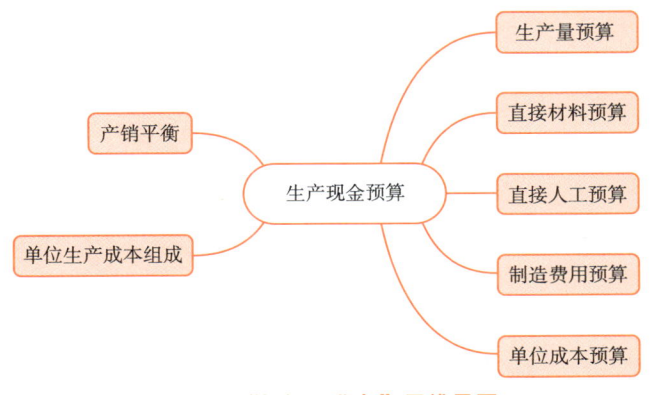

图3-6 "知识—业务"思维导图

任务4　采购现金预算

【教学重点】采购材料预算的编制，采购现金预算的编制，产供销常态化协同。
【教学难点】采购现金预算的编制。

采购预算是根据全年直接材料及周转材料的预计耗用量和计划价格计算出所需资金。采购现金预算是在此基础上，结合库存变动和信用结算的方式，估算实际采购所需的现金量。

通过编制采购现金预算，并对比预算和实际执行情况，了解变动的原因，解决资金需求问题，这是财务部的首要工作。

采购预算最应关注的是现金付款的账期，也就是应付账款周转率。它是现金预算的重要环节，能极大地影响企业的现金状况。

任务导入

【场景3-15】2022年10月，为了做好2023年各项工作，珠江纸业启动2023年预算相关工作，形成预算启动会议纪要，拟由采购中心按照产品编制各原材料采购预算（见表3-14）。

表3-14　2023年预算启动会议纪要（采购预算内容节选）

会议形式	线上会议	会议时间	2022年10月20日
会议主题	2023年预算启动会议		
参会人员	王旗、高陶涛、李亚南、钟淮敏、易子文、赵云飞、尤一辰、杨术案、胡洋		
主持人	董事长兼总经理王旗		
会议议程	①各部门汇报下一年度的预测报告 ②全面预算工作部署		
会议内容	会议通过以下有关采购预算的决议： ① 实行以产定采，围绕公司2023年98万吨纸品的生产目标合理安排采购 ② 基于2023年纸浆供需市场变化、国家相关政策，预测2023年国际贸易形势好于2022年，供方市场大于需方市场，纸浆价格将回落 ③ 积极寻找质优价廉的替代品，合理规划采购支付的账期政策、采购方式、采购批次、付款批次，控制采购成本 ④ 推进数字化转型，推动公司新型数字化供应链运营与核心管控能力稳步增强，继续加大仓库材料库存的清理力度，提高存货周转率，减少资金积压 ⑤ 创新采购模式，发挥集中采购的优势，加大招标采购物资的范围和频率 ⑥ 加强对供应商的管理评估，充分营造良性的供应商竞争环境，相同产品比价格、比质量、比信誉、比服务，让成本得到有效控制，让质量得到有效提高，以最优的价格保质保量完成采购任务 ⑦ 严把验收关口，提高原材料采购质量，并做好各项原材料备库、管理工作		

认知识别 账期管理对现金流的价值

账期管理是指企业在采购过程中对供应商的付款周期进行管理和控制，以确保企业资金的有效利用和运转。科学的账期管理，有效利用采购政策，积极支持企业的资金需求，是采购在优化企业现金流方面的关键价值。

认知识别 应对采购引发的短期资金缺口

针对采购是否会出现短期资金缺口，以及缺口是经常性的还是偶发性的，企业应灵活选择筹资方式。对于偶发性资金缺口，可采用短期贷款、商业票据等临时性筹资方式，以满足短期资金需求，同时降低筹资成本。对于经常性资金缺口，考虑长期筹资策略，如发行债券、长期贷款或与投资者建立股权合作，以确保资金稳定供应，支持企业持续发展。

分析研判 建立产供销常态化协同工作机制

一是要积极开展寻源工作，寻找可替代性原材料；二是要加强供应链管控，根据市场淡旺季节奏，合理备库；三是要利用大数据技术打破数据孤岛，建立产供销协同的数据链，利用大数据分析预测市场需求，指导生产计划和采购决策，实现供需平衡，监控生产进度和库存状态，及时调整计划，确保及时交付，定期评估协同效果，利用数据驱动决策优化，提高运营效率和客户满意度。

风险控制 供应链中断风险

珠江纸业的供应链中断风险主要包括纸浆等原材料供应不稳定、价格波动、质量问题、物流延误等，这可能导致生产成本上升、交货时间延长、市场份额减少及企业声誉受损。

为有效应对供应链中断风险，珠江纸业可积极寻找替代性原材料，实行林纸一体化战略，以降低对现有供应渠道的依赖，推动新型数字化供应链发展，增强采购管控能力，确保原材料的交付时间、质量及价格稳定，保持合理库存冗余。

三 任务实施

采购现金预算是企业在财务管理中的一个重要环节。通过科学合理地编制采购现金预算，企业可以更好地规划资金使用、应对市场变化、降低资金风险，为企业的稳健运营和长期发展提供有力保障。采购现金预算的编制主要依据销售预算、生产预算、材料消耗定额、预计采购价格、期初库存和期末库存。采购现金预算包括：采购材料预算、采购现金预算。

1. 采购材料预算

【场景3-16】采购中心根据历史相关数据，编制2023年度采购材料预算（见表3-15）。

表 3-15　　　　　　　　　　　　　　2023 年度采购材料预算

部门：采购中心　　　　　　　　　　　　　　日期：2023 年 1 月 4 日

成本项目	2022年库存数量（吨）	2022年库存单价（元/吨）	库存金额（元）	预计消耗材料小计（吨）	材料成本价（元/吨）	预计材料消耗金额（元）	安全库存数量（吨）	库存单价（元/吨）	库存金额（元）	预计采购数量（吨）	预计采购单价（元/吨）	预计采购金额（元）
液碱	621.50	2,052.24	1,275,467.16	18,982.64	2,052.24	38,956,933.11	566.84	2,052.24	1,163,291.73	18,927.98	2,052.24	38,844,757.68
甲醇	79.08	1,975.98	156,260.50	2,415.22	1,975.98	4,772,426.42	72.14	1,975.98	142,547.19	2,408.28	1,975.98	4,758,713.11
硫酸	519.67	579.29	301,039.63	15,872.21	579.29	9,194,612.53	473.96	579.29	274,560.29	15,826.50	579.29	9,168,133.19
氯酸钠	872.95	3,236.97	2,825,712.96	26,662.46	3,236.97	86,305,583.15	796.16	3,236.97	2,577,146.03	26,585.67	3,236.97	86,057,016.22
消泡剂	11.09	20,875.46	231,508.85	338.65	20,875.46	7,069,474.53	10.12	20,875.46	211,259.65	337.68	20,875.46	7,049,225.33
……	……	……	……	……	……	……	……	……	……	……	……	……

注：完整表格扫码获取。

分析研判　确定2023年液碱等成本项目的采购预算

2023年1月，采购中心结合2023年末安全库存量的预测，以及2023年初物料档案中的期初数量、最新历史单价（即计划单价），对2023年全年材料采购量及采购金额进行预算。

（1）采购数量（液碱）=生产消耗数量+安全库存量−期初数量=18,982.64+566.84−621.5=18,927.98（吨）。

说明：根据2023年度材料消耗预测，计算得出2023年生产胶版纸需消耗液碱5,074.4吨，同理可知生产其他纸品需消耗的液碱数量，得出2023年各纸品消耗液碱合计数18,982.64吨。再根据2023年末预计液碱安全库存量566.84吨，得出2023年需采购液碱18,927.98吨（566.84+18,982.64−621.5）。

（2）采购金额（液碱）=单价 × 采购量=2,052.24 × 18,927.98=38,844,757.68（元）。

说明：液碱计划单价为2,052.24元/吨。

（3）2023年末期末库存金额=期初金额+采购金额−消耗金额=1,275,467.16+38,844,757.68−38,956,933.11=1,163,291.73（元）。

说明：期末库存单价=期末库存金额÷期末库存数量。备品备件按以前年度情况，2023年预计消耗1,422,359.09元，期末库存金额39,371,690.67元，期初金额39,371,690.67元，则采购金额为1,422,359.09元。

2. 采购现金支付预算

【场景3-17】财务部根据预计生产量等相关数据，编制2023年采购现金支付预算（见表3–16）。

表 3-16　　　　　　　　　　　2023 年采购现金支付预算

部门：财务部

项目	金额/比例
期初应付账款	206,728,331.17 元
期初应付账款本期支付率	100.00%
期初应付账款本期支付额	206,728,331.17 元
本期含税采购额	4,140,905,088.16 元
期初预付账款	298,153,785.69 元
本期含税采购额当期支付率	90.00%
本期采购销售额票据方式支付比例	40.00%
本期采购销售额银行存款支付比例	60.00%
本期含税采购额银行存款当期支付额	2,075,085,703.33 元
期末预付账款	207,045,254.41 元
期末预付账款用现金支付	207,045,254.41 元
期初应付票据	330,879,010.45 元
期初应付票据本期支付率	100.00%
期初应付票据本期支付额	330,879,010.45 元
本期应付票据当期支付率	80.00%
本期应付票据当期支付额	1,106,712,375.11 元
资金支付金额	3,926,450,674.47 元
期末应付账款	384,275,130.25 元
期末应付票据	276,678,093.78 元

分析研判　编制 2023 年采购现金支付预算

财务部对 2023 年采购现金支付及应付账款、应付票据进行预算，结合 2023 年度采购预算，确定采购现金支付金额。

（1）期初应付账款 206,728,331.17 元，数据来源于预计资产负债表。

（2）期初应付账款本期支付率 100%。

（3）本期含税采购额=本期不含税采购额×（1+增值税税率）=3,664,517,777.13×1.13=4,140,905,088.16（元）。

（4）期初预付账款 298,153,785.69 元，数据来源于预计资产负债表。

（5）本期含税采购额当期支付率 90%，本期采购销售额票据方式支付比例 40%，本期采购销售额银行存款支付比例 60%。

（6）本期含税采购额。银行存款当期支付额=（本期含税采购额−期初预付账款）×本期含税采购额当期支付率×本期采购销售额银行存款支付比例=（4,140,905,088.16−298,153,785.69）×90%×60%=2,075,085,703.33（元）。

（7）预计期末预付账款占本期含税采购额的5%，均采用现金支付，则：期末预付账款=本期含税采购额×5%=4,140,905,088.16×5%=207,045,254.41（元）。

（8）期初应付票据330,879,010.45元，期初应付票据本期支付率100%，即期初应付票据本期支付额330,879,010.45元。

（9）本期应付票据当期支付率80%，则：本期应付票据当期支付额=（本期含税采购额−期初预付账款）×本期含税采购额当期支付率×本期采购销售额票据方式支付比例×本期应付票据当期支付率=（4,140,905,088.16−298,153,785.69）×90%×40%×80%=1,106,712,375.11（元）。

（10）资金支付金额=期初应付账款+本期含税采购额银行存款当期支付额+期末预付账款+期初应付票据本期支付额+本期应付票据当期支付额=206,728,331.17+2,075,085,703.33+207,045,254.41+330,879,010.45+1,106,712,375.11=3,926,450,674.47（元）。

（11）期末应付账款金额=（本期含税采购额−期初预付账款）×（1−本期含税采购额当期支付率）=（4,140,905,088.16−298,153,785.69）×（1−90%）=384,275,130.25（元）。

（12）期末应付票据金额=本期应付票据当期支付额=（本期含税采购额−期初预付账款）×本期含税采购额当期支付率×本期采购销售额票据方式支付比例×（1−本期应付票据当期支付率）=（4,140,905,088.16−298,153,785.69）×90%×40%×（1−80%）=276,678,093.78（元）。

任务小结

采购现金预算是对企业在特定时期内采购活动所需现金进行规划、分配和控制，包括采购材料预算和采购支付现金预算。

"知识—业务"思维导图，如图3-7所示。

图3-7 "知识—业务"思维导图

任务5　投资现金预算

【教学重点】战略与投资，投资方式的选择，资金流动性风险，并购风险。
【教学难点】投资现金预算编制，投资方式的选择。

投资支出是现金支出的重要组成部分。投资预算通常是指与项目投资决策相关的专门预算，往往涉及长期建设项目的资金投放（投资支出预算）与筹集（长期借款），并经常跨越多个年度。

编制投资现金预算的依据是项目财务可行性分析资料以及企业筹资决策资料。投资现金预算也是编制资金预算和预计资产负债表的依据。

投资现金预算的要点是准确反映项目资金投资支出与筹资计划。投资的资金来源往往是企业决策的重要影响因素，因此投资预算应当力求符合企业的战略以及发展需要。

任务导入

【场景3-18】2022年10月，为了做好2023年各项工作，珠江纸业启动2023年预算相关工作，形成预算启动会议纪要（见表3-17），拟由战略发展部编制投资计划（见表3-18）。

表3-17　2023年预算启动会议纪要（投资预算内容节选）

会议形式	线上会议	会议时间	2022年10月20日
会议主题	2023年预算启动会议		
参会人员	王旗、高陶涛、李亚南、钟淮敏、易子文、赵云飞、尤一辰、杨术案、胡洋		
主持人	董事长兼总经理王旗		
会议议程	① 各部门汇报下一年度的预测报告 ② 全面预算工作部署		
会议内容	会议通过以下有关投资预算的决议： ① 为推进落实林纸一体化战略，寻求新的盈利增长点，积极推进香舍园林的股权投资，总价款9.34亿元，股权转让合同已签订，支付定金3,400万元，筹资后支付尾款资金 ② 针对公司与市场上造纸企业的显著技术差距，拟投资一条总金额1.8亿元、节能减排技术改造10万吨浆的新生产线，预计2023年12月底完成建设 ③ 为配合新生产线，已向政府申购一块金额1.5亿元的工业用地，预计2023年1月完成所有手续		

表 3-18　　　　　　　　　　　2023 年投资计划

序号	投资类型	项目名称	项目性质	建设时间	建设内容	总投资（万元）	资金来源	2023年度投资计划（万元）	责任部门	责任人
1	财务性投资	投资性房地产	新建	2023年1月	投资厂房，能够产生固定的现金流入，最终实现资产增值	500	自有资金	500	战略发展部	伍子龙
		证券投资	滚动	2023年1—12月	月度滚动投资，让闲置资金创造更多的价值	280	自有资金	280	证券部	王红仁
2	战略性投资	香舍园林股权收购案	续投	2022年4月—2023年3月	收购香舍园林企业，实现上游林业资源与下游造纸业务一体化	93,400	发股	91,000	战略发展部	伍子龙
		新产品研发项目	续投	2021年1月—2024年3月	新品技术研发，寻找合适材料替代进口浆，提高产品质量，降本增效	45,000	自有资金	10,000	技术中心	何瑞康
3	经营性投资	土地	续投	2022年8月—2023年1月	购入与目前生产线相邻的地块，为后期扩大产能，新增生产线做用地储存	15,000	自有资金、借款	12,000	战略发展部	伍子龙
		APMP生产线投资	新建	2023年1—9月	新建一条年产12万吨的生产线，带动耗能型工业的技术调整和升级，带动企业向节能增效方向转变，从而获得更好的收益，同时拉动地方财政收入增长	18,025	自有资金、借款	15,000	战略发展部	伍子龙
	合计			—		172,205	—	129,780	—	—

日期：2022年11月22日　　　　　　　　　　　　　　　　　　　　　　　制表人：陈丽

认知识别　战略与投资

战略决定投资的方向，投资是在落实整体战略的商业布局，二者从来不能分开。最简单的战略就是搞清楚投资的方向。对于单个公司而言，其战略就是业务布局和投资方向，甚至是确定具体要投资一个什么样的项目。对于集团公司来说，其战略本质上是一种产业投资组合的策略。

分析研判　战略引领投资，投资支撑战略

珠江纸业为实施林纸一体化战略，降低原材料对外依赖，并寻找新的盈利点，积极投资香舍园林。此举不仅能确保公司原材料的稳定供应，降低了成本，还能为公司带来林业多元化业务的发展机会，如生态旅游和林下经济。在当前造纸行业竞争激烈、需求增长乏力的背景下，香舍园林的股权投资成为珠江纸业应对市场挑战、实现战略转型和多元化发展的重要举措。

风险控制　战略失误造成投资失败

珠江纸业拟投资节能减排技术改造10万吨浆新生产线的投资风险主要有三方面：一是市场需求变化可能导致产能过剩或产品滞销，影响投资回报；二是技术成熟度不足、生产线技术兼容性差等技术风险；三是1.8亿元的投资金额较大，可能面临资金筹措困难和回报周期长的风险。

珠江纸业应在项目实施前充分调研市场，密切关注市场动态，预判消费者对液体食品包装纸、吸油纸、环保斑纹纸、吸水衬纸等产品的消费趋势，降低市场风险；进行充分的技术验证和测试，确保技术可行性和稳定性；加强技术提供商的甄选，选择技术成熟、经验丰富的合作伙伴。

任务实施

投资预算具体反映在何时进行投资、投资多少、资金从何处取得、何时可获得收益、每年的现金净流量为多少，需要多少时间回收全部投资等。投资预算的要点是准确反映项目资金投资支出与筹资计划。

【场景3-19】珠江纸业的产品销售旺盛，为提高产品市场占有率，拟启动技术改造10万吨纸浆项目建设。为使生产、流通等环节密切配合、优势互补，缩短生产周期，降低采购成本，减少流通费用，改善经济效益，珠江纸业通过控制原料和销售渠道，形成产业链竞争，控制竞争对手的活动，能显著提高竞争能力，公司拟收购林地、自营林及林业维护公司。战略发展部编制2023年投资预算表（见表3-19）。

表3-19　　　　　　　　　　2023年投资预算表　　　　　　　　　　单位：元

投资项目类别		项目名称	项目性质	建设时间	建设内容	资金来源	总投资	预计增值税	本年度金额合计
增加投资	财务性投资	投资性房地产	新建	2023年1月	投资厂房，能够产生固定的现金流入，最终实现资产增值	自有资金	5,000,000	450,000	5,450,000
		证券投资	滚动	2023年1—12月	月度滚动投资，让闲置资金创造更多的价值	自有资金	2,800,000	—	2,800,000
	战略性投资	香舍园林股权收购案	续投	2022年4月—2023年3月	收购香舍园林企业，实现上游林业资源与下游造纸业务一体化	发股	910,000,000	—	910,000,000
	经营性投资	土地	续投	2022年8月—2023年1月	购入与目前生产线相邻的地块，为后期扩大产能、新增生产线做用地储存	自有资金、借款	120,000,000	13,500,000	133,500,000
增加投资	经营性投资	APMP生产线投资	新建	2023年1—9月	新建一条年产12万吨的生产线，带动耗能型工业的技术调整和升级，带动企业向节能增效益方向转变，从而获得更好的收益，同时拉动地方财政收入增长	自有资金、借款	150,000,000	19,500,000	169,500,000
		其他资产	新建	2023年1—12月	其他	自由资金	10,000,000	1,300,000	11,300,000
					现金支出		1,197,800,000	34,750,000	1,232,550,000
					减少投资		0	—	—
					现金流入		0	0	0

认知识别 投资方式的选择

财务性投资是一种经济活动，它将资金投入到某种资产中，以期获得收益。这种资产可以是股票、债券、房地产、基金等多种形式。财务性投资的目的是实现财富的保值和增值，通过投资获取高于储蓄的收益。

战略性投资是长期性、前瞻性和风险性的行为，主要形式包括直接投资、并购、股权投资等。战略性投资的目的在于获得长期的稳定回报，而不仅是短期的、快速的利润。战略性投资需要有清晰的战略目标、深入的理解、准确的预见，以及充足的资金和足够的耐心。

经营性投资是指用货币资金、原材料、固定资产、无形资产等进行的投资，目的是通过开设生产商品或提供服务的公司，实现营运过程中产生的增值大于营运所需要的成本，从而获取利润。

珠江纸业根据自身的风险承受能力、资金状况、投资目标、投资预算平衡等现实情况，作出相关决策。财务性投资角度，选择投资厂房，能够产生固定的现金流入，最终实现资产增值；选择证券投资，采用月度滚动投资，让闲置资金创造更多的价值。战略性投资角度，收购香舍园林企业，实现上游林业资源与下游造纸业务一体化。经营化投资角度，购入与目前生产线相邻的地块，为后期扩大产能、新增生产线做用地储存；新建一条年产12万吨的生产线，带动耗能型工业的技术调整和升级，带动企业向节能增效方向转变，从而获得更好的效益，同时拉动地方财政收入增长。

风险控制 资金流动性风险

珠江纸业投资长期资产会占用大量现金，可能导致公司短期内资金流动性变差，影响正常运营。珠江纸业应根据自身实际情况，制订科学的资金流动计划，确保投资与运营资金需求之间的平衡。

风险控制 并购风险

珠江纸业拟收购香舍园林企业，实现上游林业资源与下游造纸业务一体化，促进企业发展和扩张，助力企业实现规模经济，提高整体效率。但是纵向并购也存在缺点，首先，收购带来的管理费用高昂，如果收购的企业存在重复的资源，将会增加组织的费用，这可能会使管理费用过高。其次，收购的企业可能会拥有不同的文化、管理风格和业务流程，这可能会导致收购企业出现管理混乱和工作混乱的问题。此外，收购也容易引起员工的反对，从而影响企业的运营。

任务小结

企业投资方式分为财务性投资、战略性投资、经营性投资。企业需要根据自身情况和市场环境进行综合分析和判断，以制订合理的投资现金预算金额和计划。

"知识—业务"思维导图，如图3-8所示。

图3-8 "知识—业务"思维导图

任务6 期间费用预算

【教学重点】期间费用预算表的编制，可控费用与不可控费用的转换。
【教学难点】期间费用分解，各项期间费用与业务量的关系。

期间费用预算是企业为生产产品、提供劳务等发生的各项期间费用进行充分、全面的预算。

历史数据的可取得性、完整性将影响预算期间费用数据的可靠性。构成的范围不全面、项目内容不完整，会导致费用支出无法细化到具体事项，出现费用支出项目错位或互相挤占、费用支出金额偏低或超高等，影响预算编制的准确性。尤其是混合销售费用中税金、补贴以及其他非正常支出因素的剔除，可能导致销售费用预算金额的准确性不高。

任务导入

【场景3-20】2022年10月，为了做好2023年各项工作，珠江纸业启动2023年预算相关工作，形成预算启动会议纪要，拟由生产技术管理部按照产品大类编制研发支出预算表、运营管理部编制销售费用预算表、财务部编制管理费用和财务费用预算表（见表3-20）。

表3-20　　　　　2023年预算启动会议纪要（期间费用预算内容节选）

会议形式	线上会议	会议时间	2022年10月20日
会议主题	2023年预算启动会议		
参会人员	王旗、高陶涛、李亚南、钟淮敏、易子文、赵云飞、尤一辰、杨术案、胡洋		
主持人	董事长兼总经理王旗		
会议议程	①各部门基于当前情况汇报下一年度的预测报告 ②全面预算工作部署		
会议内容	会议通过以下有关期间费用预算的决议： ①始终贯彻落实"降本增效"经营策略，在2022年的基础上进一步压缩管理日常运行支出，严格控制差旅费、会议费、业务招待费等支出，管理费用占营业收入比重要持续下降，综合成本费用利润率要稳中有升 ②2023年各部门要实现精细化管理，提高谈判效率，加大合规巡查力度，提倡节约意识；针对车辆交通费用、修理费、咨询费等，要进行大幅压缩管控；在不影响行政管理部门运行的情况下，变动费用进一步压缩2%以上，预计降本创收500余万元 ③2023年持续投入产品、方法及各项标准等的研发，研发费用投入金额占收入的比重在2%左右		

认知识别 期间费用的预算控制

期间费用的控制主要是做好预算管理，事先做出预算，编制管理费用预算表，然后根据项目分部门确定费用限额，由各个部门负责审批并按预算控制支出，按费用制度审核控制费用支出。

分析研判 重点期间费用的控制

珠江纸业的重点期间费用包括车辆交通费用、修理费、咨询费等。

可以优化物流路线，提高运输效率，减少不必要的行驶和停车费用；实施修理费限额控制和节约奖励，加强设备维护和保养，延长使用寿命，提高检修质量，降低故障率；提高内部咨询能力，选择性价比高的咨询机构或顾问，合理安排咨询项目和时间，以获得优惠。

风险控制 期间费用过高的风险与管控

过高的管理费用、财务费用和销售费用波动将影响公司的风险和盈利能力。对此，珠江纸业应实施严格的预算管理，确保费用支出在预算范围内；加强审核控制，对每项费用进行严格审批和定期分析；完善费用管理制度，明确开支范围和审批流程；确保税务合规，遵循税法规定并加强发票管理。此外，提高资金使用效率、优化筹资结构也是降低费用的关键。

三 任务实施

期间费用预算包括：销售费用预算、管理费用预算、研发支出预算、财务费用预算。

1. 销售费用预算

【场景3-21】珠江纸业编制了2023年销售费用预算表（见表3-21）。

表 3-21　　　　　　　　　　2023年销售费用预算表　　　　　　　　　　单位：元

部门	科目名称	明细	2023年预算（含税）	2023年预算（不含税）
仓储部	运输费	……	……	……
		运输费小计	210,525,187.15	193,142,373.53
	仓储费	……	……	……
		仓储费小计	2,628,390.60	2,479,613.77
	装卸费	……	……	……
		装卸费小计	19,189,631.40	18,103,425.85
	小计		232,343,209.15	213,725,413.15
营销部	办公消耗品	—	1,521,329.04	1,521,329.04
	邮寄印刷费	—	1,648,106.35	1,648,106.35
	……	……	……	……
	小计	—	60,464,801.37	60,464,801.37
其他	折旧		1,057,074.48	1,057,074.48
	……	……	……	……
	小计	—	1,242,370.56	1,242,370.56

续表

部门	科目名称	明细	2023年预算（含税）	2023年预算（不含税）
销售费用合计	—	294,050,381.08	275,432,585.08
现金支出	—	292,952,010.52	—

注：完整表格扫码获取。

认知识别　销售费用的构成

销售费用是公司在产品销售过程中发生的各种费用，包括商品销售过程中发生的保险费、包装费、展览费和广告费、商品维修费、预计产品质量保证损失、运输费、装卸费等，以及为销售本公司商品而专设的销售机构（含销售网点、售后服务网点等）的职工薪酬、业务费、折旧费等经营费用。公司发生的与专设销售机构相关的固定资产修理费用等后续支出也属于销售费用。

认知识别　销售费用的分解

费用分类的标准包括经济用途、可辨认性、成本性态、可控性等。采用相应的成本分解方法将销售费用分解为固定销售费用和变动销售费用。

认知识别　销售费用预算编制方法的选择

销售费用预算编制方法可分为三大类，如图3-9所示。

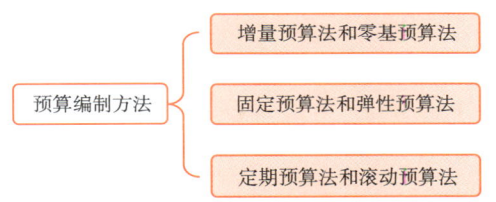

图3-9　销售费用预算编制方法

认知识别　编制销售费用预算表

根据预算期全年和各季度业务量及各种有关的费用标准资料编制销售费用预算表。

分析研判　销售费用分类标准的选择

珠江纸业根据2023年全面预算编制的要求，采用成本习性态标准对期间费用进行分类，将销售费用分解为固定销售费用、变动销售费用和混合销售费用。

分析研判　销售费用分解方法选择

珠江纸业历年财务数据的可靠性和完整性比较高，同时，会计核算方法保持一致，使各项销售费用的核算范围、内容和金额具有可比性和可衡量性。因此，选择回归直线法较为合理。

分析研判　销售费用预算编制方法的确定

依据珠江纸业销售会计业务的要求，2023年销售费用预算表确定采用零基预算及定期预算相结合的预算编制方法。

分析研判 各项销售费用预算数计算

(1) 仓储部、营销部的各项销售费用预算数采用零基预算法编制,数据来源于销售业务会计的2023年销售费用预算表。

(2) 其他类销售费用预算数采用增量预算法编制。

2. 管理费用预算

【场景3-22】珠江纸业编制了2023年管理费用预算(见表3-22)。

表3-22　　　　　　　　　　　　　　2023年管理费用预算

项 目			2022年(元)	2023年预计变动(较上年)		2023年预算数(元)	2023年预算数(含税)(元)
				增减额(元)	幅度(%)		
部门可控部分	人工成本	工资	77,646,103.03	-776,461.03	-1.00	76,869,642.00	76,869,642.00
		工会经费	1,552,922.06	-15,529.22	-1.00	1,537,392.84	1,537,392.84
		……	……	……	……	……	……
		小计	112,994,830.45	-4,677,597.24	-4.14	108,317,233.21	108,317,233.21
	部门管理费用	差旅费	1,931,471.04	-19,123.48	-0.99	1,912,347.56	1,912,347.56
		办公费	322,621.49	-3,194.27	-0.99	319,427.22	319,427.22
		……	……	……	……	……	……
		小计	12,708,769.06	-4,371,869.10	-34.40	8,336,899.96	8,336,899.96
	部门可控部分小计		125,703,599.51	-9,049,466.34	-7.20	116,654,133.17	116,654,133.17
部门不可控部分	其他	董事会会费	1,615,614.80	-15,996.19	-0.99	1,599,618.61	1,599,618.61
		折旧费	4,890,175.16	-89,409.87	-1.83	4,800,765.29	4,800,765.29
		……	……	……	……	……	……
		小计	27,729,064.67	-9,122,138.86	-32.90	18,124,664.03	18,606,925.81
	部门不可控部分小计		27,729,064.67	-9,122,138.86	-32.90	18,124,664.03	18,606,925.81
合计			153,432,664.18	-18,171,605.20	-11.84	134,778,797.20	135,261,059.98
现金支出			142,612,117.58	0	0	122,962,197.13	123,444,458.91

注:完整表格扫码获取。

认知识别 管理费用构成

管理费用是指公司行政管理部门为组织和管理生产经营活动而发生的各种费用,包括公司董事会和行政管理部门在公司经营管理中发生的,或者应当由公司统一负担的公司经费、工会经费、待业保险费、劳动保险费、董事会费、聘请中介机构费、咨询费、诉讼费、业务招待费、办公费、差旅费、邮电费、绿化费、管理人员工资及福利费等纳入预算管理范围的管理费用。

分析研判 预算管理范围内的管理费用

珠江纸业根据预算编制原则,确定管理人员工资、福利费、社会保险金、业务招待费、办公费、差旅费、邮电费、车辆交通费、修理费、咨询费、劳动保护支出、审计费、折旧费、董事会会费、无形资产摊销、项目前期费等作为管理费用。

认知识别 管理费用的分类标准

经济用途、可辨认性、成本性态和可控性等。

分析研判 管理费用分类标准的选择

珠江纸业根据2023年全面预算编制的要求,管理费用采用责任单位费用控制程度为标准进行分类,将管理费用分为可控管理费用和不可控管理费用两类。

风险控制 可控管理费用与不可控管理费用的转换

二者的转换通常与管理层级的提升、权限的扩大以及控制范围的调整有关。随着公司层级提升、管理权限扩大及市场环境变化,原本被视为不可控的管理费用可能通过优化管理、改进流程、成本控制等措施转变为可控费用。同样,某些原本可控的管理费用也可能因内外部因素的变化而变得难以控制。

这种转换要求企业持续评估费用性质,灵活调整管理策略,以实现更有效的成本控制和资源优化。

分析研判 管理费用预算编制方法的选择

珠江纸业采用增量成本和定期成本相结合的预算编制方法。从以下3个方面考虑管理费用预算编制方法:一是本公司历史期实际经济活动支出的管理费用水平的合理性;二是预算期可控成本与不可控成本的转换趋势;三是公司内部预算管理目标和预算管理时间等。

分析研判 预算期可控费用与不可控费用的转换趋势

查阅组织架构、运营模式、管理费用考核制度等行政管理历史资料,判断历史期可控管理费用划分的合理性。

分析研判 预算管理时间的确定

珠江纸业经营活动面临的公司规模、运营模式相对稳定,管理费用预算目标明确,建议采用不变会计期间的定期预算方法编制管理费用预算表。

认知识别 管理费用预算表的编制依据

根据预算期全年和各季度业务量及各种有关的费用标准资料编制管理费用预算表。

分析研判 各项管理费用预算数的计算

(1)2022年管理费用发生额来源于财务报表。

(2)2023年管理费用增减幅度来源于珠江纸业2023年全面预算会议的决议。

(3)2023年管理用预算数=2022年管理费用实际发生额×(1+增减幅度)。

3. 研发费用预算

【场景3-23】珠江纸业编制了2023年研发费用预算表(见表3-23)。

表 3-23　　2023 年研发费用预算表　　金额单位：元

			销售收入	5,493,606,405.16		
			研发投入占收入比	2.00%		
			研发投入	109,872,128.10		
项目		项目分摊标准	轻量涂布纸	轻型印刷纸	高级彩印新闻纸	合计
研发周期		—	120.00	90.00	150.00	360.00
不可控部分	人数（人）	—	0	0	0	188.00
	职工薪酬	研发周期	7,229,871.08	5,422,403.31	9,037,338.85	21,689,613.24
	折旧摊销	研发周期	3,035,074.80	2,276,306.10	3,793,843.50	9,105,224.40
	小计	—	10,264,945.88	7,698,709.41	12,831,182.35	30,794,837.64
可控部分	小计	研发周期	26,359,096.82	19,769,322.62	32,948,871.02	79,077,290.46
	直接投入	0.70	18,451,367.77	13,838,525.83	23,064,209.71	55,354,103.31
	设备调试	0.20	5,271,819.36	3,953,864.52	6,589,774.2	15,815,458.08
	设计费	0.01	263,590.97	197,693.23	329,488.71	790,772.91
	其他费用	0.09	2,372,318.72	1,779,239.04	2,965,398.4	7,116,956.16
各项目研发费用合计		—	36,624,042.70	27,468,032.03	45,780,053.37	109,872,128.10
预计资本化		—	0	0	0	0
预计费用化		—	36,624,042.70	27,468,032.03	45,780,053.37	109,872,128.10
现金支出		—	33,588,967.90	25,191,725.93	41,986,209.87	100,766,903.70

同行业研发费用占收入比重，如表 3-24 所示。

表 3-24　　同行业研发费用占收入比重

公司	研发费用（元）	收入（元）	比重（%）
景兴纸业	6,227,218,534.00	215,338,165.90	28.92
粤桂股份	3,416,764,348.00	77,195,142.28	44.26
晨鸣纸业	32,004,367,321.00	1,290,281,540.00	24.80
平均值	13,882,783,401.00	527,604,949.40	26.31
本公司	110,005,372.90	5,500,268,643.00	2.00
差异	-13,772,778,028.10	4,972,663,693.60	-26.29

认知识别　研发投入总额的确定

研发投入总额取决于以下 3 个方面的因素：

（1）根据企业的产业特点及规划需求而定。

（2）企业研发一般要解决产品更新换代、技术创新、技术瓶颈等问题，面对不同目标，研发投入总额各不相同。

（3）研发投入的多少还因时代不同、国家产业结构调整、国际经济市场变化等因素而改变，但总体呈上升趋势。

分析研判　研发投入预算数的计算

珠江纸业按照收入的一定比重确定研发投入总额。

研发投入总额=2023年销售收入预算数×研发投入占收入比

认知识别　研发费用

研发费用指企业在产品、技术、材料、工艺、标准的研究、开发过程中发生的各项费用。

分析研判　同行业代表公司的费用水平

大数据抓取同行业代表公司2022年度的营业收入和研发费用数据。

```
import tushare as ts
pro=ts.pro_api('token') #此处的token需换成真实token
df1=pro.income(ts_code='002067.SZ', start_date='20221201', end_date='20230631', fields='ts_code,end_date,rd_exp,revenue')
df2=pro.income(ts_code='000833.SZ', start_date='20221201', end_date='20230631', fields='ts_code,end_date,rd_exp,revenue')
df1=df1.append(df2)
df3=pro.income(ts_code='000488.SZ', start_date='20221201', end_date='20230631', fields='ts_code,end_date,rd_exp,revenue')
df1=df1.append(df3)
df1=df1[df1.end_date.map(lambda x:x.find('12',4,6)>=0)]
df1=df1.drop_duplicates()
df1.to_csv('income.csv')
print(df1)
```

分析研判　公司研发费用的构成

珠江纸业研发费用的构成包括以下4项：

（1）研发活动直接投入。

（2）企业在职研发人员的工资、奖金、津贴、补贴、社会保险费、住房公积金等人工费用。

（3）用于研发活动的固定资产折旧费或无形资产的摊销费用。

（4）其他研发费用。

认知识别　研发费用的分类

采用管理费用的分类标准，将研发费用分为可控研发费用和不可控研发费用两大类。

认知识别　研发费用的分摊

研发费用分摊至各研发项目，确定各研发项目的可控研发费用和不可控研发费用。

分析研判 研发费用分配的步骤

（1）研发费用总额的初次分配。首先确定不可控研发费用总额，再次确定可控研发费用总额。

可控研发费用总额=研发投入总额–不可控研发费用总额

（2）研发费用总额的二次分配。研发项目可控部分的研发费用按项目分摊标准（如比率）分摊至各研发项目的明细科目。

认知识别 研发费用的处理

研发费用的处理如图3-10所示。

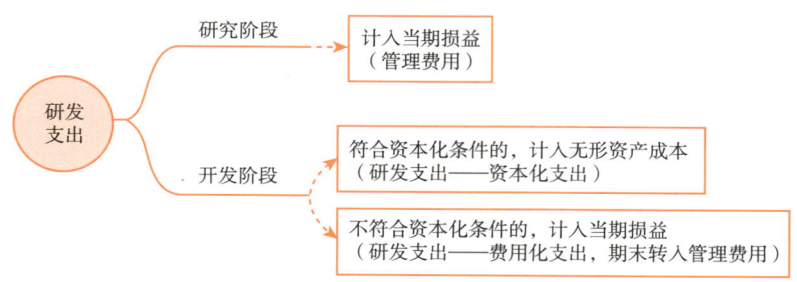

图3-10 研发费用的处理

认知识别 研发费用预算表的编制依据

根据预算期全年和各季度业务量及各种有关的费用标准资料编制研发费用预算表。

分析研判 各项研发费用预算数的计算

（1）2023年销售收入发生额来源于2023年销售额预算表。

（2）2023年研发投入占收入比来源于珠江纸业2023年全面预算会议的决议。

（3）2023年不可控研发费用预算总额：数据来源于不可控研发费用明细。

（4）2023年可控研发费用预算总额=研发投入总额–2023年不可控研发费用预算总额。

（5）2023年各项目不可控研发费用预算额=2023年不可控研发费用预算总额×各项目分摊标准。

（6）2023年研发项目的明细项目不可控研发费用=2023年该项目不可控研发费用预算额×该明细项目分摊标准。

（7）2023年各项目可控研发费用预算额=2023年可控研发费用预算总额×各项目分摊标准。

（8）2023年研发项目的明细项目可控研发费用=2023年该项目可控研发费用预算额×该明细项目分摊标准。

风险控制 研发风险

珠江纸业在研发过程中面临技术、市场、环保、人才、资金等多重风险，需加强技术创新，紧跟市场需求，注重环保投入，稳定人才团队，并确保资金充足，以应对挑战，实现可持续发展。在研发项目资金分配标准上，如果存在不合理的情况，可能会对项目进度、研发质量和企业整体发展产生负面影响。

风险控制　研发投入与同行业差异

珠江纸业的研发投入远低于行业平均水平，从绝对值看，比行业平均少投入13,772,778,028.1元；从研发费用占收入的比例看，行业均值为26.31%，珠江纸业仅为2%。低投入可能限制了关键技术创新能力的提升和新产品的开发速度，高投入则可能反映其对技术创新的重视和长远发展的战略眼光。

4. 财务费用预算

【场景3-24】珠江纸业编制了2023年财务费用预算表（见表3-25）。

表 3-25　　2023年财务费用预算表

项目	2022年小计（元）	项目占比（%）	2023年预算数（元）	2023年预计变动（较上年）增减额（%）	幅度（%）
营业收入	5,856,586,773.85	0	5,493,606,405.16	0	0
利息费用	167,754,912.98	2.86	156,024,657.31	−11,730,255.67	−6.99
其中：已有合同费用化利息	0	0	103,460,500.86	103,460,500.86	0
其中：新增合同费用化利息	0	0	44,963,027.25	44,963,027.25	0
其中：债券费用化利息	0	0	7,601,129.20	0	0
利息收入	2,627,669.43	0.04	2,464,811.36	−162,858.07	−6.20
非利息财务费用	13,710,200.42	0.23	12,860,467.67	−849,732.75	−6.20
其中：现金折扣	0	0	0	0	0
其中：手续费	0	0	0	0	0
其中：其他	0	0	0	0	0
财务费用合计	178,837,443.97	0	166,420,313.62	−12,417,130.35	−6.94
现金支出	0	0	166,420,313.62	0	0

分析研判

（1）2023年利息费用=已有合同费用化利息+新增合同费用化利息+债券费用化利息。

说明：新增合同费用化利息为预计数，数据来源于现金预算。

（2）利息收入占营业收入比率=2022年利息收入÷2022年营业收入。

（3）2023年利息收入=2023年营业收入×利息收入占营业收入比率。

（4）非利息财务费用占营业收入比率=2022年非利息财务费用÷2022年营业收入。

（5）2023年非利息财务费用=2023年营业收入×非利息财务费用占营业收入比率。

任务小结

期间费用预算包括销售费用预算、管理费用预算、研发费用预算、财务费用预算。期间费用预算的重要性体现在多个方面。首先，它是企业进行全面预算管理的重要组成部分，有助于企业合理分配资源，确保各项运营活动的顺利进行。其次，通过期间费用预算，企业可以更加准确地预测和规划未来的费用支出，从而避免因费用超支而导致的经营风险。此外，期间费用预算还能够促进企业的成本控制，提高企业的盈利能力和市场竞争力。总之，期间费用预算对于企业的稳健发展和持续盈利具有至关重要的作用。

"知识—业务"思维导图，如图3-11所示。

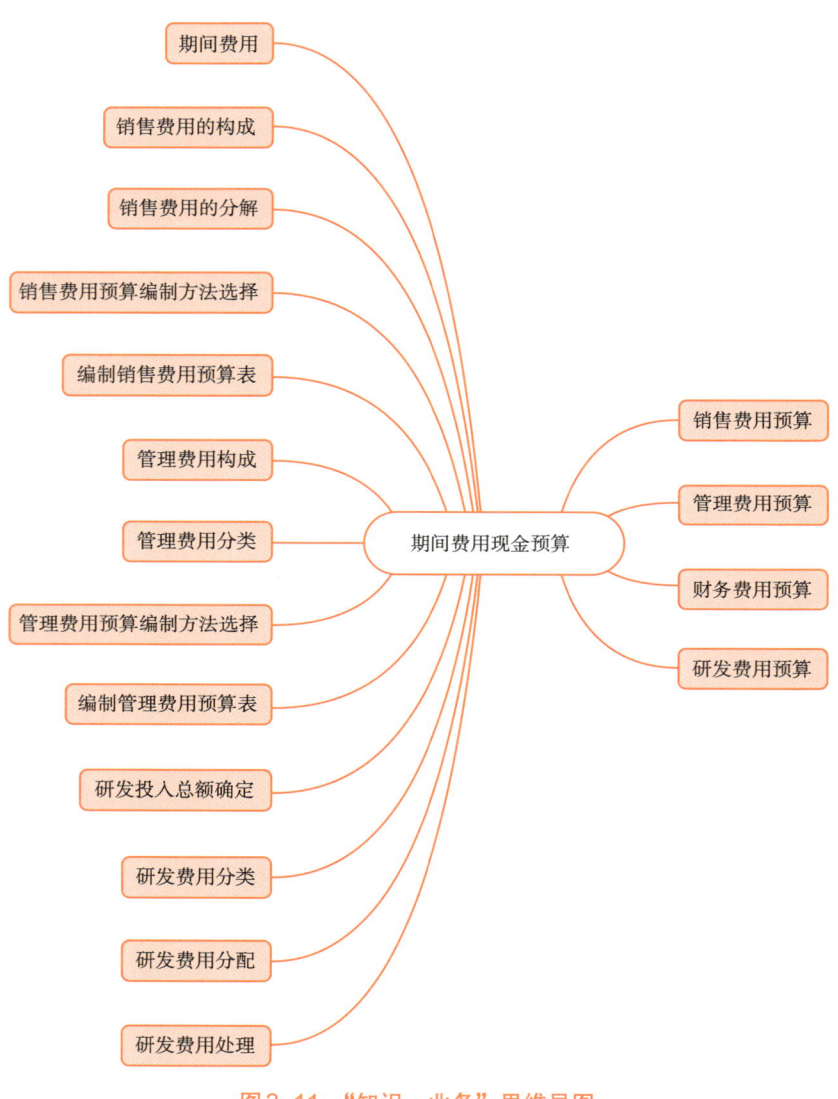

图3-11 "知识—业务"思维导图

项目3　筹资预算与规划

任务7　财务预算

【教学重点】 现金最佳持有量计算，预计资产负债表、预计利润表的编制。
【教学难点】 现金预算编制。

　　财务预算是根据财务计划和各种历史信息、预测信息，确定预算期内利润、现金和财务状况各种预算指标的过程。
　　财务预算包括现金预算、利润表预算、资产负债表预算等。它是财务计划的分解和落实，是财务计划的具体化。

任务导入

【场景3-25】 2022年10月，为了做好2023年各项工作，珠江纸业启动2023年预算相关工作，形成预算启动会议纪要，拟由财务部编制2023年现金预算、预计资产负债表、预计利润表（见表3-26）。

表 3-26　　　　2023年预算启动会议纪要（财务预算内容节选）

会议形式	线上会议	会议时间	2022年10月20日
会议主题	2023年预算启动会议		
参会人员	王旗、高陶涛、李亚南、钟淮敏、易子文、赵云飞、尤一辰、杨术案、胡洋		
主持人	董事长兼总经理王旗		
会议议程	① 各部门基于当前情况汇报下一年度的预测报告 ② 全面预算工作部署		
会议内容	会议通过以下有关财务预算的决议： ① 强调各业务部门要按照相关要求提前谋划，细化工作任务，确保按时、保质完成2023年预算编制，并上交财务部 ② 财务部需汇总各部门业务预算，编制现金预算、预计资产负债表、预计利润表，分析公司的筹资动机，合理预测资金需求量，研究公司可采取的筹资渠道，巩固现有的筹资渠道，保持良好的银企关系，选择适合公司的筹资结构和方案，做好年度筹资计划，平衡资金、资源等，做好财务预算工作		

认知识别　现金预算

　　现金预算是反映预期内企业现金流转状况的预算，它包括企业库存现金、银行存款等货币资金。编制现金预算的目的是合理地处理现金收支业务，有效调度资金，保证企业财务处于良好状态。它以业务预算、资金预算和筹资预算为基础，是其他预算有关现金收支的汇总，主要作为公司资金头寸调控管理的依据。

认知识别 预计资产负债表

预计资产负债表是按照资产负债表的内容和格式编制的综合反映公司期末财务状况的预算报表,根据预算期初实际的资产负债表和销售预算、生产预算、采购预算、资金预算、筹资预算等有关资料分析编制。

认知识别 预计利润表

预计利润表是按照利润表的内容和格式编制的反映公司在预算期内利润目标的预算报表,根据销售预算、生产预算、产品成本预算、期间费用预算、其他预算等有关资料分析编制。

分析研判 制订资金需要量计划

珠江纸业在制订资金需要量计划时,应首先分析资金成本结构和风险,明确债务与股权筹资的比例及成本。其次,基于公司发展规划和资金需求预测,优化资金结构,降低风险和成本。通过比较不同筹资渠道的成本,选择最优筹资策略。最后,确保资金按计划到位,并监控执行情况,根据市场变化及时调整计划。这样能够确保资金的有效利用,支持公司的稳健发展。

风险控制 资金需要量的不确定与动态调整

珠江纸业资金需要量的不确定性风险主要包括市场环境、经营状况以及外部筹资条件的波动。

珠江纸业可以采取动态管控策略:①基于市场趋势和公司经营数据,精准预测资金需求量,确保资金储备的合理性。②根据经营情况和市场环境变化,灵活调整资金筹措和使用计划,保持资金流动性。③多元筹资,拓展筹资渠道,确保资金来源的多样性,降低单一融资方式的风险。

三 任务实施

1. 税金及附加等现金支出的测算

【场景3-26】财务部根据业务部门编制的收入预算表、采购预算表、管理费用预算表、销售费用预算表、投资预算表等,测算2023年税金及附加等现金支出(见表3-27)。

表3-27　　　　　　　　　　2023年度税金及附加预算

项目		2022年度发生额(元)	2023年度预算数(元)	项目占比(%)
销售收入		5,856,586,773.85	5,493,606,405.16	0
固定	房产税	4,678,704.17	4,678,704.17	0.09
	土地使用税	3,080,366.00	3,080,366.00	0.06
	车船税	9,895.76	9,895.76	0
	其他税费	787,341.84	0	0
	小计	8,556,307.77	7,768,965.93	0.14
变动	小计	29,199,868.68	27,390,115.06	0.50
	增值税(不考虑退征即退)	—	183,931,463.86	—
	城市维护建设税	12,571,850.47	12,875,202.47	0.23

续表

	项目	2022年度发生额（元）	2023年度预算数（元）	项目占比（%）
变动	教育费附加	8,979,893.19	9,196,573.20	0.17
	印花税	5,953,673.07	3,060,893.60	0.06
	其他税费	1,694,451.95	2,257,445.79	0.04
税金及附加		37,756,176.45	35,159,080.99	0.64
现金支出		—	35,159,080.99	—

注：① 房产税、土地使用税、车船税基本属于固定成本，其他税费属于变动费用；② 城市维护建设税及教育费附加以增值税为基础进行计算，印花税以主营业务收入和主营业务成本为基础进行估算。

分析研判　2023年度税金及附加预算数据来源

以增值税为例，说明珠江纸业2023年度税金及附加的数据计算过程（见表3-28）。

表3-28　　　　　　　　　　　增值税计算　　　　　　　　　　　单位：元

表单	销项	进项
销售收入预算表	714,168,832.67	
采购预算表		476,387,311.03
管理费用预算表		482,261.78
销售费用预算表		18,617,796.00
投资预算表		34,750,000.00
合计	714,168,832.67	530,237,368.81
应交增值税	183,931,463.86	
退征即退50%	91,965,731.93	

2. 现金最佳持有量的计算

【场景3-27】珠江纸业在现金周转模型下的现金最佳持有量计算（见表3-29）。

表3-29　　　　　　现金周转模型下的现金最佳持有量　　　　　　单位：元

项目	预算（全年）
企业现金总需要量	10,940,645,817.53
计算周期	360.00
销售收入	5,493,606,405.16
期初存货	828,716,980.22
期末存货	836,704,100.92
期初应收账款	65,376,968.97
期末应收账款	124,155,504.76
期初应收票据	141,090,084.64

续表

项目	预算（全年）
期末应收票据	12,167,239.47
期初应付账款	206,728,331.17
期末应付账款	384,275,130.25
期初应付票据	330,879,010.45
期末应付票据	276,678,093.78
存货周转天数	54.57
应收账款周转天数	11.23
应付账款周转天数	39.27
现金周转天数	26.53
现金需求总额	10,940,645,817.53
最佳现金持有量	806,264,815.39

认知识别 现金周转模型下的现金最佳持有量

现金周转模型是从现金周转的角度出发，根据现金周转次数等指标来测算现金最佳持有量的一种模式。

其计算过程如下：

（1）计算现金周转期（天数），即公司从购买材料支付现金至销售商品收回现金的时间。计算公式为：

现金周转期（天数）=存货周转期+应收账款周转期–应付账款周转期

其中：

存货周转期=360÷{营业务收入÷[（存货年初金额+存货年末金额）÷2]}

应收账款周转期=平均应收账款×360天÷销售收入=平均应收账款平均日销售额

应付账款周转期=360÷应付账款周转率=360÷（主营业务成本净额÷平均应付账款余额×100%）=360÷[主营业务成本净额÷（应付账款期初余额+应付账款期末余额）÷2×100%]

（2）计算现金周转次数，即一年或一个经营周期内现金的周转次数。计算公式为：

现金周转次数=计算期天数÷现金周转期

（3）计算现金需求总额。计算公式为：

现金需求总额=营运资金需求量=营运资金量–自有资金

其中：

营运资金量=上年度销售收入×（1–上年度销售利润率）×（1+预计销售收入年增长率）÷现金周转次数

（4）计算最佳现金持有量。计算公式为：

最佳现金持有量=年现金需求总额÷360×现金周转天数

其中，年现金需求总额的数据来源于现金预算。

分析研判 测算现金周转模型下的现金最佳持有量

存货周转期=360÷{5,493,606,405.16÷［（828,716,980.22+836,704,100.92）÷2］}=54.57（天）

应收账款周转期=360÷{5,493,606,405.16÷［（65,376,968.97+124,155,504.76+141,090,084.64+12,167,239.47）÷2］}=11.23（天）

应付账款周转期=360÷{5,493,606,405.16÷［（206,728,331.17+384,275,130.25+330,879,010.45+276,678,093.78）÷2］}=39.27（天）

现金周转期（天数）=存货周转期+应收账款周转期−应付账款周转期=54.57+11.23−39.27=26.53（天）

最佳现金持有量=10,940,645,817.53÷360×26.53=806,264,815.39（元）

风险控制 现金持有量控制

在企业管理过程中，现金的控制尤为重要，但是现金的持有量到底是多少比较合理，需要进行一定的测算。在现金需要总量既定的前提下，现金持有量越多，则现金持有成本越高、现金转换成本也相应越高；现金持有量缺失，资金链容易断裂，易造成企业风险。

3. 现金预算的编制

【场景3-28】财务部编制2023年现金预算（见表3-30）。

表3-30　　　　　　　　　　　　2023年现金预算　　　　　　　　　　　　单位：元

项目		预算
一、可使用现金	期初现金余额	1,464,921,532.27
	销货现金收入	6,588,308,309.11
	投资流入	0
	增值税即征即退	91,965,731.93
	小计	8,145,195,573.31
二、生产经营资金支出	直接材料支出	3,926,450,674.47
	直接人工支出	117,049,856.85
	制造费用支出	667,557,791.06
	销售费用支出	292,952,010.52
	管理费用支出	123,444,458.91
	研发费用	100,766,903.70
	税金及附加	35,159,080.99
	所得税费用支出	22,315,380.94
	增值税预计支出	183,931,463.86
	小计	5,469,627,621.30

续表

项目			预算
三、投资支出		项目支出	1,232,550,000.00
		小计	1,232,550,000.00
	四、支出合计		6,702,177,621.30
	五、现金多余或不足		1,443,017,952.01
六、筹资活动支出		银行借款	3,713,934,743.55
		期初银行借款	4,377,000,000.00
		已有合同2023年到期借款	3,188,000,000.00
		其中：长期贷款	665,000,000.00
		其中：短期贷款	2,523,000,000.00
		新增短期借款预计2023年到期	373,000,000.00
		已有借款合同利息支出	103,127,733.75
		其中：资本化部分	5,525,833.31
		其中：费用化部分	97,601,900.44
		新增借款合同利息支出	49,807,009.80
		其中：资本化部分	9,593,982.55
		其中：费用化部分	40,213,027.25
		内部贷款	4,750,000.00
		新增借款合同利息支出	4,750,000.00
		其中：资本化部分	0
		其中：费用化部分	4,750,000.00
		融资租赁	61,414,768.68
		本金的减少	55,556,168.26
		未确认融资费用减少	5,858,600.42
		其中：资本化部分	0
		其中：费用化部分	5,858,600.42
		债券融资	438,368,684.00
		付息	21,033,684.00
		其中：计入当期费用化金额	7,601,129.20
		还本	417,335,000.00
		股票融资	20,000,000.00
		直接相关发行费用	20,000,000.00
		小计	4,238,468,196.23
	七、期末现金余额		806,264,815.39
	八、资金筹集缺口		3,601,715,059.61
	其中：长期资金缺口		1,897,550,000.00
	其中：中短期资金缺口		1,704,165,059.61

分析研判　2023年现金预算主要数据来源

（1）期初现金余额：数据来源于2022年资产负债表。

（2）销货现金收入：数据来源于2023年销售预算。

（3）投资流入：数据来源于2023年投资预算。

（4）增值税即征即退：见表3–24。

（5）直接材料支出：数据来源于2023年采购预算。

（6）直接人工支出：数据来源于2023年生产预算。

（7）制造费用支出：数据来源于2023年生产预算。

（8）销售费用支出：数据来源于2023年销售费用预算。

（9）管理费用支出：数据来源于2023年管理费用预算。

（10）研发费用：数据来源于2023年研发费用预算。

（11）税金及附加：数据来源于2023年税金及附加预算。

（12）所得税费用支出：预计。

（13）增值税预计支出：见表3–28。

（14）项目支出：数据来源于2023年投资预算。

（15）期初长期贷款、期初短期贷款、资本化部分利息、费用化部分利息：数据来源于银行借款明细表及利息计算表（可扫码获取）。

（16）期初银行借款：期初短期贷款+期初长期贷款。

（17）新增借款合同利息支出：数据来源于银行借款明细表。

（18）银行借款：数据来源于已有合同2023年到期借款+新增短期借款预计2023年到期+已有借款合同利息支出+新增借款合同利息支出。

（19）内部贷款：规划内部贷款1亿元，利率4.75%。

（20）融资租赁：数据来源于融资租赁支付明细表（可扫码获取）。

（21）债券融资：数据来源于发债数据表、借款明细表（可扫码获取）。

相关数据资料

（22）股票融资：数据来源于2023年度融资计划（折中型），珠江纸业已经启动了非公开发行股权融资，主要用于收购香舍园林100%股权。

（23）期末现金余额：现金周转模型下的现金最佳持有量计算结果。

（24）资金筹集缺口：期末现金余额+未确认融资费用减少+新增借款合同利息支出+已有合同2023年到期借款+新增借款合同利息支出+融资租赁（本金减少）+债券融资+股票融资（直接相关发行费用）–现金多余或不足。

其中：

长期资金缺口=项目支出+已有合同2023年到期借款（长期贷款）

中短期资金缺口=资金筹集缺口–长期资金缺口

可见，2023年珠江纸业资金筹集缺口为3,601,715,059.61元。

4. 预计利润表的编制

【场景3-29】账务部编制2023年预计利润表（见表3-31）。

表3-31　　　　　　　　　　　　　　2023年预计利润表　　　　　　　　　　　　　　单位：元

项目	2023年（预计）	2022年
一、营业收入	5,493,606,405.16	5,856,586,773.85
减：营业成本	4,709,372,260.45	4,623,034,439.21
税金及附加	35,159,080.99	37,756,176.45
销售费用	275,432,585.08	283,273,498.09
管理费用	134,778,797.20	153,432,664.18
研发费用	109,872,128.10	185,789,166.23
财务费用	166,420,313.62	178,837,443.97
其中：利息费用	156,024,657.31	167,754,912.98
利息收入	2,464,811.36	2,627,669.43
加：其他收益	91,965,731.93	61,163,369.54
投资收益（损失以"-"号填列）	0	41,435,576.12
其中：对联营企业和合营企业的投资收益	0	0
以摊余成本计量的金融资产终止确认收益	0	0
净敞口套期收益（损失以"-"号填列）	0	0
公允价值变动收益（损失以"-"号填列）	0	0
信用减值损失（损失以"-"号填列）	0	-14,252,837.36
资产减值损失（损失以"-"号填列）	0	1,278,942.55
资产处置收益（损失以"-"号填列）	0	0
二、营业利润（亏损以"-"号填列）	154,536,971.65	484,088,436.57
加：营业外收入	11,601,854.09	4,142,607.94
减：营业外支出	0	2,666,658.58
三、利润总额（亏损总额以"-"号填列）	166,138,825.74	485,564,385.93
减：所得税费用	22,315,380.94	65,219,879.80
四、净利润（净亏损以"-"号填列）	143,823,444.80	420,344,506.13

分析研判　2023年预计利润表主要数据来源

（1）营业收入：数据来源于2023年销售额预算。

（2）营业成本：数据来源于2023年生产预算（单位成本预算）。

（3）税金及附加：数据来源于2023年税金及附加预算。

（4）销售费用：数据来源于2023年销售费用预算。

（5）管理费用：数据来源于2023年管理费用预算。

（6）研发费用：数据来源于2023年研发支出预算。
（7）财务费用：数据来源于2023年财务费用预算。
（8）利息费用：数据来源于2023年财务费用预算。
（9）利息收入：数据来源于2023年财务费用预算。
（10）其他收益：数据来源于2023年现金预算（增值税即征即退）。

5. 预计资产负债表的编制

【场景3-30】财务部编制2023年预计资产负债表（见表3-32）。

表3-32　　　　　　　　　　　　2023年预计资产负债表　　　　　　　　　　　　单位：元

项目	2023年12月31日（预计）	2023年1月1日	项目	2023年12月31日（预计）	2023年1月1日
流动资产：			流动负债：		
货币资金	806,264,815.39	1,464,921,532.27	短期借款	1,231,170,000.00	2,523,000,000.00
交易性金融资产	1,113,907.00	1,113,907.00	交易性金融负债	0	0
衍生金融资产	0	0	衍生金融负债	0	0
应收票据	0	0	应付票据	276,678,093.78	330,879,010.45
应收账款	124,155,504.76	65,376,968.97	应付账款	384,275,130.25	206,728,331.17
应收款项融资	12,167,239.47	141,090,084.64	预收款项	0	0
预付款项	207,045,254.41	298,153,785.69	合同负债	310,388,761.89	0
其他应收款	2,719,037,927.54	2,683,628,009.44	应付职工薪酬	24,641,480.10	24,641,480.10
其中：应收利息	28,000.00	32,069.52	应交税费	42,477,659.93	42,477,659.93
应收股利	50,000,000.00	50,000,000.00	其他应付款	15,912,474.24	17,543,684.53
存货	836,704,100.92	828,716,980.22	其中：应付利息	0	0
合同资产	0	0	应付股利	0	0
持有待售资产	0	0	持有待售负债	0	0
一年内到期的非流动资产	0	0	一年内到期的非流动负债	594,242,465.22	1,139,054,074.01
			其中：一年内到期的长期借款	536,000,000.00	665,000,000.00
			一年内到期的租赁负债	58,242,465.22	55,556,168.26
			一年内到期的应付债券	0	418,497,905.75
其他流动资产	0	0	其他流动负债	0	0
流动资产合计	4,706,488,749.49	5,483,001,268.23	流动负债合计	2,879,786,065.41	4,284,324,240.19
非流动资产：			非流动负债：		
债权投资	3,945,340.00	1,145,340.00	长期借款	1,550,550,000.00	1,189,000,000.00

续表

项目	2023年12月31日（预计）	2023年1月1日	项目	2023年12月31日（预计）	2023年1月1日
其他债权投资	0	0	应付债券	0	0
长期应收款	0	0	其中：优先股	0	0
长期股权投资	3,468,328,447.11	2,558,328,447.11	永续债	0	0
其他权益工具投资	0	0	租赁负债	30,168,942.79	88,411,408.01
其他非流动金融资产	0	0	长期应付款	100,000,000.00	0
投资性房地产	10,032,249.43	5,032,249.43	长期应付职工薪酬	0	0
固定资产	4,169,198,237.03	4,295,848,186.20	预计负债	0	0
在建工程	51,588,484.34	36,468,668.48	递延收益	21,220,000.00	21,220,000.00
生产性生物资产	0	0	递延所得税负债	0	0
油气资产	0	0	其他非流动负债	0	0
使用权资产	177,686,435.68	199,824,417.76	非流动负债合计	1,701,938,942.79	1,298,631,408.01
无形资产	332,803,303.54	214,670,132.14	负债合计	4,581,725,008.20	5,582,955,648.20
开发支出	0	0	所有者权益（或股东权益）：		
商誉	0	0	实收资本（或股本）	1,552,733,148.00	1,397,733,148.00
长期待摊费用	2,106,488.31	5,266,220.78	其他权益工具	0	0
递延所得税资产	21,147,857.28	21,147,857.28	其中：优先股	0	0
其他非流动资产	0	0	永续债	0	0
非流动资产合计	8,237,286,842.72	7,337,731,519.18	资本公积	5,600,884,697.61	4,775,884,697.61
			减：库存股	183,165,498.10	183,165,498.10
			其他综合收益	0	0
			专项储备	0	0
			盈余公积	264,094,262.35	249,711,917.87
			未分配利润	1,127,053,974.15	997,612,873.83
			所有者权益（或股东权益）合计	8,361,600,584.01	7,237,777,139.21
资产总计	12,943,325,592.21	12,820,732,787.41	负债和所有者权益（或股东权益）总计	12,943,325,592.21	12,820,732,787.41

分析研判 2023年预计资产负债表主要数据来源

（1）货币资金：数据来源于2023年现金预算（期末现金余额）。

（2）交易性金融资产：数据来源于2022年资产负债表期末数。

（3）应收账款（应收票据）：数据来源于2023年销售现金预算（期末应收账款）。

（4）合同负债：数据来源于2023年销售现金预算（期末合同负债）。

（5）应付账款（应付票据）：数据来源于2023年采购现金预算（期末应付票据）。

（6）预付款项：数据来源于2023年采购预算（期末预付账款）。

（7）存货：2023年末库存金额（2023年采购预算）+2023年期末产品库存金额（2023年生产预算）+期初生产成本余额。

（8）债权投资：2023年年初余额+2023年投资预算数。

（9）短期借款：期初短期借款-现金预算中已有合同2023年到期短期借款+2023年年度融资计划流动资金贷款。

（10）一年内到期的长期借款：信贷台账中筛选借款期间大于1年，且于2023年到期的借款金额合计。

（11）一年内到期的非流动负债：一年内到期的长期借款+一年内到期的租赁负债+一年内到期的长期应付款。

（12）长期借款：年初长期借款-已有合同2023年到期长期借款+2023年年度融资计划项目贷款-一年内到期的长期借款。

任务小结

财务预算不仅是全面预算体系的核心组成部分，而且是企业决策目标具体化、系统化、定量化的重要手段。财务预算的编制需要调用经营预算、资金预算，在现金周转模型下确定最佳现金持有量，从而科学编制现金预算、预计利润表、预计资产负债表。

"认识—业务"思维导图，如图3-12所示。

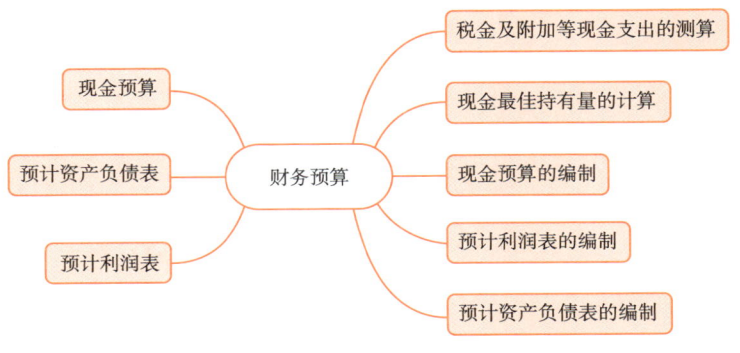

图3-12 "知识—业务"思维导图

项目 4　资金运营与管理

学习目标

知识目标

1. 了解资金运营与管理的概念、特点、目的及方式；
2. 理解临时性筹资的概念、方式、渠道和决策方法；
3. 理解预计资金需求量、预计资金存量、预计资金安全量及预计资金增量的含义；
4. 掌握预计可动用的最大现金量的计算思路与方法。

技能目标

1. 能够利用数据分析工具进行计算，预计资金需求量、资金存量、资金增量；
2. 能够计算预计可动用的最大现金量，对临时性筹资业务作出正确的决策；
3. 能够基于财务视角实现风险控制，确保业务稳健发展，实现价值创造。

素质目标

1. 具有资金动态管理意识，因变而变，快速应对市场变化；
2. 具有根据企业实际运营情况灵活调整资金动态运营策略的价值创造意识；
3. 具有主动识别、评估并应对资金动态运营风险的管控意识。

　　计划常遇变数，企业在运营中可能骤然面临大额销售订单、原材料大额采购、生产线购置等紧急资金需求。因此，有效的资金运营管理至关重要，它不仅能促进业务增长与价值创造，还能确保业务稳健发展，避免偏离实际导致的风险。

一、资金运营管理的概念及特点

　　资金运营管理是对资金的计划、组织、执行和控制，是与资金收支密切相关的各项管理工作的总称。这不仅是财务部的职责，更需要企业各个部门协同合作，将业务活动与财务管理紧密结合，实现信息共享和资源优化配置。

　　资金运营管理的特点如下：

（1）战略一致性：资金运营管理应与企业的整体战略保持一致，既能支持企业的长期目标又能满足其短期需求。

（2）业务与财务的融合：业务部门需确保资金的筹集和使用能够与财务部门紧密合作，建立有效的信息系统，实现业务数据与财务数据的高效融合，以更好地开拓市场。

（3）风险管理：通过业财融合，在资金运营管理中可以更好地识别和评估业务活动中的财务风险，制定相应的风险控制和应对措施。

（4）决策支持：财务数据为业务决策提供支持，帮助业务部门做出更合理的投资、成本控制和收益预测。

（5）流程优化：资金运营管理可以优化企业的业务流程和财务流程，提高资金的流转效率和使用效率。

二、资金运营管理的目的

资金运营管理的目的是确保资金使用的安全性和及时性，以支持企业日常经营活动和临时性筹资投资活动的需要。具体而言，一方面，财务部积极有效运营资金，为业务的发展提供支持，实现价值创造；另一方面，财务部积极有效管理资金，确保业务发展的可行性、科学性，实现风险控制。

因此，资金运营管理的目的主要包括两个方面：一是科学运营资金，赋能价值创造；二是严格管理资金，规避财务风险。

三、资金运营管理的方式

在资金运营管理过程中，企业基于不同的时间点来进行资金比较，所得出的决策结论也不一样。因此，资金的管理根据时间点的不同，分为资金静态管理和资金动态管理。

资金静态管理，可以定义为企业根据测算日可动用现金量决定资金如何调配和使用的活动。根据测算日其账上可动用的现金量，评估并确定各项资金需求的可执行性。其中，测算日指知晓业务，计划测算资金需求量的当日。

具体来说，资金静态管理是直接比较测算日账上可动用的现金量与当前资金需求量的大小，而不涉及对未来现金流的预测或市场环境的深入分析。

资金动态管理是根据资金支付日可动用的最大现金量，结合支付日的资金需求量，来决定资金调配和使用的策略。资金动态管理不仅关注资金的日常规划和配置，还特别注重资金的短期或临时性调动，要求企业在资金管理和配置过程中，根据市场环境、业务需求、企业战略等多种因素的变化，预计未来现金流的流入和流出。

资金动态管理强调资金配置的灵活性和适应性，旨在实现资金使用的最大化效益和风险控制。与资金静态管理相比，资金动态管理更加注重资金配置的动态性和前瞻性，要求企业不断关注市场环境的变化，预测未来资金需求和风险，并根据预测结果灵活调整资金配置和使用策略。本项目将采用资金动态管理方式进行筹资决策。

任务1　基于业务视角的价值创造

【教学重点】临时性筹资方式，临时性筹资的决策依据。

【教学难点】预计资金需求量的测算，预计资金存量的测算，预计资金安全量的测算，预计可动用的最大现金量的测算。

科学的资金运营能帮助企业精准决策并实现价值创造。

一、临时性筹资

临时性筹资是一种因临时性的、计划外的大额资金需求产生的筹资。除正常经营活动的资金需求，企业可能接受计划外的临时大额订单、设备临时采购、原材料临时大额支付等，需要临时性筹资来满足经营活动的正常波动需求，维持企业的支付能力。

临时性筹资具有临时性与短期性、非计划性、资金流动性要求高以及风险性较大的特点。

二、临时性筹资方式

临时性筹资方式是企业为了满足短期资金需求，通过优化现金流管理和安排策略性支付来筹措资金的方法。它通常不涉及传统意义上的债务或股权融资，而是通过调整与供应商、客户以及金融机构之间的支付和结算关系来实现。以下是几种常见的临时性筹资方式。

（1）银行授信额度：企业通过与银行建立信贷关系，获得一定额度的贷款承诺。当企业需要资金时，可以在授信额度内随时提取，以满足经营或投资需求。

（2）票据贴现：企业将持有的未到期票据（如商业汇票、银行承兑汇票等）转让给银行或金融机构，由后者扣除贴现利息后，支付票据到期价值给持票人。这种方式能够提前实现票据的收款权，增加企业现金流。

（3）票据背书：背书是指持票人在票据背面或者粘贴单上记载有关事项并签章，将汇票权利让与他人的一种票据行为。如果付款人不能偿付，背书人有付款义务。持票人通过市场交易转让票据以获得资金。

（4）延期支付的供应商货款：企业与供应商协商，达成延迟支付货款的协议。这种方式能够减轻企业即时的支付压力，但需要确保与供应商保持良好的合作关系，以免对供应链稳定性造成不利影响。

（5）预收的客户货款：企业在销售商品或提供服务时，通过与客户协商，实现预收部分或全部货款。这种方式能够为企业提前锁定收入，降低坏账风险，同时也有助于企业更好地管理现金流。

（6）其他：如出售金融资产、应收账款保理等。

企业在选择临时性筹资方式时，应根据自身的经营状况、资金需求和风险承受能力等因素进行综合考虑，选择最适合自己的筹资方式。同时，企业还应注重优化现金流管理，提高资金使用效率，确保企业的稳健运营和持续发展。

三、选择临时性筹资渠道的原则

在选择临时性筹资渠道时，企业应坚持以下原则，确保筹资决策的及时性、合理性、有效性和可持续性。

1. 及时性原则

在临时性融资渠道的选择中，首要考虑的是融资的及时性。应确保资金能够及时到位，以满足其紧急的资金需求，避免因为资金短缺而影响企业的正常运营和发展。

2. 成本效益原则

在保证融资及时性的前提下，企业还应考虑融资成本，包括利息、手续费、担保费等直接成本和可能的时间成本、机会成本等间接成本，应在满足资金需求的前提下，选择成本最低的融资渠道。

3. 风险可控原则

在选择融资渠道时，应充分考虑各种风险因素，如利率风险、信用风险等。应选择风险相对较低、可控性强的融资渠道，以降低企业的融资风险。

四、临时性筹资的决策依据

临时性筹资业务的决策可以从资金静态管理和资金动态管理的角度来考虑。

1. 资金静态管理角度下临时性筹资的决策依据

如果测算日账上可动用的现金量大于或等于资金需求量，则资金调配和使用计划被视为可执行；反之，测算日账上可动用的现金量小于资金需求量，则计划被视为不可执行，可能需要寻求其他资金来源或调整资金使用计划。

2. 资金动态管理角度下临时性筹资的决策依据

如果资金支付日可动用的最大现金量大于或等于预计资金需求量，且预计实际支付能力大于或等于预计资金需求量，则该资金调配和使用计划被视为可执行；反之，资金支付日账上可动用的最大现金量小于预计资金需求量，则该计划被视为不可执行，可能需要寻求其他资金来源或调整资金使用计划。

本项目采用的是资金动态管理角度下的临时性筹资决策。

五、科学运营资金，赋能价值创造

基于业务视角实现价值创造是企业资金动态运营管理的目的之一。从业务的视角出发，科学的资金动态运营管理可以及时筹集资金，满足业务发展需求，推动业务增长和收入提升，实现价值创造。具体实现步骤如下：

（1）临时性业务的出现。受市场波动、国家政策和突发偶然事件的影响，企业突然出现一些临时性、计划外的业务，需要临时性的大额资金。

（2）查看测算日账上可动用的现金量。若小于资金需求，一般不能执行。但该项临时性业务是否执行，不仅依据测算日账上的资金进行判断，还需要根据资金支付日预计可动用的现金量进行判断。

（3）测算资金支付日预计可动用的现金量。其中，预计可动用的最大现金量=预计资金存量–预计资金安全量+预计资金增量。

（4）测算资金支付日预计实际支付能力。其中，预计实际支付能力=预计可动的货币资金+预计可出售的金融资产+预计可动用的应收票据贴现+预计可向战略供应商延期支付的款项+预计可向战略客户预收款项+预计资金增量。

（5）进行临时性业务决策。一般地，资金支付日预计可动用的最大现金量大于预计资金需求量，且预计实际支付能力大于预计需求量，则可执行；资金支付日预计可动用的最大现金量小于预计资金需求量，则不可执行。

（6）执行临时性业务。若执行大额销售订单，营销部依据采购订单相关情况大概估算出销售额，生产中心根据订单信息计算成本上报，财务部依据成本金额进行筹资测算。根据生产产能和预计可动用的最大现金量等，结合资金支付日的预计实际支付能力，报总经办批准，共同确定是否接单。然后财务部执行筹资方案，采购中心采购原材料，生产中心制订生产计划，营销部完成销售任务。

若执行临时大额采购，采购中心依据价格、生产、仓储等因素来申请采购额度，财务部依据采购中心申请的执行额度进行筹资测算。根据采购中心申请的采购额度及财务部测算的支付日预计可动用的最大现金量和预计实际支付能力，确定采购额度，报总经办批准，然后财务部执行筹资方案，采购中心执行采购业务。

（7）分析考核临时性业务。人力资源部对该临时性筹资业务进行分析考核。

任务导入

【场景4-1】 2023年11月5日，珠江纸业营销部接到客户广东高元教育出版社有限公司的询价函，计划采购一批商品（颜A纸、颜B纸、轻型纸、轻涂纸、胶版纸、热敏原纸、牛皮包装纸、淋膜原纸），预计订单金额达1.6亿元，交货时间为12月20日。营销部将临时大额订单报告总经理后，总经理组织生产中心、采购中心、财务部等部门召开紧急会议，针对此事进行讨论，要求财务部测算预计可动用的最大现金量和预计实际支付能力,以判断是否支持此次订单,会议纪要如表4-1所示。

表4-1　　2023年11月5日大额销售订单资金计划启动会议纪要

会议形式	线上会议	会议时间	2023年11月5日
会议主题	2023年11月5日大额销售订单资金计划启动会议		
参会人员	王旗、高陶涛、李亚南、钟淮敏、易子文、赵云飞、尤一辰、杨术案、胡洋、柳林川、卢云茜、魏英		
主持人	董事长兼总经理王旗		
会议议程	① 营销部介绍广东高元教育出版社有限公司采购订单的详细情况 ② 生产中心汇报产能情况,确定是否能支持此次销售订单 ③ 采购中心根据生产进度和交货时间,确认采购原材料数量及金额 ④ 生产中心汇报预估订单成本约为148,215,303.44元 ⑤ 财务部根据成本明细,预计在11月25日前需付现金75,812,127.72元 ⑥ 部署编制预计可动用的最大现金量表和预计实际支付能力表的工作		
会议内容	会议中有关临时性大额销售订单资金计划的工作部署: ① 财务部查询公司账上的可用资金为12,350,034.61元 ② 财务部编制预计可动用的最大现金量表和预计实际支付能力表,测算此次临时性大额销售订单是否可以支持 ③ 营销部继续跟进广东高元教育出版社有限公司采购订单 ④ 拟定于2023年11月6日召开第二次大额销售订单资金计划有关会议		

分析研判　　收到销售订单的临时性筹资决策

从资金静态管理决策,2023年11月5日珠江纸业账上可动用的现金为12,350,034.61元,此次销售订单需要资金75,812,127.72元,该业务不可执行。

从资金动态管理决策,珠江纸业应当测算支付日11月25日预计可动用的最大现金量和预计实际支付能力,与临时性大额销售订单的付现资金需求量进行比较,进而判断该销售业务是否可行。

风险控制　　资金静态管理下收到订单筹资决策的风险

珠江纸业从资金静态管理的角度决策去放弃此次销售订单,很可能导致企业错失机会,不利于企业的长期经营与发展。因此,珠江纸业应从资金动态管理的角度去做决策。

任务实施

1. 预计资金需求量的测算

【**场景4-2**】2023年11月5日,营销部根据与客户的初步洽谈估算出销售额,生产中心根据订单信息计算成本(见表4-2和表4-3)。

表 4-2　　　　　　　　　　　　　　　销售订单信息

项目	颜B纸	轻型纸	颜A纸	轻涂纸	胶版纸	热敏原纸	牛皮包装纸	淋膜原纸	合计
单价（元/吨）	5,697.49	6,133.96	5,803.45	5,819.90	5,510.63	5,833.67	5,259.88	5,038.87	—
数量（吨）	4,427.11	3,102.55	2,299.00	2,429.82	9,398.42	277.20	6,277.47	583.22	28,794.79
销售额（元）	25,223,414.95	19,030,917.60	13,342,131.55	14,141,309.42	51,791,215.20	1,617,093.32	33,018,738.90	2,938,769.76	161,103,590.70

表 4-3　　　　　　　　　　　　　　　预估销售订单成本　　　　　　　　　　　　　　　单位：元

总成本	直接材料		直接人工	制造费用	
	总金额	其中需付现		总金额	其中需付现
148,215,303.44	130,429,467.03	65,214,733.52	3,408,951.98	14,376,884.43	7,188,442.22

认知识别　预计资金需求量

预计资金需求量是指企业遇到临时性大额筹资时预计需要支付的现金。预计资金需求量的计算不仅包括直接采购成本，还包括与支付活动相关的所有费用。

例如，当涉及接受临时大额订单时，预计资金需求量应包括订单所含商品的直接材料、直接人工、制造费用等，注意要剔除材料采购中票据支付的部分，以及制造费用中折旧费等不需要支付现金的部分；当涉及原材料购买的大额支付时，预计资金需求量应该包括采购价格、运杂费、关税、保险费及其他相关费用；当进行大型设备紧急采购时，预计资金需求量为采购价格、运费、税费和其他相关费用。

分析研判　预计资金需求量的测算

珠江纸业生产中心根据以往销售的商品类别、数量、单价等情况，预估需现金支付的资金总额。

根据历史毛利率情况，预估总成本为总销售额的92%，总销售额为161,103,590.70元，则预估总成本为148,215,303.44元。历史订单中，直接材料占总成本的比例一般为88%，直接人工占总成本的比例一般为2.3%，其他为制造费用。其中，直接材料、制造费用的付现金额一般占比50%。

公司预计资金需求量=需付现的直接材料+需付现的直接人工+需付现的制造费用=148,215,303.44×88%×50%+148,215,303.44×2.3%+（148,215,303.44−130,429,467.03−3,408,951.98）×50%=65,214,733.52+3,408,951.98+7,188,442.22= 75,812,127.72（元）

风险控制　预计资金需求量的测算风险

珠江纸业预计需求量的测算存在沟通不畅的风险。如果公司营销部、生产中心、采购中心、财务部等其他相关部门之间的沟通不畅，可能会导致信息不一致，从而影响预计资金需求量的准确性。

建议珠江纸业加强跨部门沟通机制，定期召开协调会议，确保采购、财务等信息同步，以提高预计资金需求量的准确性和效率。

2. 预计资金存量的测算

【场景4-3】2023年11月5日，财务部召开会议，预计支付日前的资金存量，测算结果如表4-4所示，具体测算步骤见后文。

表 4-4　　　　　　　　　　　期内预计资金存量测算　　　　　　　　　　单位：元

项目	金额
测算日可动用的货币资金	12,350,034.61
期内预计现金回款	679,242,040.80
预计可出售的金融资产金额	300,071.77
预计可动用应收票据贴现金额	4,415,784.85
预计可向战略供应商延期支付款项	5,500,000.00
预计可向战略客户预收款项	1,710,000.00
合计	703,517,932.03

认知识别　预计资金存量

预计资金存量是指从测算日至支付日企业拥有的可用于支付的现金或者可迅速转化为现金的资产。具体包括测算日可动用的货币资金、期内预计现金回款、预计可出售的金融资产金额、预计可动用应收票据贴现金额、预计可向战略供应商延期支付款项和预计可向战略客户预收款项。其中，测算日可动用的货币资金为静态资金，其他为期内预计能收回的动态资金。

预计资金存量=测算日可动用的货币资金+期内预计现金回款+预计可出售的金融资产金额+预计可动用应收票据贴现金额+预计可向战略供应商延期支付款项+预计可向战略客户预收款项

本任务的测算日是指11月5日，期内是指从测算日到支付日，即11月6日至11月25日。

风险控制　预计资金存量测算的风险

珠江纸业预计资金存量的测算主要存在测算不准确的风险，内部流程管理的完善程度和执行情况也将影响资金存量测算的准确性。如果企业内部流程存在漏洞或执行不力，可能导致资金存量测算的数据失真或延迟。

企业需要建立有效的风险监控和应对机制，及时发现和应对可能出现的风险。

分析研判　预计资金存量的测算

预计资金存量=12,350,034.61+679,242,040.8+ 300,071.77+4,415,784.85+5,500,000+1,710,000=703,517,932.03（元）

各项目具体测算方法如下：

（1）测算日可动用的货币资金。

【场景4-4】2023年11月5日，查看库存现金日记账、银行存款日记账和其他货币资金明细账，查出测算日可动用的货币资金（见表4-5和表4-6）。

表 4-5　　　　　　　　　　2023 年 11 月 5 日银行存款明细

序号	币种	账户类型	开户行	账户余额（元）
1	人民币	基本存款账户	中国工商银行东莞市长安支行	10,813,231.31
2	人民币	一般存款账户	中国工商银行东莞市沙田支行	30,000.00
……	……	……	……	……
合计				12,336,740.61

注：完整表格扫码获取。

表 4-6　　　　　　　　　　2023 年 11 月 5 日其他货币资金明细

序号	项目明细	账户余额（元）
1	信用证保证金	47,148,732.81
2	承兑汇票保证金	25,551,378.09
3	银行本票存款	225,243.00
4	住房周转金存款	728,307.01
5	住房基金存款	531,396.00
6	公共维修基金存款	197,458.85
合计		74,382,515.76

认知识别　测算日可动用的货币资金

测算日可动用的货币资金表示测算日企业账上拥有的可动用的现金，主要包括测算日的库存现金和可动用的银行存款。

测算日可动用的货币资金＝现金日记账的余额＋可动用的银行存款余额

分析研判　测算日可动用货币资金的测算

①查库存现金日记账，2023 年 11 月 5 日珠江纸业现金日记账的余额为 13,294.00 元。

②查银行存款日记账，2023 年 11 月 5 日珠江纸业可动用的银行存款余额为 12,336,740.61 元。

③查其他货币资金明细账，发现其属于受限用途的货币资金，不属于可动用货币资金。

④测算日可动用的货币资金＝现金日记账的余额＋可动用的银行存款余额＝13,294+12,336,740.61=12,350,034.61（元）

风险控制　测算日可动用货币资金的风险

珠江纸业计算测算日可动用货币资金时，面临的风险主要源于财务人员记账不准确，导致金额可能有误。

为降低这一风险，珠江纸业应加强财务人员培训，引进信息化系统，加强绩效考核等，以确保数据的准确性。

（2）期内预计现金回款。

【场景4-5】2023 年 11 月 5 日，财务部下发通知，请各部门于下午 2 点之前报送 11 月 6—25 日资金需求计划，测算期内预计现金回款（见表 4-7）。

表 4-7　　　　　　　　11月6—25日资金需求预算　　　　　　　　单位：元

责任部门	费用项目	期内计划开支	期内计划收款	备注
采购中心	货款	168,121,200.40		票据结算款：32,166,295.00
采购中心	招标保证金及文件费	0		
采购中心	费用支出	2,480.00		
战略发展部	在建工程	50,211,720.54		
战略发展部	投资性房地产	4,526,046.76		
……	……	……	……	……
合计		736,588,087.84	679,242,040.80	
期内现金付款		654,210,072.30		
期内现金回款			679,242,040.80	

注：完整表格扫码获取。

认知识别　期内预计现金回款

期内预计现金回款是指预计企业从测算日至支付日之间能够收回的可动用的现金回款。因为项目贷款专款专用，因此在计算期内预计现金回款时需要扣除。

期内预计现金回款＝期内预计现金回款合计－项目贷款回款

分析研判　期内预计现金回款的测算

珠江纸业期内预计现金回款679,242,040.8元，其中无项目贷款回款。

风险控制　期内预计现金回款的风险

珠江纸业预计现金回款面临货款回收不确定和借款到账风险。

需加强与客户的沟通合作，确保合同条款明确，建立健全现金流预测和管理体系，提高资金使用的灵活性和效率，以应对突发性的资金缺口。

（3）预计可出售的金融资产。

【场景4-6】2023年11月5日，查看金融资产明细账，测算预计可出售的金融资产金额（见表4-8）。

表 4-8　　　　　　　　2023年11月5日持有的金融资产买入情况

成交日期	证券代码	证券名称	成交价格（元）	成交数量（股）	成交金额（元）	佣金（元）	印花税（元）	过户费（元）	总价（元）
2023年3月1日	300308	中际旭创	36.00	3,300.00	118,800.00	29.70	0	0	118,829.70

认知识别　预计可出售的金融资产

预计可出售的金融资产是指企业持有的、计划在资金支付日前可以随时出售并获取现金的金融资产。

知识拓展 金融资产出售的相关规定

根据《中华人民共和国证券法》相关规定，如果投资者持有上市公司已发行股份的5%，投资者要卖出该股，就需依照规定进行报告和公告。在报告期限内和作出报告、公告后两日内，不得再行买卖该上市公司股票。上市公司董事、监事、高级管理人员、持有上市公司股份5%以上的股东，将其持有的该公司的股票在买入后6个月内卖出，或者在卖出后6个月内又买入，由此所得收益归该公司所有，公司董事会应当收回其所得收益。但是，证券公司因包销购入售后剩余股份而持有5%以上股份的，卖出股票不受6个月时间限制。

分析研判 预计可出售的金融资产金额的测算

①从企业证券投资中找到所持有的金融资产仅有中际旭创的股票，且持有量不到中际旭创的5%，可直接出售，不需报告。

②2023年11月5日为周末，股市不开盘，2023年11月6日查看中际旭创（300308）开盘价为90.44元。

③由于回款紧急，但近期股票涨势较好，所以计划按照91元的目标价位出售该金融资产。

④预计可收回价款为300,071.77元（见表4-9）。

表 4-9　　　　　　　　　　　预计可出售的金融资产金额

期望成交日期	证券代码	证券名称	预计成交价格（元）	成交数量（股）	成交金额（元）	佣金（元）	印花税（元）	过户费（元）	预计收回价格（元）
2023年11月6日	300308	中际旭创	91	3,300	300,300	75.08	150.15	3.00	300,071.77

预计可出售的金融资产金额=预计成交金额×成交数量−佣金−印花税−过户费

珠江纸业持有中际旭创股份3,300股，按每股91元全数卖出，成交金额预计为300,300元，扣除佣金、印花税、过户费，预计可收回价款=91×3,300−75.08−150.15−3.00=300,071.77（元）。其中，佣金为成交金额的0.025%，印花税为成交金额的0.05%，过户费为成交金额的0.01‰。

风险控制 预计可出售的金融资产测算的风险

出售金融资产所面临的风险主要为市场风险，市场波动可能导致资产价值的上升或下降。出售当天的市场波动如果过大，可能会使投资者在不利的价格下成交，从而影响出售收益。另外，珠江纸业所持有的股票目前处于持续上涨期，如果急于抛售，可能会错过未来的潜在收益。

因此，应制定明确的投资策略，包括卖出目标、止损点等，以规避市场波动带来的风险。在市场波动较大时，应保持冷静，充分考虑市场状况、个人投资目标和风险承受能力。

（4）预计可动用的应收票据贴现金额。

【场景4-7】2023年11月6日，查看应收票据台账，测算预计可动用的应收票据贴现金额（见表4-10）。

表 4-10　　　　　　　　　　　2023 年 11 月应收票据台账　　　　　　　　　单位：元

序号	出票日期	出票人名称	付款行名称	出票金额	汇票到期日
1	2023年10月30日	北京兴业华泰纸张销售有限公司	中国建设银行北京大兴支行	1,600,000	2024年2月22日
2	2023年10月30日	广州市晨元纸业有限公司	中国农业银行长兴路支行	700,000	2024年2月27日
……					
11	2023年9月24日	湖南金盛商贸有限公司	中国农业银行长沙北辰支行	7,800,000	2024年1月25日
12	2023年10月25日	河北海盛集团有限公司	中国建设银行石家庄苑东支行	9,000,000	2024年2月20日
合计金额：36,537,000					

注：完整表格扫码获取。

认知识别　预计可动用应收票据贴现

应收票据贴现是指企业以未到期应收票据向银行融通资金，银行按票据的应收金额扣除一定期间的贴现利息后，将余额付给企业的筹资行为。

贴现收入＝票面金额－贴现利息

其中，贴现利息＝票面金额×贴现率×贴现天数÷360（贴现天数＝票据期限－已持有票据期限）。

预计可动用应收票据贴现是指企业资金支付日可向银行贴现获取资金的应收票据。

分析研判　预计可动用应收票据贴现金额的测算

①查看银行承兑汇票台账，筛选出资金支付日前到期的票据。因为支付日前到期的票据款已在期内回款中计算，所以计算票据贴现金额时应扣除。

②查看采购合同台账，预测期内需要票据结算的款项共计32,166,295元，选择到期日较远的票据进行应收票据背书，共计32,100,000元，剩余金额可开具银行承兑汇票用于支付，即为应付票据（见表4-11）。

表 4-11　　　　　　　　　　　预计可用于背书的票据　　　　　　　　　　　单位：元

序号	出票日期	出票人名称	付款行名称	出票金额	汇票到期日
1	2023年10月30日	北京兴业华泰纸张销售有限公司	中国建设银行北京大兴支行	1,600,000	2024年2月22日
2	2023年10月30日	广州市晨元纸业有限公司	中国农业银行长兴路支行	700,000	2024年2月27日
……	……	……	……	……	……
合计					32,100,000

注：完整表格扫码获取。

③查看银行承兑汇票台账，筛选出可贴现的票据，金额为4,437,000元。

第一步，筛选出资金支付日后到期的票据。

第二步，剔除预计背书的票据。

第三步，整理剩余可贴现票据。

④通过多家银行询价，对各家银行11月6日（工作日）票据贴现率进行比较，并选定贴现率最低的中国工商银行（见表4-12）。

表4-12　2023年11月6日各家银行贴现率对比　单位：%

银行名称	中国工商银行	中国建设银行	中国交通银行	中国农业银行
贴现率	2.20	2.25	2.23	2.30

⑤计算出应收票据贴现金额共计4,415,784.85元（见表4-13）。

表4-13　预计可贴现应收票据金额测算

序号	出票人名称	出票金额（元）	汇票到期日	计划贴现日期	贴现率（%）	贴现金额（元）
1	山东出版印刷物资有限公司	1,080,000	2024年1月13日	2023年11月7日	2.20	1,075,578.00
2	中元纸业贸易（上海）有限公司	1,035,000	2024年1月17日	2023年11月7日	2.20	1,030,509.25
3	广西方乐贸易有限公司	1,422,000	2024年2月11日	2023年11月7日	2.20	1,413,657.60
4	广州市晨元纸业有限公司	900,000	2024年1月18日	2023年11月7日	2.20	896,040.00
	合计	4,437,000	—	—	—	4,415,784.85

风险控制　预计可动用应收票据贴现测算的风险

珠江纸业在预计可动用应收票据贴现测算中主要面临三大风险：票据背书人无法按时偿还的违约风险、票据市场贴现率波动的市场风险及合同签订与执行中的法律风险。

为降低上述风险，珠江纸业应强化信用评估，确保票据背书人信用可靠；紧跟市场动态，灵活调整贴现策略，选择稳定的银行合作；严格审查合同条款，避免法律纠纷。

（5）预计可向战略供应商延期支付款项。

①向临时订单供应商延期支付款项。

【场景4-8】 2023年11月5日，根据采购中心提交的临时订单采购预算，测算预计可向此次临时订单的供应商延期支付的款项（见表4-14）。

表4-14　战略性供应商档案

供应商类别	名称	企业类别	供应商等级
辅料供应商	巩义市隆发聚合物有限公司	一般纳税人	A
辅料供应商	广东东元环境科技有限公司	一般纳税人	A
辅料供应商	广东升平化学试剂有限公司	一般纳税人	A
	……		
辅料供应商	湖南林生新材料科技有限公司	一般纳税人	A

注：完整表格扫码获取。

认知识别　预计可向战略供应商延期支付的款项

预计可向战略供应商延期支付款项是指企业可以与战略供应商之间达成商业协议，允许企业在一定期限内延迟支付的货款总额。本任务中的预计可向战略供应商延期支付款项,是指在预计资金支付日企业可向战略供应商延迟支付的款项总额。

分析研判 预计可向临时订单供应商延期支付的款项测算

第一步,根据采购中心提交的采购预算,筛选出临时订单预计需现金支付的供应商货款(见表4–15)。

表4–15　　　　　　　　临时订单预计需现金支付的供应商货款　　　　　　　　单位:元

供应商名称	支付日期	支付金额	信用等级	结算账期
巩义市隆发聚合物有限公司	2023年11月22日	345,583.10	A	月结30天
广东东元环境科技有限公司	2023年11月20日	2,590,786.32	A	月结30天
……				
湖南林生新材料科技有限公司	2023年11月24日	1,254,772.42	A	月结30天
合计		65,214,733.52	—	—

注:完整表格扫码获取。

第二步,根据战略供应商档案,筛选出可谈判的供应商。具体的筛选顺序为:首先,根据供应商类别,筛选出辅料供应商、备品备件供应商、能源供应商(除国家电网)作为可谈判的供应商;其次,筛选出支付日期在2023年11月5—25日的供应商;最后,筛选出信用等级为A级的供应商。

第三步,测算可向临时订单供应商延迟支付的货款总额为130万元(见表4–16)。

表4–16　　　　　　　　　　可谈判的临时供应商名单　　　　　　　　　　单位:元

供应商名称	支付日期	支付金额	预计谈判金额
巩义市隆发聚合物有限公司	2023年11月22日	345,583.10	100,000.00
广东东元环境科技有限公司	2023年11月20日	1,590,786.32	700,000.00
湖南林生新材料科技有限公司	2023年11月24日	1,254,772.42	500,000.00
预计可延期支付金额			1,300,000.00

②向原战略供应商延期支付款项。

【场景4-9】2023年11月5日,查看合同台账,测算预计可向原战略供应商延期支付的款项(见表4–17)。

表4–17　　　　　　　　　2023年11月需现金支付的货款清单　　　　　　　　单位:元

供应商名称	支付日期	支付金额	信用等级	结算账期
广东东元环境科技有限公司	2023年11月13日	1,655,583.10	A	月结30天
广西林合粉体有限责任公司	2023年11月8日	2,590,986.32	B	月结30天
……				

续表

供应商名称	支付日期	支付金额	信用等级	结算账期
中国石油天然气集团公司东莞分公司	2023年11月13日	472,314.78	B	月结30天
合计		128,484,910.30	—	—

注：完整表格扫码获取。

分析研判 预计可向原战略供应商延期支付的款项测算

第一步，从合同管理台账中筛选出2023年11月需支付的供应商货款。

第二步，根据战略供应商档案，筛选出可谈判的供应商，具体筛选原则同上。

第三步，测算可向原战略供应商延迟支付的货款总额为420万元（见表4-18）。

表4-18　　　　　　　　　可谈判的原战略供应商名单　　　　　　　　单位：元

供应商名称	支付日期	支付金额	预计谈判金额
广东东元环境科技有限公司	2023年11月13日	1,655,583.10	800,000.00
广西林合粉体有限责任公司	2023年11月8日	1,156,986.32	400,000.00
河北新恒丝网制造有限公司	2023年11月11日	3,480,565.48	1,700,000.00
广东通湘化工有限公司	2023年11月13日	3,272,772.42	1,300,000.00
预计可延期支付金额			4,200,000.00

第四步，计算可向战略供应商延迟支付的货款总额为550万元，包括可向临时订单供应商延期支付的130万元，可向原战略供应商延迟支付的420万元。

风险控制 预计可向战略供应商延期支付的款项测算的风险

珠江纸业面临的主要风险：战略供应商因自身财务状况导致无法继续提供延期支付的条件，或是供应商后期突然要求立即支付导致的资金流动性挑战和额外融资成本。

为降低这些风险，珠江纸业应评估战略供应商的财务与信用状况，并在补充合同中明确延期支付条款，以保障双方权益。

（6）预计可向战略客户预收款项。

①向临时订单客户预收款项。

【场景4-10】2023年11月5日，根据营销部预计订单的销售金额，预计可向广东高元教育出版社有限公司预收部分货款（见表4-19）。

表4-19　　　　　　　　　预计可向临时订单客户预收款项　　　　　　　　单位：元

序号	客户名称	客户类别	结算账期	预计交易金额	预计可预收金额
1	广东高元教育出版社有限公司	直销新客户	当月结	161,103,590.70	500,000.00
	合计			161,103,590.70	500,000.00

认知识别 预计可向战略性客户预收款项

预计可向战略性客户预收款项是指企业可以与战略客户之间达成商业协议,允许企业在提供商品或服务之前预先收取部分或全部款项。本任务指的是在预计资金支付日企业可以预先收取的款项总额。

分析研判 预计可向战略性客户预收款项测算

根据营销部与广东高元教育出版社有限公司的初步谈判,预计可向该临时客户预收货款50万元。

②向原战略性客户预收款项。

【场景4-11】2023年11月5日,根据历史数据,预测2024年12月战略客户可能发生的交易额,测算预计可向战略客户预收的款项(见表4-20)。

表 4-20 2023 年 11 月战略性客户台账

客户名称	客户类别	所属区域	信用代码	注册资本	销售区域	部门	结算账期	信用等级
广州市晨元纸业有限公司	经销大客户	……	……				月结30天	B
中元纸业贸易(上海)有限公司	经销大客户	……	……				月结30天	B
武汉方泰纸业有限公司	经销大客户	……	……				月结30天	B
……	……	……	……	……	……	……	……	……
温州市功立贸易有限公司	经销大客户	……	……				当月结	B

注:完整表格扫码获取。

分析研判 预计可向原战略性客户预收款项测算

第一步,从合同台账中筛选可预收货款的谈判客户。

具体的筛选原则:首先,筛选出客户类别为"经销大客户"的客户,因为经销大客户通常与企业有长期稳定的合作关系,信用状况良好,购买力强且采购规模大,往往能由我们掌握主动权;其次,筛选出下月预计会产生销售订单的客户;再次,筛选出交易金额大于100万元的客户;最后,优先选择结算账期为当月结的客户进行谈判。

第二步,预计可向客户预收货款的金额为121万元(见表4-21)。

表 4-21 可谈判的客户名称 单位:元

序号	客户名称	客户类别	结算账期	预计下月交易金额	预计可预收金额
1	湖南金盛商贸有限公司	经销一般客户	月结30天	357,798.89	170,000.00
2	常德宇明纸业有限公司	经销一般客户	现款现货	764,589.34	480,000.00
3	广西方乐贸易有限公司	经销一般客户	月结30天	568,098.86	280,000.00
4	江西飞龙贸易有限公司	经销新客户	当月结	567,835.23	280,000.00
	合计			2,258,322.32	1,210,000.00

第三步，计算预计可向战略客户预收款项171万元，其中，向临时订单客户预收50万元，向原战略性客户预收款项121万元。

风险控制　预计可向战略性客户预收款项测算的风险

珠江纸业在预收款项时面临的主要风险是履约风险。这意味着如果公司不能按时、按质、按量地交付货物或服务，客户有权要求退款，进而可能导致公司现金流紧张、声誉受损，并可能面临法律纠纷。

珠江纸业需要加强生产管理、质量控制、物流保障及合同管理，确保能够按照合同要求履行义务。

3. 预计资金安全量的测算

【**场景4-12**】2023年11月5日，财务部召开会议，进行预计资金安全量的测算，测算结果如表4-22所示，具体测算步骤见后文。

表4-22　　　　　　　　　　　　　　资金安全量测算　　　　　　　　　　　　　　单位：元

项目	金额
预计本月现金付款	1,001,014,388.88
+财务预留	30,000,000.00
-测算日前现金已付款	216,694,796.18
-支付日后本月现金回款	123,189,173.50
=预计资金安全量	691,130,419.20

认知识别　预计资金安全量

预计资金安全量是指预计企业为了保障本月剩余时段的日常支付而需要保持的现金储备量。这一资金储备量对于企业的稳健运营和持续发展至关重要，可以避免资金短缺导致的经营中断或损失。

预计资金安全量＝预计本月现金付款＋财务预留－测算日前现金已付款－支付日后本月现金回款

本任务说的"支付日后"是指支付日到期末的时间段，具体来说是2023年11月26日至11月30日。

分析研判　预计资金安全量测算的步骤

第一步，预计本月现金付款。

第二步，确定财务预留金额，一般为经验值，公司财务预留金额为3,000万元。

第三步，查看测算日前现金已付款。

第四步，测算支付日后本月现金回款。

第五步，测算预计资金安全量。

风险控制　预计资金安全量测算的风险

市场需求、竞争及原材料价格等因素的波动，会使预测现金流与实际产生偏差，影响资金动态运营。珠江纸业应结合大数据分析、行业趋势预测等手段，提升预测准确性。同时，建立动态监控机制，密切关注市场变化，及时调整预测与资金配置策略，确保资金安全量计算的合理性与资金运营的高效性。

分析研判　预计资金安全量的测算

预计资金安全量=1,001,014,388.88+30,000,000−216,694,796.18−123,189,173.50=691,130,419.20（元）

各项目具体测算方法如下。

（1）预计本月现金付款。

【场景4-13】2023年11月5日，调用11月资金预算表，查看本月预计现金付款情况（见表4-23）。

表4-23　　　　　　　　　　2023年11月资金预算表　　　　　　　　　　单位：元

责任部门	费用项目	本月度计划开支（资金支付）	本月度计划收款	备注
采购中心	货款	260,651,205.30	0	票据结算款：32,166,295.00
采购中心	招标保证金及文件费	0	27,984.00	
采购中心	费用支出	37,200.00	0	
战略发展部	在建工程	75,317,580.80	0	
战略发展部	投资性房地产	6,789,070.13	0	
……	……	……	……	……
合计		1,108,498,264.68	1,000,605,102.10	
本月现金付款		1,001,014,388.88	—	
本月现金回款		—	1,000,605,102.10	

注：完整表格扫码获取。

认知识别　资金结算的方式

①现金结算：指收款和付款双方直接使用现金进行交换的货币收付行为，是解决商品货币转换问题的一种结算方式。

②转账结算：指把应收款或应付款的资金从一账户转到另一账户，进行收款和付款的一种结算方式。

③票据结算：包括支票结算和汇票结算。

支票结算：指付款方开出的一种支付凭证，收款方在有效的期限内，由银行转入相应的资金，作为收款和付款的一种结算方式。

汇票结算：指付款人以汇票的形式付出一定的货币数量，接收人收到汇票后，到银行或金融机构认付，由其转入持票人账户的一种结算方式。

④信用证结算：指付款人委托银行开立一种国际贸易使用的支付凭证，受款方凭此凭证到银行收汇，从而实现收款和付款的一种结算方式。

⑤网上支付结算：指利用互联网设备，以电子商务为媒介，实现不使用现金支付货币交换而进行收款或付款的一种结算方式。

分析研判 资金结算方式及用途

珠江纸业的结算方式主要有现金结算、转账结算、票据结算、信用证结算。其中，票据结算主要用于向国内客户销售货物和向国内供应商采购货物的结算；信用证主要用于进出口部销售或采购货物的结算。

认知识别 预计本月现金付款

预计本月现金付款是指企业本月需要现金支付的款项。因为战略发展部的工程款依托项目贷款，项目贷款专款专用；票据结算款可用银行承兑汇票背书支付，或者直接开具银行承兑汇票支付；进出口部的货物款项用信用证结算，所以在计算本月现金付款时需将这些项目扣除。测算公式为：

预计本月现金付款=本月现金付款合计–战略发展部工程款–票据结算款–进出口部货款

分析研判 预计本月现金付款的测算

珠江纸业本月现金付款金额=1,108,498,264.68–75,317,580.80–32,166,295.00–0=1,001,014,388.88（元）

风险控制 预计本月现金付款测算的风险

受市场风险的影响，珠江纸业主要面临本月现金付款预计的不确定性风险。

珠江纸业应积极制定应对市场风险的策略，准确预计市场波动的影响。

（2）测算日前现金已付款。

【**场景4-14**】2023年11月5日，财务部整理本月1—5日公司收支明细情况，具体如表4-24所示。

表4-24　　　　　2023年11月1—5日收入与支出明细　　　　　单位：元

责任部门	费用项目	1—5日（资金支出）	1—5日（资金收入）	备注
采购中心	货款	44,952,159.04		其中票据支付：0
采购中心	招标保证金及文件费	0	27,984.00	
采购中心	费用支出	2,480.00	0	
战略发展部	在建工程	12,552,930.13		
……	……	……	……	……
合计		229,247,726.31	198,173,887.80	
测算日前现金付款		216,694,796.18		
测算日前现金回款			198,173,887.80	

注：完整表格扫码获取。

认知识别 测算日前现金已付款

测算日前现金已付款是企业从期初至测算日已支付的现金付款。其测算公式为：

测算日前现金已付款 = 测算日前现金付款合计 – 测算日前战略部工程款 – 测算日前票据结算款 – 测算日前进出口部货款

分析研判 测算日前现金已付款的金额

11月1日至11月5日，珠江纸业支出总额为229,247,726.31元，扣除战略发展部的工程款12,552,930.13元，剩余现金付款216,694,796.18元。

风险控制 测算日前现金已付款的风险

测算日前现金已付款，主要面临记账错误的风险。

为降低这一风险，珠江纸业应加强财务人员培训，引进信息化系统，加强绩效考核，以确保数据的准确性。

（3）预计支付日后本月现金回款。

【场景4-15】2023年11月5日，因临时性采购需求，财务部要求各部门提交11月26—30日的预算（见表4-25）。

表4-25　　2023年11月26—30日的计划收支　　单位：元

责任部门	费用项目	支付日后计划开支（资金支付）	支付日后计划收款	备注
采购中心	货款	47,577,845.86	0	其中票据支付：0
采购中心	招标保证金及文件费	0	0	
采购中心	费用支出	32,240.00	0	
战略发展部	在建工程	12,552,930.13	0	
财务部	借款	0	0	
……	……	……	……	……
合计		142,662,450.53	123,189,173.50	
支付日后现金付款		130,109,520.40		
支付日后现金回款			123,189,173.50	

注：完整表格扫码获取。

认识识别 预计支付日后本月现金回款

预计支付日后本月现金回款是企业从支付日至期末预计能收回的现金款项。其测算公式为：

预计支付日后本月现金回款 = 预计支付日后本月现金回款合计 – 项目贷款回款

分析研判 预计支付日后本月现金回款的测算

预计支付日后本月现金回款合计为123,189,173.50元，无项目借款，均为现金回款。

风险控制 预计支付日后本月现金回款测算的风险

珠江纸业对预计本月支付日后现金回款的测算主要面临回收货款时间的不确定性影响。

珠江纸业应积极建立合同台账,增加预测的准确性。

4. 预计资金增量的测算

【场景4-16】2023年11月5日,财务部组织召开紧急会议,各成员测算各自的筹资方式分别可以筹集到的资金,于11月5日晚上8点汇总提交给财务部部长(见表4-26)。

表4-26　　　　　　　　　　预计资金增量测算　　　　　　　　　　单位:元

项目	金额
预计银行授信剩余可用余额	55,000,000.00
预计新增银行授信额度	20,000,000.00
预计新增应收账款保理	2,700,000.00
合计	77,700,000.00

认知识别　预计资金增量

预计资金增量是指预计企业从11月6日到11月25日调用所有筹资渠道能够从企业外部筹集到的流动现金。其计算公式:

预计资金增量=预计银行授信剩余可用余额+预计新增银行授信额度+预计新增应收账款保理

分析研判　预计资金增量测算的步骤

第一步,测算预计银行授信剩余可用余额。

第二步,预计新增银行授信额度。

第三步,预计新增应收账款保理金额。

风险控制　预计资金增量测算的风险

珠江纸业预计资金增量主要面临市场风险、预算风险、流动性风险等。外部经济环境、行业状况及政策变化导致银行信贷政策收紧、融资成本上升,或导致应收账款的市场价值波动,进而影响资金增量的实现。由于信息不对称或预测方法的不完善,可能导致实际资金增量与预期存在较大偏差,且预测新增授信额度和应收账款保理存在不确定性。即使预计资金增量看似充足,若资金未能及时到位或企业面临突发的资金需求,仍可能导致资金链紧张甚至断裂。

珠江纸业应采取加强信用管理、关注市场动态、优化内部管理、建立风险预警机制、增强流动性管理等措施,为企业的资金规划提供更加稳健和可靠的保障。

分析研判　预计资金增量的测算

珠江纸业预计资金增量77,700,000元,其中包括预计银行授信剩余可用余额55,000,000元,预计新增银行授信额度20,000,000元,预计新增应收账款保理金额2,700,000元。项目测算具体过程如下。

(1)预计银行授信剩余可用余额。

【场景4-17】2023年11月5日,查看银行授信的台账,测算银行授信剩余可用余额(见表4-27)。

表 4-27　　　　　　　　　　　　　　11月5日银行授信额度台账

合同编号	银行简称	类型	授信金额					2023年11月5日授信剩余可用余额						
			合计	项目贷款	流动资金贷款	银行承兑汇票	信用证	合计	项目贷款	流动资金贷款	银行承兑汇票	信用证	保理	其他
〔2021〕银授字第832号	兴业景田支行	项目贷款	40,000	40,000	0	0	0	18,700	18,700				0	0
〔2021〕银授字第975号	平安银行常平支行	项目贷款	25,000	25,000	0	0	0	5,500	5,500				0	0
〔2021〕银授字第910号	建行南城支行	流动贷款	30,000	0	25,000	5,000	0	0	0				0	0
……														
合计			582,454.47	267,818.23	177,763.60	52,992.26	83,880.38	233,593.38	59,366.23	63,452.70	42,188.77	68,585.68	0	0

注：完整表格扫码获取。

认知识别　预计银行授信剩余可用额度

银行授信额度是指银行或其他金融机构基于客户的信用状况、还款能力等因素，为客户核定的在一定时间周期内可使用的最高贷款或融资额度。这个额度通常是一个上限值，代表了客户可以从银行获取的最大资金支持。预计银行授信剩余可用额度是指企业在资金支付日在授信额度范围内，尚未使用或可继续使用的部分。这部分额度是企业在需要时可以提取或使用的资金上限。

支付日授信剩余可用余额=测算日授信剩余可用余额+期内新增授信－期内终止授信－借款+还款

分析研判　预计银行授信剩余可用额度的测算

第一步，查看银行借款台账，明确11月5日银行授信剩余可用额度（见表4-28）。

表 4-28　　　　　　　　　11月5日可动用的银行授信余额　　　　　　　　单位：万元

序号	贷款类别	可用的授信余额
1	流动资金贷款	63,452.70
2	银行承兑汇票	42,188.77
3	信用证	68,585.68
4	项目贷款	59,366.23

第二步，本次支付可用的额度为流动资金贷款剩余可用授信额度。因为需要支付的款项为现金结算，所以银行承兑汇票授信余额不能用；信用证只能用于进出口业务，由于本次支付属于现金支付，所以不能够使用；项目贷款专款专用，超出用途不能够使用。如果存在应收账款保理授信剩余可用额度，也可以计算在可用额度范围内。总之，本次支付可用额度为流动资金贷款剩余

可用授信额度63,452.70万元。

第三步，根据授信台账，查看支付日前授信终止的情况，支付日前无授信终止；根据授信办理进度，预计支付日前到账的新增授信（见表4–29）。

表4-29　　　　　　　　　　11月5—25日到账的新增授信额度办理进度

银行名称	农行富支	进出口行省分行	平安东分
借款类型	流动贷款	项目贷款	流动贷款
项目立项	已完成	已完成	已完成
授信调查	已完成	未完成	未完成
授信审批	未完成	未完成	未完成
预计到账时间	11月17日	未确定	未确定
预计到账金额	40,000万元	未确定	未确定

注：如果授信审批完成，授信剩余可用余额则到账。因此，该笔授信预计在11月17日能审批到账。

第四步，根据信贷台账，查看11月5—25日需要偿还的流动贷款借款为0万元。

第五步，根据借款办理进度，预计11月25日前到账的银行借款为46,500万元（见表4–30）。

表4-30　　　　　　　　　　预计期内到账的流动资金贷款进度

借款行名称	交行松支	进出口行省分行	农行富支	农行富支	农行富支
借款立项	已完成	已完成	已完成	已完成	已完成
资料准备	已完成	已完成	已完成	已完成	已完成
借款审批	已完成	已完成	已完成	已完成	未完成
借款协议	已完成	已完成	已完成	已完成	未完成
借款金额（万元）	11,500	5,000	20,000	10,000	9,000
放款时间	11月17日	11月7日	11月21日	11月18日	12月初
期内预计到账的借款（万元）	11,500	5,000	20,000	10,000	0

第六步，根据授信剩余余额表和期内预计到账的贷款进度明细表，利用计算公式：支付日授信剩余可用余额=测算日授信剩余可用余额+期内新增授信–期内终止授信–借款+还款，预计11月25日授信剩余可用余额为56,952.70万元。

目前，多笔授信额度因政策性银行审批流程长、头寸紧张、对接问题或特定用途限制等因素，预计无法使用。具体而言：〔2022〕银授字第1056号与第289号因政策性银行审批慢及头寸紧张，预计不可用；〔2023〕银授字第767号、第595号、第633号及第442号分别因头寸紧张、对接困难、银行内部变动及用途限定，不可用于此次订单筹款；向农行富支申请的40,000万元的授信批复尚未下达，预计此次临时筹资无法使用。

仅剩〔2023〕银授字第711号的2,500万元与第933号的3,000万元，经沟通预计可到账。因此，截至2023年11月25日，预计可用授信余额总计为5,500万元（见表4-31）。

表 4-31　　　　　　　　　　　预计资金支付日授信剩余额度测算

单位：万元

授信合同编号	授信期起始日期	授信期终止日期	授信额度-流动资金贷款	2023年11月5日		期间预计新增			2023年11月25日	
				尚存借款-流动资金贷款	授信余额-流动资金贷款	授信	借款	还款	尚存借款-流动资金贷款	授信余额-流动资金贷款
〔2022〕银授字第1056号	2022年12月21日	2023年12月20日	35,000.00	6,000.00	29,000.00		5,000.00		11,000.00	24,000.00
〔2022〕银授字第289号	2022年12月22日	2023年12月21日	3,500.00	0	3,500.00				0	3,500.00
〔2023〕银授字第711号	2023年1月29日	2024年1月28日	25,000.00	22,500.00	2,500.00				22,500.00	2,500.00
〔2023〕银授字第595号	2023年2月16日	2024年2月15日	45,000.00	43,600.00	1,400.00				43,600.00	1,400.00
〔2023〕银授字第767号	2023年3月23日	2024年3月22日	5,000.00	0	5,000.00				0	5,000.00
〔2023〕银授字第633号	2023年5月10日	2024年5月9日	35,000.00	19,500.00	15,500.00		11,500.00		31,000.00	4,000.00
〔2023〕银授字第442号	2023年7月25日	2024年7月24日	14,263.60	10,710.90	3,552.70				10,710.90	3,552.70
〔2023〕银授字第933号	2023年10月20日	2024年10月19日	15,000.00	12,000.00	3,000.00				12,000.00	3,000.00
〔2023〕银授字第……号	2023年11月17日	2024年11月16日				40,000.00	30,000.00		30,000.00	10,000.00
合计			177,763.60	114,310.90	63,452.70	40,000.00	46,500.00	0	160,810.90	56,952.70

注：完整表格扫码获取。

风险控制　预计银行授信剩余可用额度测算的风险

珠江纸业过度依赖银行授信，会面临资金流动性、偿债压力及声誉受损等风险；未合理规划资金或高负债，可能导致资金短缺、偿债压力增大及信用评级下降。

珠江纸业应建立健全风险管理机制，加强内部控制，合理规划银行授信使用，确保企业稳健发展。

（2）预计新增银行授信额度。

①向现有合作银行申请增加授信额度。

【场景4-18】珠江纸业根据现有21家合作银行名单，筛选出战略合作银行，在存在巨大资金缺口的情况下，向相关合作银行寻求申请各新增授信额度1,000万元（见表4-32）。

表 4-32   2023 年 11 月 5 日现有合作银行名单

银行名称	银行简称	银行名称	银行简称
中国工商银行股份有限公司长安支行	工行长支	平安银行股份有限公司常平分行	平安银行常分
中国农业银行股份有限公司东莞富华支行	农行富支	广东东莞商业银行股份有限公司南城支行	农商银行南支
……			
中国光大银行股份有限公司东莞分行	光大银行东分	上海浦东发展银行松山湖分行	浦发银行松分

认知识别　预计新增银行授信额度

向现有合作银行申请增加授信额度是指商业银行在已经为某一客户核定的授信额度基础上，根据该客户的实际业务需求、还款能力、信用状况及银行的信贷政策等因素，再次为该客户核定的短期授信业务的增量管理指标。

预计新增授信额度是指企业从当前到资金支付日前这段时间内开始申请并预计可到账的银行授信额度。

分析研判　向现有合作银行申请增加授信额度的步骤

第一步，筛选出现有合作银行用途为流动贷款（剔除项目贷款）的授信台账。

第二步，筛选出可增加授信额度的战略合作银行，一般选择保持长期良好合作的银行作为战略合作银行。

第三步，向战略合作银行申请新增授信额度，预计可向 1 家银行申请新增授信额度共计 1,000 万元（见表 4-33）。

表 4-33   2023 年 11 月银行授信额度台账   单位：万元

授信银行	授信总额度	累计已使用额度	拟申请授信金额	新增后授信可用额度	预计到账时间
民生银行东莞分行	3,800	3,800	1,000	1,000	2023 年 12 月 23 日
合计	3,800	3,800	1,000	1,000	—

②向新的合作银行申请授信额度。

【**场景 4-19**】根据 2023 年初的工作部署，财务部积极拓宽筹资渠道，拟与部分未合作的银行建立友好关系，并向其申请授信额度（见表 4-34）。

表 4-34   预计可合作的新增银行名单

银行名称	银行简称	银行名称	银行简称
中信银行股份有限公司东莞分行	中信东分	平安银行股份有限公司东莞分行	平安东分
光大银行股份有限公司万江分行	光大万江	中国民生银行股份有限公司万江分行	民生万江

认知识别　向新合作银行申请授信额度

向新合作银行申请授信额度是指企业向未合作的商业银行提出申请，希望金融机构基于其信用状况、经营状况、财务状况等因素，为其设定一个可用于未来一定时期内短期贷款、贸易融资、票据承兑等授信业务的最高限额。

分析研判 预计新合作银行可申请的授信额度测算

第一步，询问多家未合作的银行，是否可以新增授信额度。

第二步，基本确定可新合作的银行。

第三步，预计可新增的银行授信额度、授信期限、预计到账的时间（见表4-35）。

表 4-35　　　　　　　　　　预计拟新增银行授信额度　　　　　　　　　　单位：万元

授信银行	拟申请授信金额	新增后授信可用额度	授信期限	预计到账时间
中国民生银行股份有限公司万江分行	1,000.00	1,000.00	6个月	2023年11月23日
合计	1,000.00	1,000.00	—	—

风险控制 预计新增银行授信额度测算的风险

珠江纸业从多家银行获得高额授信额度，授信过大增加了贷款违约风险。

珠江纸业应合理规划融资需求，提高财务信息的透明度，积极探索和拓展多元化融资渠道，分散融资风险，建立健全内部风险管理体系，加强对市场、经营及财务风险的监控和预警，提高抗风险能力。

（3）预计新增应收账款保理。

【**场景4-20**】2023年11月5日，查看应收账款台账，测算预计新增应收账款保理金额（见表4-36）。

表 4-36　　　　　　　　　　应收账款管理台账

付款人	发票号	币别	发票票面金额（元）	应收账款金额（元）	发票到期日
合肥出版印刷物资有限公司	31,038,520	人民币	1,378,300.00	1,378,300.00	2023年11月7日
广东高元教育出版社有限公司	31,038,521	人民币	14,945,590.24	14,945,590.24	2023年11月7日
……	……	……	……	……	……
甘肃出版传媒股份有限公司	31,038,598	人民币	565,601.91	565,601.91	2024年1月26日
合计			749,567,415.62	749,567,415.62	

注：完整表格扫码获取。

认知识别 预计新增应收账款保理

应收账款保理，又称账款保理，是商业保理的主要经济类别之一。它指的是企业在满足一定条件的情况下，将赊销形成的未到期应收账款转让给商业银行或专业的保理机构，以获取流动资金支持，从而加快企业的资金周转。

预计新增应收账款保理是指当前到资金支付日这段时间内企业向银行新办理并预计会到账的新增应收账款保理。

分析研判　预计新增应收账款保理的测算

①在应收账款台账中,筛选出金额大、信用好、可用于保理的应收账款。中国青少年出版总社有限公司应收账款总额为2,277,758.84元,甘肃出版传媒股份有限公司应收账款总额为1,729,233.81元(见表4-37)。

表4-37　　2023年11月5日预计可用于保理的应收账款　　　　单位:元

付款人	发票号	币别	发票票面金额	应收账款金额	发票到期日
中国青少年出版总社	31,038,594	人民币	1,217,031.59	1,217,031.59	2024年1月26日
	31,038,595	人民币	1,060,727.25	1,060,727.25	2024年1月26日
小　计	—	—	2,277,758.84	2,277,758.84	—
甘肃出版传媒股份有限公司	31,038,596	人民币	144,534.75	144,534.75	2024年1月26日
	31,038,597	人民币	1,019,097.15	1,019,097.15	2024年1月26日
	31,038,598	人民币	565,601.91	565,601.91	2024年1月26日
小　计	—	—	1,729,233.81	1,729,233.81	—
合　计	—	—	4,006,992.65	4,006,992.65	—

②通过对多家银行应收账款保理费率的比较,选择中国工商银行长安支行作为保理银行。

③测算应收账款保理的金额预计为270万元(见表4-38)。

表4-38　　2023年11月25日预计应收账款保理情况

付款人	保理银行	应收账款总额(元)	预计应收账款保理金额(万元)
中国青少年出版总社	中国工商银行长安支行	2,277,758.84	150
甘肃出版传媒股份有限公司	中国工商银行长安支行	1,729,233.81	120
合计			270

风险控制　预计新增应收账款保理的测算风险

珠江纸业在预计新增应收账款保理时,存在不准确性,预计新增应收账款保理金额到账可能不及时。

为降低预计新增应收账款保理的测算风险,珠江纸业应保持谨慎性原则,合理预计新增应收账款保理金额。

5. 预计可动用的最大现金量测算

【场景4-21】2023年11月6日召开会议,确定11月25日预计可动用的最大现金量(见表4-39)。

表4-39　　2023年11月25日预计可动用的最大现金量　　　　单位:元

项目	金额
预计资金存量	703,517,932.03
预计资金安全量	691,130,419.20
预计资金增量	77,700,000.00
预计可动用的最大现金量	90,087,512.83

认知识别 预计可动用的最大现金量

预计可动用的最大现金量是指企业在扣除本月剩余时期内正常活动所需资金外的，能够用于计划外经营和投资活动的最大现金资源。这是一个在财务规划和现金流量管理中使用的概念，它直接影响企业的流动性、偿债能力和投资能力，对企业的资金管理和财务决策至关重，如确定是否需要筹集资金、优化现金流管理、调整投资策略等。同时，它也可以帮助企业评估自身的流动性和偿债能力，确保企业的稳健运营。

需要注意的是，预计可动用的最大现金量是一个动态的概念，它会随着企业的经营状况和市场环境的变化而发生变化。因此，企业需要定期更新和评估预计可动用的最大现金量，以确保其财务决策的准确性和有效性。

分析研判 预计可动用的最大现金量测算

预计可动用的最大现金量＝预计资金存量－预计资金安全量＋预计资金增量＝703,517,932.03－691,130,419.20＋77,700,000.00＝90,087,512.83（元）

因此，珠江纸业11月25日预计可动用的最大现金量为90,087,512.83元。

风险控制 预计可动用的最大现金量测算的风险

珠江纸业在测算最大可动用现金量时面临基础数据风险与数据完整性风险。前者源于数据错误或偏差，后者则可能是遗漏重要项或考虑不全面所致，两者均会影响测算准确性。

珠江纸业应采用先进的数据处理方法和工具，谨慎测算数据，全面收集数据，以降低基础数据风险与数据完整性风险，提升测算结果的可靠性。

6. 预计实际支付能力的测算

【场景4-22】2023年11月6日召开会议，确定11月25日预计实际支付能力，并进行筹资决策（见表4-40）。

表 4-40　　　　　　2023年11月6日大额销售订单资金计划第二次会议纪要

会议形式	线上会议	会议时间	2023年11月6日
会议主题	2023年11月6日大额销售订单资金计划第二次会议		
参会人员	王旗、高陶涛、李亚南、钟淮敏、易子文、赵云飞、尤一辰、杨术案、胡洋、柳林川、卢云茜、魏英		
主持人	董事长兼总经理王旗		
会议议程	① 营销部介绍销售订单的后续跟进情况 ② 财务部介绍公司预计可动用的最大现金量和预计实际支付能力 ③ 初步预计临时大额采购最大支持金额		
会议内容	会议中有关临时性大额订单资金计划的工作部署： ① 财务部门查询公司账上可用资金为12,350,034.61元 ② 财务部门编制了预计可动用的最大现金量表，测算出金额为90,087,512.83元 ③ 财务部编制了预计实际支付能力表，测算出金额为127,007,859.73元 ④ 预计2023年11月25日最大可支付资金90,087,512.83元 会议中有关临时性大额采购的工作部署： 营销部根据可用资金、生产、仓储等因素，与客户签订销售合同		

认知识别 预计实际支付能力

预计实际支付能力是指预计企业在资金支付日账上的现金余额。具体的测算公式为：

预计实际支付能力 = 测算日可动用的货币资金 + 期内回款 − 期内付款 + 预计可出售的交易性金融资产金额 + 预计可动用应收票据贴现金额 + 预计可向战略供应商延期支付款项 + 预计可向战略客户预收款项 + 预计增量

分析研判 预计实际支付能力的测算

根据前面的预测，珠江纸业11月25日预计实际支付能力为127,007,859.73元，具体计算过程如表4-41所示。

表 4-41　预计实际支付能力测算　单位：元

项目	金额
测算日可动用的货币资金	12,350,034.61
＋期内预计现金回款	679,242,040.80
−期内预计现金付款	654,210,072.30
＋预计可出售的金融资产金额	300,071.77
＋预计可动用应收票据贴现金额	4,415,784.85
＋预计可向战略供应商延期支付款项	5,500,000.00
＋预计可向战略客户预收款项	1,710,000.00
＋预计增量	77,700,000.00
＝预计实际支付能力	127,007,859.73

值得注意的是，股票价格和票据贴现率每天都不同，如果珠江纸业选择出售和贴现的日期不是11月6日，则预计可出售的金融资产金额和预计可动用的应收票据贴现金额会有不一致，但预计变化不大。因此，在做临时性筹资业务决策的时候，以最近日期的股票价格和票据贴现率为准，进行估算测试。

分析研判 临时性筹资业务的决策

珠江纸业在11月25日预计可动用的最大现金量为90,087,512.83元，预计实际支付能力127,007,859.73元，均大于预计需求量75,812,127.72元，能支持完成销售订单，可执行。

风险控制 临时性筹资业务决策的风险

珠江纸业在执行临时性订单业务时，面临多重资金流动性和到账时间的不确定性风险。这些风险主要源于与供应商、客户及银行之间的谈判结果，包括款项支付延期、预收款项、应收账款保理及新增银行授信额度的到账时间和金额的不确定性。这些不确定性可能导致实际执行过程中资金无法及时到位，进而影响订单的正常执行和公司的运营稳定性。

建议珠江纸业从加强沟通与谈判、拓宽多元化融资渠道、完善资金管理和预测系统、增强内部沟通与协作等方面预防风险。

任务小结

基于业务视角实现价值创造是企业资金动态运营管理的目的之一。从资金动态管理决策,通过预测支付日的预计资金需求量、预计资金存量、预计资金安全量、预计资金增量、预计可动用最大现金量、预计实际支付能力等指标,来决定临时性筹资业务是否执行。从业务视角出发,财务部应及时筹集资金来满足业务发展的需求,以推动业务增长和收入提升,实现价值创造。

"知识—业务"思维导图,如图4-1所示。

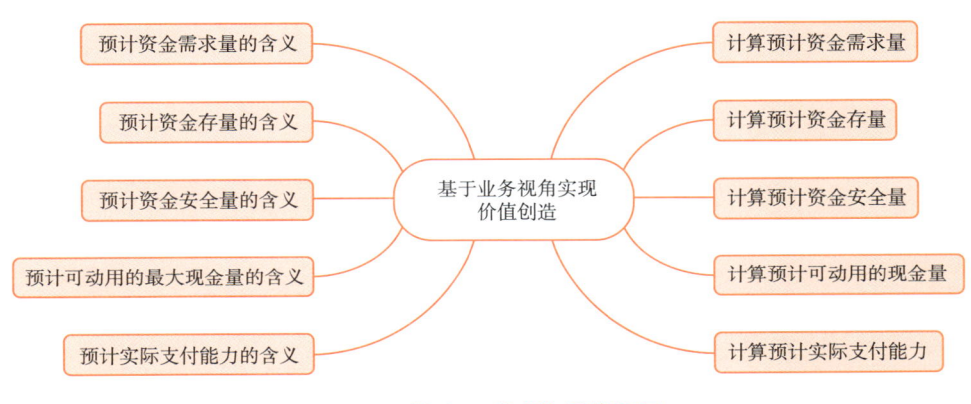

图4-1 "知识—业务"思维导图

任务2 基于财务视角的风险控制

【教学重点】风险控制的措施。

【教学难点】基于财务视角的风险控制决策方法。

严格资金管理能帮助企业科学决策并规避财务风险。

根据资金运营管理的工作要求,企业在追求业务增长的同时,应科学监测资金流动,识别和评估潜在的财务风险,及时发现并纠正偏差,防止业务的发展脱离实际,有效规避风险。受市场波动、国家政策和突发事件的影响,企业可能突然出现临时性业务,可以采取以下措施管控风险。

(1)查看测算日账上可动用的最大现金余额。若大于资金需求,一般可以执行。但该项临时性业务是否执行,不能仅凭测算日账上的资金进行判断,而是需要根据资金支付日预计可动用的最大现金量进行决策。

（2）测算资金支付日预计可用的最大现金量。预计可动用的最大现金量＝预计资金存量－预计资金安全量＋预计资金增量。

（3）进行临时性业务的决策。一般地，如果资金支付日预计可动用的最大现金量小于预计资金需求量，不可执行；如果资金支付日预计可动用的最大现金量大于预计需求量，且预计实际支付能力大于预计需求量，则可执行。

任务导入

【场景4-23】2023年12月5日，国内某同行晨星纸业公司因调整产品结构，拟停产精制轻量涂布纸（轻涂纸）生产线（2021年5月购买，账面价值为4.6亿元）并以3.3亿元低价出售。现有几家公司有意向购买，晨星纸业想快速变现，要求买方在2023年12月25日以现金结算。珠江纸业轻涂纸的销售额持续增长、市场反响好。珠江纸业欲持续深耕、扩大规模，已安排战略发展部前期对该类生产线进行市场调查，完成了可研报告并通过了项目初审，现需决定珠江纸业是否有足够的资金支持该生产线的购买，相关会议纪要如表4-42所示。

表4-42　　　　2023年12月5日固定资产采购资金计划启动会议纪要

会议形式	线上会议	会议时间	2023年12月5日
会议主题	2023年12月5日固定资产采购资金计划启动会议		
参会人员	王旗、高陶涛、李亚南、钟淮敏、易子文、赵云飞、尤一辰、杨术案、胡洋、柳林川、卢云茜、魏英		
主持人	董事长兼总经理王旗		
会议议程	① 战略发展部介绍晨星纸业公司出售轻涂纸生产线的详细情况 ② 营销部介绍本公司轻涂纸销售情况及战略发展规划 ③ 生产中心分析购买晨星纸业公司的轻涂纸生产线对公司的价值 ④ 财务部部署编制预计可动用的最大现金量表		
会议内容	会议中有关固定资产采购资金计划的工作部署： ① 财务部查询公司账上可用资金（4.4亿元） ② 财务部编制预计可动用的最大现金量表和预计实际支付能力表，测算此次临时采购最大可支持资金额 ③ 战略发展部继续跟进晨星纸业公司出售轻涂纸生产线事项，关注谈判价格和款项截止日期 ④ 拟定于2023年12月6日召开第二次临时性固定资产采购有关会议		

分析研判　购买生产线临时性筹资决策

从资金静态管理的角度来决策，珠江纸业2023年12月5日账上可动用的现金为4.4亿元，临时性采购业务需要资金3.3亿元，该业务可执行。

从资金动态管理角度决策，珠江纸业应当测算支付日12月25日预计可动用的最大现金量和预计实际支付能力，与临时性大额采购订单的付现资金需求量进行比较，进而判断该临时性采购业务是否可行。

考虑到企业的长期经营与发展，珠江纸业应从资金动态管理的角度做决策。

三 任务实施

1. 预计资金需求量的测算

【场景4-24】2023年12月5日,珠江纸业战略发展部与晨星纸业初步洽谈,确定资金需求量(见表4-43)。

表4-43　　2023年12月采购资金估算

项目	单价（含税）(元)	数量（个）	金额（元）	运费（元）	合计（元）
生产设备	330,000,000	1	330,000,000	500,000	330,500,000

分析研判　预计需求量的测算

预计资金需求量=采购单价（含税）×数量+运输费=330,000,000×1+500,000=330,500,000（元）

2. 预计资金存量的测算

【场景4-25】2023年12月5日,财务部召开会议,开始预计支付日前的资金存量,测算结果如表4-44所示。

表4-44　　期内预计资金存量测算　　单位：元

项目	金额
测算日可动用的货币资金	441,667,769.81
期内预计现金回款	353,951,698.92
预计可出售的金融资产金额	164,874.60
预计可动用应收票据贴现金额	48,766,597.21
预计可向战略供应商延期支付款项	5,000,000.00
预计可向战略客户预收款项	5,000,000.00
合计	854,550,940.54

分析研判　预计资金存量的测算

公司预计资金存量=441,667,769.81+353,951,698.92+164,874.60+48,766,597.21+5,000,000.00+5,000,000.00=854,550,940.54（元）

各项目具体测算如下:

（1）测算日可动用的货币资金。

【场景4-26】2023年12月5日,财务部查看库存现金日记账、银行存款日记账和其他货币资金明细账,查出测算日可动用的货币资金（见表4-45和表4-46）。

表 4-45　　　2023 年 12 月 5 日银行存款明细账数据　　　　单位：元

序号	币种	账户类型	开户行	账户余额（人民币）
1	人民币	基本存款账户	中国工商银行东莞市长安支行	277,134,143.35
2	人民币	一般存款账户	中国工商银行东莞市沙田支行	36,300,000.00
3	人民币	一般存款账户	中国建设银行东莞南城支行	3,650,000.00
……	……	……	……	……
		合计		441,656,472.87

注：完整表格扫码获取。

表 4-46　　　2023 年 12 月 5 日其他货币资金明细数据　　　　单位：元

序号	项目明细	账户余额（人民币）
1	信用证保证金	54,193,945.76
2	承兑汇票保证金	29,369,400.10
3	银行本票存款	258,900.00
4	住房周转金存款	837,134.49
5	住房基金存款	610,800.00
6	公共维修基金存款	226,964.19
	合计	85,497,144.54

分析研判　测算日可动用货币资金的测算

①库存现金日记账，2023 年 12 月 5 日企业的现金日记账的余额为 11,296.94 元。

②查银行存款日记账，2023 年 12 月 5 日珠江纸业可动用银行存款余额为 441,656,472.87 元。

③查看其他货币资金明细账，发现其属于受限制用货币资金，不属于可动用货币资金。

④可动用的货币资金＝现金日记账余额＋可动用的银行存款余额＝11,296.94+441,656,472.87＝441,667,769.81（元）。

（2）期内预计现金回款。

【场景 4-27】12 月 5 日财务部下发通知，请各部门于当天下午 2 点之前报送 12 月 6—25 日资金需求计划（见表 4-47）。

表 4-47　　　　　　12 月 6—25 日资金需求预算　　　　　　单位：元

责任部门	费用项目	本月度计划开支	本月度计划收款	备注
采购中心	货款	174,088,910.70		票据结算款：42,166,295.34
采购中心	招标保证金及文件费	0	15,569.28	
采购中心	费用支出	18,600.00		
营销部	货款	0	183,936,129.64	
财务部	借款	288,000,000.00	385,000,000.00	项目贷款：215,000,000.00
……	……	……	……	……

续表

责任部门	费用项目	本月度计划开支	本月度计划收款	备注
	合计	1,031,329,476.38	568,951,698.92	
	期内现金付款	770,877,312.04		
	期内现金回款		353,951,698.92	

注：完整表格扫码获取。

分析研判　期内预计现金回款的测算

期内预计现金回款（不含收回的项目贷款）=15,569.28+183,936,129.64+85,000,000.00–215,000,000.00=353,951,698.92（元）

（3）期内预计可出售的金融资产。

【场景4-28】 2023年12月5日，财务部查看金融资产明细账，测算预计可出售的金融资产金额（见表4-48）。

表4-48　　　2023年12月5日持有的金融资产买入情况

成交日期	证券代码	证券名称	成交价格（元）	成交数量（个）	成交金额（元）	佣金（元）	印花税（元）	过户费（元）	总价（元）
2023年8月22日	300909	汇创达	23	6,000	138,000	34.50	0	0	138,034.50

分析研判　预计可出售的金融资产金额的测算

①从企业证券投资中找到所持有的金融资产为汇创达的股票，且持有量不到5%，可直接出售，不需报告；

②2023年12月5日查看汇创达（300909）开盘价为27.62元；

③由于紧急回款，计划按照27.5元的目标价位出售；

④计算预计可收回现金价款为164,874.60元（见表4-49）。

表4-49　　　预计可出售的金融资产金额的测算

期望成交日期	证券代码	证券名称	预计成交价格（元）	成交数量（个）	成交金额（元）	佣金（元）	印花税（元）	过户费（元）	预计收回价格（元）
2023年12月5日	300909	汇创达	27.50	6,000	165,000	41.25	82.50	1.65	164,874.60

预计可出售的金融资产金额=预计成交金额×成交数量–佣金–印花税–过户费

珠江纸业持有6,000股汇创达股份，按每股27.50元全数卖出，成交金额预计为180,000元，扣除佣金、印花税、过户费，预计可收回价款=27.50×6,000–41.25–82.50–1.65=164,874.60（元），其中，佣金为成交金额的0.025%，印花税为成交金额的0.05%，过户费为成交金额0.01‰。

（4）预计可动用应收票据贴现金额。

【场景4-29】 2023年12月5日查看应收票据台账，测算预计可动用的应收票据贴现金额（见表4-50）。

表4-50　　　　　　　　　　　2023年12月应收票据台账　　　　　　　　　　　单位：元

序号	出票日期	出票人名称	付款行名称	出票金额	汇票到期日
1	2023年10月22日	河南省益元印务有限公司	中国工商银行辉县市支行	3,000,000	2024年2月20日
2	2023年10月17日	广州市晨元纸业有限公司	中国农业银行长兴路支行	1,500,000	2023年1月18日
……					
21	2023年11月30日	唐山和远达纤维有限公司	中国建设银行唐山南堡开发区支行	9,348,190.34	2024年2月17日
22	2023年11月30日	唐山和远达纤维有限公司	中国建设银行唐山南堡开发区支行	9,348,190.34	2024年4月5日
			合计金额：90,535,687.60		

注：完整表格扫码获取。

分析研判　预计可动用应收票据贴现金额的测算

①查看银行承兑汇票台账，筛选出资金支付日前到期的票据。

②查看采购合同台账，预测期内需要票据结算的款项共计42,166,295.34元，选择到期日较远的票据进行应收票据背书，共计41,593,593.09元（见表4-51），剩余金额可开具银行承兑汇票用于支付，即为应付票据。

表4-51　　　　　　　　　　　预计可用于背书的票据　　　　　　　　　　　单位：元

序号	出票日期	出票人名称	付款行名称	出票金额	汇票到期日
1	2023年10月22日	河南省益元印务有限公司	中国工商银行辉县市支行	3,000,000	2024年2月20日
2	2023年11月11日	广西方乐贸易有限公司	中国工商银行南宁市明秀支行	1,580,000	2024年3月11日
……	……	……	……	……	……
		合计		41,593,593.09	

注：完整表格扫码获取。

③查看银行承兑汇票台账，筛选出可贴现的票据。筛选步骤同"预计可动用应收票据现金额的测算"。

④经过多家银行询价，对各家银行12月5日票据贴现率进行比较（见表4-52），并选定贴现率最低的中国工商银行。

表4-52　　　　　　　　　　　2023年12月5日各家银行贴现率对比　　　　　　　　　　　单位：%

银行名称	中国工商银行	中国建设银行	中国交通银行	中国农业银行
贴现率	2.0	2.12	2.08	2.05

⑤计算出应收票据贴现金额共计48,766,597.21元（见表4-53）。

表4-53　　　　　　　　　　　预计可贴现应收票据金额测算

序号	出票人名称	出票金额（元）	汇票到期日	计划贴现日期	贴现率（%）	贴现金额（元）
1	广州市晨元纸业有限公司	1,500,000.00	2024年1月17日	2023年12月5日	2	1,496,416.67

续表

序号	出票人名称	出票金额（元）	汇票到期日	计划贴现日期	贴现率（%）	贴现金额（元）
2	深圳市隆远纸业有限公司	1,550,000.00	2024年2月7日	2023年12月5日	2	1,544,488.89
……	……	……	……	……	……	……
合计		48,942,094.51				48,766,597.21

注：完整表格扫码获取。

（5）预计可向战略供应商延期支付款项。

【场景4-30】 2023年12月5日，查看应付账款明细账，测算预计可向战略供应商延期支付的款项（见表4-54）。

表4-54　　　　　　　　　　战略性供应商档案

供应商类别	名称	企业类别	供应商等级
辅料供应商	巩义市隆发聚合物有限公司	一般纳税人	A
辅料供应商	广东东元环境科技有限公司	一般纳税人	A
辅料供应商	广东升平化学试剂有限公司	一般纳税人	A
……			
辅料供应商	广东兴盛绳网带有限公司	一般纳税人	A

注：完整表格扫码获取。

分析研判　预计可向战略供应商延期支付的款项测算

①合同管理台账筛选出本月需支付的供应商货款（见表4-55）。

表4-55　　　　　2023年12月需支付的货款清单　　　　　　单位：元

供应商名称	支付日期	支付金额	信用等级	结算周期
东莞市信德消泡剂有限公司	2024年1月2日	1,052,817.80	B	60天
东莞市信德消泡剂有限公司	2023年12月2日	4,067,113.29	—	上月
东莞市信德消泡剂有限公司	—	9,237,294.17	—	年初
广东东元环境科技有限公司	2023年12月3日	1,655,583.10	A	30天
广东升平化学试剂有限公司	2023年12月13日	13,345,369.63	A	30天
……				
湖南林生新材料科技有限公司	2024年1月8日	2,888,884.50	A	60天
合计		99,745,253.66	—	—

注：完整表格扫码获取。

②根据战略供应商档案，筛选出可谈判的供应商。

筛选步骤同"预算可向临时订单供应商延期支付的款项测算"的第三步。

③测算可向战略供应商延迟支付的货款总额为500万元（见表4-56）。

表4-56　　　　　　　　　　　　　可谈判的供应商名单　　　　　　　　　　　　　单位：元

供应商名称	支付日期	支付金额	预计谈判金额
广东升平化学试剂有限公司	2023年12月13日	13,345,369.63	5,000,000.00
预计可延期支付金额			5,000,000.00

（6）预计可向战略客户预收款项。

【场景4-31】2023年12月5日，根据历史数据预测2024年1月战略客户可能发生的交易额，测算预计可向战略客户预收的款项（见表4-57）。

表4-57　　　　　　　　　　　　　2023年12月战略性客户台账　　　　　　　　　　　　　单位：元

客户名称	客户类别	所属区域	信用代码	注册资本	信用等级	销售区域	部门	结算账期
广州市晨元纸业有限公司	经销大客户	广东省	91440101736301472B	40,000,000	B	广东省	广东省（粤）办事处	月结30天
中元纸业贸易（上海）有限公司	经销大客户	上海市	91310113550057203H	60,000,000	B	上海市	上海市（沪）办事处	月结30天
……								

注：完整表格扫码获取。

分析研判　预计可向战略性客户预收的货款测算

①从合同台账中，筛选可预收货款的谈判客户。

筛选步骤同"预计资金安全量"，筛选出可预收货款的谈判客户为中元纸业贸易（上海）有限公司及武汉方泰纸业有限公司。

②预计可向客户预收货款的金额500万元（见表4-58）。

表4-58　　　　　　　　　　　　　可谈判的客户名称　　　　　　　　　　　　　单位：元

客户名称	预计交易金额	结算账期	预计可预收金额
中元纸业贸易（上海）有限公司	3,480,565.48	当月结	1,000,000.00
武汉方泰纸业有限公司	18,834,439.36	当月结	4,000,000.00
合计	22,315,004.84	—	5,000,000.00

3.预计资金安全量的测算

【场景4-32】2023年12月5日，财务部召开会议，测算预计资金安全量（见表4-59）。

表4-59　　　　　　　　　　　　　资金安全量测算　　　　　　　　　　　　　单位：元

项目	金额
预计本月现金付款	965,754,624.08
+财务预留	30,000,000.00

续表

项目	金额
－本月已现金付款	188,636,378.17
－支付日后本月现金回款	15,995,799.86
＝预计资金安全量	791,122,446.05

分析研判 预计资金安全量的测算

珠江纸业财务预留金额一般为3,000万元。

珠江纸业预计资金安全量=965,754,624.08+30,000,000－188,636,378.17－15,995,799.86=791,122,446.05（元）

各项目具体测算方法如下。

（1）预计本月现金付款。

【场景4-33】2023年12月5日，调用12月资金预算表，查看本月预计现金付款情况（见表4-60）。

表4-60　　　　　　　　　　2023年12月资金预算　　　　　　　　　　单位：元

责任部门	费用项目	本月度计划开支	本月度计划收款	备注
采购中心	货款	211,911,549.00		票据结算款：42,166,295.34
采购中心	招标保证金及文件费	0	25,948.80	
采购中心	费用支出	31,000.00		
进出口部	货款	180,627,078.60		
营销部	货款	0	799,764,046.30	
战略发展部	在建工程	62,764,650.67		
财务部	借款	438,000,000.00	385,000,000.00	项目贷款：215,000,000.00
……	……	……	……	……
合计		1,251,312,648.69	1,184,789,995.10	
本月现金付款		965,754,624.08		
本月现金回款			969,789,995.10	

注：完整表格扫码获取。

分析研判 预计本月现金付款的测算

本月度计划资金开支合计为1,251,312,648.69元，扣除票据结算款42,166,295.34元，进出口部的货款180,627,078.60元，战略发展部的工程款62,764,650.67元。

本月现金付款金额=1,251,312,648.69－42,166,295.34－180,627,078.60－62,764,650.67=965,754,624.08（元）

（2）测算日前已用现金付款。

【场景4-34】2023年12月5日，财务部整理12月1—5日公司收支明细情况（见表4-61）。

表 4-61　　2023 年 12 月 1—5 日收入与支出　　单位：元

责任部门	费用项目	1-5日（资金支付）	1-5日（资金收入）	备注
采购中心	货款	32,822,102.98		票据结算：0
采购中心	招标保证金及文件费	0	10,379.52	
采购中心	费用支出	2,269.48		
战略发展部	在建工程	15,691,162.67		
……	……	……	……	……
合计		204,327,540.84	599,842,496.32	
测算日前现金付款		188,636,378.17		
测算日前现金回款			599,842,496.32	

注：完整表格扫码获取。

分析研判　测算日之前已用现金付款的金额

12 月 1—5 日珠江纸业支出总额为 204,327,540.84 元，扣除战略发展部的工程款 15,691,162.67 元，测算日前现金付款为 188,636,378.17 元。

（3）预计支付日后本月现金回款。

【场景4-35】2023 年 12 月 5 日，因临时性采购需求，财务部要求各部门提交 12 月 26—31 日预算（见表 4-62）。

表 4-62　　2023 年 12 月 26—31 日计划收支

责任部门	费用项目	本月度计划开支（资金支付）	本月度计划收款	备注
采购中心	货款	5,000,535.32		票据结算：0
采购中心	招标保证金及文件费	0	0	
采购中心	费用支出	10,130.52		
进出口部	货款	0		
进出口部	海关缴款增值税	0		
进出口部	信用证保证金	1,806.21		
进出口部	运输费	7,184.61		
进出口部	费用支出	4,901.87		
营销部	货款	0	15,995,799.86	
……	……	……	……	……
财务部	借款	0		
……	……	……	……	……
合计		15,655,631.47	15,995,799.86	
支付日后现金付款		6,240,933.87		
支付日后现金回款			15,995,799.86	

注：完整表格扫码获取。

分析研判 支付日后本月现金回款的测算

支付日后预计回款合计为15,995,799.86元,无项目借款,均为现金回款。

4. 预计资金增量的测算

【场景4-36】 12月5日,财务部组织召开紧急会议,测算各筹资方式分别可筹资金,当晚8点汇总提交至财务部部长(见表4-63)。

表4-63　　　　　　　　　　　　预计资金增量测算　　　　　　　　　　　　单位:元

项目	金额
预计银行授信剩余可用余额	104,000,000
预计新增银行授信额度	30,000,000
预计新增应收账款保理	16,000,000
合计	150,000,000

分析研判 预计资金增量的测算

珠江纸业预计资金增量150,000,000元,其中预计授信剩余可用余额104,000,000元、预计新增银行授信额度30,000,000元,预计新增应收账款保理16,000,000元。

每个具体项目测算过程如下。

(1)测算银行授信剩余可用余额。

【场景4-37】 2023年12月5日,查看银行授信的台账,测算银行授信剩余可用余额(见表4-64)。

表4-64　　　　　　　　　　2023年12月5日银行授信额度台账　　　　　　　　　　单位:元

授信合同编号	银行简称	类型	授信金额					2023年12月5日授信余额						
			合计	项目贷款	流动资金贷款	银行承兑汇票	信用证	合计	项目贷款	流动资金贷款	银行承兑汇票	信用证	保理	其他
〔2023〕银授字第933号	中信银行万分行	流动贷款	15,000		15,000			3,000		3,000				
〔2023〕银授字第983号	农行富支	流动贷款	48,000		40,000	8,000		13,000		10,000	3,000			
……														
合计			590,454.47	242,818.23	202,763.60	60,992.26	83,880.38	220,021.82	53,866.23	51,452.70	41,117.21	73,585.68	0	0

注:完整表格扫码获取。

分析研判 预计银行授信剩余可用额度的测算

第一步,查看银行借款台账,计算12月5日银行授信剩余可用额度(见表4-65)。

表 4-65　　2023 年 12 月 5 日预计银行剩余可用的授信余额　　单位：万元

序号	贷款类别	剩余可用的授信额度
1	流动资金贷款	51,452.70
2	银行承兑汇票	41,117.21
3	信用证	73,585.68
4	项目贷款	53,866.23

第二步，本次支付可用的额度为流动资金贷款剩余可用授信余额。

因供应商资金紧缺，只接受现金结算，所以银行承兑汇票剩余可用授信额度不能用；信用证只能用于进出口业务，项目贷款只能专款专用。因此，本次支付可用额度为 5,452.70 万元。若有应收账款保理授信剩余可用额度，也可以计算在内。

第三步，根据授信台账，查看支付日授信终止的情况，支付日前两笔授信终止；无正在办理的新增授信（见表 4-66）。

表 4-66　　2023 年 12 月 25 日授信终止的授信合同　　单位：万元

授信合同	〔2022〕银授字第 1056 号	〔2022〕银授字第 289 号
授信期起始日	2022 年 12 月 21 日	2022 年 12 月 22 日
授信期终止日	2023 年 12 月 20 日	2023 年 12 月 21 日
授信金额	35,000	3,500
授信剩余可用金额	0	0

第四步，根据信贷台账，查看 2023 年 12 月 5—25 日需要偿还的流动贷款借款为 13,000 万元（见表 4-67）。

表 4-67　　2023 年 12 月 5—25 日需偿还的流动贷款借款　　单位：万元

授信合同编号	〔2022〕银授字第 811 号	〔2023〕银授字第 595 号
借款合同编号	019062254993—2022 年字第 1288 号	020061955225—2023 年字第 955 号
借款银行	农行富支	浦发银行松分
还款日期	2023 年 12 月 7 日	2023 年 12 月 9 日
还款金额	4,000	9,000

第五步，根据借款办理进度，预计 12 月 25 日前到账的银行借款为 17,000 万元（见表 4-68）。

表 4-68　　预计期内到账的流动资金贷款进度　　单位：万元

借款行名称	进出口行省分行	农行富支	工行长支
借款立项	已完成	已完成	已完成
资料准备	已完成	已完成	已完成
借款审批	已完成	已完成	未完成

续表

借款行名称	进出口行省分行	农行富支	工行长支
借款协议	已完成	已完成	未完成
借款金额	8,000	9,000	5,000
放款时间	12月19日	12月7日	2024年
期内预计到账的借款	8,000	9,000	0

第六步，根据授信剩余余额表和期内预计到账的贷款进度明细表，根据计算公式：支付日授信剩余可用余额=测算日授信剩余可用余额+期内新增授信−期内终止授信−借款+还款，预计12月25日授信剩余可用余额为23,952.70万元。

目前，〔2022〕银授字第811号、1056号及289号因授信到期，额度已用尽，均为0万元。〔2023〕银授字第595号剩余额度为10,400万元，预计可到账；〔2023〕银授字第633号剩余额度为4,000万元，但年底银行不放款，预计不可用；〔2023〕银授字第767号剩余额度为5,000万元，因年底头寸紧张，预计不可用；〔2023〕银授字第442号剩余额度为3,552.70万元，为美元且用途受限，预计不可用；〔2023〕银授字第983号剩余额度为1,000万元，因年底头寸紧张及正在办理借款，预计不可用。

综上，经与银行确认，12月25日预计可使用的授信剩余额度为10,400万元（见表4-69）。

表 4-69　　　　　　　　　　预计资金支付日授信剩余额度测算

期间：2023 年 12 月 6 日—2023 年 12 月 25 日　　　　　　　　　　　　　　　单位：万元

授信合同编号	授信期起始日期	授信期终止日期	授信额度-流动资金贷款	2023年12月5日		预计		2023年12月25日	
				尚存借款-流动资金贷款	授信余额-流动资金贷款	借款	还款	尚存借款-流动资金贷款	授信剩余可用余额-流动资金贷款
〔2022〕银授字第1056号	2022年12月21日	2023年12月20日	35,000.00	11,000.00	24,000.00	8,000.00		19,000.00	—
〔2022〕银授字第289号	2022年12月22日	2023年12月21日	3,500.00	—	3,500.00			—	—
〔2023〕银授字第595号	2023年2月16日	2024年2月15日	45,000.00	43,600.00	1,400.00		9,000.00	34,600.00	10,400.00
〔2023〕银授字第767号	2023年3月23日	2024年3月22日	5,000.00	—	5,000.00			—	5,000.00
〔2023〕银授字第633号	2023年5月10日	2024年5月9日	35,000.00	31,000.00	4,000.00			31,000.00	4,000.00
〔2023〕银授字第442号	2023年7月25日	2024年7月24日	14,263.60	10,710.90	3,552.70			10,710.90	3,552.70
〔2023〕银授字第983号	2023年11月17日	2024年11月16日	40,000.00	30,000.00	10,000.00	9,000.00		39,000.00	1,000.00
合计			177,763.60	126,310.90	51,452.70	17,000.00	9,000.00	134,310.90	23,952.70

（2）预计新增银行授信额度。

①向现有合作银行申请增加授信额度。

【场景4-38】根据现有21家合作银行名单，筛选出战略合作银行，在大额资金缺口需求下，向相关合作银行寻求各新增授信额度1,000万元（见表4-70）。

表4-70　　　　　　　　　2023年12月5日现有合作银行名单

银行名称	银行简称	银行名称	银行简称
中国工商银行股份有限公司长安支行	工行长支	平安银行股份有限公司常平分行	平安银行常分
中国农业银行股份有限公司东莞富华支行	农行富支	广东东莞商业银行股份有限公司南城支行	农商银行南支
……			
中国光大银行股份有限公司东莞分行	光大银行东分	上海浦东发展银行松山湖分行	浦发银行松分

分析研判　向现有合作银行申请增加授信额度的步骤

筛选步骤同"向现有合作银行申请增加授信额度的步骤"，预计可向筛选出的2家银行新增授信额度2,000万元（见表4-71）。

表4-71　　　　　　　　　2023年12月银行授信额度台账　　　　　　　　　单位：万元

授信银行	授信总额度	累计已使用额度	拟申请授信金额	新增后授信可用额度	预计到账时间
中国建设银行股份有限公司东莞南城分行	12,926.36	12,926.36	1,000.00	1,000.00	2023年12月23日
中国民生银行股份有限公司东莞分行	3,800.00	3,800.00	1,000.00	1,000.00	2023年12月23日
合计	16,726.36	16,726.36	2,000.00	2,000.00	—

②寻求新的合作银行申请授信额度。

【场景4-39】根据年初的工作部署，财务部成员积极拓宽筹资渠道，拟与部分未合作的银行建立友好关系，并向其申请授信额度（见表4-72）。

表4-72　　　　　　　　　预计可合作的银行名单

银行名称	银行简称	银行名称	银行简称
中信银行股份有限公司东莞分行	中信东分	平安银行股份有限公司东莞分行	平安东分
光大银行股份有限公司万江分行	光大万江	中国民生银行股份有限公司万江分行	民生万江

分析研判　预计新合作银行可申请的授信额度测算

测算步骤同"预计新合作银行可申请的授信额度测算"，预计拟新增银行授信额度（见表4-73）。

表4-73　　　　　　　　　预计拟新增银行授信额度　　　　　　　　　单位：万元

授信银行	拟申请授信金额	新增后授信可用额度	授信期限	预计到账时间
中信银行股份有限公司东莞分行	1,000.00	1,000.00	6个月	2023年12月23日
合计	1,000.00	1,000.00	—	—

（3）预计新增应收账款保理。

【场景4-40】2023年12月5日查看应收账款台账，测算预计新增应收账款保理金额（见表4-74）。

表 4-74　　　　　　　　　　　应收账款管理台账　　　　　　　　　　　单位：元

付款人	发票号	币别	发票票面金额	应收账款金额	发票到期日
湖南福尚数码材料科技有限公司	31038603	人民币	1,374,429.40	1,374,429.40	2023年12月6日
江苏二房巷国际贸易有限公司	31038604	人民币	15,859,656.76	15,859,656.76	2023年12月6日
……	……	……	……	……	……
中国青少年出版总社有限公司	31038648	人民币	565,601.91	565,601.91	2024年2月26日
合计			285,585,268.55	285,585,268.55	

注：完整表格扫码获取。

分析研判　预计新增应收账款保理的测算

①从应收账款台账中，筛选出金额大、信用好、可用于保理的应收账款：山东出版印刷物资有限公司应收账款总额为10,768,546.73元；中国青少年出版总社有限公司应收账款总额为12,205,926.87元（见表4-75）。

表 4-75　　　　2023年12月5日预计可用于保理的应收账款　　　　单位：元

付款人	发票号	币别	发票票面金额	应收账款金额	发票到期日
山东出版印刷物资有限公司	31038639	人民币	1,217,031.59	1,217,031.59	2024年2月26日
	……	……	……	……	……
小计			10,768,546.73	10,768,546.73	
中国青少年出版总社有限公司	31038643	人民币	1,215,031.59	1,215,031.59	2024年2月26日
	……	……	……	……	……
小　计	—	—	12,205,926.87	12,205,926.87	
合　计	—	—	22,974,473.60	22,974,473.60	

注：完整表格扫码获取。

②通过对多家银行应收账款保理费率的比价，选择中国工商银行长安支行作为保理的银行。

③测算应收账款保理的金额预计为1,600万元（见表4-76）。

表 4-76　　　　2023年12月25日预计应收账款保理的金额　　　　单位：元

付款人	保理银行	应收账款总额	预计应收账款保理金额
中国青少年出版总社	中国工商银行长安支行	10,768,546.73	75,000,00
山东出版印刷物资有限公司	中国工商银行长安支行	12,205,926.87	85,000,00
合计			16,000,000

5. 预计可动用的最大现金量测算

【场景4-41】12月6日，公司召开会议，确定12月25日预计可动用的最大现金量，会议纪要见表4-77。

表4-77　　　　2023年12月6日临时性固定资产采购资金计划第二次会议纪要

会议形式	线上会议	会议时间	2023年12月6日
会议主题	2023年12月6日临时性大额固定资产采购资金计划第二次会议		
参会人员	王旗、高陶涛、李亚南、钟淮敏、易子文、赵云飞、尤一辰、杨术案、胡洋、柳林川、卢云茜、魏英		
主持人	董事长兼总经理王旗		
会议议程	① 采购中心介绍供应商生产线出售的最新动态 ② 财务部介绍公司资金存量的确定值 ③ 财务部介绍公司资金增量的计划金额，初步预计临时大额采购最大支持金额		
会议内容	会议中有关临时性固定资产采购的工作进度： ① 财务部查询公司账上可用资金为4.4亿元 ② 财务部编制了筹资计划表，预计此次临时大额采购2023年12月25日最大可支持资金为2.1亿元 ③ 会议中有关临时性大额采购的工作部署：根据可用资金、生产等因素，决定不再采购		

分析研判　预计可动用的最大现金量测算

预计可动用的最大现金量＝预计资金存量－预计资金安全量＋预计资金增量。公司12月25日预计可动用的最大现金量为213,428,494.49元。具体测算过程见表4-78。

表4-78　　　　12月25日预计可动用的最大现金量测算表　　　　单位：元

项目	金额
预计资金存量	854,550,940.54
预计资金安全量	791,122,446.05
预计资金增量	150,000,000.00
预计可动用的最大现金量	213,428,494.49

分析研判　临时性筹资业务的决策

珠江纸业在12月25日预计可动用的最大现金量为213,428,494.49元，小于预计资金需求量330,500,000元。因此，此次设备采购不可执行。如果强制采购，会造成后续资金困难，影响企业经营。如果珠江纸业希望采购该生产线，则战略发展部应扩大供应商范围、谈判内容，以图进一步降价的空间。

任务小结

基于财务视角实现风险控制是企业资金动态运营管理的目的之一。

从资金动态管理决策，通过预测支付日的预计资金需求量、预计资金存量、预计资金安全量、预计资金增量、预计可动用最大现金量等指标来决定临时性筹资业务是否执行。从财务视角出发，财务部应在追求业务增长的同时，识别和评估潜在的财务风险，及时发现并纠正偏差，防止业务的发展脱离实际，实现风险控制。

"知识—业务"思维导图，如图4-2所示。

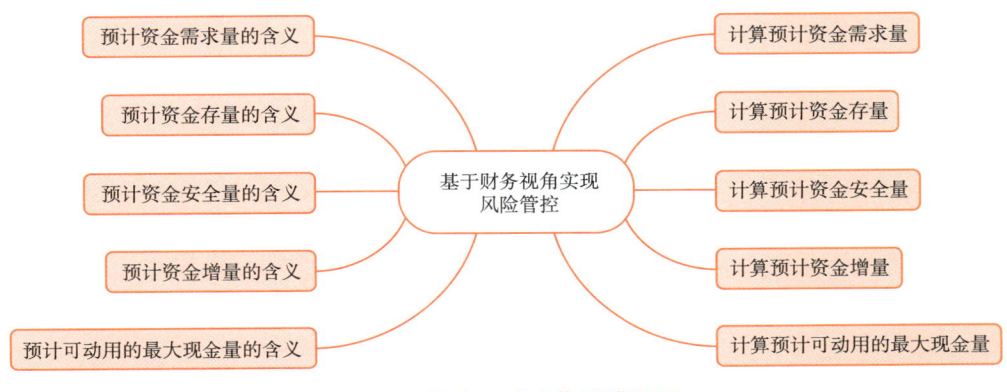

图4-2 "知识—业务"思维导图

项目 5 筹资渠道与方式决策

学习目标

知识目标
1. 了解筹资的基本渠道及其分类;
2. 理解各筹资渠道应考虑的关键因素及决策流程;
3. 掌握不同筹资方式的资金成本的计算方法。

技能目标
1. 能够根据公司实际需求,对不同筹资渠道做出合理选择;
2. 熟练运用 Excel 等工具进行资金成本和资金占比的测算;
3. 能够对不同筹资方式依据公司需要进行组合。

素质目标
1. 具有"预则立,不预则废"的筹资规划意识;
2. 具备良好的沟通技巧和团队协作精神,以应对筹资过程中的多方协作;
3. 树立全局观和权变思想,具有风险控制和价值创造的意识。

有了资金需求后,企业要解决的问题是资金从哪里来,以及用什么方式取得,这就是筹资渠道的安排和筹资方式的选择问题。

安排筹资渠道和选择筹资方式是一项重要的财务工作,直接关系到企业所能筹措资金的数量、成本和风险。因此,企业需要在权衡不同性质资金的数量、成本和风险的基础上,按照不同的筹资渠道合理选择筹资方式,有效筹集资金。

任务1 筹资渠道分析与决策

【教学重点】财务风险的测算,根据财务风险调整筹资渠道。
【教学难点】银行授信渠道筹集资金的决策,非公开发行股票筹资渠道的决策。

财务风险对企业筹资渠道有显著影响。高风险可能导致筹资难度增加，限制筹资渠道的选择，如银行贷款、债券发行等可能受阻。财务风险还可能损害企业信誉和形象，降低投资者信心，进一步影响筹资能力。因此，企业需加强财务风险管理，优化筹资结构，以降低财务风险对筹资渠道选择的不利影响，确保企业的稳定发展和资金需求的满足。

任务导入

【场景5-1】 结合项目3【场景3-27】及2023年现金预算，预测2023年珠江纸业资金缺口和财务风险指标，并据此分析其筹资渠道并进行科学决策。

认知识别 识别企业资金缺口

企业资金缺口是指在一定时期内（通常为一年或一个经营周期）企业的资金需求与资金来源之间存在的差额。企业需要对自身的运营、投资、筹资等各方面的资金需求进行详细分析，明确资金缺口的大小和来源。这有助于企业更有针对性地制定筹资方案。

分析研判 企业筹资活动资金总额的确定

筹资活动支出总额=银行借款筹资活动支出+内部贷款筹资活动支出+融资租赁筹资活动支出+债券筹资活动支出+股票融资活动支出

银行借款筹资活动支出=已有合同到期借款+已有借款合同利息支出+新增借款合同利息支出

珠江纸业2023年现金预算显示：

2023年筹资活动支出总额=3,713,934,743.55+4,750,000+61,414,768.68+438,368,684+20,000,000=4,238,468,196.23（元）

珠江纸业2023年银行借款筹资活动支出=665,000,000+2,896,000,000+103,127,733.75+49,807,009.80=3,713,934,743.55（元）

分析研判 确定筹集缺口的外部筹集金额

企业资金筹集缺口=预算年末现金余额−（可使用现金−支出合计）−筹资活动支出总额=806,264,815.39−（8,145,195,573.31−6,702,177,621.30）−4,238,468,196.23=3,601,715,059.61（元）

分析研判 测算2023年的财务风险

2023年预测经营杠杆系数（DOL）= $\dfrac{EBIT_0+F_0}{EBIT_0}$ =1+ $\dfrac{基期固定成本}{基期息税前利润}$ =1+619,307,737.12÷218,595,897.03=3.83。

珠江纸业属于传统造纸业，2023年拟购买生产设备，将使固定成本增加、固定成本占比上升；预计销售量下降，将扩大固定成本对息税前利润的影响。同时，珠江纸业在经营过程中还面临原材料成本、环保政策、市场需求等多方面的挑战，2023年经营杠杆系数可能高于2022年，预计达到3.83。

2023年财务杠杆系数DFL=基期息税前利润÷基期利润总额=218,595,897.03÷62,571,239.72=3.49

珠江纸业2022年财务杠杆系数1.43，对比同行业同期该指标适中，但是预计2023年盈利能力下降，导致息税前利润减少，使财务杠杆系数有上升的可能。2023年珠江纸业筹资可以考虑增加股票筹资渠道，适当控制2023年财务杠杆系数，预测2023年财务杠杆系数为3.49。

2023年预测复合杠杆系数为3.83×3.49=13.37。

利息保障倍数=息税前利润（$EBIT$）÷利息费用=218,595,897.03÷（156,024,657.31+15,119,815.86）=1.28

利息保障倍数从2022年的2.68下降到2023年的1.28，预计珠江纸业支付利息的能力在下降。2023年珠江纸业的盈利能力下降，导致经营现金流减少，从而降低了支付利息的能力。

风险控制 对经营风险、财务风险的应对

珠江纸业利用经营杠杆系数和财务杠杆系数预测资金渠道存在多重风险。高经营杠杆会放大利润波动，增加经营风险；而高财务杠杆则可能加大债务风险，导致资金结构失衡。

珠江纸业应优化经营杠杆，通过多元化经营和成本控制降低利润波动，减少经营风险；合理控制财务杠杆，优化债务结构，降低债务风险，确保资金结构平衡；加强数据管理和模型优化，提高预测准确性，以应对数据误差和模型局限性带来的挑战。

分析研判 调整2023年计划筹资渠道

预计2023年珠江纸业财务杠杆系数提高，为了降低风险，根据珠江纸业筹资决策适度负债，防范风险原则，应控制负债水平，珠江纸业除了银行授信渠道，还应采取非公开发行股票等外部渠道筹资。

三 任务实施

1. 银行授信渠道分析与决策

采用银行授信渠道进行外部筹资，珠江纸业首先应分析现有授信余额台账，进而了解可以取得授信的银行相关信贷政策。对比各个银行审批权限和筹资成本，进行初步洽谈，比较和筛选各家银行，从而初步确定贷款的主办银行。

【场景5-2】 2023年1月投资计划表显示，珠江纸业要新建APMP节能提质生产线，总投资金额为18,025万元，2023年需要资金15,000万元，项目概算表显示，所需专项资金借款为1,500万美元，综合考虑后拟寻求银行贷款，要求财务部根据《珠江纸业股份有限公司银行信贷筹资管理办法》（见图5-1）分别了解各家银行的信贷政策等，确定贷款的主办银行。

第五条　贷款银行的选择

财务部需深入了解各家银行的信贷政策、审批权限和贷款规模，结合公司的筹资计划和资金状况，进行初步洽谈，比较和筛选各家银行，初步确定贷款的主办银行。

第六条　贷款条件的确定

财务部需与主办银行协商，初步确定贷款的利率、期限、抵押、担保方式等条件。为降低筹资成本，应努力优化借款金额、期限、利率、抵押和担保方式。

第七条　筹资资料的准备

图5-1　珠江纸业股份有限公司银行信贷筹资管理办法（节选）

认知识别 企业在不同银行之间进行筹资选择的考虑因素

借款企业除了考虑借款种类、借款成本等因素外，通常还要考虑以下几个方面：①银行对贷款风险的政策：银行通常都对其贷款的风险做出政策性的规定。有些银行倾向于保守政策，只愿承担较小的贷款风险。而有些银行则富有开拓性，敢于承担较大的风险。这与银行的实力和环境有关。②银行与借款企业的关系：银行与借款企业的现存关系，是由以往借贷业务形成的。一个企业可能与多家银行有业务往来，且这种关系的亲密程度不同。当借款企业面临财务困难时，有的银行可能大力支持，帮助企业渡过难关；而有的银行可能会施加更大的压力，迫使企业偿还贷款，或付出高昂的代价。③银行对借款企业的咨询与服务：有些银行会主动帮助借款企业分析潜在的财务问题，提出解决问题的建议和办法，为企业提供咨询与服务，同企业交流有关信息，这对借款企业具有重要的参考价值。④银行对贷款专业化的区分：一般而言，大银行都设有不同类别的部门，分别处理不同行业的贷款，如工业、商业、农业等，这种专业化的区分，影响着不同行业的企业对银行的选择。

风险控制 银行授信筹资风险

公司授信额度可能限制筹资规模，利率波动会增加筹资成本；还款压力可能导致现金流紧张，信用评级变动影响授信条件和成本；政策变化可能使筹资难度上升，担保抵押则可能带来资产损失风险。此外，资金使用限制也增加了违规风险。因此，公司应全面评估风险，制定合理的筹资和风险应对策略。

分析研判 珠江纸业银行授信台账分析

根据银行授信台账（见表5-1），2023年1月珠江纸业进行银行授信额度分析。

表5-1 2023年1月珠江纸业银行授信余额台账

合同编号	银行	银行简称	授信期起始日期	授信期终止日期	结息周期
〔2021〕银授字第975号	平安银行股份有限公司常平分行	平安银行常分	2021年11月11日	2023年11月10日	月
〔2022〕银授字第152号	北京银行深圳分行	北京银行深分	2022年1月23日	2023年1月22日	月
〔2022〕银授字第195号	中信银行股份有限公司万江分行	中信银行万分	2022年2月12日	2023年2月11日	月
〔2022〕银授字第558号	交通银行股份有限公司松山湖支行	交行松支	2022年5月2日	2023年5月1日	月
……	……	……	……	……	……

注：完整表格扫码获取。

分析研判 对比各家银行的支持政策

2023年1月对比与珠江纸业合作的各个银行，发现中国进出口银行广东省分行有专设外贸企业发展贷款，并且授予珠江纸业授信额度为30亿元，采用集团担保的方式，而且APMP生产线购置时采用进口的方式，以美元结算，符合该政策享受范围。

珠江纸业考虑到中国进出口银行是由中国政府全资拥有。其国际信用评级与国家主权评级一致，是一般商业银行所不可相比的，并且具有多年形成的专业优势，拥有素质良好的专家团队，在十几年间建立了与国内外的政府、大型企业和金融机构合作的网络优势，其贷款具有期限长、金额大、利率优惠等特点，可以满足珠江纸业开展国际经济合作的需要。

认知识别 借款条件对利率的影响

从一般情况来看，抵押贷款的利率通常低于担保贷款和信用贷款，这是因为抵押物为银行提供了额外的风险保障，降低了贷款违约的风险。

担保贷款的利率则取决于担保人的信用状况、财务状况和偿还能力。如果担保人条件优越，利率可能较低；反之，则可能较高。

信用贷款的利率则完全取决于借款人的个人信用状况。信用评分越高，利率越低；反之，则可能面临较高的利率。

分析研判 对比各家银行的筹资成本

2023年1月，珠江纸业搜集银行同期利率（见表5-2），对比各个银行的借款条件和利率水平，中国进出口银行广东省分行的年利率最低，为3.65%，借款条件需要集团担保，珠江纸业可以达到该条件。珠江纸业从降低筹资成本，以及原有良好合作关系的角度选择中国进出口银行广东省分行为这次项目贷款的主办银行。

表 5-2　　　　　　　　　　银行同期利率（节选）　　　　　　　　　　单位：%

贷款行名称（简称）	基准利息	年利率	借款条件	结息标准
杭州银行深分	3.85	3.80	信用	基准固定利率下浮1.3%，按月结息
华夏银行西支	3.85	3.80	集团担保	基准固定利率下浮1.3%，按月结息
华夏银行西支	3.65	3.65	集团担保	按基准固定利率执行，按月结息
中国进出口银行广东省分行	3.65	3.65	集团担保	按基准固定利率执行，按月结息
农商银行南支	3.85	3.99	信用	基准固定利率上浮3.6%，按月结息
平安银行常分	3.65	3.83	集团担保	基准固定利率上浮5%，按月结息
兴业景田支行	3.70	3.70	集团担保	按基准固定利率执行，按月结息
邮储横支	3.70	3.70	集团担保	按基准固定利率执行，按月结息
东莞银行寮分	3.65	3.65	集团担保	按基准固定利率执行，按月结息
招行广分	3.65	3.65	抵押	按基准固定利率执行，按月结息

分析研判 综合分析确定主办银行

珠江纸业财务部深入了解各家银行的信贷政策、审批权限和贷款规模，结合珠江纸业的筹资计划和资金状况，并综合考虑了银行对贷款风险的政策、银行对企业的态度、贷款的专业化程序以及借款银行的稳定性。经过洽谈和筛选，初步确定向中国进出口银行广东省分行申请借款。

2. 股权筹资渠道分析与决策

采用股权筹资渠道筹集资金，应确定股权筹资方式并进行可行性分析，选择合适的发行对象及方式。

【场景5-3】 2022年6月4日，战略发展部对收购浙江香舍园林100%股权项目资金进行申请，预计在2022年7月首次付款意向金200,000,000元，2023年3月分别付款600,000,000元、134,000,000元。为满足2023年收购股权的资金需求，需确定资金来源渠道。

分析研判 采用非公开发行股票

根据《珠江纸业筹资决策管理办法》，珠江纸业应防范风险，控制负债水平。2023年，珠江纸业拟收购浙江香舍园林100%股权，采用非公开发行股票渠道筹资有利于降低公司资产负债率，增强抵御财务风险的能力，有利于控制利息支出的增加，从而稳定当期损益。

风险控制 非公开发行股票的筹资风险

珠江纸业选择非公开发行股票渠道筹资，存在的风险主要有：①合规性风险，需严格遵守证券法规，否则可能面临法律处罚。②内幕交易风险：需加强内幕信息管理，防止泄露或滥用。③项目立项与尽职调查风险：包括承揽失败、政策法律变化等，需提升竞争力、多元化业务，密切关注政策动态，加强合规管理，灵活调整发行策略，确保项目顺利推进。④市场风险：受经济环境影响，投资者信心可能会产生波动，需要密切关注市场动态，加强政策研究，加强与投资者沟通，及时进行信息披露，以增强市场信心。

认知识别 非公开发行股票确定承销商的步骤

珠江纸业选择非公开发行股票的承销商时，首先应明确选择标准，包括资质经验、市场影响力和发行能力。其次进行市场调查，筛选出候选承销商并深入洽谈，了解其服务、策略和费用。最后综合评估各候选者的优劣，结合珠江纸业需求和预算，选定最合适的承销商并签订合同，明确双方权责。

知识拓展 非公开发行股票确定承销商的影响因素

（1）承销商的资质与实力。雄厚的资本和丰富的经验有助于承销商在发行不利时买下剩余股票，同时提供专业的市场分析和发行建议。

（2）承销商的服务质量。优秀的承销商组织协调能力强，能够高效协调各方资源，确保发行流程顺畅，同时研究能力强，能够提供深入的市场分析和专业的投资建议，帮助发行公司制定更合理的发行策略。

（3）承销费用与成本。合理的费用有助于降低发行成本，提高筹资效率。发行公司需根据自身财务状况和筹资需求，选择费用合理、服务优质的承销商。

（4）承销商的市场声誉与投资者关系。声誉良好的承销商更容易获得投资者信任，而广泛的投资者关系则有助于扩大发行公司的投资者基础，提升市场认可度。

（5）法规与监管要求。发行公司在选择承销商时，需要关注其资质和条件是否符合监管要求，以确保发行的合法性和有效性，避免潜在的法律风险和合规问题。

认知识别 非公开发行股票承销方式

根据《中华人民共和国证券法》及相关管理规定，上市公司非公开发行股票时，如果未采用自行销售方式，应当采用代销方式。这一规定旨在保障非公开发行过程的合法合规性，降低发行风险。

代销是指承销商代发行人发售股票，在承销期结束时，将未售出的股票全部退还给发行人的承销方式。在这种方式下，承销商只负责尽力销售股票，不承担销售风险。

知识拓展 包销

包销是指承销商将发行人的股票按照协议全部购入，或者在承销期结束时将售后剩余股票全部自行购入的承销方式。在这种方式下，承销商承担了全部的销售风险，如果股票未能全部售出，剩余部分将由承销商自行处理。

分析研判 确定非公开股票发行承销商

珠江纸业最终决策选定中信证券股份有限公司作为其承销商，这一决策是对中信证券股份有限公司丰富经验和专业能力的充分认可，以及对其广泛市场影响力的信赖。

认知识别 非公开发行股票考虑发行对象类型

非公开发行股票的发行对象类型，可以考虑通常与发行公司具有业务协同效应或战略互补性的战略投资者，关注投资回报的财务投资者，有意愿参与认购的控股股东或关联方。

分析研判 确定发行对象和认购方式

珠江纸业本次非公开发行股票的7个对象中"童林纸业集团股份有限公司"是战略投资者；"山东省国有资产投资控股有限公司""湖北云海投资有限公司""长沙北玢财务咨询有限公司"是财务投资者；"国联证券股份有限公司""中信证券股份有限公司"及其员工持股计划，以及自然人"刘国共"是有意愿的投资方或关联方。

知识拓展 非公开发行股票募集资金对公司财务状况的影响

（1）降低公司资产负债率，增强抵御财务风险的能力。非公开股票发行完成后，公司的资产总额与净资产总额将同时增加，公司的资产负债率将有所降低，有利于增强公司抵御财务风险的能力，2022年资产负债率高达43.55%，2023年资产负债率下降到34.76%。

（2）增加利润增长点，提升公司盈利能力。非公开发行股票涉及的浙江香舍园林未来发展前景良好，收购完成后珠江纸业的营业收入有望进一步提升，也为珠江纸业后续发展提供有力支持，未来将会进一步增强珠江纸业的盈利能力。

分析研判 确定采用非公开发行股票确定募集资金

珠江纸业运用非公开发行股票募集资金收购浙江香舍园林100%股权可行，符合相关政策和法律法规，符合珠江纸业的实际情况和发展需求，可以实现产业转型、拓展发展空间，能改善财务状况、优化资金结构并提高抗风险能力和盈利水平，为珠江纸业的可持续发展奠定坚实的基础。

3. 实际筹资风险指标计算

【场景5-4】根据珠江纸业2023年生产经营和各种筹资渠道组合筹集资金等情况，计算2023年的筹资风险指标。

分析研判 计算2023年实际筹资风险指标

2023年企业经营杠杆系数为4.73，财务杠杆系数为5.68，联合杠杆系数=4.73×5.68=26.87，2023年每股收益=净利润÷普通股股数=203,119,015.3÷1,863,279,778=0.11，2023年权益乘数=1÷（1-资产负债率）=1÷（1-34.76%）=1.53。

任务小结

现金预算是企业分析筹资需求的起点，通过它明确企业的资金状况与筹资缺口。在选择筹资渠道时，应结合企业实际情况，综合考虑不同渠道的利弊，以降低财务风险为目标。银行授信提供稳定低风险资金，适合短期流动性需求；非公开发行股票则能优化资金结构，减轻长期债务负担。

"知识—业务"思维导图，如图5-2所示。

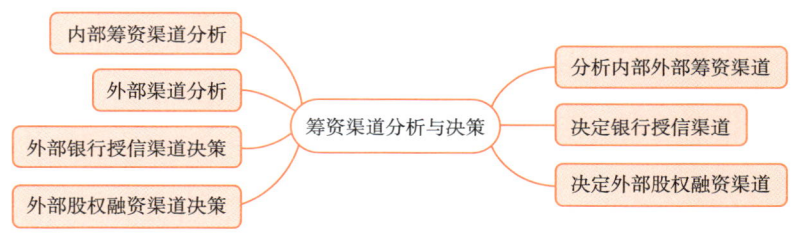

图5-2 "知识—业务"思维导图

任务2 筹资方式分析与决策

【教学重点】不同筹资方式的内容，不同筹资方式资金成本的计算方法，加权平均资金成本计算方法，根据资金成本和结构确定筹资方式。

【教学难点】筹资结构的选择与确定，加权平均资金成本计算。

不同筹资方式的资金成本不同，同等条件下，企业会选择成本较低的方式以降低筹资成本。同时，企业需要确保项目的预期收益率高于资金成本，以保证经济可行性。因此，资金成本是企业筹资决策的基础，资金成本的高低直接影响着企业筹资方式的选择。

资金结构反映企业债务与权益的比例关系，以及企业的财务风险和筹资成本。合理的资金结构能提升企业的市场信誉和筹资能力。企业需要根据经营状况和市场环境调整债务和权益比例，以达到风险与收益的平衡。

任务导入

【场景5-5】 结合2022年筹资情况明细表，预测2023年珠江纸业不同筹资的筹资成本、资金占比以及预算加权平均资金成本，编制2023年筹资资金预算表（见表5-3）。

表 5-3　　　　　　　　　　　　　2023 年筹资资金预算表

编制部门：财务部

筹资渠道		2023年筹资资本测算					
		金额（元）	考虑占用天数的筹资金额（元）	资金占比（%）	利息费用（元）	税前资金成本率（%）	税后综合资金成本率（%）
银行授信	项目贷款	2,751,550,000.00	2,329,779,298.63	18.41	89,459,205.80	3.84	0.60
	流动资金贷款	4,127,170,000.00	1,797,844,109.81	14.20	63,475,537.75	3.53	0.43
	小计	6,878,720,000.00	4,127,623,408.44	32.61	152,934,743.55	3.71	1.03
融资租赁		143,967,576.27	123,338,956.05	0.97	5,858,600.42	4.75	0.04
内部贷款		100,000,000.00	100,000,000.00	0.79	4,750,000.00	4.75	0.03
债券筹资		418,497,905.75	172,049,139.03	1.36	7,601,129.20	4.42	0.05
股权筹资	股本	1,552,733,148.00	1,528,191,481.33	12.07	—	8.00	0.97
	……	……	……	……	……	……	……
合计		15,902,786,066.03	12,657,533,698.46	100.00	171,144,473.17	—	6.29

注：完整表格扫码获取。

分析研判　珠江纸业2023年预算债务结构筹资成本分析

2023年珠江纸业预算项目贷款税前资金成本率＝2023年预算项目贷款利息费用÷2023年预算项目贷款考虑占用天数的筹资金额×100%＝89,459,205.80÷2,329,779,298.63×100%＝3.84%。

2023年预算流动资金贷款资金成本率＝2023年预算流动资金贷款资金存量利息费用÷2023年预算流动资金贷款资金存量考虑占用天数的筹资金额×100%＝63,475,537.75÷1,797,844,109.81×100%＝3.53%

2023年预算筹资租赁贷款资金成本率＝2023年预算筹资租赁贷款资金存量利息费用÷2023年预算筹资租赁贷款资金存量考虑占用天数的筹资金额×100%＝5,858,600.42÷123,338,956.05×100%＝4.75%。

2023年预算内部贷款资金成本率＝2023年预算内部贷款资金存量利息费用÷2023年预算内部贷款资金存量考虑占用天数的筹资金额×100%＝4,750,000.00÷100,000,000.00×100%＝4.75%。

2023年预算债券融资资金成本率＝2023年预算债券筹资资金存量利息费用÷2023年预算债券融资资金存量考虑占用天数的筹资金额×100%＝7,601,129.20÷172,049,139.03×100%＝4.42%。

认知识别　珠江纸业2023年预算权益筹资成本分析

股权筹资主要涉及股本、资本公积、库存股、盈余公积和未分配利润筹资，根据企业经验计算股权筹资的税前资本成本率是8%。

分析研判　计算2023年不同筹资方式的资金占比

1. 确定债务资金比例

（1）银行授信中项目贷款资金=项目贷款考虑占用天数的筹资金额÷考虑占用天数的筹资金额合计数×100%=2,329,779,298.63÷12,657,533,698.46×100%=18.41%。

（2）银行授信中流动资金的贷款资金占比=流动资金贷款考虑占用天数的筹资金额÷考虑占用天数的筹资金额合计数×100%=1,797,844,109.81÷12,657,533,698.46×100%=14.20%。

（3）融资租赁资金占比=融资租赁考虑占用天数的筹资金额÷考虑占用天数的筹资金额合计数×100%=123,338,956.05÷12,657,533,698.46×100%=0.97%。

（4）内部贷款资金占比=内部贷款考虑占用天数的筹资金额÷考虑占用天数的筹资金额合计数×100%=100,000,000.00÷12,657,533,698.46×100%=0.79%。

（5）债券筹资资金占比=债券融资考虑占用天数的筹资金额÷考虑占用天数的筹资金额合计数×100%=172,049,139.03÷12,657,533,698.46×100%=1.36%。

2. 确定权益资金比例

（1）股本筹资资金占比=股本考虑占用天数的筹资金额÷考虑占用天数的筹资金额合计数×100%=1,528,191,481÷12,657,533,698.46×100%=12.07%。

（2）资本公积筹资资金占比=资本公积考虑占用天数的筹资金额÷考虑占用天数的筹资金额合计数×100%=5,470,259,698÷12,657,533,698.46×100%=43.22%。

（3）库存股资金占比=库存股考虑占用天数的筹资金额÷考虑占用天数的筹资金额合计数×100%=−183,165,498.1÷12,657,533,698.46×100%=−1.45%。

（4）盈余公积资金占比=盈余公积考虑占用天数的筹资金额÷考虑占用天数的筹资金额合计数×100%=256,903,090.1÷12,657,533,698.46×100%=2.03%。

（5）未分配利润资金占比=未分配利润考虑占用天数的筹资金额÷考虑占用天数的筹资金额合计数×100%=1,062,333,424÷12,657,533,698.46×100%=8.39%。

分析研判　计算预算税后加权平均资金成本

珠江纸业预算加权平均资金成本=（3.84%×18.41%+3.53%×14.20%+4.75%×0.97%+4.75%×0.79%+4.42%×1.36%）×（1−15%）+（12.07%+43.22%−1.45%+2.03%+8.39%）×8%=6.29%

三　任务实施

1. 筹资资金结构和方式总体分析

【场景5-6】结合项目2【场景2-16】，根据2022年的筹资结构分析以及对2023年筹资结构的建议，调整2023年珠江纸业的筹资方式。

认知识别 银行授信分类

信用、保证、抵押和质押是依据担保方式和性质分类的。信用基于债务人信誉和偿债能力，不涉及具体抵押物。保证是第三方为债务人提供担保。抵押是以特定财产作担保，但不转移占有权。质押则以动产或权利为担保，需移交占有权。这4种方式明确了担保关系中的权利、义务和实现方式。

分析研判 2023年预计资金结构分析

2022年末珠江纸业资产负债率已达到43.55%。2023年若仅通过银行贷款、发行债券筹资，公司资产负债率将进一步提升，影响珠江纸业的日常经营。采用股权方式筹资可以增强珠江纸业资金实力，降低资产负债率和财务风险，从而改善珠江纸业资金结构和财务状况，提高珠江纸业抗风险能力，实现股东利益最大化。

2023年预测资金结构变动明细如表5-4所示，2023年珠江纸业需归还大量的短期借款，珠江纸业将适当增加长期借款，同时采用股权筹资方式降低财务风险。

表5-4　2023年预测资金结构变动明细　单位：元

项目	2023年12月31日（预算）	2023年1月1日	2022年1月1日	2022年发生额	2023年发生额（预算）
短期借款	1,231,170,000.00	2,523,000,000.00	2,565,300,000.00	-42,300,000.00	-1,291,830,000.00
长期借款	2,086,550,000.00	1,854,000,000.00	1,973,000,000.00	-119,000,000.00	232,550,000.00
股本	1,552,733,148.00	1,397,733,148.00	1,397,733,148.00	0	155,000,000.00
资本公积	5,600,884,697.61	4,775,884,697.61	4,740,065,576.59	35,819,121.02	825,000,000.00

分析研判 长期资金需求的筹资方式分析

预测2023年珠江纸业长期资金缺口为1,897,550,000.00元，主要是生产线技术改造项目贷款和战略收购浙江香舍园林100%股权所需资金。项目改造资金有政策银行贷款，利率较低，采用长期借款方式还可以降低资金成本。收购股权因为涉及资金较大，且出于降低财务风险的考虑，宜采用股权筹资。

分析研判 中短期资金需求的筹资方式分析

2023年珠江纸业预计中短期缺口为1,704,165,059.61元，中短期资金缺口主要是银行授信方式筹资的流动资金贷款。

流动资金贷款主要是通过银行授信渠道筹资，采取短期和长期借款相结合的方式进行筹资。短期贷款适合解决短期资金需求和流动性问题，成本较低但还款压力大。长期贷款则适合于长期投资和项目筹资，还款期长、利率低，但总利息成本高。珠江纸业应根据实际情况和需求，权衡利弊，选择最合适的贷款类型，以支持其长期发展和战略目标。

风险识别 贷款使用不当风险

长期贷款过度使用可能导致资金闲置、财务杠杆过高和投资低效，增加不必要的财务成本和偿债压力。而短期贷款的不当使用则可能引发频繁续贷、短期偿债难题、利率波动和信用风险。

无论是长期贷款还是短期贷款，企业必须根据自身情况合理规划，避免贷款使用不当导致的财务风险，确保稳健运营。

知识拓展 拓展企业银行贷款筹资的三大主要方式和选择决策

（1）直接贷款。企业直接向银行申请贷款，根据企业的信用状况、还款能力等因素，银行会提供相应的贷款额度和利率。这是最常见且直接的筹资方式。它简便快捷，能满足企业短期或中期的明确资金需求，但需评估贷款成本、期限及还款方式是否符合企业财务规划。

（2）信用证筹资。信用证是一种由开证银行依照申请人的要求和指示开立的，承诺在特定期限内凭规定的单据付款的书面保证文件。企业可以通过信用证方式获得银行筹资支持，降低交易风险，用于国际贸易等场景。需考虑开证费、兑付条件及国际贸易协商情况，关注信用证的有效期、金额等条款。

（3）保理筹资。保理是一种综合性的金融服务，银行购买企业的应收账款，为企业提供资金融通、账务管理、应收账款收取和坏账担保等服务。这种方式可以帮助企业加速资金周转，适合有大量应收账款的企业。通过转让应收账款获现金流，降坏账风险。但需评估保理成本、服务质量和应收账款质量，如账期、债务人信用。

公司应根据不同银行贷款筹资方式的特点合理筹资，以满足不同时期的资金需求。

2. 计算2023年珠江纸业各种筹资方式的筹资成本和资金占比分析

【场景5-7】根据2023年的筹资情况（见表5-5），计算珠江纸业新增筹资方式的单项资金成本率以及加权资金成本。

表5-5　　2023年初存量筹资和新增筹资情况　　单位：元

筹资渠道		2023年初存量融资			2023年新增融资		
		金额	考虑占用天数的融资金额	利息费用	金额	考虑占用天数的融资金额	利息费用
银行授信	项目贷款	1,854,000,000.00	1,804,291,666.67	67,518,554.08	731,520,000.00	318,217,280.00	11,591,468.57
	流动资金贷款	2,523,000,000.00	1,025,850,000.00	35,609,179.67	2,111,109,000.00	814,762,136.00	26,509,153.56
	保理	—	0	—	6,337,904.62	1,056,317.44	42,569.59
	小计	4,377,000,000.00		103,127,733.75	2,848,966,904.62	1,134,035,733.44	38,143,191.72
融资租赁		143,967,576.27	123,338,956.05	5,858,600.42	0	0	0
债券融资		418,497,905.75	172,049,139.03	7,601,129.20			
股权融资	股本	1,397,733,148.00	1,397,733,148.00		465,546,629.60	391,835,079.91	
	资本公积	4,775,884,697.61	4,775,884,697.61		829,250,670.75	697,952,647.88	
	库存股	−183,165,498.10	−183,165,498.10				
	盈余公积	249,711,917.87	249,711,917.87		20,311,901.53	10,155,950.77	
	未分配利润	997,612,873.83	997,612,873.83		−276,801,898.47	−138,400,949.24	

（1）项目贷款筹资分析。

认知识别 项目贷款中限制性条款较多

项目贷款的金额高、期限长、风险大，除借款合同的基本条款之外，债权人通常还在借款合同中附加各种保护性条款，以确保企业按要求使用借款和按时足额偿还借款。项目贷款合同对借款用途有明确规定，通过借款的保护性条款，对公司资本支出额度再筹资、股利支付等行为有严格的约束，以后公司的生产经营活动和财务政策必将受到一定程度的影响。

分析研判　计算项目贷款资金成本

2023年项目贷款税前资金成本＝（年初项目贷款资金存量利息费用＋新增项目贷款利息费用）÷（年初项目贷款考虑占用天数筹资金额＋新增项目贷款考虑占用天数筹资金额）×100%

珠江纸业2023年初项目贷款资金存量为1,854,000,000.00元，考虑占用天数的筹资金额为1,804,291,666.67元，利息费用为67,518,554.08元；2023年，为满足企业正常经营活动，新增项目贷款731,520,000.00元，考虑占用天数的筹资金额为318,217,280.00元，利息费用为11,591,468.57元。

2023年项目贷款税前资金成本＝（67,518,554.08＋11,591,468.57）÷（1,804,291,666.67＋318,217,280.00）×100%＝3.73%

（2）流动资金贷款筹资分析。

分析研判　计算流动资金贷款资金成本

2023年流动资金贷款税前资金成本＝（年初流动资金存量利息费用＋新增流动资金贷款利息费用）÷（年初流动资金考虑占用天数筹资金额＋新增流动资金考虑占用天数筹资金额）×100%

珠江纸业2023年初流动资金贷款资金存量为2,523,000,000元，考虑占用天数的筹资金额为1,025,850,000.00元，利息费用为35,609,179.67元。2023年，为满足企业正常经营活动，新增流动资金贷款211,109,000元，考虑占用天数的筹资金额为814,762,136.00元，利息费用为26,509,153.56元，应为2023年流动资金贷款税前资金成本，与上面2023年流动资金贷款税前资金成本的计算公式合并，2023年流动贷款税前资金成本＝（35,609,179.67＋26,509,153.56）÷（1,025,850,000.00＋814,762,136.00）×100%＝3.37%。

风险控制　流动资金贷款风险

若珠江纸业经营现金流不足以偿还短期借款，可能陷入债务危机。如果不能按时还款，会影响珠江纸业的信誉度，进而影响珠江纸业的筹资能力。珠江纸业应合理规划借款周期，根据自身的经营情况和资金需求，合理规划借款周期，避免频繁借款和还款，减少利息支出，同时加强现金流管理，优化经营流程，提高资金利用效率，确保有足够的现金流来偿还短期借款。

（3）应收账款保理筹资分析。

分析研判　计算应收账款保理资金成本

2023年应收账款保理税前资金成本＝（年初应收账款保理利息费用＋新增应收账款保理利息费用）÷（年初应收账款考虑占用天数筹资金额＋新增应收账款保理考虑占用天数筹资金额）×100%

珠江纸业2023年初无保理存量筹资；2023年为满足珠江纸业发展，新增保理筹资6,337,904.62元，考虑占用天数的筹资金额为1,056,317.44元（6,337,904.62×60÷360×10,000），利息费用为42,569.59元。据此计算，2023年应收账款保理资金成本＝42,569.59÷1,056,317.44×100%＝4.03%。

风险控制 预防附有追索权的国内保理的收款风险

珠江纸业采用的是附有追索权的国内保理，如果购货商破产或无力支付，只要有关款项到期未能收回，中国工商银行股份有限公司长安支行都有权向珠江纸业进行追索，最终的收款风险还是由珠江纸业承担。珠江纸业应严格审查基础交易真实性与合法性、评估买卖双方信用、明确追索权条款、加强法律审查、动态监控风险、完善监督机制，确保业务合规安全。

（4）发行股票筹资分析。

分析研判 计算股票筹资资金成本

珠江纸业2023年新增股票筹资1,294,797,300元，股本465,546,629.6元，其中非公开发行股本为155,000,000元，增发后的股本10增发2，该笔资金于2023年3月4日到账，股本考虑到占用时间的资金为391,835,079.9元。资本公积——资本溢价新增829,250,670.75元，由于股票筹资在2023年3月4日到账，考虑占用天数的筹资金额为697,952,647.88元，股票筹资资金成本为8%。

分析研判 发行股票筹资方式分析

本次非公开发行涉及童林集团和珠江纸业员工持股计划，构成关联交易。发行后，童林纸业的持股比例将从27.87%上升至30.72%，进一步增强股东的控制权，降低决策风险。在筹资时间上，债券发行一般需3~5个月，而股票发行需6~9个月。考虑发行失败风险，选择债券发行可为筹资保留更多时间。综上，需权衡控制权、时间成本与筹资需求。

风险控制 防止珠江纸业控制权过度分散

通过对外发行股票筹资，公司的所有权与经营权相分离，公司日常经营管理事务主要由公司的董事会和经理层负责，有利于公司自主管理、自主经营。但是股票发行数量过多会分散企业控制权。

公司应确保主要股东持股比例适中，避免股权过于平均，形成有效控制权；明确股东权利与义务，特别是对公司重大事项的表决机制，保障控制权的稳定性；发行不同投票权的股票，确保创始人或管理团队在表决权上的优势；控制董事会席位，保障控制权不旁落。

（5）留存收益筹资分析。

分析研判 留存收益筹资无筹资费

珠江纸业2023年新增盈余公积为20,311,901.53元，考虑占用天数的筹资金额为10,155,950.77元，未分配利润减少了276,801,898.47元，考虑占用天数的筹资金额减少138,400,949.24元。

风险控制 留存收益筹资数额有限

当期留存收益的最大数额是当期的净利润，不如外部筹资一次性可以筹集大量资金。如果企业发生亏损，当年没有利润留存。另外，股东和投资者从自身期望出发，往往希望企业每年发放一定股利，保持一定的利润分配比例。根据部门预算报表数据，虽然珠江纸业该年内部留存收益预算金额无法满足本次筹资需求，但留存收益已纳入上述筹资预算中。

（6）税后加权资金成本率计算。

分析研判 根据2023年筹资情况分析表（见表5-6），计算珠江纸业税后加权资金成本率。

表 5-6　　　　　　　　　　　　　2023 年实际筹资成本计算表　　　　　　　　　　单位：元

筹资渠道		2023年筹资资本测算					
		金额	考虑占用天数的筹资金额	资金占比（%）	利息费用	税前资金成本率（%）	税后综合资金成本率（%）
银行授信	项目贷款	2,585,520,000.00	2,122,508,946.67	17.04	79,110,022.65	3.73	0.54
	流动资金贷款	4,634,109,000.00	1,840,612,136.00	14.77	62,118,333.23	3.37	0.42
	保理	6,337,904.62	1,056,317.44	0.01	42,569.59	4.03	0
	小计	7,225,966,904.62	3,964,177,400.11	31.82	141,270,925.47	3.56	0.96
筹资租赁		143,967,576.27	123,338,956.05	0.99	5,858,600.42	4.75	0.04
债券筹资		418,497,905.75	172,049,139.03	1.38	7,601,129.20	4.42	0.05
股权筹资	股本	1,863,279,777.60	1,789,568,227.91	14.36	—	8.00	1.15
	资本公积	5,605,135,368.36	5,473,837,345.49	43.94	—	8.00	3.51
	库存股	−183,165,498.10	−183,165,498.10	−1.47	—	8.00	−0.12
	盈余公积	270,023,819.40	259,867,868.64	2.09	—	8.00	0.17
	未分配利润	720,810,975.36	859,211,924.59	6.90	—	8.00	0.55
合计		16,064,516,829.26	12,458,885,363.72	100.00	154,730,655.09	—	6.31

注：完整表格扫码获取。

珠江纸业以各类筹资方式单个资金成本为基础，按各类资本所占总资本来源的权重加权平均计算珠江纸业加权平均资金成本。珠江纸业2023年末银行授信筹资占31.82%，筹资租赁占0.99%，债券筹资占1.38%，股权筹资占65.82%。

2023年实际税后加权平均资金成本=3.73%×17.04%×（1−15%）+3.37%×14.77%×（1−15%）+4.03%×0.01%×（1−15%）×（1−15%）+4.75%×0.99%×（1−15%）+4.42%×1.38%×（1−15%）+（14.36%+43.94%−1.47%+2.09%+6.90%）×8%=0.54%+0.42%+0+0.04%+0.05%+1.15%+3.51%−0.12%+0.17%+0.55%=6.31%

📑 任务小结

通过分析财务风险、成本和结构，采用项目贷款、流动资金贷款、发行股票等筹资方式组合，能优化资金结构、提升抗风险能力，促进公司稳健经营与持续发展。

"知识—业务"思维导图，如图5-3所示。

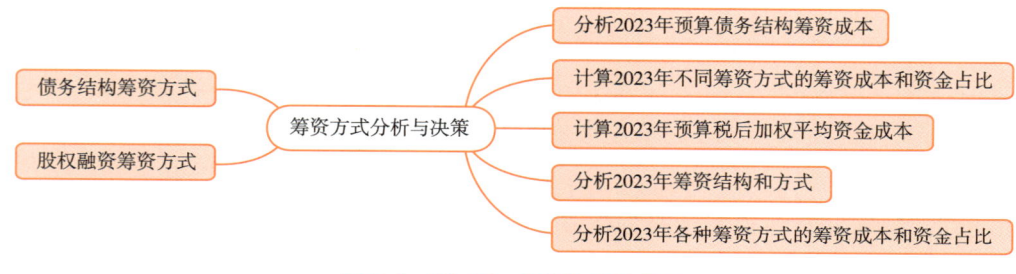

图5-3　"知识—业务"思维导图

项目 6　筹资执行与管控

学习目标

知识目标

1. 掌握各种筹资方式内容与基本流程；
2. 理解各种筹资方式执行中的关键环节；
3. 掌握各种筹资方式的风险点与防控策略。

技能目标

1. 能够熟练获取各筹资业务相关的单据，并撰写业务记录；
2. 能够编制各筹资方式相关的计算表，具备实际操作和文档编写能力；
3. 能够利用大数据工具采集数据并分析，支持筹资决策的制定与执行。

素质目标

1. 具备数据分析思维与解决问题能力；
2. 具有筹资风险意识与防控能力；
3. 具备规范筹资执行和管控业务活动的严谨工作作风。

筹资执行与管控，是企业财务管理中的关键环节。它不仅关乎企业资金的流入与运用，还直接影响企业的战略发展与市场竞争力。筹资执行，就是企业根据资金需求，通过不同渠道和方式筹集资金的过程。在这一过程中，企业需要综合考虑市场环境、筹资成本、风险等因素，制订并执行筹资计划。而筹资管控，则是对筹资活动进行全程监督与控制，确保资金筹集与使用的安全与高效。

筹资方式多种多样，每种方式都有其独特的适用场景和优势。例如，银行借款是企业常见的筹资方式之一，它能为企业提供相对稳定的资金来源，但也需要考虑还款压力和利息成本。股票发行则是另一种重要的筹资方式，通过向公众出售股份来筹集资金，这不仅能带来大量的现金流，还能分散企业财务风险。同时，股票发行也意味着企业需要与更多股东分享利润。此外，企业可能会采用应收账款保理、融资租赁、商业信用融资、政府补助等方式进行筹资，以满足生产经营、投资等业务需求。

任务1　银行借款执行与管控

【教学重点】企业申请银行借款业务流程。
【教学难点】授信合同和借款合同的关系与风险管控。

企业日常经营、新产品研发等，往往需要大量的资金投入。选择合适的筹资渠道和方式，可以帮助企业获取足够的资金，以支持新项目的研发从而培育新的利润增长点，实现企业的多元化发展。银行借款是企业最便捷的资金来源，具有风险低、成本小、筹资速度快、手续简单等优点，是企业解决资金困难的重要手段。

银行借款流程是指企业向银行申请贷款并最终获得贷款的整个过程。银行借款方式主要包括信用借款、保证借款、抵押借款和质押借款等。银行借款流程通常包括贷款申请、审批、签订合同、放款和还款等环节。企业在申请银行借款时，应如实提供营业执照、财务报表等相关的证明文件，配合银行对企业信用状况和还款能力进行评估。当借款合同签订完毕，银行会根据合同约定将借款款项划入借款企业的账户，借款企业可以开始使用贷款资金于企业经营活动上；同时根据合同约定，借款企业需要按时按量偿还借款本息。

任务导入

珠江纸业与多家银行主要订立的是基于可循环信用额度的授信协议。在规定的授信期限及授信额度范围内，进一步签订具体的借款合同。

接下来，以"APMP节能提质生产线建设项目贷款"为例进行详细阐述。

2022年11月，珠江纸业召开董事会，决定进行APMP节能提质生产线建设。11月22日，珠江纸业制订2023年度投资计划，决定投资15,000万元用于APMP节能提质生产线建设。计划1,500万美元来自银行项目贷款。

珠江纸业于2022年已经选定了中国进出口银行广东省分行并提交了授信所需相关资料，现需在前期工作进度的基础上与中国进出口银行签订授信合同，并进一步签订具体的借款合同。

为进一步了解银行授信与借款的全流程，请扫码获取资金需求与银行授信申请等相关资料。

任务实施

1. 签订授信合同和保证合同

【场景6-1】2023年1月2日，珠江纸业与中国进出口银行广东省分行签订了授信合同，童林纸业集团股份有限公司与中国进出口银行广东省分行签订了保证合同（见图6-1和图6-2）。

债权人：中国进出口银行广东省分行（以下简称"甲方"）
负责人：李贺知　　　　　　联系人：文辰辰
营业地址：广州市天河区花城大道101号　　　邮编：510000
电话：020-8561××××　　传真：　/　　　电子邮件：　/

保证人：童林纸业集团股份有限公司（以下简称"乙方"）
法定代表人：叶昀
营业地址或住所：湖南长沙经济技术开发区东升路290号　　　邮编：410100
电话：0731-8482××××　　传真：　/　　　电子邮件：1296××××@aa.com
联系人：刘昕　　　　手机号码：1436296××××
【请乙方务必准确、完整地填写上述信息，以确保后续相关通知和法律文书的及时送达。】

为了保证甲方债权的实现，乙方自愿向甲方提供保证担保（反担保）。为明确双方权利、义务，依据有关法律、法规，甲、乙双方经平等协商一致，订立本合同。

第一条　被保证的主债权

第1.1条　乙方所担保的主债权为自2023年1月12日至2028年1月11日期间（包括该期间的起始日和届满日），在美元15,000,000.00（大写：壹仟伍佰万元整）（大小写不一致时，以大写为准）的最高余额内，甲方依据与珠江纸业股份有限公司（以下简称"债务人"）签订的本外币借款合同、外汇转贷款合同、银行承兑协议、信用证开证协议/合同、开立担保协议、国际国内贸易融资协议、远期结售汇协议等金融衍生类产品协议、贵金属（包括黄金、白银、铂金等贵金属品种，下同）租赁合同以及其他文件（以下简称"主合同"）而享有的对债务人的债权，不论该债权在上述期间届满时是否已经到期。

第1.2条　上条所述最高余额，是指在乙方承担保证责任的主债权确定之日，以人民币表示的债权本金余额之和。

图6-1　最高额保证合同

授信合同

合同编号：【〔2023〕银授字第448号】
受信人：珠江纸业股份有限公司
授信人：中国进出口银行广东省分行
订立日：2023年1月2日
根据《中华人民共和国民法典》等法律法规，以下合同双方经平等自愿、协商一致，于合同封面页所载订立日在中国进出口银行（以下简称"授信人"或"进出口行省分行"）住所地订立本合同，承诺信守。

受信人：珠江纸业股份有限公司
统一社会信用代码：91441900MA3CCA2C89　　法定代表人/负责人：王旗
通讯地址：广东省东莞广麻大道258号　　　　电话：0769-8882××××
邮编：523000　　　　　　　　　　　　　　　传真：0769-8882××××

图6-2　授信合同

认知识别 保证合同及最高额保证

保证合同是指保证人和债权人达成的明确相互权利义务，当债务人不履行债务时，由保证人承担代为履行或承担连带责任的协议。

最高额保证是指保证人和债权人签订一个总的保证合同，为一定期限内连续发生的借款合同或同种类其他债权提供保证。只要债权人和债务人在保证合同约定的期限和债权额限度内进行交易，保证人则依法承担保证责任的保证行为。

分析研判 签订最高额保证合同

童林纸业集团股份有限公司同中国进出口银行广东省分行签订了最高额保证合同。童林纸业集团股份有限公司承担的保证责任的方式为连带责任保证。

知识拓展 连带责任保证与一般责任保证

详细内容请扫码获取。

认知识别 授信合同

授信合同是指金融机构与客户签订的一种信用借贷合同，即机构向客户提供一定的信用额度，客户在该额度内可以不需要提前申请，灵活地使用借款资金，根据需要进行多次或分期借款，并按照合同约定的期限和利率进行还款。

分析研判 签订授信合同

2022年12月28日，珠江纸业与中国进出口银行广东省分行签订授信合同，合同体现了最高授信额度人民币118,182,300元，具体业务的额度分配以具体业务合同为准，且各项业务实际使用额度的总余额不得超过最高授信额度。每笔贷款的贷款期限最长不超过60个月，提款期为自合同订立日起60个月，额度为可循环额度。

2. 签订借款合同

【场景6-2】2023年1月2日，珠江纸业与中国进出口银行广东省分行签订了借款合同，合同约定了双方权利和义务（见图6-3）。

编号：019101456021—2023年字258号　　　　　合同流水号　015091456014710

借款合同

特别提示：本合同系借贷双方在平等、自愿的基础上依法协商订立，所有合同条款均是双方意思的真实表示。为维护借款人的合法权益，贷款人特提请借款人对有关双方权利义务的全部条款，特别是黑体部分内容予以充分注意。

贷款人：<u>中国进出口银行广东省分行</u>

负责人：<u>李贺知</u>　　　　联系人：<u>文辰辰</u>　　　　手机号码：<u>1887429××××</u>

住所（地址）：<u>广州市天河区花城大道101号</u>　　　　邮编：<u>510000</u>

电话：<u>020-856××××</u>　　　　传真：<u>/</u>　　　　电子邮件：<u>/</u>

借款人：<u>珠江纸业股份有限公司</u>

法定代表人：<u>王旗</u>　　　　联系人：<u>陈丽</u>　　　　手机号码：<u>1885624××××</u>

住所（地址）：<u>广东省东莞广麻大道258号</u>　　　　邮编：<u>523000</u>

电话：<u>0769-8882××××</u>　　　　传真：<u>0769-8882××××</u>　　　　电子邮件：<u>37461×××@qq.com</u>

【请借款人务必准确、完整地填写上述信息，以确保后续相关通知和法律文书的及时送达】

借款人、贷款人经平等协商，就贷款人向借款人发放贷款事宜达成一致，特订立本合同。

第一部分 基本约定

第一条 借款用途

本合同项下借款用于下列用途，未经贷款人书面同意，借款人不得将借款挪作他用，贷款人有权监督款项的使用。

借款用途：<u>珠江纸业股份有限公司日常经营使用</u>

第二条 借款金额和期限

2.1 本合同项下借款币种为<u>美元</u>，金额为<u>15,000,000</u>元（大写：<u>美元壹仟伍佰万元整</u>）（大小写不一致时，以大写为准）。

2.2 本合同的借款期限为<u>60</u>个月，自本合同项下首次提款日起算。

2.3 对于每笔提款而言，提款日为借款资金实际划入放款账户之日，到期日为借据上记载的还款日（分期还款的，到期日按本合同或借贷双方另行约定的还款计划执行），且任何一笔提款的还款日不得超过本合同的借款期限。

第三条 利率、利息和费用

3.1 人民币借款利率确定方式。

人民币借款利率按以下方式确定：

每笔借款利率以定价基准加浮动点数确定，其中定价基准为每笔借款____/____（提款日/合同生效日）（以下简称"首个利率确定日"）前一工作日全国银行间同业拆借中心公布的____/____（1年期/5年期以上）贷款市场报价利率（LPR），浮动点数为____/____个基点（一个基点为0.01%，下同）。如利率确定日前一工作日全国银行间同业拆借中心未公布相应期限的贷款市场报价利率，则以全国银行间同业拆借中心未公布的贷款市场报价利率为准，以此类推，首个利率确定日后，不论届时是否已提款，借款利率应按下列____/____（A/B）种方式调整：

A. 以____/____（1/3/6/12）个月为一期，一期一调整，分段计息。第二期及以后各期的利率确定日为首个利率确定日。

……

图6-3 珠江纸业与中国进出口银行广东省分行签订的借款合同

认知识别 借款合同

借款合同是当事人约定一方将一定种类和数额的货币所有权转移给他方，他方于一定期限内返还同种类同数额货币的合同。在借款合同中，出借人与借款人是平等主体，双方应共同遵守合同约定的各项内容。同时，借款人必须履行还款义务，按照合同约定的还款计划按时还款。

分析研判 签订借款合同

借款合同应当采用书面形式，借款合同的内容一般包括借款种类、币种、用途、数额、利率、期限和争议解决等条款。珠江纸业与中国进出口银行广东省分行签订的借款合同，明确了借款用途是满足企业日常经营使用；借款数额是1,500万美元；借款采用固定利率，年利率3.65%；借款期限是60个月；借款合同还约定了争议解决办法和约定的其他事项。

风险控制 借款合同签订注意事项

珠江纸业与进出口银行广东省分行签订的借款合同是格式合同，提供格式条款的一方是进出口银行广东省分行。珠江纸业在签订借款合同时，可能存在格式条款合同有违公平原则、对格式合同的不利解释等风险。

借款合同签订时要由公司填写，应当遵循公平原则，确立当事人的权利和义务，并采取合理的方式提请对方注意免除或者限制其责任的条款；同时，公司应在合同上注明借款用途并且按照借款用途使用借款，这样可以使银行以及担保人知道借款的真实用途，对保护担保人的权益而言更为公平。

3. 银行放款

【**场景6-3**】2023年1月7日，珠江纸业与中国进出口银行广东省分行签订了借款借据（见图6-4、图6-5）。

工商企业借款借据（收账通知）⑤

借款企业名称	珠江纸业股份有限公司		填制日期	2023/01/07		企业编号		74412985	
贷款种类	保证	贷款账号	602764637102		存款账号		892345881135		
借款金额	美元		壹仟伍佰万美元整			亿 千 百 十 万 千 百 十 元 角 分 15,000,000			
借款用途	用于APMP节能提质新建生产线项目								
约定还款期限	期限	60	个月于	2028/01/11		到期			
展期到期日	（金额）元	0	展期至			月利率	0.30%		
兹向你行借上列款项 到期由我们主动归还，或从我们存款中扣收 我单位愿遵守你行贷款办法之各项规定。 此致					上述贷款，根据贷款申请书，已进行认真审查并按审批程序批准。					
中国进出口银行广东省分行					经办人：	文辰辰	（信贷部门签章）		
企业负责人	王旗	财务负责人	钟准敏	（企业公章）	会签人：	李贺知	2023/01/07		
分次还款记录					行长（主任） 审批 李贺知 （签章）				
年	月	日	金额	余额	利率	年	月	日	金额	余额	利率

图6-4 珠江纸业借款借据

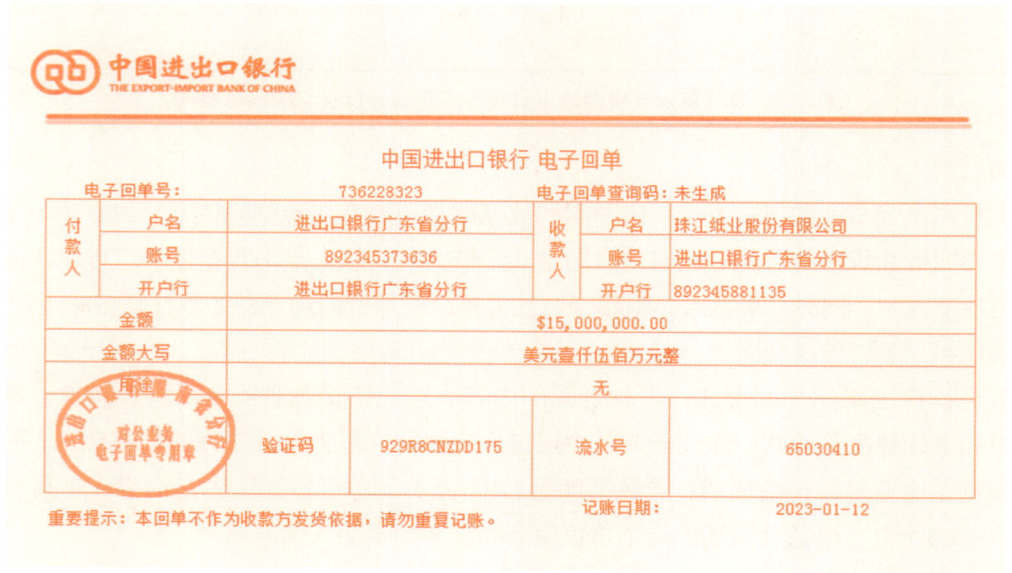

图6-5 珠江纸业收到的电子回单（取得本金）

认知识别 借款借据

借款借据也称"放款借据"，是用款单位支用贷款时给银行出具的书面凭证，具有法律效力，它是在企业和银行双方签订贷款合同的基础上，用款单位办理每一笔贷款时所必须履行的手续。借款借据内容一般包括：贷款种类、贷款金额、贷款用途、还款期限、还款资金来源等，由银行会计部门存档保管。贷款到期凭据收回贷款。

分析研判 收到借款借据

珠江纸业收到进出口银行广东省分行的借款借据，主要包含以下内容：①贷款种类：保证贷款。②借款币种及金额：1,500万美元。③借款用途：用于APMP节能提质新建生产线项目。④还款期限：约定的还款期限为60个月，于2028年1月11日到期。⑤月利率：0.30%。

4. 测算并偿还利息

【场景6-4】2023年4月21日，珠江纸业计算并支付2023年3月21日—4月20日银行借款利息（见图6-6和表6-1）。

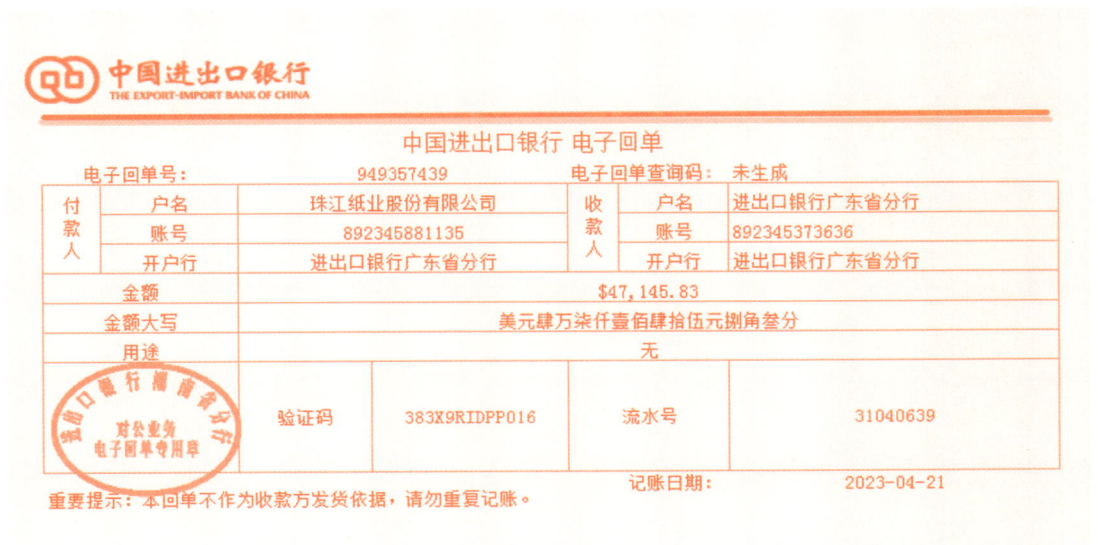

图6-6 珠江纸业收到的电子回单（偿还利息）

认知识别 借款利息及付息方式

企业利息费用是企业在生产经营中进行债权性筹资支付的资金占用费用，利息费用包括：财务费用中的利息费用，计入在建工程、固定资产等资产成本的资本化利息。

利息=借款本金×利率×期限

分期付息到期还本和到期一次还本付息是2种常见的债务偿还方式，主要区别在于利息和本金的支付时间表。

选择哪种偿还方式取决于许多因素，包括借款人的现金流情况、财务策略，以及借款条件等。在选择任何一种方式之前，都应仔细评估其优缺点。

企业发生的借款费用，可直接归属于符合资本化条件的资产购建或者生产的，应当予以资本化，计入相关资产成本；其他借款费用，应当在发生时根据其发生额确认为财务费用，计入当期损益。借款费用资本化期间，是指从借款费用开始资本化时点到停止资本化时点的期间。只有发生在资本化期间内的有关借款费用，才允许资本化。资本化期间的确定是借款费用确认和计量的重要前提。购建或者生产符合资本化条件的资产达到预定可使用或者可销售状态时，借款费用应当停止资本化。在符合资本化条件的资产达到预定可使用或者可销售状态之后发生的借款费用，应当在发生时根据其发生额确认为财务费用，计入当期损益。在借款费用资本化期间内，每一会

表 6-1 银行借款计息计算

编号：LX-JS5513265921 72267

日期：2023 年 4 月 21 日

金额：元

合同号	贷款金融机构名称	贷款本金	币种	贷款期限（月）	利息计算起始日（含）	利息计算终止日（含）	年利率	汇率	本月应计利息（美元）	本月应计利息	结算周期	是否资本化	用途	利息（资本化）	利息（费用化）	备注
01910145 6021—2023 年字 258 号	进出口银行广东省分行	15,000,000	美元	60	2023 年 3 月 21 日	2023 年 4 月 20 日	3.65%	6.8987	47,145.83	325,244.94	月结	部分	用于 APMP 生产线节能提质技改造项目	228,377.91	96,867.03	利息=本金×年利率÷360×实际天数
合计	人民币（大写）									人民币叁拾贰万伍仟贰佰肆拾肆元玖角肆分						
	人民币（小写）									325,244.94						

计期间的利息资本化金额，应当以专门借款当期实际发生的利息费用，减去将尚未动用的专门借款资金存入银行取得的利息收入或进行暂时性投资取得的投资收益后的金额确定。

分析研判　测算并支付借款利息

珠江纸业编制计息计算表，计算借款使用期间产生的利息费用。经过计算，2023年3月21—4月20日，公司用于APMP生产线节能提质技术改造项目借款产生的利息费用是325,244.94元｛round［round（15,000,000×3.65%÷360×31,2）×6,8987,2］=325,244.94｝。珠江纸业采用按月分期付息，到期一次还本的偿还方式归还借款利息和本金。2023年4月21日，珠江纸业支付借款计息47,145.83美元（325,244.94元）。2028年1月11日，珠江纸业需按时归还进出口银行广东省分行借款1,500万美元。

知识拓展　根据珠江纸业2023年银行借款明细表的数据，运用Python工具，计算2023年每笔借款的利息（见图6-7）。

请根据珠江纸业2023年银行借款明细表的数据，运用Python工具计算每笔借款的2023年度的利息，利息计算规则为：所有贷款的计息天数的计算均采用算头不算尾的方式，且计息方式均使用：利息=本金×年利率÷360×实际占用天数进行计息，为简化计算，当年实际利息支出与全年应计利息一致（应计利息的计息期涵盖2023年1月1日—12月31日）。

```python
import pandas as pd
from datetime import datetime

# 读取Excel文件
df=pd.read_excel("银行借款明细表.xlsx")

# 将日期列转换为datetime对象
df['借款开始日期']=pd.to_datetime(df['借款开始日期'], format='%Y.%m.%d')
df['借款截止日期']=pd.to_datetime(df['借款截止日期'], format='%Y.%m.%d')

# 定义计算利息的起始日和截止日
start_date=datetime(2023, 1, 1)
end_date=datetime(2024, 1, 1)

# 定义计算利息的函数
def calculate_interest(row):
    # 找到计息起始日和截止日
    row_start_date=max(row['借款开始日期'], start_date)
    row_end_date=min(row['借款截止日期'], end_date)

    # 计算计息天数（算头不算尾）
    interest_days=(row_end_date - row_start_date).days
```

```
# 计算利息
interest = row['借款金额_万元']×10000×row['年利率%']÷100÷360×interest_days
# 返回结果
return pd.Series([row_start_date, row_end_date, interest_days, round(interest, 2)],
    index=['计息起始日', '计息截止日', '计息天数', '利息金额'])

# 应用计算利息的函数到每一行
df[['计息起始日', '计息截止日', '计息天数', '利息金额']]=df.apply(calculate_interest,
    axis=1)

# 将日期格式转换为字符串
df['计息起始日']=df['计息起始日'].dt.strftime('%Y-%m-%d')
df['计息截止日']=df['计息截止日'].dt.strftime('%Y-%m-%d')

# 保存新的表格为Excel文档
df.to_excel("银行借款明细表_处理.xlsx", index=False)

print(df.head(5))
print("利息计算完成,并已保存至'借款利息计算表.xlsx")
```

	贷款行名称	授信合同编号	借款合同编号	借款开始日期	借款截止日期
0	工行澜支	(2018)银授字第616号	019061456015-2019年(深圳)字933号	2022-02-11	2023-12-10
1	工行澜支	(2018)银授字第616号	018061456015-2018年(深圳)字812号	2018-08-03	2023-08-02
2	农行鹏支	(2017)银授字第775号	018101456022-2018年(深圳)字895号	2018-12-06	2023-06-05
3	农行鹏支	(2017)银授字第775号	017101456022-2017年(深圳)字912号	2017-08-18	2022-08-17
4	农行鹏支	(2017)银授字第775号	017101456022-2022年(深圳)字112号	2022-09-25	2024-09-24

	基准利息(%)	年利率(%)	借款类型	结息标准	借款金额(万元)	计息起始日
0	4.65	4.65	长期贷款	基准利率按年调整、按月结息	6,000	2022-02-11
1	4.65	4.65	长期贷款	基准利率按年调整、按月结息	50,000	2022-01-01
2	4.65	4.65	长期贷款	基准利率按年调整、按月结息,另收取5%的中间业务费	80,000	2022-01-01
3	4.65	4.65	长期贷款	基准利率按年调整、按月结息,另收取5%的中间业务费	155,000	2022-01-01
4	4.65	4.65	长期贷款	基准利率按年调整、按月结息	15,000	2022-09-25

	计息截止日	计息天数(天)	利息金额(元)
0	2023-01-01	324	2,511,000.00
1	2023-01-01	365	23,572,916.67
2	2023-01-01	365	37,716,666.67
3	2022-08-17	228	45,647,500.00
4	2023-01-01	98	1,898,750.00

利息计算完成,并已保存至'借款利息计算表.xlsx

图6-7 借款利息计算

风险控制 诚信还贷

公司办理银行借款后,应按照合同的要求按期偿还本金和利息,如果不能按时还款,银行会收取一定的滞纳金,并会根据情况采取扣收抵押、质押物、追究担保方责任等措施,这必将影响企业信用。为此,公司应该:①合理规划借款周期,根据自身的经营情况和资金需求,避免频繁借款和还款,减少利息支出。②做好现金流管理,优化经营流程,提高资金利用效率,确保有足够的现金流来偿还短期借款。③建立良好的信用记录，按时还款，建立良好的信用记录，提高信誉度，为未来的筹资打下基础。④积极开拓多元化的筹资渠道，减少对借款的依赖，降低财务风险。

任务小结

银行借款流程包括贷款申请、审批、签订合同、放款和偿还等环节。借款企业需要如实提供相关资料，并配合银行的信用调查等工作。在整个流程中，借款企业需要严格遵守合同条款，及时偿还贷款本息，确保不违约。借款企业需要了解清楚整个流程，并严格按照规定办理，以确保借款顺利发放和归还。

"知识—业务"思维导图，如图6-8所示。

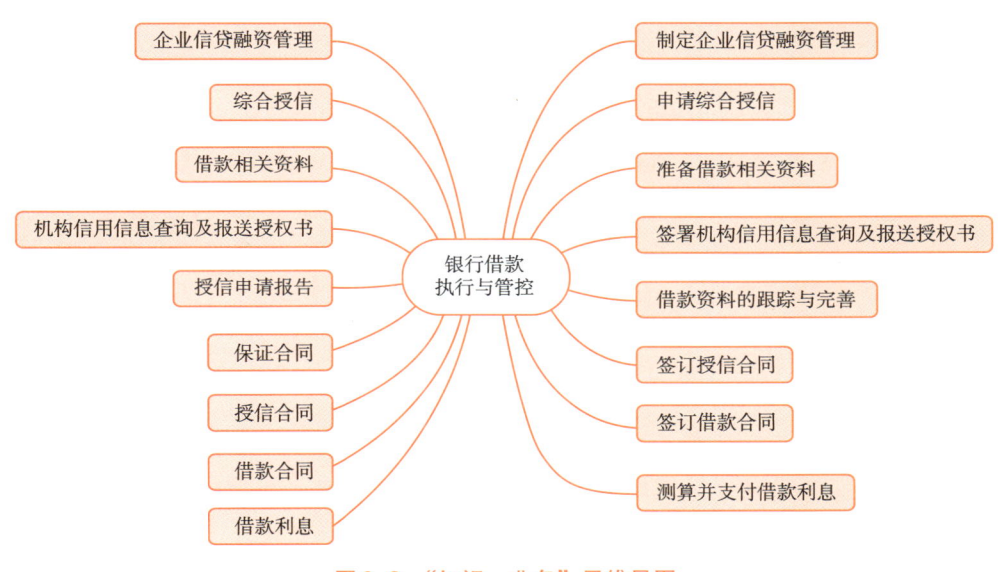

图6-8 "知识—业务"思维导图

任务2 发行股票执行与管控

【教学重点】发行股票的申请、审批、核准与发行。
【教学难点】股票发行方案的制定。

发行股票是符合条件的发行人按照法定程序，向投资人出售股份、募集资金的过程。按发行对象分为公开发行和非公开发行两种方式。公开发行股票是指没有特定的发行对象，上市公司面向广大投资者分开推销的发行方式。非公开发行股票是上市公司采用非公开方式，向特定对象发行股票的行为，也叫定向募集增发。发行股票事项须经董事会、股东大会决议通过，确定非公开发行的方案，包括发行对象、发行价格、发行数量等，并向中国证券监督管理委员会（以下简称"中国证监会"）提出申请并获得批准方可发行。

上市公司发行股票募集的资金用途需要明确，并符合相关法律法规的规定。整个过程必须遵守相关法律法规的规定，包括《中华人民共和国证券法》《中华人民共和国公司法》等。同时，公司还需要履行信息披露义务，确保投资者能够充分了解公司的经营状况和发行情况。

任务导入

2022年6月4日，珠江纸业拟收购浙江香舍园林100%股权项目，需要资金934,000,000元，根据战略发展部提交的项目资金申请（战略发展部对收购浙江香舍园林100%股权项目资金进行申请，预计在2022年7月首次付款意向金24,000,000元，2024年3月分别付款816,600,000元、93,400,000元。）董事会全体董事举手表决一致通过《关于公司非公开发行A股股票优化方案》，以证券部为主要责任主体，各部门需要进一步协同完成非公开发行股票的申请、审批、核准与发行。

珠江纸业于2022年已经完成了非公开发行股票的内部审批及资料递交等工作，现需在前期工作进度的基础上进一步追踪证券监督管理委员会的审批进度，并非公开发行股票。

为进一步了解非公开发行股票的全流程，请扫码获取资金需求与非公开发行股票的申请、审批、核准等相关资料。

任务实施

1. 向证监会提交申请并获批复

【场景6-5】《珠江纸业非公开发行A股股票议案》获得股东大会批准，并向中国证监会提交发行申请文件，2023年1月22日，中国证监会核准通过后下发批复文件（见图6-9）。

分析研判 提交发行申请文件、取得核准批文

珠江纸业股东大会批准本次发行后，珠江纸业可向中国证监会提交发行申请文件。申请文件应当按照《上市公司非公开发行股票申请文件目录》（可扫码获取）的有关规定编制。

珠江纸业取得核准批文后，应当在批文的有效期内，按照《证券发行与承销管理办法》（证监会令第144号）的有关规定发行股票。

中国证券监督管理委员会

证监许可〔2023〕104号

关于核准珠江纸业股份有限公司

非公开发行股票的批复

珠江纸业股份有限公司：

《关于珠江纸业股份有限公司非公开发行股票的请示》（珠江纸业〔2022〕53号）及相关文件收悉。根据《中华人民共和国公司法》《中华人民共和国证券法》等有关规定，经审核，现批复如下：

> 一、核准你公司非公开发行不超过 1.55 亿股股票。
> 二、本次股票采用分次发行方式,首次发行不少于 7,750 万股,自我会核准发行之日起 6 个月内完成;其余各次发行,自我会核准发行之日起 24 个月内完成。
> 三、本次发行股票应严格按照报送我会的募集说明书及申请文件实施。
> 四、本批复自核准发行之日起 24 个月内有效。

图 6-9 非公开发行股票的批复

风险控制　合规风险和审批风险

股票发行可能面临风险主要有:①审批风险:向中国证监会提交申请文件后,审批过程存在不确定性。中国证监会可能会提出额外的审核要求或发现不符合规定的细节,也可能延长审批时间,甚至导致发行计划被否决。②合规风险:在准备和提交发行申请文件过程中,必须确保所有信息合法、准确、完整,符合相关法律法规的要求。任何不合规性问题都可能导致申请被拒或需要额外的审查,影响发行进度。

为降低上述风险,公司需要做好充分的准备和规划,包括:①内部严格审核,确保所有文件的准备和提交符合法律法规和交易所规则。②咨询专业法律和财务顾问的建议,确保所有操作的合规性和准确性。

2. 三方监管协议

【**场景 6-6**】经国务院国资委批复及中国证监会行政许可通过后,与各特定对象签订认购协议,收到认购款项,2023 年 3 月 4 日,珠江纸业授权代表王红仁与兴业银行景田支行胡芸慧、中信证券股份有限公司李武签订《募集资金专户存储三方监管协议》,专户余额为 983,267,050 元(见图 6-10)。

认知识别　募集资金存储及使用

上市公司应当将募集资金存放于经董事会批准设立的专项账户集中管理和使用,并在募集资金入账后 1 个月内与保荐机构、存放募集资金的商业银行签订三方监管协议。募集资金专项账户不得存放非募集资金或用作其他用途。

上市公司募集资金应当按照招股说明书或者其他公开发行募集文件所列用途使用。上市公司改变招股说明书或者其他公开发行募集文件所列资金用途的,必须经股东大会决议。

上市公司募集资金原则上应当用于主营业务。除金融类企业外,募集资金投资项目不得为持有交易性金融资产和债权投资、其他债权投资、其他权益工具投资、借予他人、委托理财等财务性投资,不得直接或间接投资于以买卖有价证券为主要业务的公司。

分析研判　签订《募集资金专户存储三方监管协议》

珠江纸业与兴业银行景田支行、中信证券股份有限公司签订《募集资金专户存储三方监管协议》,协议约定,珠江纸业在兴业银行景田支行开设募集资金专项账户,专户余额为 983,267,050 元。珠江纸业将根据中国证监会《上市公司证券发行管理办法》和公司《募集资金管理制度》的有关规定,对募集资金进行专户管理,专款专用。该专户仅用于珠江纸业收购浙江香舍园林等募集资金投向项目募集资金的存储和使用,不得用作其他用途。

> **募集资金专户存储三方监管协议**
>
> 甲方：珠江纸业股份有限公司（以下简称"甲方"）（说明：甲方是实施募集资金投资项目的法人主体，如果募集资金投资项目由上市公司直接实施，则上市公司为甲方，如果由上市公司子公司或其控制的其他企业实施，则上市公司及该子公司或上市公司控制的其他企业为甲方。）
>
> 乙方：兴业银行景田支行（以下简称"乙方"）
>
> 丙方：中信证券股份有限公司（保荐人）（以下简称"丙方"）
>
> 为规范甲方募集资金管理，保护投资者的权益，根据有关法律法规及《上海证券交易所上市公司募集资金管理规定》，甲、乙、丙三方经协商，达成如下协议：
>
> 一、甲方已在乙方开设募集资金专项账户（以下简称"专户"），账号为451223517549266048截至2023年3月4日专户余额为983,267,050元。该专户仅用于甲方收购浙江香舍园林等募集资金投向项目募集资金的存储和使用，不得作其他用途。
>
> 甲方以存单方式存放的募集资金 ／ 万元（若有），开户日期为 ／ 年 ／ 月 ／ 日，期限 ／ 个月。甲方承诺上述存单到期后将及时转入本协议规定的募集资金专户进行管理或以存单方式续存，并通知丙方。甲方存单不得质押。
>
> 二、甲乙双方应当共同遵守《中华人民共和国票据法》《支付结算办法》《人民币银行结算账户管理办法》等法律、法规、规章。
>
> 三、丙方作为甲方的保荐人，应当依据有关规定指定保荐代表人或其他工作人员对甲方募集资金使用情况进行监督。
>
> 丙方承诺按照《证券发行上市保荐制度暂行办法》《上海证券交易所上市公司募集资金管理规定》以及甲方制订的募集资金管理制度对甲方募集资金管理事项履行保荐职责，进行持续督导工作。
>
> 丙方可以采取现场调查、书面问询等方式行使其监督权。甲方和乙方应当配合丙方的调查与查询。丙方每半年度对甲方现场调查时应当同时检查专户存储情况。
>
> 四、甲方授权丙方指定的保荐代表人李武可以随时到乙方查询、复印甲方专户的资料；乙方应当及时、准确、完整地向其提供所需的有关专户的资料。

图6-10　募集资金专户存储三方监管协议

风险控制　未按规定使用募集资金的风险

公司如未按规定使用募集资金，存在资金挪用风险，即企业可能因内部控制不严或管理层决策失误，将定向增发筹集的资金挪作他用，导致收购计划受阻，影响战略布局和市场竞争力。

为了应对定向发行股票筹集资金用于收购其他公司股权时可能面临的筹集资金专款专用方面的风险，企业可以采取以下措施：①加强内部控制和风险管理，确保资金按照原定计划专款专用，避免挪用和滥用。②严格遵守相关法律法规和监管要求，确保整个定向增发和收购过程的合规性，维护企业的声誉和长期发展利益。

3. 验资报告

【场景6-7】　浙江信仁会计师事务所对截至2023年3月4日认购新增的注册资本和实收资本进行验资审验程序，律师费为800,000元、验资费为220,000元、审计费为180,000元、评估费为135,000元、证券登记费为155,000元、信息披露费为732,300元、其他相关费用为500,650元，于2023年3月6日出具验资报告（见图6-11）。

分析研判　验资新增注册资本及实收资本

投资者申购缴款结束后，发行人和主承销商应当聘请符合《中华人民共和国证券法》规定的会计师事务所对申购和募集资金进行验证，并出具验资报告。

珠江纸业委托浙江信仁会计师事务所，对截至2023年3月4日的新增注册资本及实收资本情况进行验资。发行对象的认购资金应先划入保荐人为本次发行专门开立的账户，验资完毕后，扣除相关费用再划入发行人募集资金专项存储账户。本次非公开发行股票筹集资金净额为983,267,050元，变更后的注册资本为1,552,733,148元。

风险控制　数据准确性风险和合规性风险

公司在聘请会计师事务所对募集资金进行验资可能面临的风险有：①数据准确性风险：会计师事务所如果数据收集、录入或分析过程中出现错误，可能导致验资报告的准确性受到影响。这不仅会影响投资者对发行人的信任，还可能引发法律责任。②合规性风险：会计师事务所如果在操作过程中未能严格遵守相关法规，如《中华人民共和国证券法》《中华人民共和国公司法》等，将可能导致验资报告不合规，影响股票发行的合法性和效率。

为降低上述风险，公司和主承销商应选择信誉好、专业能力强的会计师事务所，并确保整个验资过程的透明度和合规性。

4. 非公开发行股票发行结果

【场景6-8】2023年3月13日，珠江纸业出具非公开发行股票发行结果暨股本变动公告，本次非公开发行股票完成（见图6-12）。

认知识别　发行股票的披露义务

涉及上市公司的收购、合并、分立、发行股份、回购股份等行为导致上市公司股本总额、股东、实际控制人等发生重大变化的，信息披露义务人应当依法履行报告、公告义务，披露权益变动情况。

分析研判　公告非公开发行股票发行结果及股本变动

珠江纸业根据证券法律制度规定，对本次非公开发行股票155,000,000股进行公告，公告内容包括本次发行履行的相关程序、本次发行情况、本次发行的验资及股份登记、保荐人和律师事务所关于本次非公开发行股票发行过程和认购对象合规性的结论意见等。

珠江纸业股份有限公司验资报告

浙江信仁会计师事务所

一、验资报告第1~2页

二、附件第3~6页

（一）……………………………………………………………注册资本及实收资本变更前后对照表第3页

（二）……………………………………………………………验资事项说明第4~6页

浙江信仁会计师事务所

验资报告

信仁验〔2023〕2-16号

珠江纸业股份有限公司：

我们接受委托审验了贵公司截至2023年3月4日12时止的新增注册资本及实收资本情况。按照法律法规及协议、章程的要求出资，提供真实、合法、完整的验资资料，保护资产的安全、完整是全体出资者及贵公司的责任。我们的责任是对贵公司新增注册资本及实收资本情况发表审验意见。我们的审验是据《中国注册会计师审计准则第1602号——验资》进行的。在审验过程中，我们结合贵公司的实际情况，实施了检查等必要的审验程序。

贵公司原注册资本为人民币 1,397,733,148 元，实收资本为人民币 1,397,733,148 元。根据贵公司2023年召开的第八届董事会第十五次会议、第八届董事会第十六次会议和2023年第一次临时股东大会，贵公司申请通过非公开方式发行人民币普通股 155,000,000 股。经中国证券监督管理委员会《关于核准珠江纸业股份有限公司非公开发行股票的批复》（证监许可〔2023〕104号）核准，贵公司获准非公开发行人民币普通股 155,000,000 股。

经我们审验 2023 年 3 月 4 日，贵公司实际已非公开发行人民币普通股（A股）155,000,000 股，每股面值1元，每股发行价格为人民币 6.46 元，实际募集资金总额为 1,001,300,000 元，减除发行费用（含税）人民币 18,032,950 元后，募集资金净额为 983,267,050 元。其中，计入实收资本壹亿伍仟伍佰万元整（¥155,000,000），计入资本公积（股本 829,250,670.8 元，计入应交税费——应交增值税——进项税额 983,620.75 元。

同时我们注意到，贵公司本次增资前注册资本 1,397,733,148 元，实收资本人民币 1,397,733,148.00 元，已经本所审验。2023 年 3 月 4 日止，变更后的注册资本人民币 1,552,733,148 元，累计实收资本人民币 1,552,733,148 元。

本验资报告供贵公司申请办理注册资本及实收资本变更登记及据以向全体出资者签发出资证明时使用，不应被视为是对贵公司验资报告日后资本保全、偿债能力和持续经营能力等的保证。因使用不当造成的后果，与执行本验资业务的注册会计师及本会计师事务所无关。

附件：1. 注册资本及实收资本变更前后对照表（略）
　　　2. 验资事项说明（略）

浙江信仁会计师事务所（特殊有限合伙）

中国·杭州

图6-11　验资报告

珠江纸业股份有限公司
非公开发行股票发行结果暨股本变动公告

本公司董事会及全体董事保证本公告内容不存在任何虚假记载、误导性陈述或者重大遗漏，并对其内容的真实性、准确性和完整性承担个别及连带责任。

重要内容提示：
·发行数量和价格
1. 发行数量：155,000,000 股人民币普通股（A股）
2. 发行价格：6.46 元/股
·预计上市时间
·本公司本次非公开发行的A股股票已于2023年3月9日在中国证券登记结算有限责任公司上海分公司办理完毕登记托管手续。

本次向发行对象非公开发行的股份自发行结束之日起36个月内不得转让，所有新增股份预计可流通时间为2026年3月9日，如遇非交易日，则顺延至其后的第一个交易日。

·资产过户情况：本次发行各认购对象均以现金认购，不存在资产过户情况。

一、本次发行概况

（一）本次发行履行的相关程序

1. 本次发行履行的内部决策程序

本次非公开发行A股股票相关事项已经获得公司董事会会议审议通过，已经获得公司股东大会审议通过。

2. 本次发行监管部门核准程序

2022年9月24日收到国务院国有资产监督管理委员会对公司实际控制人童林纸业集团股份有限公司下发的《关于珠江纸业股份有限公司非公开发行A股股票有关问题的批复》（国资产权〔2022〕1279号），原则同意公司本次非公开发行。

2022年10月27日，中国证监会发行审核委员会审核通过了公司本次非公开发行A股股票的申请。

2023年1月22日收到中国证监会《关于核准珠江纸业股份有限公司非公开发行股票的批复》（证监许可〔2023〕104号），核准了公司本次非公开发行股票的申请。

（二）本次发行情况

1. 发行方式：本次非公开发行的A股股票全部采取向特定对象发行的方式。

2. 股票类型和面值：本次非公开发行的股票为境内上市人民币普通股（A股），每股面值人民币1.00元。

3. 发行对象及认购方式：公司本次非公开发行股票的对象为：童林纸业集团股份有限公司、山东省国有资产投资控股有限公司、湖北海江投资有限公司、长沙北玢投资咨询有限公司、国联证券股份有限公司、中信证券股份有限公司设立的中信证券珠江纸业员工持股计划1期定向资产管理计划、刘国共7名法人、自然人或其他合格投资者。所有发行对象均以现金方式认购本次非公开发行股票。

4. 发行数量：155,000,000股。

5. 发行价格：本次发行价格为6.46元/股。

6. 锁定期安排：发行对象认购本次非公开发行的股票自发行结束之日起，三十六个月内不得转让。

7. 募集资金金额：本次非公开发行的募集资金总额为1,001,300,000元，募集资金净额为983,267,050元。

8. 发行费用（包含承销费）：18,032,950元（含税）。

9. 保荐机构（主承销商）：中信证券股份有限公司

（三）本次发行的验资及股份登记

情况1　验资情况

2023年3月1日，浙江信仁会计师事务所（特殊普通合伙）出具了《验证报告》（信仁验〔2023〕2-15号），确认截至2023年3月1日，主承销中信证券股份有限公司为本次发行开立的专用账户收到非公开发行股票7名参与认购对象缴纳的认购款1,001,300,000元。

2023年3月4日，保荐机构中信证券股份有限公司在扣除证券承销费及保荐费后向公司开立的募集资金专户划转了认购款。

……

图6-12　非公开发行股票发行结果暨股本变动公告

风险控制　信息披露不准确或不及时的风险

信息披露义务人未按照规定披露信息，或者公告的证券发行文件、定期报告、临时报告及其他信息披露资料存在虚假记载、误导性陈述或者重大遗漏，致使投资者在证券交易中遭受损失的，信息披露义务人应当承担赔偿责任。

公司公告中的信息必须准确无误，且应在规定时间内发布，否则可能导致投资者误解，影响股票价格，甚至违反证券法规。这要求公司和其法律顾问必须严格审核公告内容，确保其符合所有适用的法律法规和交易所规则。

任务小结

发行股票流程包括申请、审批、核准与发行环节。在整个过程中,企业需确保所有材料的准确性和合规性,遵循严格的审批流程,与监管机构有效沟通,以及在发行后持续遵守信息披露要求和法规。每一环节的成功执行都是确保非公开发行顺利完成的基础,同时,有效的风险管理也是保证整个流程顺利进行的关键因素。

"知识—业务"思维导图,如图6-13所示。

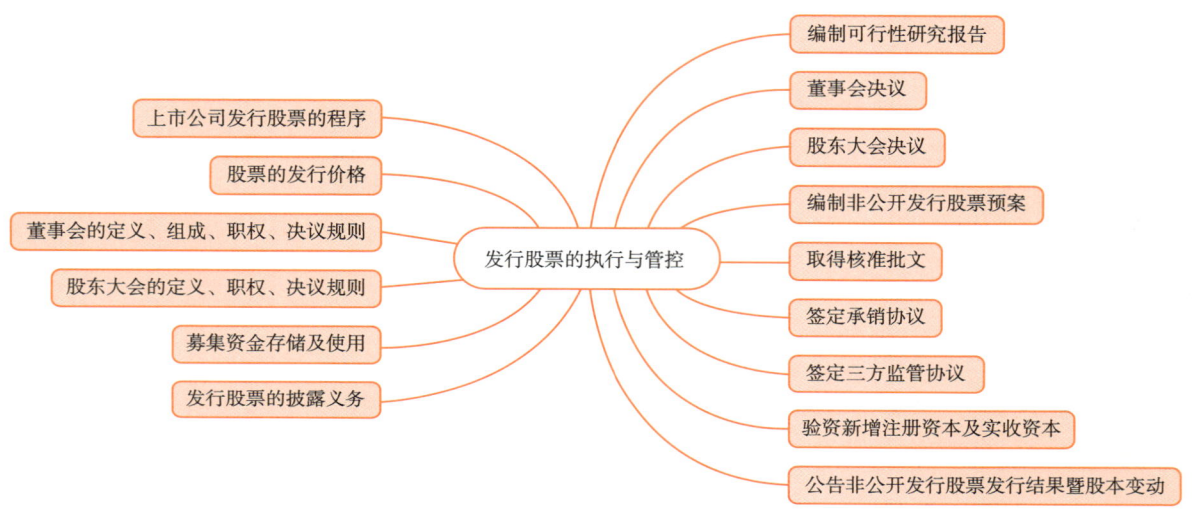

图6-13 "知识—业务"思维导图

任务3　应收账款保理执行与管控

【教学重点】应收账款保理的基本流程、类型、作用。
【教学难点】应收账款保理资金的计算,应收账款保理融资规划。

应收账款保理筹资是企业将赊销形成的未到期应收账款,在满足特定条件下,转让给商业银行等金融机构,以获取流动资金支持,加速资金周转的一种方式。保理可以分为有追索权保理(非买断型)和无追索权保理(买断型)、明保理和暗保理、折扣保理和到期保理。

应收账款保理筹资具有多重优势。首先,相较于银行短期贷款,保理业务成本通常更低,助力企业实现低成本融资,加快资金流转;其次,保理为采购商提供延期支付便利,有助于提升企业销售能力;再次,在无追索权的买断式保理模式下,还能改善企业财务状况;最后,应收账款筹资为企业开辟新的资本来源，利用应收账款作为抵押，获取原本难以获得的借款。

应收账款保理流程包括：选择可靠的保理公司合作；签订明确双方权责的合作协议；企业提交保理业务申请并提供相关材料；保理公司审核决定是否受理；审核通过后签订正式保理合同；保理公司按约定垫付应收款项，并负责账款管理，包括跟进客户付款和追收逾期款项；客户按合同支付应收账款给保理公司，保理公司扣除费用后将余款返还客户。

有追索权保理指供应商将债权转让给保理商，供应商向保理商融通货币资金后，如果购货商拒绝付款或无力付款，保理商有权向供应商要求偿还预付的货币资金，如购货商破产或无力支付，只要有关款项到期未能收回，保理商都有权向供应商进行追索，因而保理商具有全部"追索权"。

总之，应收账款保理筹资是一种有效的筹资方式，能缓解企业短期资金压力，提高资金使用效率。但企业在选择保理公司和保理模式时需审慎考虑，并充分了解相关法律法规，以降低潜在风险。通过合理利用应收账款保理筹资，企业可以优化资金结构，增强市场竞争力，实现可持续发展。

任务导入

【场景6-9】为了满足珠江纸业正常经营业务运转，珠江纸业编制了2023年度筹资计划，根据筹资计划需求以及应收账款账面金额及账龄情况分析（金额大、账龄短、风险小），现对中国青少年出版总社有限公司（以下简称"中国青少年出版总社"）的应收账款进行保理，通过了董事会决议（见图6-14）。

应收账款转让清单

编号：20230206001号　　　　　　　　　　　　　　　　　　　　　日期：2023年2月6日

付款人	发票号	币别	发票票面金额	已收回金额	质保金	应收账款金额	发票到期日	备注
中国青少年出版总社有限公司	40821402	人民币	1,217,031.59	0	0	1,217,031.59	2023/4/27	
中国青少年出版总社有限公司	40821410	人民币	516,727.25	0	0	516,727.25	2023/4/27	
中国青少年出版总社有限公司	40821415	人民币	774,734.22	0	0	774,734.22	2023/4/27	
中国青少年出版总社有限公司	40821421	人民币	1,325,065.26	0	0	1,325,065.26	2023/4/27	
中国青少年出版总社有限公司	40821428	人民币	3,185,722.63	0	0	3,185,722.63	2023/4/27	
中国青少年出版总社有限公司	40821437	人民币	144,515.75	0	0	144,515.75	2023/4/27	
中国青少年出版总社有限公司	40821439	人民币	1,229,097.15	0	0	1,229,097.15	2023/4/27	
中国青少年出版总社有限公司	40821447	人民币	285,601.91	0	0	285,601.91	2023/4/27	
中国青少年出版总社有限公司	40821450	人民币	375,653.69	0	0	375,653.69	2023/4/27	
合　计			9,054,149.45	0	0	9,054,149.45		

负责人：王旗　　　　　　　　　　　经办人：李燕　　　　　　　　　　　公章：

董事会决议

中国工商银行股份有限公司长安支行：

经我公司董事会（股东会）研究决定，同意向贵行申请（信贷品种）有追索权国内保理业务（币种金额）人民币陆佰叁拾肆万元以下（含本数），期限三个月用于公司业务的运转。

本公司董事会（股东会）授权公司法定代表人王旗或被委托人李燕代表本公司办理上述信贷事宜并签署有关合同及文件。

我公司承诺在工行长支授信有效期内，我公司不得发行相对工行长支授信业务具有优先权的债务。

本董事会决议法定人数应在5至19之间，公司的董事会人员为5人，参会人数应不低于3人，本次董事参会有效人数4人，会议决议通过，有效期从2023/02/06至2023/03/31。

有权机构人员签字：王旗、曹陈丽、高子轩、刘李燕

地址：广东省东莞广麻大道258号

申请人（公章）

图6-14 应收账款转让清单及董事会决议

认知识别 应收账款保理筹资

保理又称托收保付，是指卖方（供应商或出口商）与保理商间存在的一种契约关系。根据契约，卖方将其现在或将来的基于其与买方（债务人）订立的货物销售（服务）合同所产生的应收账款转让给保理商，由保理商提供下列服务中的至少两项：贸易融资、销售账户管理、应收账款的催收、信用风险控制与坏账担保。可见，保理是一项综合性的金融服务方式，其同单纯的融资或收账管理有本质区别。

分析研判 应收账款保理筹资流程

珠江纸业根据筹资计划，结合自身实际情况，制定了应收账款保理筹资流程（见图6-15）。

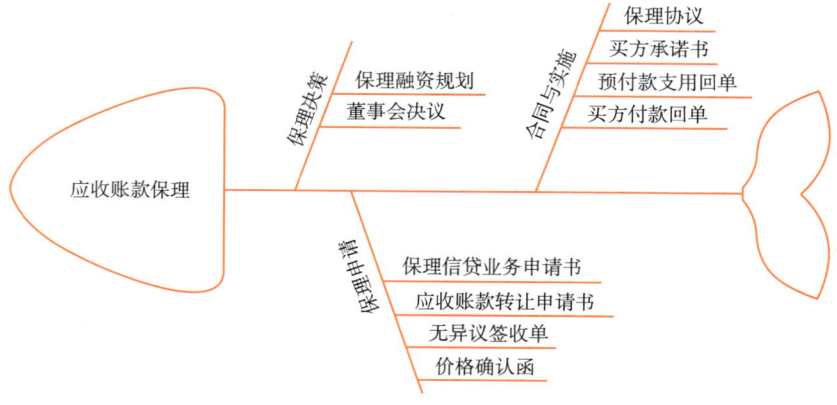

图6-15 应收账款保理筹资流程图

风险控制 预防附有追索权的国内保理的收款风险

公司只要有应收账款就有发生坏账的可能性。以往应收账款的风险都是由企业单独承担，而采用应收账款保理后，一方面可以获得信用风险控制与坏账担保，减少由客户违约带来的损失；另一方面可以借助专业的保理商催收账款，能够在很大程度上降低坏账发生的可能性，有效地控制坏账风险。但是珠江纸业采用的是附有追索权的国内保理，如果中国青少年出版总社破产或无力支付，只要有关款项到期未能收回，中国工商银行长安支行都有权向珠江纸业进行追索，最终的收款风险还是由珠江纸业自行承担。

 任务实施

1. 应收账款保理筹资决策

【场景6-10】 珠江纸业以2023年的资金预算为目标，财务部汇总了各部门的资金需求，并进行了测算和分析，特向总经理办公会汇报，包括应收账款保理筹资规划，确定保理筹资相关财务信息（见表6-2）。

表 6-2　　　　　　　　珠江纸业 2023 年应收账款保理筹资规划

项目	内容	备注
需融资净金额	6,337,704.62元	
保理贷款比率	70.00%	发票金额
手续费		
单据处理费	200.00元/张	
利率基准	3.65%	
上下浮动比率	10.50%	上浮为正，下浮为负
实际利率	4.03%	保留至0.01%
保理天数	60天	一年以360天计算
每张发票最高开票额	9,999,999.99元	
至少需保理的应收账款	9,054,149.45元	
融资金额	6,337,904.62元	
手续费及单据处理费	200.00元	
利息支出	42,569.59元	

认知识别 应收账款保理筹资规划

应收账款保理筹资规划是一项重要的财务管理策略，旨在通过优化应收账款管理，提高企业财务流动性和资金利用效率。通过应收账款保理筹资，企业可以更有效地管理应收账款，降低坏账风险，同时获得流动资金支持，从而改善财务状况，促进业务发展。

分析研判 进行应收账款保理规划与决议

珠江纸业董事会（股东会）研究决定，同意向中国工商银行长安支行申请3个月附有追索权，限额为9,054,200元国内保理业务资金，主要用于公司业务的运转。通过该项应收账款保理，公司可以提前获得现金流入，加快资金周转速度。

风险控制 应收账款有效性风险

应收账款的合法性、是否存在其他权利限制以及是否经过多次转让，都是保理业务的核心风险。这些因素可能影响到应收账款的真实性和有效性，从而影响会计核算的准确性。所以在进行保理业务前，银行应对应收账款进行严格的审核，确保其合法、无权利限制且未经过多次转让。

2. 应收账款保理筹资规划方案测算

【场景6-11】珠江纸业提交了2023年应收账款保理融资规划方案，可知珠江纸业需融资净金额为6,337,704.62元，根据目前相关财务数据，测算珠江纸业应收账款筹资至少需保理的应收账款、融资金额、利息支出、手续费及单据处理费。

认知识别 应收账款保理的相关计算

（1）实际利率的计算：实际利率是在利率基准上加上或减去上下浮动比率得出的。实际利率=利率基准+（上下浮动比率×利率基准）。

（2）融资金额的计算：根据需融资净金额和手续费及单据处理费计算的。融资金额=融资净金额+手续费及单据处理费。

（3）至少需保理的应收账款的计算：这是基于融资金额和保理贷款比率计算的。融资金额是公司希望从应收账款中获得的贷款金额，保理贷款比率是融资金额占应收账款的百分比。至少需保理的应收账款=融资金额÷保理贷款比率。

（4）手续费及单据处理费的计算：这是根据每张发票的手续费率和单据处理费计算的。手续费=至少需保理的应收账款×单张手续费率 单据处理费=发票数量×单据处理费。

（5）利息支出的计算：这是根据实际利率和融资金额以及保理天数计算的。利息支出=融资金额×（实际利率÷360×保理天数）。

分析研判 计算应收账款保理筹资金额

珠江纸业需融资净金额为6,337,704.62元，保理贷款比率为70%，手续费不考虑，每张发票单据处理费为200元，基准利率为3.65%，上下浮动比率为10.5%，实际利率为4.03%，保理天数为60天，每张发票最高开票额为9,999,999.99元，至少需保理的应收账款为9,054,149.45元。具体计算如下。

实际利率=3.65%+（10.5%×3.65%）=4.03%

至少需保理的应收账款=（6,337,704.62+200）÷70%=9,054,149.45（元）

单据处理费=9,054,149.45÷9,999,999.99×200=200（元）

利息支出=6,337,904.62×（4.03%÷360×60）=42,569.59（元）

风险控制 应收账款保理资金占用和流动性风险

应收账款占用企业流动资金过大，可能导致企业货币资金严重短缺，降低资金使用效率，增加企业的经营风险成本。同时，应收账款的增加也可能导致企业现金流净流出，增加企业资金机会成本损失。保理公司的资金流动性也会影响其提供融资的能力。如果保理公司自身资金紧张或融资渠道受限，可能无法为企业提供足够的融资支持，导致融资金额不足。

3. 应收账款保理信贷申请

【场景6-12】2023年2月6日，珠江纸业向中国工商银行申请了应收账款保理业务，并签订了中国工商银行信贷业务申请书（见图6-16）。

中国工商银行信贷业务申请书

编号：（2023年）第1488号
单位：万元

客户全称	珠江纸业股份有限公司		企业代码	196613022
所有制性质	私有制	注册时间	2011年6月30日	注册资本（万元）	139,773.3148
法定代表人	王旗	电 话	1518190××××	国 籍	中国
授权代理人	李燕	电 话	1307598××××	国 籍	中国
财务主管	胡洋	电 话	0769-8882××××	传 真	0769-8882××××
经营范围	包括纸浆、机制纸、纸制品、纤维素、纸芯管专用胶塞、化妆品的制造、销售，造纸机械安装及技术开发服务、装潢印刷品印刷其他印刷品印制，制浆造纸相关商品、煤炭贸易及能源供应、碳汇产品开发及销售，代理采购、招投标等。				
主导产品	纸制品及加工				
总资产（万元）	1,282,073.28	净资产（万元）	723,777.71	是否上市公司	是
申请信贷业务品种	有追索权国内保理				
申请金额（币种、大写）	人民币	陆佰叁拾肆万元	申请期限	2023/2/6 至	2023/3/31
申请原因及用途	公司业务扩大运转资金需要				
担保方式（反担保方式）	保证金		保证人：		
			抵押物（个）		
			质物/权利凭证		
			金额（万元）		
还款资金来源	应收账款				
客户声明：我公司特向贵行提出申请，并保证按照贵行的要求提供有关资料，根据合同的约定履行我方义务。					

申请人：（公章）
法定代表人（或授权代理人）：李燕
2023年2月6日

图6-16 中国工商银行信贷业务申请书

认知识别 应收账款保理信贷申请准备工作

应收账款保理信贷申请是一个涉及多个步骤和文件准备的过程。具体包括以下步骤。

（1）了解产品。企业应了解应收账款保理信贷产品的基本特点和要求，例如，授信额度、融资成本、授信期限、风控要求等。这有助于企业根据自身情况选择适合的保理产品。

（2）准备资料。企业需要准备一系列的文件和资料，以支持其保理信贷申请。这些资料通常包括：企业基本资料、财务资料以及应收账款资料。

（3）提交申请。企业将准备好的资料提交给保理公司，并填写相关的申请表格。在提交申请时，企业应确保所有资料的真实性和准确性。

（4）评估与审批。保理公司在收到申请后，将对企业提交的资料进行评估和审批。评估过程可能包括：对企业的资信情况、财务报表、应收账款质量等方面的分析。

（5）签订合同。如果申请获得批准，企业与保理公司将签订应收账款保理合同。合同将明确双方的权利义务、费用分配、保密条款等内容。

（6）应收账款转让与融资发放。在合同签订后，企业将应收账款转让给保理公司，保理公司则向企业发放相应的融资款项。

分析研判 申请有追索权的国内保理业务

珠江纸业因为业务扩大运转资金需要于2023年2月26日向中国工商银行申请有追索权的国内保理资金1,000万元，申请期限为2023年2月6日—3月31日，还款资金来源为应收账款。

风险控制 影响企业声誉和信用风险

申请有追索权的国内保理时，企业需特别关注买方信用风险这一点。在有追索权的保理业务中，虽然保理商承担了向债务人（买方）追讨应收账款的责任，但一旦买方因经营失败、破产、倒闭或恶意拖欠等原因无法按时足额支付款项，保理商将有权向卖方（企业）追索，要求企业回购应收账款或承担还款责任。这种买方信用风险不仅可能导致企业面临资金损失，还可能影响企业的声誉和信用记录。因此，在申请有追索权的国内保理时，企业应充分评估买方的信用状况，选择信誉良好、经营稳定的合作伙伴，以降低因买方信用风险带来的潜在损失。

4. 应收账款转让申请

【场景6-13】2023年2月6日，根据双方签订的保理合同，珠江纸业申请向中国工商银行长安支行转让《应收账款转让清单》所列的应收账款，并附上相关合同、发票等单据（见图6-17）。

认知识别 应收账款转让流程

应收账款转让的流程如下。

（1）签订转让协议。转让方与收款方（如银行等金融机构）协商达成转让意向，并签署正式的转让协议。协议中应包括双方的权利义务、转让金额、转让期限等要素。

（2）转让通知。转让方需要向原始债务人发出通知，告知其将债权转让给新的债权人，并要求其将还款转至新的账户。

（3）债务人确认。原始债务人接到通知后，需要确认债权转让事宜，并同意将还款转至新的账户。

（4）资金划付。收款方向转让方划付相应资金，以完成债权转让交易。

分析研判　转让应收账款债权

珠江纸业保证已完全履行应收账款项下应尽的义务，并且无瑕疵地拥有所转让的应收账款债为9,054,149.45元。若珠江纸业未完全履行应收账款项下应尽的义务或应收账款债权有瑕疵，珠江纸业将赔偿中国工商银行长安支行由此产生的一切损失。珠江纸业同意银行根据保理合同只受让核准应收账款。

应收账款转让申请书

编号：20230206001号

中国工商银行股份有限公司长安支行：

根据双方签订的保理合同，我公司现申请向贵行转让"应收账款转让清单"所列的应收账款，并附上相关合同、发票等单据。我公司保证已完全履行应收账款项下应尽的义务，并且无瑕疵地拥有上述应收账款债权。如果我公司未能完全履行应收账款项下应尽的义务或应收账款债权有瑕疵，我公司将赔偿贵行由此产生的一切损失。我公司同意贵行根据保理合同只受让核准应收账款。

附：应收账款转让清单

法定代表人（或授权代理人）：李燕
日期：2023年2月6日

应收账款转让清单

编号：20230206001号　　　　　　　　　　　　　　　　　　　　　日期：2023年2月6日

付款人	发票号	币别	发票票面金额	已收回金额	质保金	应收账款金额	发票到期日	备注
中国青少年出版总社有限公司	40821402	人民币	1,217,031.59	0	0	1,217,031.59	2023/4/27	
中国青少年出版总社有限公司	40821410	人民币	516,727.25	0	0	516,727.25	2023/4/27	
中国青少年出版总社有限公司	40821415	人民币	774,734.22	0	0	774,734.22	2023/4/27	
中国青少年出版总社有限公司	40821421	人民币	1,325,065.26	0	0	1,325,065.26	2023/4/27	
中国青少年出版总社有限公司	40821428	人民币	3,185,722.63	0	0	3,185,722.63	2023/4/27	
中国青少年出版总社有限公司	40821437	人民币	144,515.75	0	0	144,515.75	2023/4/27	
中国青少年出版总社有限公司	40821439	人民币	1,229,097.15	0	0	1,229,097.15	2023/4/27	
中国青少年出版总社有限公司	40821447	人民币	285,601.91	0	0	285,601.91	2023/4/27	
中国青少年出版总社有限公司	40821450	人民币	375,653.69	0	0	375,653.69	2023/4/27	
合　计			9,054,149.45	0	0	9,054,149.45		

负责人：王旗　　　　　　　　　　　经办人：李燕　　　　　　　　　　　公章：

图6-17　应收账款转让申请书及清单

5. 签订无异议签收单

【场景6-14】 2023年2月6日，珠江纸业与中国青少年出版总社签订无异议签收单，核对购销合同编号、到货时间、产品名称、数量及单价等购货信息（见图6-18）。

<table>
<tr><td colspan="7" align="center">无异议签收单</td></tr>
<tr><td>发货单位</td><td colspan="2">珠江纸业股份有限公司</td><td>收货单位</td><td colspan="3">中国青少年出版总社有限公司</td></tr>
<tr><td>购销合同编号</td><td>到货时间</td><td>产品名称</td><td>数量（吨）</td><td>单价（元）</td><td colspan="2">小计</td></tr>
<tr><td>HTBM2023020001</td><td>2023年2月16日</td><td>颜B纸</td><td>190.15</td><td>5,664.05</td><td colspan="2">1,077,019.11</td></tr>
<tr><td>HTBM2023020034</td><td>2023年2月16日</td><td>轻型纸</td><td>75.08</td><td>6,090.58</td><td colspan="2">457,280.75</td></tr>
<tr><td>HTBM2023020059</td><td>2023年2月16日</td><td>颜A纸</td><td>118.75</td><td>5,773.52</td><td colspan="2">685,605.50</td></tr>
<tr><td>HTBM2023020090</td><td>2023年2月16日</td><td>轻涂纸</td><td>202.38</td><td>5,794.17</td><td colspan="2">1,172,624.12</td></tr>
<tr><td>HTBM2023020127</td><td>2023年2月16日</td><td>胶版纸</td><td>513.56</td><td>5,489.57</td><td colspan="2">2,819,223.57</td></tr>
<tr><td>HTBM2023020171</td><td>2023年2月16日</td><td>热敏原纸</td><td>22.75</td><td>5,621.54</td><td colspan="2">127,890.04</td></tr>
<tr><td>HTBM2023020186</td><td>2023年2月16日</td><td>牛皮包装纸</td><td>202.60</td><td>5,368.69</td><td colspan="2">1,087,696.59</td></tr>
<tr><td>HTBM2023020220</td><td>2023年2月16日</td><td>淋膜原纸</td><td>47.22</td><td>5,352.50</td><td colspan="2">252,745.05</td></tr>
<tr><td>HTBM2023020236</td><td>2023年2月16日</td><td>办公用纸</td><td>56.24</td><td>5,911.04</td><td colspan="2">332,436.89</td></tr>
<tr><td rowspan="2">共计应收款金额（人民币）</td><td colspan="2">（大写）：</td><td colspan="4">人民币玖佰零伍万肆仟壹佰肆拾玖元肆角伍分</td></tr>
<tr><td colspan="2">（小写）：</td><td colspan="4">9,054,149.45</td></tr>
<tr><td colspan="7">上述货物均已按原厂技术标准验收合格，对产品数量、外观及付款金额无异议。</td></tr>
</table>

收货单位签收印章：

签收日期：2023年2月6日

此签收单请确认无误后，盖章签字特快专递到：
公 司 全 称：珠江纸业股份有限公司
开 户 行：中国工商银行股份有限公司长安支行
账 号：1901322412455639995
公 司 地 址：广东省东莞广麻大道258号
联系人及电话：李燕 1307598×××

图6-18 无异议签收单

认知识别 无异议签收单的内容与结构

无异议签收单是接收方（如买方、收货人等）在收到商品或服务后，对商品的数量、质量、规格等方面表示满意，并且没有任何疑问或异议时签署的文件。它主要作为交易完成的凭证，同时也是卖方（如发货方、供应商等）履行交货义务的证据。

无异议签收单通常包含以下内容：交易双方的基本信息（如名称、地址、联系方式等）、商品或服务的详细信息（如名称、规格、数量、质量等）、接收方的确认声明（表示对商品或服务的接收和满意）、签署日期以及接收方的签名或盖章等。

分析研判　与买方签订无异议签收单

2023年2月6日，珠江纸业与中国青少年出版总社签订无异议签收单，对购销合同编号、到货时间、产品名称、数量（吨）、单价（元）以及货款总额进行确认。共计人民币9,054,149.45元，双方约定此签收单确认无误后，由中国青少年出版总社盖章签字特快专递到中国工商银行长安支行。

6. 发送价格确认函

【场景6-15】2023年2月6日，珠江纸业同时向中国青少年出版总社发送价格确认函（见图6-19），进行价格确认。

价格确认函

中国青少年出版总社有限公司：

　　根据贵公司与我公司签订的购销合同（合同编号：HTBM2023020001）的规定，我公司确定颜B纸2023年2月16日至2023年2月23日所在周的下浮标准为5,664.05元/吨。如对此价格无异议，请贵公司予以确认。

珠江纸业股份有限公司
2023年2月6日

客户确认意见：确认无误
客户盖章：

发货单位	珠江纸业股份有限公司		收货单位	中国青少年出版总社有限公司	
购销合同编号	到货时间	产品名称	数量（吨）	单价（元）	小计
HTBM2023020001	2023年2月16日	颜B纸	190.15	5,664.05	1,077,019.11
HTBM2023020034	2023年2月16日	轻型纸	75.08	6,090.58	457,280.75
HTBM2023020059	2023年2月16日	颜A纸	118.75	5,773.52	685,605.50
HTBM2023020090	2023年2月16日	轻涂纸	202.38	5,794.17	1,172,624.12
HTBM2023020127	2023年2月16日	胶版纸	513.56	5,489.57	2,819,223.57
HTBM2023020171	2023年2月16日	热敏原纸	22.75	5,621.54	127,890.04
HTBM2023020186	2023年2月16日	牛皮包装纸	202.60	5,368.69	1,087,696.59
HTBM2023020220	2023年2月16日	淋膜原纸	47.22	5,352.50	252,745.05
HTBM2023020236	2023年2月16日	办公用纸	56.24	5,911.04	332,436.89

客户	合同编号	确认起始日	确认截止日	价格
中国青少年出版总社有限公司	HTBM2023020001	2023年2月16日	2023年2月23日	5,664.05
中国青少年出版总社有限公司	HTBM2023020034	2023年2月16日	2023年2月23日	6,090.58
中国青少年出版总社有限公司	HTBM2023020059	2023年2月16日	2023年2月23日	5,773.52
中国青少年出版总社有限公司	HTBM2023020090	2023年2月16日	2023年2月23日	5,794.17
中国青少年出版总社有限公司	HTBM2023020127	2023年2月16日	2023年2月23日	5,489.57
中国青少年出版总社有限公司	HTBM2023020171	2023年2月16日	2023年2月23日	5,621.54
中国青少年出版总社有限公司	HTBM2023020186	2023年2月16日	2023年2月23日	5,368.69
中国青少年出版总社有限公司	HTBM2023020220	2023年2月16日	2023年2月23日	5,352.50
中国青少年出版总社有限公司	HTBM2023020236	2023年2月16日	2023年2月23日	5,911.04

图6-19 价格确认函

认知识别 价格确认函

价格确认函是一种书面文件，用于确认双方或多方之间的商品或服务价格，同时指明发出价格确认函的具体日期。在价格确认函中，应详细说明所提供的商品或服务的种类、规格、数量等。这部分内容应尽可能详细，以确保双方对交易内容有清晰的理解。

分析研判 向买方发送价格确认函

2023年2月6日，珠江纸业向中国青少年出版总社发送价格确认函，告知与该公司签订的购销合同，确定在2023年2月16—23日所在周的下浮标准，如对价格无异议，需要中国青少年出版总社予以确认。

7. 签订保理协议

【场景6-16】2023年2月11日，珠江纸业与中国工商银行长安支行签订有追索权国内保理合同，明确应收款保理事项（见图6-20）。

有追索权国内保理合同

编号：工行（2023）深圳账转字第560号

鉴于：甲方采用赊销方式销售货物、提供服务，并向乙方申请获得乙方提供的有追索权保理业务服务。根据有关法律、法规，并经双方充分友好协商，甲乙双方签署本合同。

第一章 术语定义（略）

第二章 保理预付款最高额度的生效、变更及取消

第二条 乙方为甲方核定的保理预付款最高额度为人民币<u>陆佰叁拾肆万元</u>，额度有效期自本合同生效之日起至<u>2024年2月1日</u>止。

针对不同买方的预付款比例等详细信息以本合同附件一《有追索权保理业务额度清单》所确定为准，该清单为本合同不可分割的组成部分，经甲乙双方协商一致，可对该清单进行补充修订，具体以双方签订的补充合同的约定为准。甲方理解并同意，仅在甲方已按商务合同发货，并按乙方要求具体办理应收账款转让事宜，并经乙方审查同意后，甲方可支用上述额度。

第三条 乙方为甲方核定的保理预付款最高额度为循环额度，甲方可在额度限额及有效期内循环叙做有追索权保理业务，乙方向甲方提供保理预付款的日期截至额度有效期终止日。

第四条 乙方有权根据买方或甲方的资信情况的变化以及买方的付款记录等情况，对核定的保理预付款最高额度单方予以变更（该变更包括但不限于增加或减少额度、延长或缩短额度有效期及取消额度等），乙方应在作出上述变更决定后书面通知甲方。保理预付款最高额度的变更决定在送达甲方后生效。甲方理解并同意：在紧急情况下，乙方有权通过录音电话或传真等方式通知上述变更决定，上述变更决定在甲方雇员接听电话或收到传真时生效，乙方将在电话或传真通知后的3个工作日内及时补交书面通知。

第五条 甲方如果需要调整保理预付款最高额度，可向乙方提交书面申请。乙方审查同意后，将变更决定书面通知甲方。

第三章　保理业务服务类型的选择和应收账款转让

第六条 有追索权保理业务类型，按是否在提供保理预付款之前向买方发出《应收账款转让通知书》，划分为公开型有追索权保理与隐蔽型有追索权保理。所谓公开型有追索权保理，是指在乙方对甲方提供保理预付款之前，即向买方发送《应收账款转让通知书》；所谓隐蔽型有追索权保理，是指在乙方对甲方提供保理预付款之前，暂不向买方发送《应收账款转让通知书》，但乙方保留依自身判断随时向买方发送《应收账款转让通知书》的权利。本合同项下，甲乙双方选择叙作的保理类型为_1_：

1. 公开型有追索权保理；
2. 隐蔽型有追索权保理；
3. 针对不同买方选择不同类型保理，具体以本合同附件1确定为准。

第七条 在本合同有效期内，甲乙双方协商一致，甲方将以赊销方式向特定买方（见附件1所列，包括双方对附件1补充、修改后所列）销售货物/提供服务所产生的下列应收账款转让给乙方_1_：

1. 全部，甲方应将其以赊销方式向特定买方销售货物/提供服务所产生的全部应收账款随时转让给乙方。除非本合同终止，即使乙方停止向甲方提供保理预付款，如乙方仍有保理预付款、预付款利息、发票处理费、应收账款管理费等任何款项未获偿付，甲方仍应向乙方履行应收账款的转让义务。
2. 特定，甲方应将其以赊销方式向特定买方销售货物/提供服务所产生的特定应收账款转让给乙方。

本合同所称的应收账款转让是指甲方根据本合同规定的条款和条件将应收账款债权及其在应收账款项下的全部权利一并转让给乙方的行为。在任何情况下，应收账款的转让都不得解释为乙方承担了甲方与买方在商务合同下的任何义务或责任。

第四章　应收账款管理（略）

第五章　保理预付款（略）

第六章　买方付款后的款项支付（略）

第七章　应收账款的调整、争议与回购（略）

第八章　保理服务费用及收取方式

第二十七条 乙方有权按照本合同约定或双方认可的收费标准向甲方收取保理服务的相关费用，具体包括以下部分：

1. 应收账款管理费（略）
2. 保理预付款利息：乙方向甲方提供保理预付款服务的，乙方自发放保理预付款之日起向甲方收取保理预付款的利息，保理预付款利息（含逾期违约金）计至应收账款足额回收之日（不含当日）；如应收账款发生本合同约定的反转让情形，则计至甲方向乙方足额支付回购价款之日（不含当日）。双方选择以下第_1_种方式支付保理预付款利息，并确定利率：

（1）先支付保理预付款，再按_月_（月或季）于每_月_（每月或每季末月）第_20_日计收利息。保理预付款利率按日计算，日利率＝月利率/30＝年利率/360，利率按以下第_b_种方式确定：

　　a. 按年利率_/_%；
　　b. 按照每笔保理预付款发放当日中国人民银行公布的同期限同档次贷款基准利率基础上_上浮_（上浮/下浮）_0_%。
……

3.发票处理费：每张发票的单据处理费为人民币 200 元，在乙方向甲方发送《应收账款受让通知书》或《应收账款受让确认书》时分批一次性收取；

4.逾期违约金：在本合同履行过程中，如甲方未能按本合同的约定向乙方足额支付相关款项或未按约定的回购时间向乙方足额支付回购价款的，

则甲方均应当自逾期之日起向乙方支付逾期违约金。逾期违约金按日计算，按月收取，逾期违约金计算方法为：逾期违约金=逾期未支付的款项×逾期违约金率×逾期天数，其中逾期 违约金率按照以下标准确定：

（1）人民币逾期违约金率按照保理预付款利率上浮 50% 计算；

（2）外币逾期违约金率按照保理预付款利率上浮 50% （保理预付款币种为港币和英镑的，一年按365天计算；除港币和英镑以外的其他币种保理预付款，一年按360天计算。）

5.双方特别约定的费用 / 。

……

甲方：珠江纸业股份有限公司　　　　　　　　乙方：中国工商银行股份有限公司长安支行
（公章）　　　　　　　　　　　　　　　　　　（公章）

法定代表人（或授权代理人）：胡洋　　　　　负责人（或授权代理人）：彭星
（签字）　　　　　　　　　　　　　　　　　　（签字）

2023年2月11日　　　　　　　　　　　　　　　2023年2月11日

图 6-20　有追索权国内保理合同

分析研判　与银行签订保理合同

珠江纸业与中国工商银行长安支行签订《有追索权国内保理合同》，中国工商银行长安支行为珠江纸业核定的保理预付款为人民币最高额度634万元，额度有效期自本合同生效之日起至2024年2月1日。合同约定发票处理费为每张发票的单据处理费为人民币200元，在乙方向甲方发送《应收账款受让通知书》或《应收账款受让确认书》时分批一次性收取，逾期违约金为在本合同履行过程中，如甲方未能按本合同的约定向乙方足额支付相关款项或未按约定的回购时间向乙方足额支付回购价款的，则甲方均应当自逾期之日起向乙方支付逾期违约金。逾期违约金按日计算，按月收取，逾期违约金计算方法为：逾期违约金=逾期未支付的款项×逾期违约金率×逾期天数。人民币逾期违约金率按照保理预付款利率上浮50%计算。

风险控制　确保基础合同的真实性及有效性

中国工商银行长安支行应加强对买卖双方的主体审查和经营范围的审查，对商品交易背景及合同真实性合法性进行审查，主要审查商品交易合同条款，还要核查发票的真实性，需确保应收账款是基于真实、合法的交易产生，不存在欺诈或违法行为。

8. 签订买方承诺书

【场景6-17】2023年2月14日，中国青少年出版总社与中国工商银行长安支行签订《买方承诺书》（见图6-21），承诺均为其与珠江纸业发生的真实交易。

买方承诺书

编号：20220905001 号

中国工商银行股份有限公司长安支行（卖方保理商）：

根据贵方与珠江纸业股份有限公司（以下简称"卖方"）签订的编号为工行（2023）深圳账转字第560号的《有追索权国内保理合同》，我公司现向贵行承诺：向贵行提供的由我公司与卖方确认编号为20230206001号《应收账款转让清单》所列的应收账款（附上相关商务合同、商业发票等单据）均为我公司与卖方发生的真实交易，且我公司在提交之日前尚未将《应收账款转让清单》所列的应收账款付给卖方。我公司向贵行保证将按照《应收账款转让清单》所列明的转让应收账款到期日前将应收账款划入卖方在贵行开设的保理业务专用账户。如果我公司未能完全履行应收账款项下应尽的义务或应收账款债权有瑕疵，我公司将赔偿贵行由此产生的一切损失。

法定代表人（或授权代理人） 刘忠诚
日期 2023年2月14日

备注：承诺提交时应最少为一式两份，一份由买方留存，一份由卖方保理商归档。

图 6-21 《买方承诺书》

认知识别 买方承诺书

买方承诺书通常是一份法律文件，由买方（也称为应收账款债务人）向卖方（或债权人）以及可能的第三方（如担保人）发出的承诺。该承诺书主要确认买方对某一具体应收账款的支付义务，并包含一些关键条款和条件。如付款义务、违约责任、质押或担保等承诺内容。

分析研判 签订买方承诺书

中国青少年出版总社向中国工商银行长安支行发送买方承诺书，向工行承诺：向中国工商银行长安支行提供的由中国青少年出版总社与公司确认编号为20230206001号《应收账款转让清单》所列的应收账款（附上相关商务合同、商业发票等单据）均为中国青少年出版总社与公司发生的真实交易，且中国青少年出版总社在提交之日前尚未将《应收账款转让清单》所列的应收账款付给珠江纸业。中国青少年出版总社向中国工商银行长安支行保证将按照《应收账款转让清单》所列明的转让应收账款到期日前将应收账款划入珠江纸业在中国工商银行长安支行开设的保理业务专用账户。如果中国青少年出版总社未能完全履行应收账款项下应尽的义务或应收账款债权有瑕疵，珠江纸业将赔偿中国工商银行长安支行由此产生的一切损失。

9. 开具预付款支用回单

【场景6-18】2023年2月26日，珠江纸业收到中国工商银行长安支行开具的预付款支用回单（见表6-3），明确款项支用信息。

表 6-3　　　　　　　　　　　　　　**预付款支用回单**

交易编号：34010000000001591110

交易日期：2023 年 2 月 26 日

户名	珠江纸业股份有限公司
账号	19013224124556399995
开户行	中国工商银行股份有限公司长安支行
币别	人民币（元）
预付款支用总金额	6,337,904.62
总贴现息	0
入账金额	6,337,904.62
执行利率	4.03%
买方名称	中国青少年出版总社有限公司

发票明细

发票号码	发票票面金额	应收账款余额	本次支用金额	预付款到期日	贴现息	备注
40821402	1,217,031.59	1,217,031.59	851,922.11	2023 年 4 月 27 日	0	
40821410	516,727.25	516,727.25	361,709.08	2023 年 4 月 27 日	0	
40821415	774,734.22	774,734.22	542,313.95	2023 年 4 月 27 日	0	
40821421	1,325,065.26	1,325,065.26	927,545.68	2023 年 4 月 27 日	0	
40821428	3,185,722.63	3,185,722.63	2,230,005.84	2023 年 4 月 27 日	0	
40821437	144,515.75	144,515.75	101,161.03	2023 年 4 月 27 日	0	
40821439	1,229,097.15	1,229,097.15	860,368.01	2023 年 4 月 27 日	0	
40821447	285,601.91	285,601.91	199,921.34	2023 年 4 月 27 日	0	
40821450	375,653.69	375,653.69	262,957.58	2023 年 4 月 27 日	0	

认知识别　预付款支用回单

预付款支用回单是一种在商业交易中用于记录预付款项的支付和确认的凭证。是记录客户在实际收到货物或服务之前，向供应商支付的款项的凭证。它主要用于确认客户已经按照合同或协议支付了预付款项，是双方交易的重要证明文件。

预付款支用回单通常包含以下内容：付款方信息（如公司名称、账户信息等）、收款方信息、转账金额、转账日期、交易流水号、备注等。回单上还可能包含支付方式的说明，如银行转账、电子支付等。

分析研判　收到预付款支用回单

珠江纸业收到中国工商银行长安支行开具的预付款支用回单。其中注明预付款支用总金额为 6,337,904.62 元，入账金额为 6,337,904.62 元，执行利率为 4.03%，发票号码、发票票面金额、应收账款余额、本次支用金额、预付款到期日以及贴现息，买方名称为中国青少年出版总社。

10. 收到买方付款回单

【场景6-19】 2023年4月27日，珠江纸业收到中国工商银行长安支行开具的买方付款回单（见表6-4），明确买方付款信息。

表6-4　　　　　　　　　　　　　　　买方付款回单

交易编号：34010000000001210110　　　　　　　　　　　　　　交易日期：2023年4月27日

买方名称	中国青少年出版总社有限公司
币别	人民币（元）
买方付款金额	6,380,474.23

本次扣款明细

本金	6,337,904.62
利息	42,569.61

发票明细

发票号码	支用日期	发票票面金额	应收账款余额	本次冲销应收账款金额	本金余额	本次归还本金金额	本次还息金额
40821402	2023年2月26日	1,217,031.59	0	1,217,031.59	0	851,922.11	5,722.08
40821410	2023年2月26日	516,727.25	0	516,727.25	0	361,709.08	2,429.48
40821415	2023年2月26日	774,734.22	0	774,734.22	0	542,313.95	3,642.54
40821421	2023年2月26日	1,325,065.26	0	1,325,065.26	0	927,545.68	6,230.02
40821428	2023年2月26日	3,185,722.63	0	3,185,722.63	0	2,230,005.84	14,978.21
40821437	2023年2月26日	144,515.75	0	144,515.75	0	101,161.03	679.46
40821439	2023年2月26日	1,229,097.15	0	1,229,097.15	0	860,368.01	5,778.81
40821447	2023年2月26日	285,601.91	0	285,601.91	0	199,921.34	1,342.81
40821450	2023年2月26日	375,653.69	0	375,653.69	0	262,957.58	1,766.20
汇总		9,054,149.45		9,054,149.45		6,337,904.62	42,569.61

尾款入账明细(同一编号下多张发票尾款入户)

户名	珠江纸业股份有限公司
账户	1901322412455639995
开户行	中国工商银行股份有限公司长安支行
币别	人民币（元）
入账金额	0

认知识别　买方付款回单

买方付款回单也称为付款回单，是在商业交易中由银行出具给付款方（买方）的一种凭证。它主要用于证明该单位或个人已经将钱汇入对方账户，并进行了扣费操作。买方付款回单是商业交易中付款行为完成的法律证据，保障了付款方和收款方的权益。它证明了买方已经按照交易协议完成了支付，并将款项成功汇入卖方的账户。买方付款回单不仅记录了交易事实，还可以用于管理和监督交易过程。通过回单，买方可以追踪交易的时间、金额等信息，确保支付的准确性和及时性。

分析研判 收到买方付款回单

珠江纸业收到中国工商银行长安支行开具的中国青少年出版总社付款回单。发票保理总金额为9,054,149.45元，预付款支用总金额为6,337,904.62元（手续费及单据处理费200元另行支付，计入"财务费用"），买方付款总金额为6,380,474.23元，包括本金6,337,904.62元（预付款支用总金额），利息42,569.61元（6,337,904.62×4.03%÷360÷60）。

风险控制 加强内部管理，完善风险防控机制

保理业务中融资的是卖方，还款的是买方。二者的分离也是一个风险点。若买卖双方存在关联交易或恶意串通等行为，可能导致货款互抵现象，加大资金回款的风险。公司应严格遵循保理业务操作流程，确保每个环节都经过严格的审查和核实。定期对保理业务进行风险评估和监控，及时发现和解决潜在风险。通过以上措施，可以有效降低应收账款保理筹资的风险，确保企业资金的安全和稳定。

任务小结

本任务聚焦于应收账款保理的执行与管控，涵盖了保理的基本流程、类型、作用以及风险防控。本任务重点强调了有追索权保理中的买方信用风险，并通过珠江纸业的案例，分析了应收账款转让的流程和风险。通过保理，企业能有效控制坏账风险，但需注意追索权保理下收款风险的最终承担。保理业务的第一还款来源是买方依据商务合同按期支付的应收款项。因此，买方的偿付能力和信用状况是保理业务的重要风险点。

"知识—业务"思维导图，如图6-22所示。

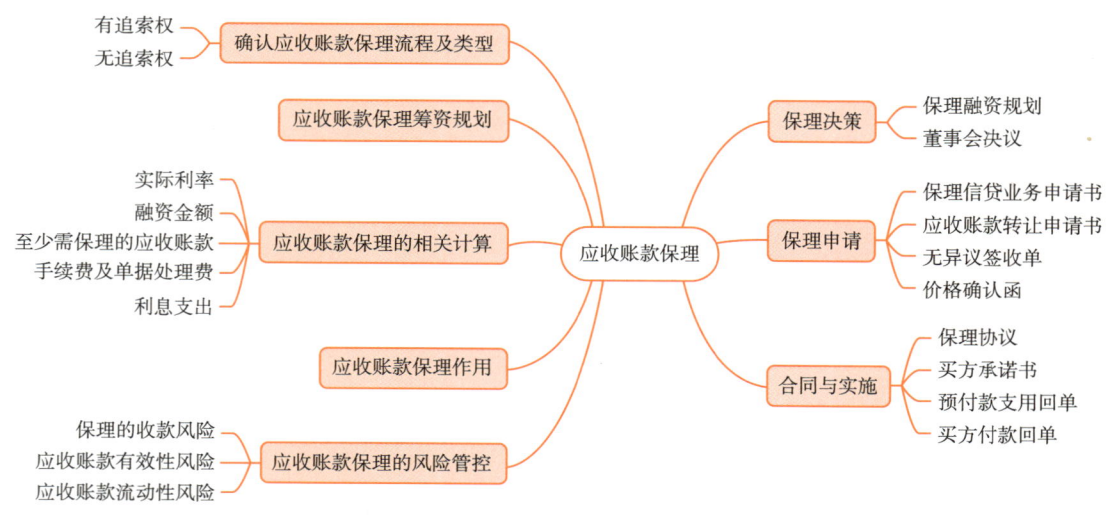

图6-22 "知识—业务"思维导图

任务4　融资租赁执行与管控

【教学重点】融资租赁基本流程与决策分析。
【教学难点】融资租赁租金测算，融资租赁所有权转让。

融资租赁是一种特殊的筹资方式。它是指出租人根据承租人的需求，购买指定的设备或资产，并出租给承租人使用，承租人则分期支付租金。在这个过程中，承租人获得了资产的使用权，而出租人保留了资产的所有权。

融资租赁种类包括直接租赁、售后回租、杠杆租赁等。融资租赁的核心用途在于帮助企业或个人在资金不足时，仍能提前获得所需设备或资产，促进生产或满足特定需求，同时避免了一次性大额资金支出的压力。

任务导入

珠江纸业有一笔项目借款于2021年6月30日到期，借款金额为2.5亿元。鉴于珠江纸业资金状况及需求，为解决珠江纸业资金需求，缓解资金压力，珠江纸业以造纸机设备作为标的物，以售后回租方式申请融资租赁。

珠江纸业出具融资租赁业务比选方案，方案中以融资成本作为比选要求，最低者为第一名即为中选者。中远设备融资租赁有限公司、康康融资租赁有限公司、拜灯融资租赁有限公司，向珠江纸业提供融资合作方案参选。通过对3家融资租赁公司所提供的方案比选，中远设备融资租赁有限公司综合融资成本最低，作为中选单位。

2021年6月22日，珠江纸业与中远设备融资租赁有限公司签订所有权转让协议与融资租赁合同，合同约定起租日为2021年6月25日，租赁期限为4年，共16期。租赁利率（季）为1.1875%，租赁成本为256,155,984.26元，其中，利息为23,124,593.38元，初始直接费用10,496,909.5元（见表6-5）。

2023年珠江纸业售后回租业务的后续处理包括2个方面：支付融资租赁租金、计提使用权资产折旧。

为进一步了解融资租赁的核算流程，请扫码获取融资租赁方案及合同签订等相关资料。

表 6-5 融资租赁申请

日期：2021年6月4日 编号：ZL-SQ202106001
单位名称：珠江纸业股份有限公司

拟融资项目	—	融资租赁设备名称	造纸机
融资租赁金额（大写）	贰亿贰仟贰佰伍拾叁万肆仟肆佰捌拾壹元叁角捌分		
租赁日期（起）	2021年6月25日	租赁日期（止）	2025年6月25日
可行性分析	①从资金成本角度看，售后回租能够为企业提供相对低成本的资金来源，相较于其他融资方式，其利率水平通常更具竞争力 ②从资产利用率角度，售后回租实现了企业资产的盘活，释放了固定资产占用的资金，提高了资产周转率 ③从风险分散角度，售后回租融资租赁能够帮助公司分散资金风险，避免因单一融资渠道导致的资金链断裂风险 ④从资金管理与还款方面，融资总额为2.5亿元，期限为4年，预计还款期内，公司的现金流足以覆盖还款金额，并留有足够余地应对突发情况综上所述，售后回租融资租赁具有较高的可行性，有助于企业优化资金结构，提升经营效率		
日期	部门	岗位	人员
2021年6月4日	财务部	资金会计	李燕
2021年6月4日	财务部	财务经理	胡洋
2021年6月4日	总经办	财务总监	钟淮敏
2021年6月4日	董事会	总经理	王旗

三 任务实施

1. 支付融资租赁租金

【场景6-20】2023年3月25日，珠江纸业向中远设备融资租赁有限公司按季度支付融资租赁租金。

认知识别 等额年金法

等额年金法又叫等额分期支付法或递延支付法，是将一项租赁资产在未来各租赁期内的租金金额按一定的贴现系数予以折现，使其现值总额恰好等于租赁资产的购置成本。

承租企业与租赁公司商定的租金支付方式，大多为后付等额租金，即普通年金。等额年金后付法的计算公式为：

$$R = PV \frac{i(1+i)^n}{i(1+i)^n - 1}$$

式中，R 为每期支付的租金；PV 为租赁资产的概算成本；n 为租赁期数；i 为租赁费率，即贴现率。

等额年金后付法的特点如下：①每期所付租金是相等的，对承租人来说，负担均衡便于合理安排资金。②每期租金中所含利息呈递减趋势。③每期租金中所含本金呈递增趋势。

分析研判 融资租赁租金测算

根据中远设备融资租赁有限公司的综合融资成本测算表，起租日为2021年6月25日，租赁期限为4年，租期为16期。租赁利率（季）为1.1875%，融资金额为222,534,481.38元，计算每期应还租金（见表6-6）。

表6-6		租金支付概算	单位：元
期数	租金支付日	每期应还租金	每期应还本金
首期款B	2021年6月25日	17,802,758.51	0
1	2021年9月25日	15,353,692.17	12,711,095.20
2	2021年12月25日	15,353,692.17	12,862,039.46
……	……	……	……
16	2025年6月25日	15,353,692.17	15,173,506.82
合计		263,461,833.23	222,534,481.38

注：完整表格扫码获取。

每期应还租金=融资金额÷[PV（租赁利率，租期，-1）]=222,534,481.38÷[PV（1.1875%，16，-1）]=15,353,692.17（元）

风险控制 租赁利率水平风险

如果租赁利率与市场利率存在较大的差异，可能导致公司的融资成本与市场水平不符，从而影响其市场竞争力。例如，租赁利率过高，将直接增加公司的租金支付压力，影响其资金流动性和盈利能力。

在签订融资租赁合同前，公司应对市场利率水平进行充分调研，合理评估自身的风险承受能力，了解行业平均水平和竞争对手的融资成本，以便在谈判中争取到较为合理的利率水平。

2. 计提使用权资产折旧

【场景6-21】2023年3月25日，珠江纸业对融资租赁租入的设备造纸机进行折旧计提。

认知识别 使用权资产折旧

融资租赁的设备在会计上被视为承租方的使用权资产。因此，折旧责任应由承租方承担。承租方可以按照与其所有固定资产相同的折旧方法进行折旧计提。折旧的方法包括但不限于年限平均法（直线法）和工作量法等。

分析研判 使用权资产计提折旧

珠江纸业对融资租赁租入的设备造纸机采用平均年限法（直线法）进行折旧（见表6-7）。

表6-7			使用权资产折旧明细				单位：元
序号	日期	原值（账面余额）	残值	月折旧额	累计折旧额	账面净值	账面价值
1	2023年1月31日	233,031,390.88	11,651,569.54	1,844,831.84	35,051,804.96	197,979,585.92	197,979,585.92
2	2023年2月28日	233,031,390.88	11,651,569.54	1,844,831.84	36,896,636.80	196,134,754.08	196,134,754.08
3	2023年3月31日	233,031,390.88	11,651,569.54	1,844,831.84	38,741,468.64	194,289,922.24	194,289,922.24
……	……	……	……	……	……	……	……
12	2023年12月31日	233,031,390.88	11,651,569.54	1,844,831.84	55,344,955.20	177,686,435.68	177,686,435.68

注：完整表格扫码获取。

（1）残值＝原值（账面余额）× 残值率＝233,031,390.88×5%＝11,651,569.54（元）。

（2）月折旧额＝原值（账面余额）×（1－残值率）÷（折旧年限×12）＝233,031,390.88×（1－5%）÷（10×12）＝1,844,831.84（元）。

风险控制　资产折旧方法选择

对于公司而言，在选择折旧方法时，应综合考虑公司的财务状况、生产需求、市场情况等因素。由于直线法简单明了和具有稳定性，可能是较为合适的选择。如果公司希望通过加速折旧来降低前期利润和税收负担，或者根据设备使用量的实际情况来计算折旧，那么也可以考虑其他折旧方法。工作量法要求珠江纸业根据设备实际使用量来计算折旧，这增加了计算的复杂性。

任务小结

融资租赁流程包括明确融资租赁需求，选择融资租赁方式，完成融资租赁立项，签订融资租赁合同，租后管理。任务实施聚焦于两大核心环节：一是融资租赁租金的精准测算，这直接关系到公司的融资成本与财务负担；二是融资租赁所有权转让，对使用权资产计提折旧，这是确保融资交易合法合规，风险可控的关键步骤。

"知识—业务"思维导图，如图6-23所示。

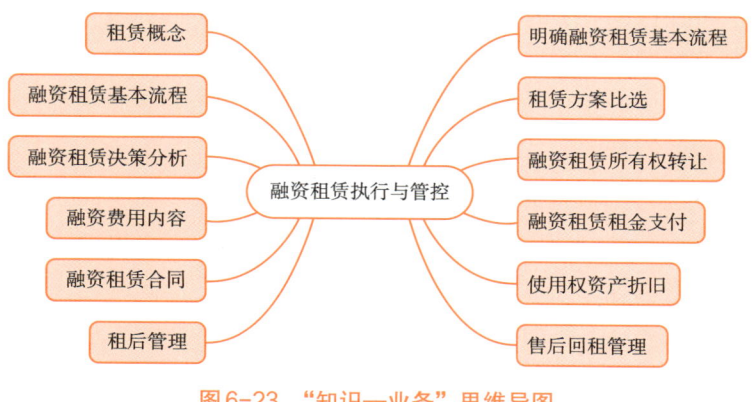

图6-23　"知识—业务"思维导图

任务5　发行债券执行与管控

【教学重点】发行债券的基本流程，发行债券价格测算。

【教学难点】债券实际筹资额计算，债券实际利率测算。

发行公司债券是筹集资金的一种重要方式，公司债券是公司依照法定程序发行，约定在一定期限还本付息的有价证券。债券是持券人拥有公司债权的书面证书，它代表债券持有人与发债公司之间的债权债务关系。

发行债券的执行与管控是一个复杂而系统的过程，旨在确保债券发行的合规性、效率性和风险控制。这一过程涉及债券发行计划的制定、审批、实施以及后续的风险管理和信息披露等环节。

任务导入

【场景6-22】 珠江纸业于2018年6月1日发行了公司债券，规模达8,500,000张，发行金额总计为883,915,000元，发行价格定为103.99元/张，比面值高（面值为100元/张），发行费用为12,750,000元，实际筹集资金为871,165,000元。珠江纸业于2021年5月18日发出债券回售申报的公告，并按100元/张的价格购买回售申请债券4,326,650张，金额为43,266.50万元。2023年5月18日珠江纸业发布了2017年债券最后一期利息兑付和债券摘牌的公告，本金兑付417,335,000元。2023年5月29日申请支付债券利息和回购本金共计438,368,684元。

认知识别 公司债券的概念

公司债券是公司依照法定程序发行、约定在一定期限还本付息的有价证券。债券是持券人拥有公司债权的书面证书，它代表债券持有人与发债公司之间的债权债务关系。

认知识别 公司债券发行程序

（1）做出发债决议。拟发行公司债券的公司，需要由公司董事会制定公司债券发行方案，并由公司股东大会批准，做出决议。

（2）提出发债申请。根据《中华人民共和国证券法》规定，申请公开发行公司债券，应当向国务院授权的部门或者国务院证券监督管理机构报送公司营业执照、公司章程、公司债券募集办法等正式文件，以及国务院授权的部门或者国务院证券监督管理机构规定的其他文件。按照《中华人民共和国证券法》聘请保荐人的，还应当报送保荐人出具的发行保荐书。

（3）公告募集办法。公司发行债券的申请经批准后，要向社会公告公司债券的募集办法。公司债券募集分为私募发行和公募发行。私募发行是以特定的少数投资者为指定对象发行债券，公募发行是在证券市场上以非特定的广大投资者为对象公开发行债券。

（4）委托证券经营机构发售。按照我国公司债券发行的相关法律规定，公司债券的公募发行采取间接发行方式。在这种发行方式下，发行公司与承销团签订承销协议。承销团由数家证券公司或投资银行组成，承销方式有代销和包销2种。代销是指承销机构代为推销债券，在约定期限内未售出的余额可退还发行公司，承销机构不承担发行风险。包销是由承销团先购入发行公司拟发行的全部债券，然后再出售给社会上的投资者，如果约定期限内未能全部售出，余额要由承销团负责认购。

（5）交付债券，收缴债券款。债券购买人向债券承销机构付款购买债券，承销机构向购买人交付债券。然后，债券发行公司向承销机构收缴债券款，登记债券存根簿，并结算发行代理费。

分析研判 债券发行历经波折

首先，珠江纸业从2017年7月10日着手准备发行公司债券，到2018年6月1日债券公开发行，历时近11个月之久。发行债券手续繁杂，使发行发债时间成本过高。其次，珠江纸业发行债券的担保人为一级央企，是国资委直接管理的授权经营企业。让一家实力较强的企业给债券担保，增信效果较为明显、容易被投资者接受、投资者范围较广、发行成本较低、程序比较成熟等。最后，公司主体长期信用等级为AA级，AA级代表企业信用级别优良，经营情况良好，盈利能力强，企业以往的信用记录良好等，企业具有一定抗风险能力。

我国目前发行企业债的门槛比较高，信用等级AA级是中国市场的投资级门槛标准。公司公开发行的公司债券信用等级为AAA级，债券评级AAA级说明债券的发行主体信用状况、经营状况、债券违约风险等降低，表示债务人有非常强的偿债能力。

风险控制 公司发行债券执行与管控风险点与应对措施

当公司发行债券时，风险管理应分阶段进行，以确保债券的顺利发行和市场的稳定，以下是根据债券发行过程的不同阶段，对风险点描述及对应措施的分析（见表6-8）。

表6-8 公司发行债券执行与管控风险点与应对措施

阶段	风险点	描述	对应措施
发行准备阶段	信用风险	发行人的信用状况直接影响债券的信用评级和市场接受度	提高发行人的信用评级，优化财务状况，增强偿债能力；加强信息披露，提高透明度
	法律合规风险	债券发行需符合相关法律法规和监管要求	聘请专业律师团队进行法律风险评估和合规审查；密切关注法律法规变化，调整发行策略
发行实施阶段	市场利率风险	市场利率的波动会影响债券的定价和投资者的收益率	进行充分的市场调研和预测，选择合适的发行时机和定价策略；考虑发行浮动利率债券或设置利率上限
	流动性风险	债券市场的流动性状况影响投资者的交易成本和投资回报	选择流动性较好的债券市场和交易平台；扩大投资者基础，提高债券的流动性
债券管理阶段	再融资风险	债券到期前需提前规划再融资方案，以确保资金的持续供应	提前规划再融资方案，确保资金持续供应；多元化融资渠道，降低对单一融资方式的依赖
	投资者关系管理风险	与投资者保持良好的沟通和关系对于维护公司形象和稳定市场情绪至关重要	建立健全投资者关系管理机制，定期与投资者沟通；及时、准确、全面地披露相关信息

三 任务实施

【场景6-23】2023年5月29日珠江纸业偿还债券本金，支付债券最后一次利息，申请支付债券利息和回购本金共计438,368,684元（见图6-24）。

付款申请单

申请部门	证券部	申请人	黄若语	日期	2023年5月29日
收款单位	中国证券登记结算有限责任公司上海分公司				付款内容：兑付债券本息
付款方式	电汇				
开户银行	中国建设银行股份有限公司上海市分行				
账号	63156161516513155615				
付款金额（大写）	肆亿叁仟捌佰叁拾陆万捌仟陆佰捌拾肆元整	付款金额（小写）	438,368,684	付款类型	应付款

图6-24 付款申请单

认知识别 公司债券偿还

公司债券偿还是指发行公司按照债券发行时所约定的条件和期限，向债券持有人清偿债券本金及相应利息的行为。这一行为是债券合同中债券发行人（即公司）对债券持有人（即投资者）所承担的法律义务。

公司债券的偿还方式多样，包括到期一次直接偿还、提前从证券市场买回债券、向债券持有人赎回债券、分期分批偿还以及举借新债偿还旧债等。这些方式的选择取决于公司的财务状况、市场条件和债券合同的约定。

债券的偿还期限是指从债券发行之日起至偿清本息之日止的时间间隔。根据偿还期限的长短，债券可分为短期债券、中期债券和长期债券。偿还期限的选择反映了公司资金需求和使用计划的时间安排。

分析研判 债券到期，还本付息

2023年5月18日珠江纸业发布了债券最后一期利息兑付和债券摘牌的公告（见图6-25），本金兑付417,335,000元。债券利息=债券面值×票面利率=417,335,000×5.04%=21,033,684（元）；债券在2021年兑付回售3,432,665,000元（结合项目六知识拓展），因此，8.5亿债券目前剩余面值为417,335,000元。2023年5月29日申请支付债券利息和回购本金共计438,368,684元。

风险控制 债券偿还的信用风险控制

债券偿还的信用风险控制对于公司来说至关重要。信用风险，即公司因各种原因无法按时履行偿债义务，可能给投资者带来损失的风险，这不仅影响公司的市场声誉，还可能对公司的融资能力和长期发展产生深远影响。

> 证券代码：888888　　　　证券简称：珠江纸业　　　公告编号：2023-041
> 债券代码：999999　　　　债券简称：17珠纸01
>
> **珠江纸业股份有限公司**
> **关于"17珠纸01"公司债券本息兑付和摘牌公告**
>
> > 本公司董事会及全体董事保证本公告内容不存在任何虚假记载、误导性陈述或者重大遗漏，并对其内容的真实性、准确性和完整性承担个别及连带责任。
>
> 兑付债权登记日：2023年5月24日
> 债券停牌起始日：2023年5月25日
> 兑付资金发放日：2023年5月29日
> 摘牌日：2023年5月29日
>
> 珠江纸业股份有限公司（以下简称"发行人"或"本公司"）2018年5月29—31日发行的2017年公司债券（以下简称"本期债券"），将于2023年5月29日开始支付2022年5月29日至2023年5月28日期间最后一个年度利息和本期债券的本金。为保证本息兑付工作的顺利进行，现将有关事项公告如下：
>
> **一、本期债券的基本情况**
> 1. 债券名称：珠江纸业股份有限公司2017年公司债券
> 2. 债券简称：17珠纸01
> 3. 债券代码：999999
> 4. 发行总额：人民币8.5亿元；2021年5月18日，本公司发布了《珠江纸业股份有限公司关于"17珠纸01"公司债券回售结果的公告》，回售申报期内"17珠纸01"的回售申报数量为4,326,650张，回售实施完毕后，17珠纸01公司债券余额为41,733.5万元。
> 5. 债券期限：期限为5年，附第3年末调整票面利率选择权及投资者回售选择权。
> 6. 债券利率：票面利率为5.04%，在债券存续期内前3年固定不变，附第3年末发行人调整票面利率选择权；2019年5月6日，本公司发布了《珠江纸业股份有限公司关于17珠纸01公司债券票面利率调整的公告》，决定不上调17珠纸01存续期后2年的票面利率，即17珠纸01的未被回售部分在债券存续期后2年票面年利率维持5.04%不变。
> 7. 债券发行批准机关及文号：本期债券经中国证券监督管理委员会证监许可〔2018〕023号文核准发行。
> 8. 债券形式：实名制记账式公司债券。
> 9. 起息日：为公司债券的发行首日，即2018年5月29日。
> 10. 付息日：为2019年至2023年每年的5月29日，若投资者行使回售选择权，则回售部分债券的付息日为自2019年至2021年每年的5月29日，前述日期如遇法定节假日或休息日，则兑付顺延至下一个工作日，顺延期间不另计息。
> 11. 兑付日：2023年5月29日。
> ……

图6-25　公司债券本息兑付和摘牌公告

为了有效管控这一风险，公司首先需要确保自身财务状况的稳健性。公司应建立科学的财务管理体系，通过优化财务结构，提高盈利能力，确保在债券到期时拥有充足的现金流用于偿还债务。同时，公司应密切关注市场动态，特别是利率的变化趋势，以便在债券定价时充分考虑利率风险，制定出更为合理的偿债策略。

在提升透明度和与投资者沟通方面，公司应定期发布财务报告，及时公告重大事项，并积极回答投资者的提问。这有助于投资者全面了解公司的经营状况、财务状况和偿债计划，从而增强投资者对公司的信心，降低信用风险。

此外，公司还需建立完善的偿债保障机制。通过设立偿债基金、提供抵押或担保等措施，公司可以在无法按时偿债时，为投资者提供必要的保障和补偿。这种机制不仅能够保护投资者的利益，也有助于提升公司的信用评级，降低融资成本。

知识拓展 债券发行场景

为进一步了解债券筹资的全流程，请扫码获取债券发行方案审批、筹备与审核、执行与管控等相关资料。

任务小结

债券发行筹备与审核、执行与管控等内容重点在于发行债券的基本流程和价格测算，难点在于实际筹资额和利率的测算。通过模拟公司的发行债券案例，加深了对公司债券发行程序的理解，为实际操作提供指导。

"知识—业务"思维导图，如图6-26所示。

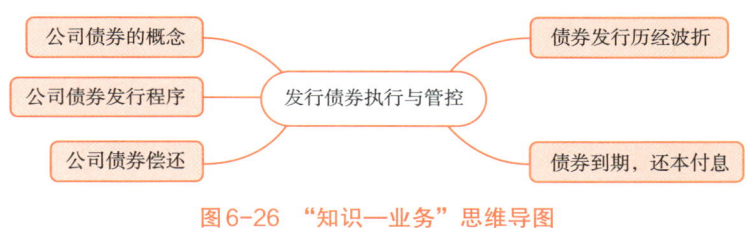

图6-26 "知识—业务"思维导图

任务6 其他方式筹资执行与管控

【教学重点】政府补助的类型与筹资流程，商业信用融资的方式、优势和风险管理。

【教学难点】理解政策补贴项目执行阶段风险点与应对措施，放弃现金折扣机会成本。

政府补助是政府为实现宏观经济调控、保障公共利益和促进社会发展而提供的一种财政支持方式，对于企业而言，政府补助是获取外部资金的重要途径之一，它不仅能帮助企业缓解资金压力，还能引导企业向符合国家战略的方向发展。然而，政府补助并非无条件给予，企业在申请、执行与管控过程中需严格遵守相关法律法规和政策要求。

商业信用融资是企业利用自身商业信誉和与上下游企业的合作关系，通过延期付款、预收账款等方式筹集短期资金的一种融资手段。它无须抵押物，手续简便，是企业日常运营中常见的筹资方式之一。然而，商业信用融资也伴随着一定的风险，如信用违约、资金链断裂等。

子任务 1　政府补助执行与管控

任务导入

【场景6-24】根据珠江纸业财务报告数据显示，2020—2022年政策补贴分别为70,710,969.24元、58,035,790.57元和102,598,945.66元，2022年比2021年增加了44,563,155.99元，增长率为76.79%，比2020年增长了45.10%。2021年仅为2020年的82.07%，不增反减，减少了17.93%。

认知识别　政府补助的定义和特征

政府补助，是指企业从政府无偿取得的货币性资产或非货币性资产，但不包括政府作为企业所有者投入的资本。首先，政府补助是无偿的，政府并不因此享有企业的所有权，企业也无须偿还；其次，政府补助是直接由企业从政府取得的资产，这些资产可以是货币性的，也可以是非货币性的；最后，政府补助不包括政府作为企业所有者投入的资本。

认知识别　政府补助的类型

政府补助的类型主要根据其形式来划分，包括财政拨款、财政贴息、税收返还和无偿划拨非货币性资产。

认知识别　政策补贴的申请条件

政策补助的申请条件为申请政策资金补助的企业必须具备合法经营资质，具有一定规模和较好的财务状况，改造项目符合相关政策，在相关领域具有一定的技术基础和市场前景。

分析研判　政府补助筹资方式预测

公司政策补贴预算由企业战略发展部制定。在制定政策补贴的流程中，需要综合考虑企业的战略目标、市场环境、政府政策导向以及企业内部资源等因素。

公司连续3年都有政府补助金额，随着政府对企业的税收优惠政策的实施以及对政府补助的重视，政府补助已逐渐成为企业融资的一种方式。所以预测2023年应该也可以享受政府补助，企业保持关注政府相关政策发布。

认知识别　建立政府补助项目筹资流程

公司应根据政府发布的通知，结合企业自身的实际情况，制定政府补助项目的业务流程（见图6-27）。

风险控制　政策补贴项目执行阶段风险点与应对措施

公司应积极响应政府政策，申报技术改造资金补助项目，在整个流程中，了解每个业务环节存在的风险点，并对每个风险点制定相应的应对措施（见表6-9）。

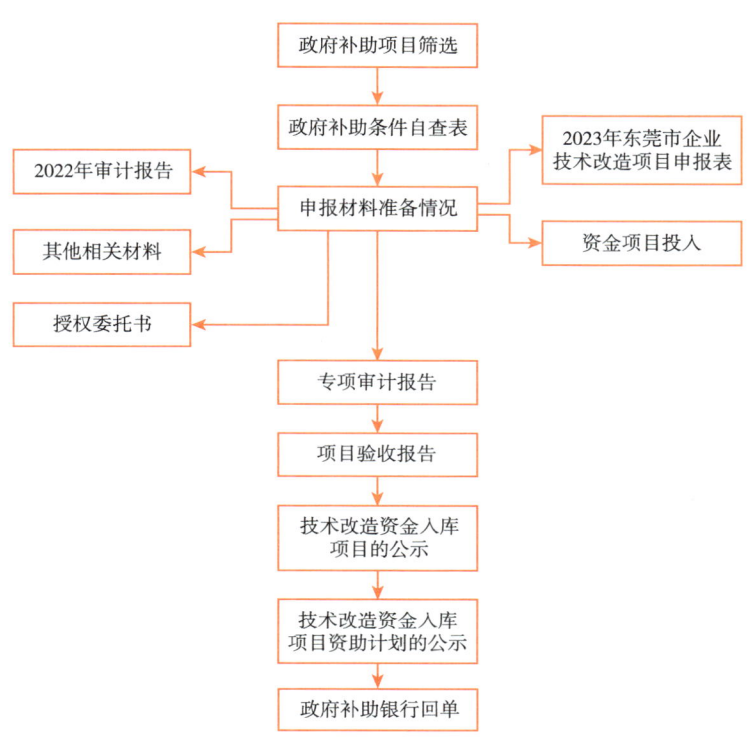

图 6-27　政府补助项目的业务流程

表 6-9　项目执行阶段风险点与应对措施

阶段	风险点	描述	应对措施
项目立项	政策理解	对政策的理解不准确，导致项目申请不符合要求或遗漏关键支持条件	深入研究相关政策文件，确保全面理解政策条款；与政策制定部门保持沟通，明确疑问；聘请专业顾问进行政策解读
项目立项	项目选择	选择的项目不符合企业战略或市场需求，难以实现预期效益	进行详细的市场调研和技术可行性分析，选择符合企业战略和市场需求的项目；建立项目评审机制，确保项目选择的科学性和合理性
项目申报	申报材料	申报材料准备不充分或不规范，导致申请失败或补贴金额减少	制订详细的申报材料清单，确保所有必要文件齐全；对材料进行多次审核，确保其规范性和准确性；借助专业机构或顾问的支持，提升材料质量
项目申报	时间管理	未能在规定的时间内提交申报材料，错过补助申请机会	制订详细的时间计划，明确各项工作的完成期限；设立时间节点监控机制，确保及时发现和解决进度问题
项目实施	资金使用	资金使用不当，未能专款专用或资金浪费，导致资金被追回或项目失败	建立严格的资金使用管理制度，确保资金使用的透明性和规范性；定期进行资金使用情况审计，及时发现和纠正问题
项目实施	项目进度	项目实施进度滞后，未能按时完成既定目标	制订详细的项目实施计划，明确各阶段的任务和目标；建立项目进度监控机制，定期检查项目进展，及时采取纠偏措施。
项目实施	质量控制	项目实施过程中出现质量问题，导致项目无法达到预期效果	建立完善的质量控制体系，确保项目每个环节的质量达到标准；定期进行质量检查，及时发现和解决质量问题

续表

阶段	风险点	描述	应对措施
项目验收	项目成果	项目成果未达到预期效果，无法通过验收	在项目实施过程中，定期评估项目进展和效果，确保项目按预期进行；在项目验收前，进行内部评估和预验收，确保项目成果符合要求
	验收材料	验收材料准备不充分或不规范，影响验收结果	制订详细的验收材料清单，确保所有必要文件齐全；对材料进行多次审核，确保其规范性和准确性
后续管理	绩效评价	项目绩效评价不准确，影响后续政策补助申请和项目管理	建立科学的绩效评价体系，客观、公正地评价项目实施效果；定期进行绩效评价，总结经验教训，为后续项目提供参考
	合规性	项目实施和资金使用过程中违反相关法律法规，导致法律责任和经济损失	加强法律法规的培训和宣传，确保所有相关人员了解并遵守相关规定；建立合规检查机制，定期进行合规性检查，及时发现和纠正问题
应急预案和风险监控	应急预案	项目实施过程中突发意外情况，影响项目进展和成果	制定详细的应急预案，明确应对突发情况的措施和责任人；定期进行应急预案演练，确保相关人员能够有效应对突发情况
	风险监控	风险监控不到位，未能及时发现和应对风险	建立全面的风险监控体系，确保对所有关键风险点进行有效监控；定期进行风险评估和分析，及时调整风险管理策略

1. 政策发布

【场景6-25】政府发布《关于组织申报2023年东莞市企业技术改造资金项目入库的通知》（见图6-28）。

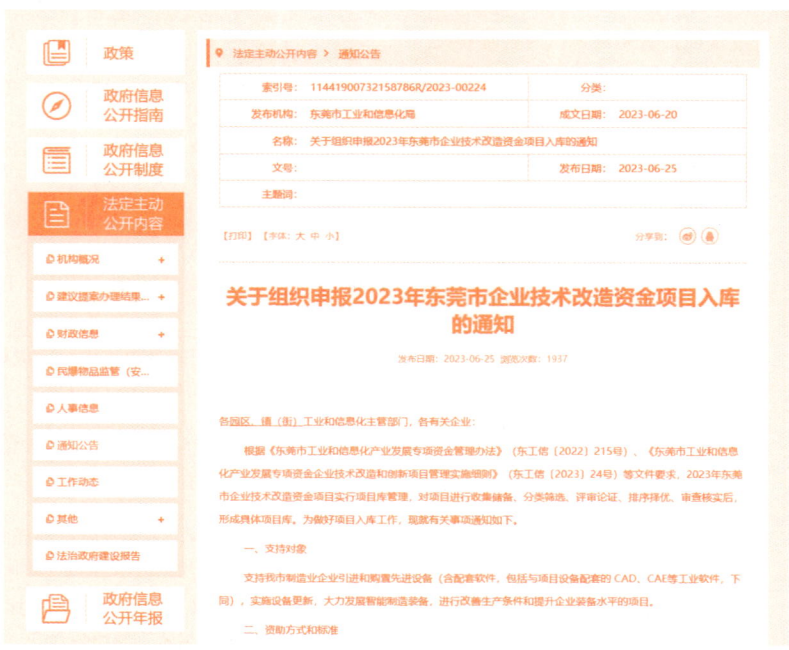

图6-28 政府发布《关于组织申报2023年东莞市企业技术改造资金项目入库的通知》

2023年6月15日，广东省东莞市工业和信息化局发布了《关于组织申报2023年东莞市企业技术改造资金项目入库的通知》（以下简称《通知》）支持东莞市制造业企业更新、引进和购置先进设备，进行改善生产条件和提升企业装备水平的项目。

认知识别 企业技术改造资金补助定义和要求

企业技术改造资金补助是一种由政府或相关机构提供的资金支持，用于帮助企业进行技术升级和改造，以提升生产效率、产品质量、降低生产成本以及促进环保合规。这种资金补助对于企业特别是中小企业在面对技术创新和升级时提供了重要的财务支持。

《通知》中要求申报企业为东莞市制造业企业，申报项目在2022年1月1日（含）至2023年3月31日（含）期间投入不低于500万元，与2022—2024年相关资金项目不相冲突，符合资助条件，文件并对项目承担营业收入、利润、税收、投入规模、项目的示范性等提出明确要求，通过竞争性分配方式。

2. 企业进行筛选与自查

【场景6-26】2023年6月，珠江纸业利用大数据工具搜索相关政策，并对政府补助相关条件进行自查比对（见图6-29）。

政府补助筛选项目

一、了解政府补助政策

（1）访问政府官方网站或相关部门的窗口平台，查阅最新的政府补助政策文件，特别关注与造纸行业相关的政策。

（2）利用第三方平台或咨询机构，实时跟踪和解读政府补助政策信息，以获取最新的补贴项目清单。

政府官方网站：访问当地政府（如东莞市政府）的官方网站，通常会有一个"政策发布"或"政务公开"的板块，其中会发布与本地企业相关的政府补助政策。

国家及省级政策网站：如中国政府网、广东省政府网等，这些网站会发布国家及省级层面的政策信息，包括与造纸行业相关的补助政策。

第三方政策服务平台：如企知道、查策网、比目镜等，这些平台会实时更新全国各地的政策信息，并提供政策查询、匹配和推送等服务，帮助企业更高效地找到适合的补助项目。

二、评估企业情况

（1）对企业进行自我评价，包括技术先进性、研发状况、财务状况、市场前景等方面，确保企业符合政府补助政策的基本条件。

（2）分析企业所在行业或领域的发展状况，以及政府对该行业的支持程度，选择与企业发展战略相匹配的补助项目。

三、筛选合适的补助项目

（1）根据政府补助政策的类型（如资质认定资金、科技研发资金、产业化资金、应用推广类资金等），结合企业实际情况，筛选出适合企业的补助项目。

（2）关注补助项目具体条件、要求、补助金额、补助期限等信息，确保企业能够满足项目的申报要求。

现根据相关信息查到相关项目如下，请结合企业自身情况选择合适的项目。

级别	项目类型	补助项目名称	补助金额（万元）	受理部门	申报条件	申报时间	政策	请选择
市级	技术改造	2023年东莞市企业技术改造资金项目	投入金额的10%，最高不超过1,000万元，择优补贴，入库后按资金预算情况折扣调整	东莞市工业和信息化局	①2022年1月1日（含）至2023年3月31日（含）期间投入不低于500万元 ②申报企业未获得过2022—2024年技术改造补助资金 ③正常生产经营，不存在不予补助相关情形	2023年6月25日—7月7日	关于组织申报2023年东莞市企业技术改造资金项目入库的通知	及时申报
省级	技术改造	广东省先进制造业发展专项资金（企业技术改造项目）	按珠三角地区不超过新设备购置额的20%进行奖励，粤东、粤西、粤北地区不超过新设备购置额的30%进行奖励，单个项目奖励额最高不超过5,000万元，具体奖励比例根据竞争性评审遴选后的项目设备更新额度等因素确定	各地工业和信息化主管部门	2023年3月31日（含）前完工并通过验收的2019年已获支持的设备事前奖励项目	2023年3月20日—4月3日	《广东省工业和信息化厅关于下达2023年广东省先进制造业发展专项资金（企业技术改造）项目计划的通知》（粤工信技改函〔2022〕14号）	不予考虑
市级	稳企稳岗	东莞市吸纳就业困难人员社保补贴项目	每人5,000元	东莞市人力资源和社会保障局	招用省内及协作地区的脱贫人口，与其签订1年及以上劳动合同，按规定缴纳6个月以上社会保险费	未开始	《广东省进一步稳定和扩大就业若干就业措施》的实施意见（东府202154号）	重点关注

四、计划安排

经过初步筛选：

（1）广东省先进制造业发展专项资金企业技术改造项目，已过申报期，且本公司项目不满足申报条件，不予考虑。

（2）东莞市吸纳就业困难人员社保补贴项目，尚未开始，预计7—9月公布相应政策，故应重点关注政策公布情况。

（3）2023年东莞市企业技术改造资金项目，于2023年6月25日公布，申报截止日到2023年7月7日，应进一步自查及时申报。

财务部

2023年6月30日

图6-29 政府补助筛选项目

认知识别 企业对自身是否满足申报资格的项目评估

根据通知要求对企业满足申报资格的项目评估和筛选。

（1）商务性评估：企业营业资格（营业执照和法定代表人身份证）、荣誉证书、承诺书、2022年财务审计报告等，项目申报表要求填制前3年的资产总额、负债总额、所有者权益、营业收入、工业总产值、利润总额、研发经费支出、实缴税金、工业投资的金额。

（2）技术性评估：项目投入规模，项目可行性分析报告，示范性和先进性阐述，规定建设期内购买设备和技术投入相应的合同、发票（报关单）、银行付款凭证（银行承兑汇票）、设备照片、铭牌照片等佐证材料。

分析研判 企业进行项目筛选与自查

（1）项目筛选。珠江纸业通过大数据搜索找到3项政府补助政策，根据政府补助政策类型，财务部结合企业实际，广东省先进制造业专项资金补助已过申报期不予考虑，东莞市吸纳就业困难人员社保补贴项目尚未开始，而东莞市级技术改造资金项目于2023年6月25日公布，申报截止日到2023年7月7日，可以进一步自查及时申报。

（2）政府补助项目自查。珠江纸业通过自查，自查结果符合申报条件，生产设备改造项目投入资金8,321.74万元，预计可补贴资金为208.04万元（见表6-10）。

表6-10　　　　　　　　**2023年东莞市企业技术改造资金项目政府补助条件自查表**

时间：2023年6月30日

法律法规文件	补助条件		公司情况	是否符合补助条件
《2023年东莞市企业技术改造资金项目入库申报指南》	一般条件	基本情况	珠江纸业是东莞市具有独立法人资格的制造企业，具有健全的管理制度和内控制度	符合
		项目投入金额	生产设备项目于2022年11月1日至2023年3月31日期间投入金额为8,321.74万元	符合
	其他条件	项目补助情况	公司于2022—2024年未获得过技术改造相关的技术改造项目补助	符合
《关于东莞市科技发展和产业转型升级财政专项资金不予资助具体范围的若干规定》	禁止条件	行政处罚	累计受到3次行政处罚，已整改且金额均在3,000元以下	符合
		用能情况	重点用能单位，且通过了2021年节能考核，2022年情况尚未公布	符合
		其他	略	符合
自查结果	符合		补助条件，预计可补贴的资金为	208.04万元

风险控制 申报名额和补贴额度的影响

《通知》中明确了申报企业未获得过2023年广东省先进制造业发展专项资金（企业技术改造）项目、2022年市级技术改造资金项目、2024年广东省先进制造业发展专项资金（企业技术改造）项目、2023年省市联动企业技术改造资金（市级部分）项目、2022年东莞市工业和信息化局智能工厂（车间）项目、2023年东莞市工业和信息化产业发展专项资金智能工厂（车间）项目和2023年东莞市工业和信息化专项资金"专精特新"企业技改项目的资助。企业应该熟知各项资金补贴政策的要求，了解各个项目补助的申报名额。

资金补贴政策对申报项目的设备购置额度、单一项目奖励额度都有明确要求。企业需要根据往年的政策进行规划，择优选择资金补助项目。

3. 收集资料，进行项目申报

【场景6-27】2023年6月，珠江纸业研读申报指南，根据政策收集相关的申请表、明细表等附件材料，填写申报书（见图6-30）。

```
附件1：
```

2023年东莞市企业技术改造资金项目申请表

申 报 单 位：（加盖公章）　珠江纸业股份有限公司

项 目 名 称：　生产线技术改造项目

企业所属镇街（园区）：　东莞

项目实施详细地址：　广东省东莞广麻大道258号

图6-30　企业政府补助项目申报截图

认知识别　企业技术改造资金补助申报流程

研读《通知》和申报指南，制订申报计划。准备材料包括详细的项目申请书、2022年财务报表、信用证明等财务材料，及项目投入明细、设备技术投入等佐证。还需提供技术报告、专家意见等其他支持材料。通过政府指定平台提交材料，确保完整规范，及时跟进申报进度并补充完善材料。

分析研判　企业技术改造资金补助申报材料清单

2023年7月3日，珠江纸业编制申请材料清单（见表6-11），确定申报材料按照文件规定的整理、打印成册，装订报送相关职能部门。

表6-11　　　　2023年东莞市企业技术改造资金项目政府补助申报材料清单

日期：2023年7月3日

序号	名称	是否准备妥当
1	项目申请表（附件1）	是
2	项目投入明细表（附件2）	是
3	项目承诺书（附件3）	是
4	法定代表人（负责人） 授权委托书（当经办人为非法定代表人时）（附件4）	是
5	企业营业执照和法定代表人身份证复印件	是
6	经会计师事务所出具的2022年财务审计报告	是
7	项目设备和技术投入相应的合同、发票（报关单）、银行付款凭证（银行承兑汇票）、设备照片、铭牌照片等佐证材料	是
8	项目承担单位获得荣誉情况（制造业创新中心、企业技术中心、专精特新、"小巨人"、倍增计划、清洁生产、节水型企业、绿色工厂等）	略

以上申报材料按顺序依次编排，并用A4纸张带水印双面打印，胶装成册；书脊标注"镇街+企业名称"，目录应列明所提交的各项文件材料及页码，并在材料侧面加盖骑缝公章，1式2份；同时，项目材料装订好后应先送属地所在镇街（园区）工业和信息化主管部门加盖审核意见（公章），再送市工业和信息化局技术创新与投资科

风险控制　项目申报阶段的风险控制

公司在技术改造政府补助资金申报和材料准备阶段，存在多重风险。第一，必须确保所有申报材料的真实性、完整性和准确性，否则可能导致申报失败并承担相应责任。政府部门会核查材料的真实性，虚假材料将严重影响申报结果。第二，企业还需注意政策与流程风险。政府政策可能随时变动，企业必须保持关注，确保符合最新要求。另外，对申报流程的不熟悉也可能导致操作失误，进而影响申报进度和成功率。

4. 项目验收与入库

【**场景6-28**】2023年12月11日，工信局发布2023年东莞市企业技术改造资金入库项目的公示，珠江纸业申报的AMPM节能提质生产线项目经过审核流程予以公示（见图6-31）。

2023年东莞市企业技术改造资金项目第一期资助计划的公示

发布日期：2023年12月11日

根据《东莞市工业和信息化产业发展专项资金管理办法》（东工信〔2022〕215号）、《东莞市工业和信息化产业发展专项资金企业技术改造和创新项目管理实施细则》（东工信〔2023〕24号）等文件要求，我局完成了2023年东莞市技术改造资金项目入库申报工作。根据工作安排，现将2023年东莞市企业技术改造资金项目第一期资助计划予以公示。

公示期间，如有异议，请以书面方式向市工业和信息化局技术创新与投资科反映。以个人名义反映情况的，请提供真实姓名、联系方式、反映的具体事项以及相关的证明材料；以单位名义反映情况的，请提供单位真实名称（加盖公章）、联系人、联系方式、反映的具体事项以及相关的证明材料。

公示时间：2023年12月11—17日

受理单位：市工业和信息化局技术创新与投资科

地址：南城街道鸿福西路68号塞纳嘉园二楼

电话：0769-2222××××

附件：2023年东莞市企业技术改造资金项目第一期资助计划

东莞市工业和信息化局

2023年12月11日

序号	项目名称	项目单位	所属镇街	第一期资助金额（万元）
1	电子产品玻璃防护屏产线技术改造项目	达濠科技（东莞）有限公司	松山湖	492.70
2	泰科电子公司电子元件及其线速自动化	泰科电子（东莞）有限公司	厚街	325.82
3	碳化硅外延晶片生产线技术改造项目	广东天域半导体股份有限公司	松山湖	242.67
4	电源供应器和散热器件生产线自动化	台达电子（东莞）有限公司	石碣	239.96
5	东莞三星视界OLED显示屏组装技术改革	东莞三星视界有限公司	厚街	238.51
6	绿色环保纸制品生产线技术改造项目	广东海富智能环保科技有限公司	厚街	232.59
7	APMP生产线节能提质技术改造项目	珠江纸业股份有限公司	麻涌镇	172.04
8	FA自动化零部件生产线技术改造项目	东莞怡合达自动化股份有限公司	横沥	168.15
9	织染整印设备技术改造	东莞沙田丽海纺织印染有限公司	沙田	137.46
10	彩盒产品生产技术改造项目	东莞市东奕昌明印刷有限公司	东城	104.44

图6-31　政府技改项目第一期资助计划公示

认知识别　项目验收与项目入库

项目验收由政府工信部门组织，通过资料审查和现场核查评估项目完成情况。企业需提供真实材料，如实施情况汇报和财务报表。项目入库要求企业为当地注册的工业企业，项目需符合产业政策，主要支持技术升级改造，不支持落后产能项目。企业须在线申报，经政府审核公示后，项目方可入库。

分析研判　企业技术改造资金补助项目验收与入库

在验收阶段，会计师事务所出具《2023年东莞市企业技术改造专项资金申请入库项目专项审计报告》（请扫码获取），认为项目购置的设备对应合同、发票、付款凭证等票据材料均齐整。

【**场景6-29**】东莞市工业和信息化局委托第三方广东东信会计师事务所对2023年东莞市企业技术改造专项资金申请入库项目组织现场验收，并出具现场验收报告。珠江纸业APMP生产线节能提质技术改造项目符合验收与入库条件，予以公示（见图6-32）。

```
               现场验收报告
              验收报告5998号
   项目名称：APMP生产线节能提质技术改造项目
   项目单位（盖章）：珠江纸业
   项目联系人：李燕
   联系电话：1307598×××
   第三方机构：广东东信会计师事务所（特殊普通合伙）
   项目组织部门：东莞市工业和信息化局
   现场验收日期：2023年9月25日
   ……
```

图6-32　政府技改项目现场验收报告

风险控制　企业技术改造资金补助项目验收与入库阶段风险控制

（1）由于政策可能会有所变动，因而企业应时刻关注政府官网或相关渠道以获取最新的政策信息和申报指南。

（2）公司在验收阶段提供的所有材料必须真实有效，否则可能导致申报失败或受到相关处罚。

（3）公司在项目验收过程中，企业应积极配合政府部门和第三方服务机构的工作，确保验收的顺利进行。

5. 政府补助资金到账

【**场景6-30**】2023年12月11日，工信局完成2023年东莞市企业技术改造资金入库，公示第一期改造资金安排，珠江纸业可以获得第一期资助金额为172.04万元（见图6-33）。

中国工商银行 业务回单 收款 凭证

日期: 回单编号: 976696959

收款人户名: 珠江纸业股份有限公司 收款人开户行: 中国工商银行东莞市长安支行

收款人账号: 1901322412455631285

付款人户名: 东莞市财政局 付款人开户行: 中国建设银行东莞市分行

付款人账号: 6217008575295985988822

金额合计（大写）: 壹佰柒拾贰万零肆佰元整 小写: 1720400

业务（产品）种类: 凭证种类: 4933036 凭证号码: 67663522558889

摘要: 工信局补助资金 用途: 用于APMP节能提质生产 币种: 人民币

交易机构: 102557060409 记账柜员: 81041 交易代码: 75972 渠道: 网上银行

附言: 无

支付交易序号: 33491795 报文种类: 大额客户发起普通储蓄 委托日期: 2023-12-25 00:00

业务类型（种类）: 普通汇兑 指令编号: HQP935295985 提交人: 4615569404522530

最终授权人: 无

本回单为第一次打印，注意重复 打印日期: 2023-12-25 打印柜员: 9 验证码: 930P1TUXHS79

图6-33 政府技改项目补助资金到账银行回单

认知识别 企业技术改造资金补助资金使用规定

（1）补贴资金到位。在获得补贴资金后，企业应按照计划使用资金，确保资金使用的合理性和合规性。

（2）资金管理。建立健全的资金管理制度，确保补贴资金专款专用。

分析研判 企业技术改造资金补助到账

2023年12月25日，珠江纸业收到东莞市财政局拨款172.04万元，收到银行电子回单。珠江纸业财务核对银行电子回单付款人、金额等相关信息。

子任务2 商业信用融资执行与管控

任务导入

【场景6-31】2023年2月正值春节期间，珠江纸业发放职工工资和企业结算频繁，短期资金需求加大，利用珠江纸业历史采购合同分析，珠江纸业的采购合同普遍采用赊销形式，信用期限在30~90天，供应商一般会采用现金折扣优惠政策，珠江纸业决定采用应付账款筹资的方式来解决资金短缺问题。

认知识别 商业信用融资的定义

商业信用融资的定义：商业信用融资是指企业之间在买卖商品时，以商品形式提供的借贷活动。它实质上是一种债权债务关系，基于企业间的商品交易而产生。

认知识别 商业信用融资形式

利用商业信用融资，主要有以下3种形式：①应付账款融资：通过延迟支付供应商的货款来获得短期融资。②预收账款融资：通过向客户预收货款进行融资。③商业汇票贴现：将未到期的商业汇票提前贴现以获得流动资金。

分析研判 商业信用融资可行性

根据对珠江纸业历史合同商务大数据分析，珠江纸业签订的合同普遍信用期限在30~90天，说明珠江纸业短期资金需求可以通过商业信用的方式进行融资。

风险控制 供应商信用风险评估

供应商信用风险：公司应评估供应商的信用状况，若供应商信用不佳，可能导致无法按时提供货物或服务，进而影响企业的正常运营。为防范供应商信用风险，公司应深入调查与评估供应商的历史付款记录、财务状况及行业声誉等关键指标；实施多元化供应商策略，避免过度依赖单一供应商；定期审查供应商信用状况，并根据审查结果及时更新供应商名单，降低合作风险。

三 任务实施

【**场景6-32**】2023年2月26日，珠江纸业与广东丰云绳网带有限公司签订一份采购合同（见图6-34），该供应商的信用条件为"2/10，n/30"，珠江纸业是否准备享受现金折扣？

采购合同

购买方（甲方）：珠江纸业股份有限公司　　　　　合同编号：HT20230226012
　　　　　　　　　　　　　　　　　　　　　　　签订地点：东莞市
销售方（乙方）：广东丰云绳网带有限公司　　　　　签订时间：2023年2月26日

经双方友好协商，就甲方向乙方采购引纸绳事项达成如下协议。

序号	商品名称	规格型号	品牌	单位	不含税单价	数量	不含税金额
1	引纸绳	12mm	—	M	5	12,800.38	64,001.90
不含税金额合计							64,001.90
价税合计人民币	柒万贰仟叁佰贰拾贰元壹角伍分（￥72,322.15）						

一、产品质量：货物符合质量、安全要求。
二、交货地点、方式：珠江纸业股份有限公司仓库。
三、运输方式及到达站港和费用负担：火车运输，费用由乙方承担。
四、交货时间：合同签订甲乙双方签字盖章，收到甲方发货通知单后4天内。
五、发票情况：13%增值税专用发票。
六、包装标准、包装物的供应与回收：防水防潮防火。
七、结算方式：票到（或货到）月结30天。
八、折扣优惠：购买方在信用期内10天付款，可享受2%的现金折扣。

九、付款方式：电汇。

十、违约责任：如果乙方逾期交货的，应向甲方按日支付相当于逾期交货部分0.5%的违约金，交货期到期后超过30天未交货，甲方有权解除合同，乙方需无条件全额退款。

十一、解决合同纷的方式：双方协商解决，协商不成向合同签订地人民法院起诉。

十二、其他约定事项。

1. 本合同产品数量因用料等影响会导致不同，以实际发货数量为准，合理损耗为按每批发货数量的0.5%。

2. 下年付款方式与供应商评级有关，在供应商分级中被评为A级，贷款中10%将于3个月之后支付，被评为B级，贷款中20%将于5个月之后支付，如果被评为C级，货款中30%将于6个月之后支付。

3. 本合同一经订立，双方不得更改或擅自解除，如需修订，只能以双方盖章的书面文件（包括传真件）进行，该类文件是本合同的有效组成部分。

4. 任何一方对于下列原因而导致不能或暂时不能履行全部或部分合同义务的不负责任，如水灾、火灾、地震、战争。

十三、本合同经双方签字、盖章后生效，传真件具有同等的法律效力。

甲方：珠江纸业股份有限公司	乙方：广东丰云绳网带有限公司
单位地址：广东省东莞广麻大道258号	单位地址：广州市天河区车站100号
法定代表人：王旗	法定代表人：王昱
委托代理人：卢宛玲	委托代理人：李翔
电话：1367782×××	电话：1367526×××
传真：0769-8882×××	传真：020-8537×××
开户银行：中国工商银行东莞市长安支行	开户银行：中国建设银行车站路支行
账号：1901322412455631285	账号：6226750623882426417 5
税号：91441900MA3CCA2C89	税号：91440100MA4L75238Q

图6-34　珠江纸业与供应商签订现金折扣优惠政策的采购合同

认知识别　认识现金折扣

现金折扣是指企业为了鼓励购货方在一定时期内早日付款而给予的价格扣除。现金折扣通常采取一种特定的表示形式，例如"2/10，n/30"。这里的"2/10"意味着如果购货方在发票日期后的10天内付款，将享受2%的折扣；"n/30"则表示如果购货方在30天内付款，则须支付发票的全额金额，不享受任何折扣。

分析研判　签订现金折扣结算方式合同

珠江纸业与广东丰云绳网带有限公司签订采购合同，合同条款第八条明确折扣优惠：购买方在信用期限10天付款，可以享受2%的现金折扣。

风险控制　签订有现金折扣条件的付款条款的风险

资金流动性风险：现金折扣通常要求购买方在较短的时间内（如10天或20天）完成付款以享受折扣。这可能导致购买方需要提前调配资金，影响其资金流动性。如果购买方因资金紧张而无法在折扣期内完成付款，将失去享受折扣的机会，增加采购成本。

合同履行风险：如果双方对现金折扣条款的理解存在分歧或模糊之处，可能导致合同履行过程中的争议和纠纷。如果购买方未能在折扣期内完成付款，可能需要根据合同约定承担相应的违约责任，如支付违约金等。

【场景6-33】 珠江纸业3月2日收到送货单，3月6日收到采购发票，根据合同规定，交货时间为收到甲方发货通知单后4天（3月6日），企业享受现金折扣，3月16日申请付款（见图6-35和图6-36）。

付款申请单

单位：珠江纸业股份有限公司

申请部门	采购中心	申请人	卢宛玲	日期	2023年3月16日
收款单位	广东丰云绳网带有限公司			付款内容：	
付款方式	电汇			货款	
开户银行	中国建设银行车站路支行				
账号	62267506238824264175				
付款金额（大写）	柒万零捌佰柒拾伍元柒角壹分	付款金额（小写）	70,875.71元	付款类型	应付款

日期	部门	岗位	人员	意见	备注
2023年3月16日	总经办	副总经理	赵云飞	同意	
2023年3月16日	财务部	材料会计	王云飞	同意	
2023年3月16日	财务部	财务经理	胡洋	同意	
2023年3月16日	总经办	财务总监	钟淮敏	同意	
2023年3月16日	财务部	出纳	唐伯瑞	同意	

图6-35 珠江纸业付款申请单

ICBC 中国工商银行 业务回单 付款 凭证

日期：2023年03月16日　　回单编号：341772091

收款人户名：广东丰云绳网带有限公司　　收款人开户行：中国建设银行车站路支行
收款人账号：62267506238824264175
付款人户名：珠江纸业股份有限公司　　付款人开户行：中国工商银行东莞市长安支行
付款人账号：1901322412455631285
金额合计（大写）：柒万零捌佰柒拾伍元柒角壹分　　小写：70875.71
业务（产品）种类：网银互联　　凭证种类：6420293　　凭证号码：9766373623372
摘要：货款　　用途：无　　币种：人民币
交易机构：0190010180　　记账柜员：00132　　交易代码：52139　　渠道：网上银行

附言：无
支付交易序号：91387893　　报文种类：小额客户发起普通贷款　　委托日期：2023-03-16 00:00
业务类型（种类）：普通汇兑　　指令编号：HQP065663853　　提交人：0920101905200002
最终授权人：无

本回单为第一次打印，注意重复　　打印日期：2023-03-16　　打印柜员：10　　验证码：130E3UUGKV1

图6-36 珠江纸业享受现金折扣付款银行回单

认知识别 放弃现金折扣机会成本的计算

$$放弃现金折扣的成本 = \frac{折扣率}{1-折扣率} \times \frac{360}{信用期（付款期）-折扣期}$$

放弃现金折扣的成本与折扣率的大小、折扣期的长短同方向变化，与信用期的长短反方向变化。

分析研判 放弃现金折扣成本的计算

如果珠江纸业不在10天内付款，放弃现金折扣的成本 =2%÷（1-2%）×360÷（30-10）×100%=36.73%

如果珠江纸业该笔资金有其他投资机会，投资回报率大于放弃现金折扣的成本36.73%，应放弃现金折扣。如果这笔资金没有其他投资机会，银行贷款利率是年利率3.65%，鉴于放弃现金折扣的成本远高于银行贷款利率，珠江纸业应选择享受现金折扣。

风险控制 付款信息管理

珠江纸业可能没有明确付款时间管理流程，导致付款时间提前或延后，这会导致现金折扣损失或公司信誉度受影响。

珠江纸业可能存在付款信息错误，如收款人信息、付款金额、发票号码等不正确，导致支付错误或欺诈风险。供应商信息的任何更改（如银行账号等），需要有来自供应商的正式证明和内部审批流程。珠江纸业内部流程不当或缺乏监控，可能导致支付计划出现偏差或欺诈行为。

任务小结

其他方式筹资主要是通过政府补助和商业信用筹资，企业在筹资之间对当前政府补助项目进行筛选与自查，确定补助申报项目，搜集相关资料，政府部门审核后进行项目验收与入库，按期收到政府补助。商业信用筹资主要是通过应付账款延期支付、现金折扣优惠政策等进行分析研判，确定筹资方式并执行。

"知识—业务"思维导图，如图6-37所示。

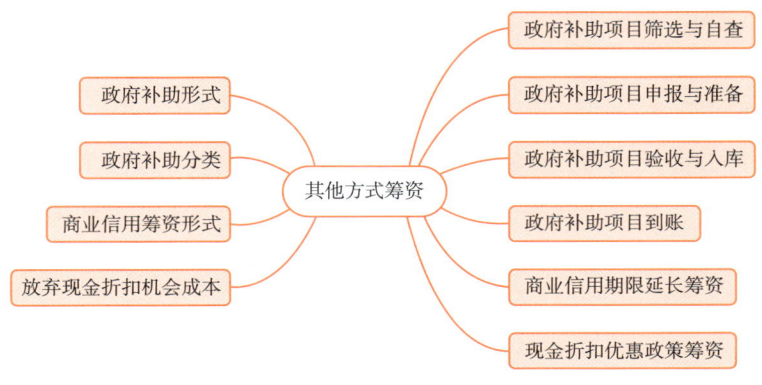

图6-37 "知识—业务"思维导图

项目 7　筹资确认与核算

学习目标

知识目标
1. 掌握银行借款、发行股票、政府补助等筹资方式的核算方法；
2. 理解应收账款保理、公司债券发行及融资租赁的核算方法与流程；
3. 熟悉借款本息、溢价发行股票等具体筹资方式的确认与计量。

技能目标
1. 能够对筹资方式进行正确的会计确认与计量；
2. 熟练处理应收账款保理业务及债券发行业务的相关工作；
3. 能够对使用权资产与租赁负债进行初始计量与后续业务处理。

素质目标
1. 具备遵纪守法、廉洁自律的财经职业道德意识；
2. 树立全局观和正确的价值观，具备权变思想；
3. 具有风险控制意识，拥有价值创造的理念。

　　筹资确认与核算作为筹资活动的关键环节，不仅影响着企业的资金流动，还直接关系到企业的财务状况和经营成果。在实践中，银行借款、发行股票、政府补助等是企业常用的筹资方式，每种筹资方式都有其独特的会计处理方法和规则。例如，银行借款涉及借款本金的确认、利息的计量与支付；发行股票则涉及股票发行价格的确定、股东权益的变动等。

　　筹资确认与核算并非简单的会计操作，它要求会计人员具备扎实的专业基础、敏锐的市场洞察力和严谨的职业操守。在实际操作中，需要面对市场环境的变化、法律法规的更新以及企业内部管理的挑战。

任务 1　银行借款的核算

【教学重点】长期借款的借入、计息、偿还的会计核算。
【教学难点】借款利息计提的核算，长期借款利息资本化的会计处理。

银行借款是企业经营过程中常见的一种筹资方式，通过向银行借款可以解决企业在发展过程中所遇到的资金问题。在企业借款过程中，需要准确记录相关信息，以便实时了解借款金额、借款用途、还款日期等重要内容。银行借款业务的核算，主要包括取得借款、计息和归还借款3个内容。这些信息有助于企业进行现金流的规划和预测，避免出现资金紧张的情况，帮助企业做出正确的经营决策。

任务导入

【场景7-1】2023年1月2日，珠江纸业为建设APMP节能提质生产线项目，与进出口银行广东省分行签订了借款合同，借款数额是1,500万美元。借款采用固定利率，年利率为3.65%，借款期限是60个月；每月21日支付利息；用途是建设APMP节能提质生产线项目。2023年1月12日，珠江纸业收到进出口银行广东省分行的电子回单，回单显示珠江纸业已收到1,500万美元。这笔银行借款期限为60个月，应作为长期借款进行会计核算。

认知识别　长期借款

长期借款是指企业向金融机构和其他单位借入的偿还期限在1年或1年以上的一个营业周期以上的债务。长期借款按照借款用途的不同，可以分为基本建设借款、技术改造借款和生产经营借款3类；按照涉及货币种类的不同，可以分为人民币长期借款和外币长期借款。

任务实施

【场景7-2】结合项目6【场景6-3】，珠江纸业财务根据银行回单，填写了记账凭证。业务资料见图6-5。同时，在会计账簿中为该笔长期借款设立了长期借款科目。财务主管审阅了记账凭证后，确认无误并签字。

认知识别　取得长期借款的会计核算

长期借款的核算应设置"长期借款"和"应付利息"等科目。"长期借款"科目是非流动负债类科目，核算企业向银行或其他金融机构借入的期限在1年以上（不含1年）的各项借款。贷方登记借入的本金、转销的利息差额，借方登记偿还的本金及取得借款时实收金额和借款本金的差额，期末贷方余额反映企业尚未偿还的长期借款该科目按贷款单位和贷款种类，分别设"本金""利息调整""应付利息"等明细科目进行明细核算。

企业借入长期借款时，应按借款本金扣除相关手续费后实际收到的款项，借记"银行存款"科目，贷记"长期借款——本金"科目，如存在差额，还应借记"长期借款——利息调整"科目。

分析研判 核算取得长期借款

公司记账本位币是人民币，借入外币借款应按照借款到账当日的汇率，将美元换算成人民币。珠江纸业取得1,500万美元借款，当日人民币对美元汇率为1：6.768，换算成人民币为 15,000,000×6.768=101,520,000（元），公司的账务处理如下

借：银行存款——美元户　　　　　　　　　　　　　　　　　　101,520,000
　　贷：长期借款——保证借款——本金　　　　　　　　　　　　101,520,000

风险控制 外币借款风险

珠江纸业借款1,500万美元属于外币借款。外币借款主要风险来自市场汇率波动带来的风险和政策法规风险。市场汇率波动和政策法规的变化会影响外币借款收入和借款本息的偿还。

珠江纸业应综合考虑外币借款所涉及的法律法规，根据汇率变动以及有关政策法规可能带来的影响，对外币借款进行科学风险评估并且采取充分防护措施。

【场景7-3】 结合项目6**【场景6-4】**，2023年4月21日，珠江纸业计提并支付2023年3月21日—4月20日银行借款利息。业务资料见表6-1和图6-6。

认知识别 长期借款利息的会计核算

利息是借款企业按照借入本金、利率及借款期计付给债权人的报酬，它是一种资金成本，是企业举借债务而付出的代价。企业取得长期借款所发生的利息费用，应按权责发生制分期预提。属于筹建期间的，应记入"管理费用"科目；属于生产经营期间的，应记入"财务费用"科目；属于符合资本化条件的资产购建或者生产的，应当予以资本化，计入相关资产成本。

分析研判 核算长期借款利息

利息 = 借款本金 × 利率 × 期限

珠江纸业采用按月分期付息，结息日为每月20日。2023年3月21日—4月20日，计息天数共31天，年利率为3.65%。珠江纸业用于APMP生产线节能提质技术改造项目借款产生的利息费用是325,244.94{round [round（1,500,000×3.65%÷360×31，2）×6.8987，2] =325,244.94}元。2023年4月21日，珠江纸业支付借款计息为325,244.94元。由于珠江纸业长期借款属于项目借款，借款利息部分满足资本化条件，应当以资本化，计入APMP节能提质新建生产线成本。珠江纸业的账务处理如下。

借：在建工程——APMP节能提质新建生产线　　　　　　　　　228,377.91
　　财务费用——利息支出　　　　　　　　　　　　　　　　　　96,867.03
　　　贷：长期借款——应付利息　　　　　　　　　　　　　　　325,244.94
借：长期借款——应付利息　　　　　　　　　　　　　　　　　 325,244.94
　　贷：银行存款　　　　　　　　　　　　　　　　　　　　　　325,244.94

风险控制　正确计提长期借款利息

正确计提长期借款利息是核算长期借款至关重要的环节，它直接影响着企业的财务报表和税务申报。公司应根据借款合同中对利息的计提方式、计息周期、计息利率等约定的内容，计提利息。同时，税收法规对利息费用计提方式和税务处理也有不同的规定。

公司应严格按照借款协议、税收法规和相关财务规定进行处理，确保利息计提的准确性和合规性，避免出现财务风险和税务问题。

知识拓展　假设到期偿还长期借款本金处理

2028年1月11日，珠江纸业偿还进出口银行广东省分行长期借款（项目借款）1,500万美元（假定当日人民币对美元汇率为1∶7.1036）。

珠江纸业偿还长期借款的本金时，应按偿还的金额，借记"长期借款——本金"科目，贷记"银行存款"科目。由于长期借款属于外币借款，借入日和偿还日美元汇率不一致，因而产生了借款本金汇兑差额。由于珠江纸业长期借款属于项目借款，借款本金汇兑差额满足资本化条件，因而应当予以资本化，计入APMP节能提质新建生产线成本。珠江纸业的账务处理如下。

借：长期借款——保证借款——本金　　　　　　　　101,520,000
　　在建工程——APMP节能提质新建生产线　　　　　5,034,000
　　贷：银行存款——美元户　　　　　　　　　　　　　　　　106,554,000

知识拓展　短期借款的会计核算

详细内容请扫码获取。

任务小结

银行借款按照借款期限，一般分为长期借款和短期借款进行会计核算。长期借款和短期借款的核算类似，都主要分为取得借款、期末计息和到期偿还3个阶段，短期借款的利息一般直接计入财务费用，而长期借款的利息需要判断是否满足资本化的条件，符合资本化条件的长期借款利息要计入相关资产成本。

"知识—业务"思维导图，如图7-1所示。

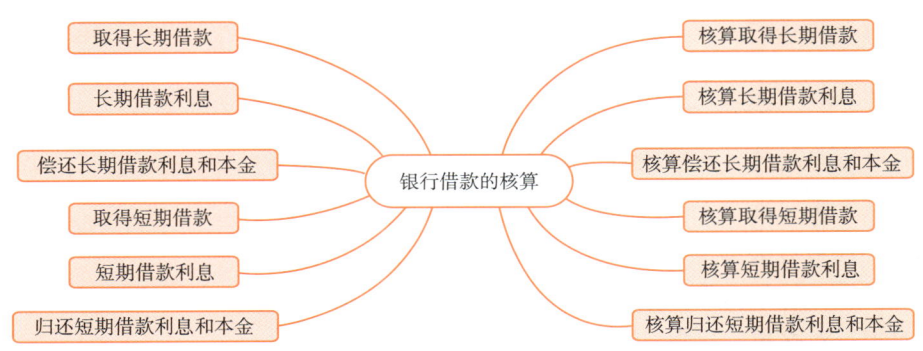

图7-1　"知识—业务"思维导图

任务2　发行股票的核算

【教学重点】发行股票募集资金的会计核算。
【教学难点】股票发行费用、印花税的会计处理。

发行股票是企业经营过程中常见的一种筹资方式，主要是向投资人出售股份，募集资金。发行股票事项须经董事会、股东大会决议通过，确定非公开发行的方案，包括发行对象、发行价格、发行数量等，并向中国证监会提出申请，获得批准方可发行。

发行股票业务的核算，主要包括收到募集资金、支付发行费用、缴纳印花税3个内容。发行股票业务的核算是一个复杂且重要的过程，需要综合考虑多个因素并进行规范处理。在实际操作中，企业应建立健全内部控制制度和核算体系，确保核算的准确性和及时性，同时也应不断提高自身的专业素养和业务水平，以应对不断变化的金融市场环境和监管要求。

任务导入

珠江纸业为收购浙江香舍园林100%股权项目，需要筹集资金934,000,000元。2022年7月支付意向金24,000,000元，预计在2023年3月分别支付816,600,000元、93,400,000元。财务部制定的融资方案中，选择非公开发行普通股15,500万股，预计发行价格为6.4元/股。非公开发行股票方案经董事会、股东大会决议通过，证券部完成非公开发行股票的申请、审批、核准与发行，收到募集资金、支付发行费用和印花税，并取得相关票据。

任务实施

1. 收到认购款 985,990,000 元

【场景7-4】珠江纸业完成了本次非公开发行股票的发售工作，共向7名特定投资者发行了155,000,000股人民币普通股（A股），实际募集资金总额为1,001,300,000元，承销费（含税）为15,310,000元。

2023年3月1日，保荐机构中信证券股份有限公司在扣除证券承销费及保荐费后向珠江纸业开立的募集资金专户划转了认购款985,990,000元。珠江纸业财务根据银行回单（见图7-2），填写了记账凭证。财务主管审阅了记账凭证后，确认无误并签字。

认知识别　核对募集资金

公司收到非公开发行股票募集资金到账后，应确认到账资金与验资报告、承销协议的金额是否一致。核对银行对账单，确保资金已及时足额汇入企业账户。

兴业银行网上回单(往账)

2023 年　3 月　1 日　　　　　　　　第 989590565 号

付款人		收款人	
全称:	中信证券股份有限公司	全称:	珠江纸业股份有限公司
账号:	6217008575295985569	账号:	451223517549266048
开户银行:	中国建设银行北京市分行	开户银行:	兴业银行股份有限公司景田支行
汇出地点:		汇入地点:	
金额(人民币):	玖亿捌仟伍佰玖拾玖万元整	小写:	¥985,990,000
用途:	募集资金		
备注:	无	银行盖章:	兴业银行 电子回单专用章
操作流程	经办: 8942	复核: 2895	授权: 5695

回单查询号: 989590565　　(使用该查询号登录www.cib.com.cn可查询核实该笔回单)

银行提请注意:本回单不作为收款方发货依据，请勿重复记账;本回单被伪造、变造、篡改的，不具有法律效力，本回单与本行原始记录不符的，以本行原始记录为准;由于系统原因或通讯故障而导致的回单或对账单与客户实际交易不符的，以客户实际交易为准。

图 7-2　珠江纸业非公开发行股票募集资金银行网上回单

分析研判　确认募集资金

珠江纸业财务调出浙江信仁会计师事务所（特殊普通合伙）出具的《验证报告》以及与中信证券股份有限公司签订的《承销协议》，仔细与银行对账单信息核对，这笔募集资金的金额是否与《验证报告》里的实际募集资金总额扣除《承销协议》里的承销费后的金额一致，且付款方为中信证券股份有限公司。

风险控制　核对与确认募集资金阶段风险

第一，金额核对错误风险。保荐机构中信证券股份有限公司向珠江纸业划转的认购款金额是实际募集资金总额扣除证券承销费及保荐费后的金额。第二，收款账户错误风险，收款账户必须是珠江纸业开立的募集资金专户。

认知识别　发行股票募集资金的核算

公司将收到的股东认购款记入“银行存款”借方，将发行的股票总面值记入“股本”贷方，差额计入“资本公积——股本溢价”。

借：银行存款

　　贷：股本

　　　　资本公积——股本溢价

分析研判　确认发行股票股本和资本公积

珠江纸业向 7 名特定投资者发行了 155,000,000 股人民币普通股（A 股），每股面值为 1 元，收到的募集资金为985,990,000元，股本溢价=985,990,000−155,000,000×1=830,990,000元。

借：银行存款	985,990,000
贷：股本	155,000,000
资本公积——股本溢价	830,990,000

风险控制 发行股票募集资金账务处理风险

在账务处理阶段存在多重风险，包括科目选择不当、记账错误等导致的财务失真；银行账号选择错误，未能对专款进行管理。

2. 支付多项发行费用

【场景7-5】珠江纸业根据相关法律规定，在非公开发行股票过程中实际支付了多项发行费用，包括律师费80,000元、验资费220,000元、审计费180,000元、评估费135,000元、信息披露费732,300元、服务费655,650元、承销费15,310,000元（见图7-3至图7-14）。

兴业银行网上回单(往账)

2023 年 3 月 1 日　　第 989590585 号

付款人		收款人	
全称:	珠江纸业股份有限公司	全称:	广东金和律师事务所
账号:	451223517549266048	账号:	62170012529717159856
开户银行:	兴业银行股份有限公司景田支行	开户银行:	中国建设银行东莞市分行
汇出地点:		汇入地点:	
金额(人民币):捌拾万元整		小写: ¥ 800,000	
用途:	律师费		
备注: 无		银行盖章: 兴业银行 电子回单 专用章	
操作流程	经办: 8942	复核: 2895	授权: 5695

回单查询号:989590585　(使用该查询号登录www.cib.com.cn可查询核实该笔回单)

银行提请注意:本回单不作为收款方发货依据，请勿重复记账;本回单被伪造、变造、篡改的，不具有法律效力，本回单与本行原始记录不符的，以本行原始记录为准;由于系统原因或通讯故障而导致的回单或对账单与客户实际交易不符的，以客户实际交易为准。

图7-3　珠江纸业非公开发行股票律师费银行网上回单

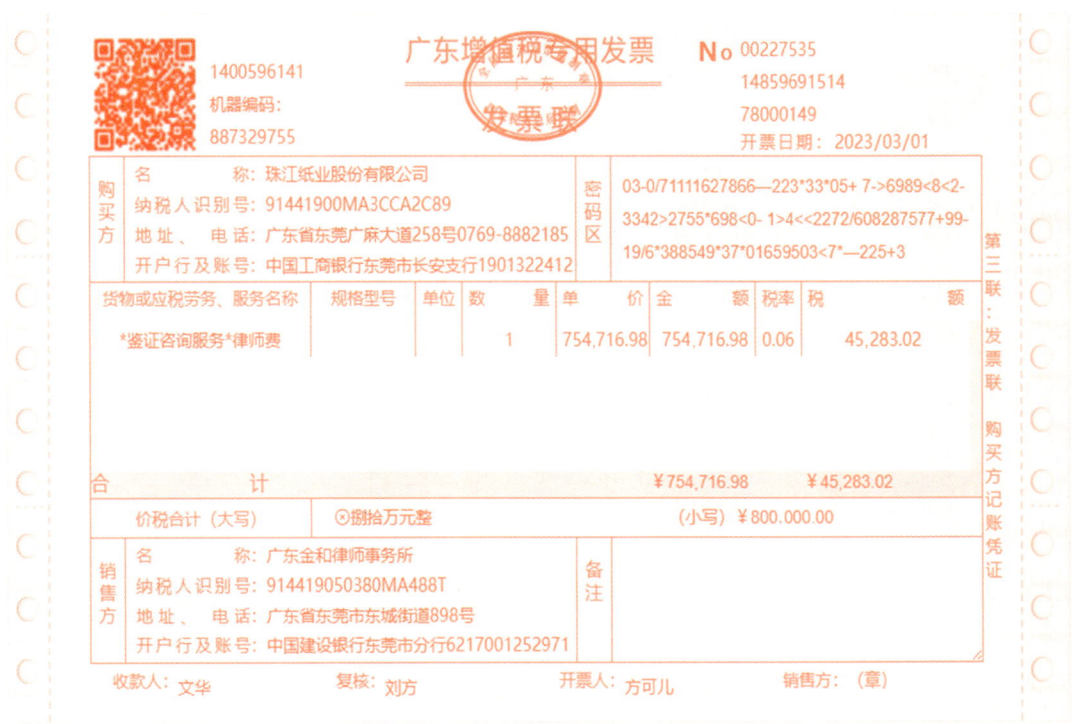

图7-4 珠江纸业非公开发行股票律师费增值税专用发票

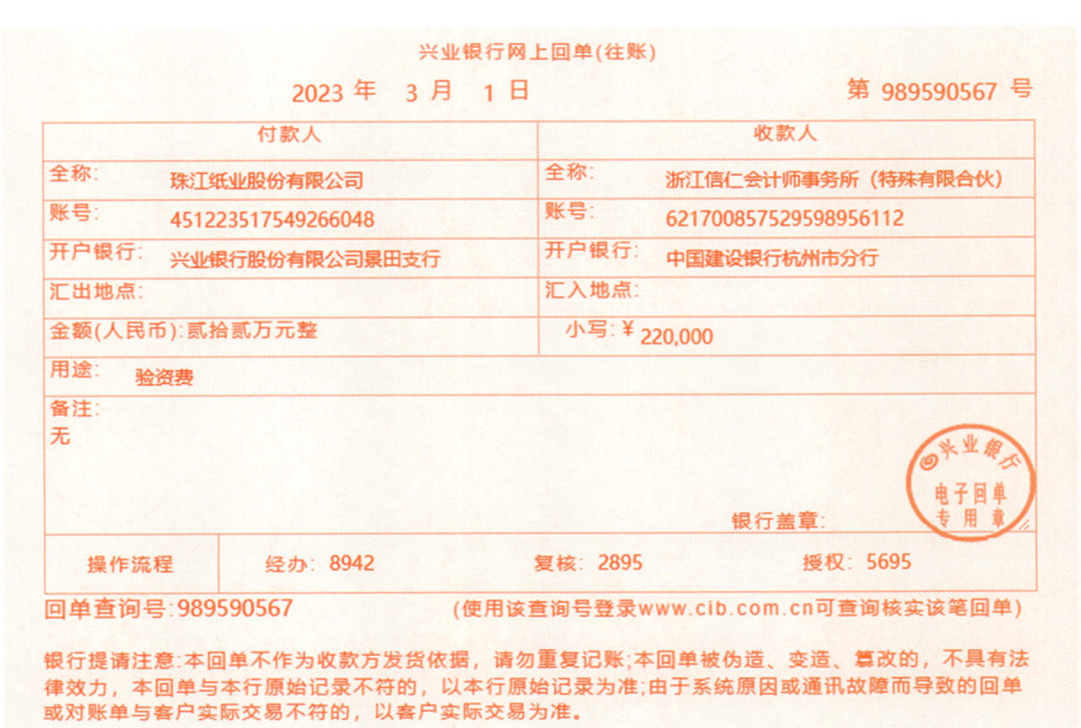

图7-5 珠江纸业非公开发行股票验资费银行网上回单

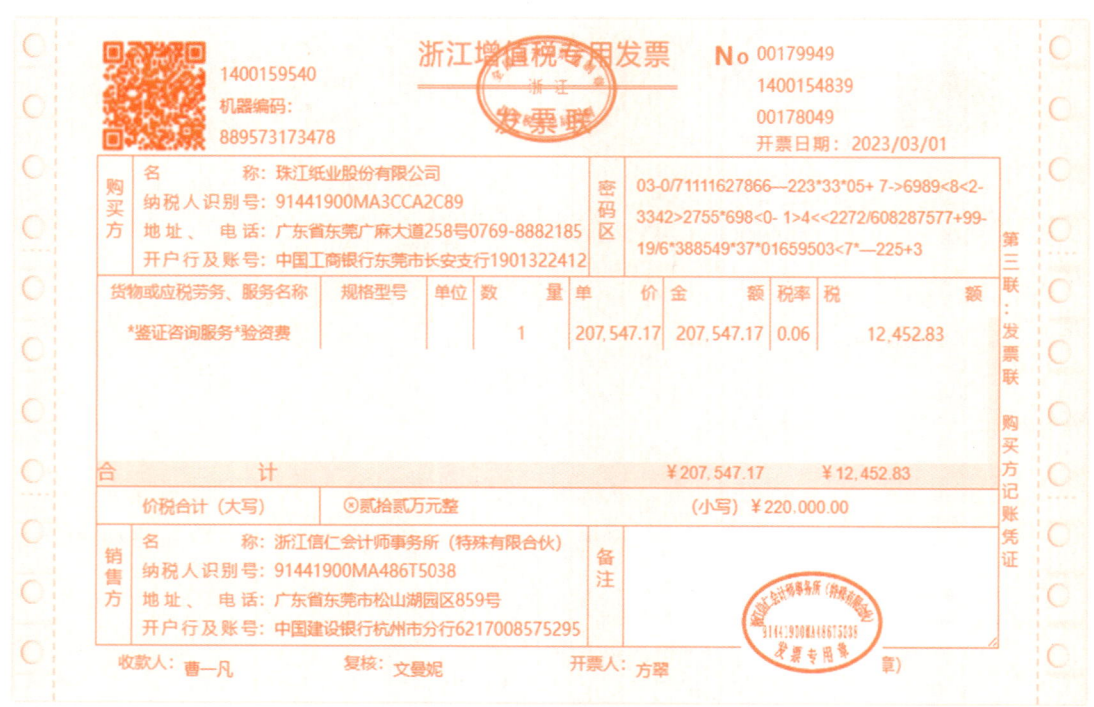

图 7-6　珠江纸业非公开发行股票验资费专用发票

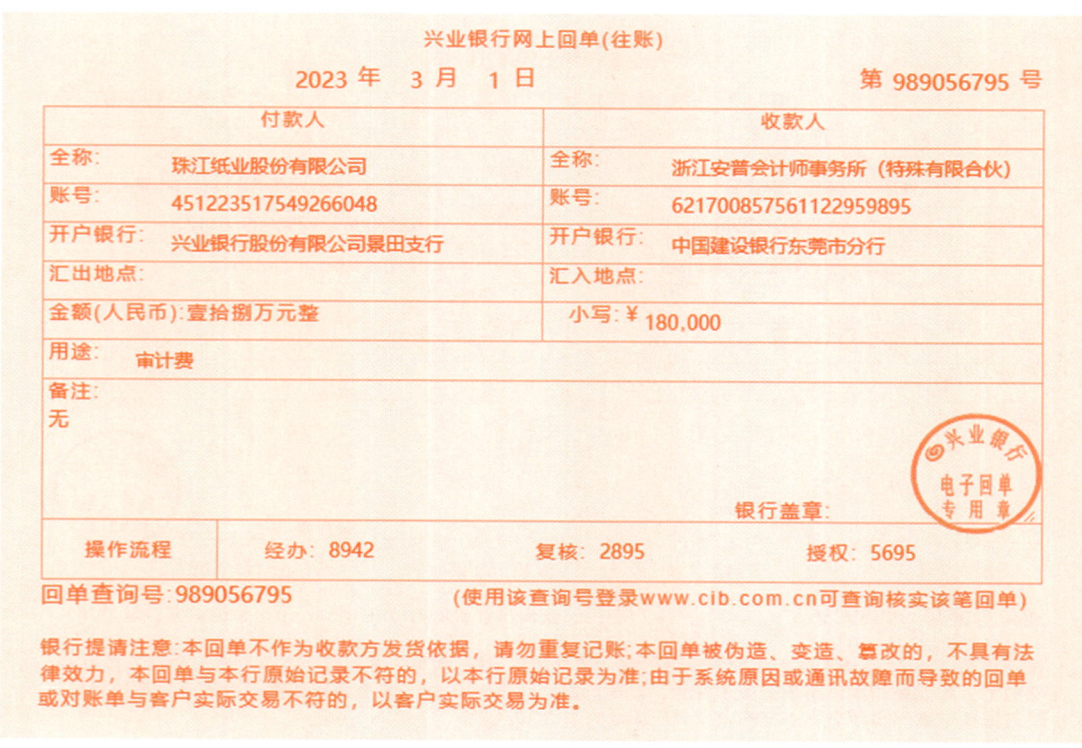

图 7-7　珠江纸业非公开发行股票审计费银行网上回单

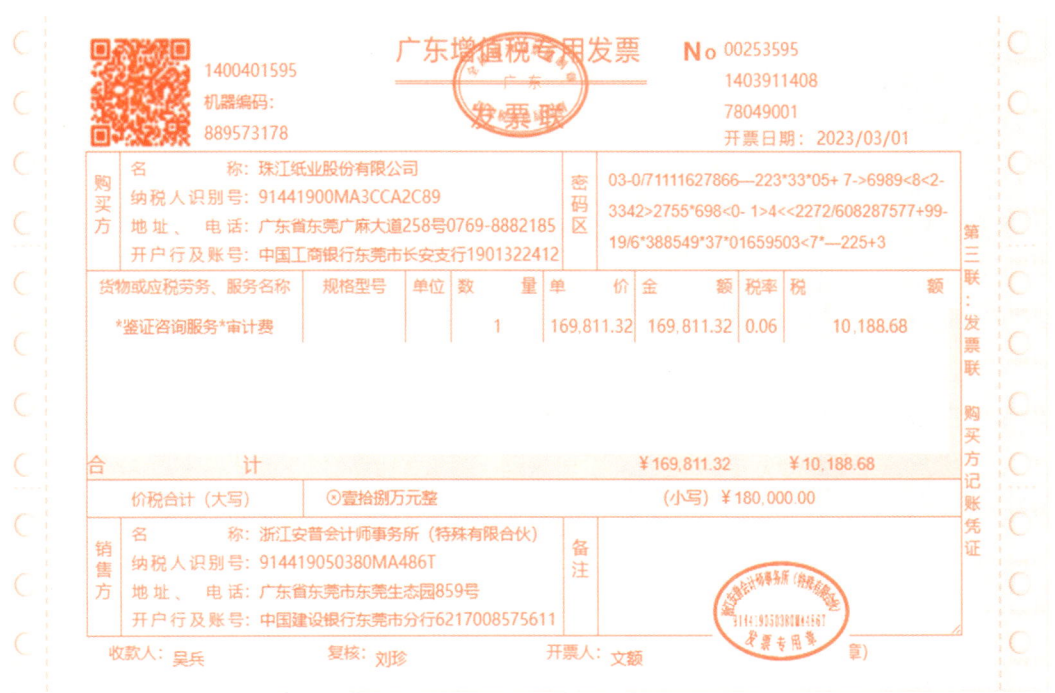

图 7-8 珠江纸业非公开发行股票审计费专用发票

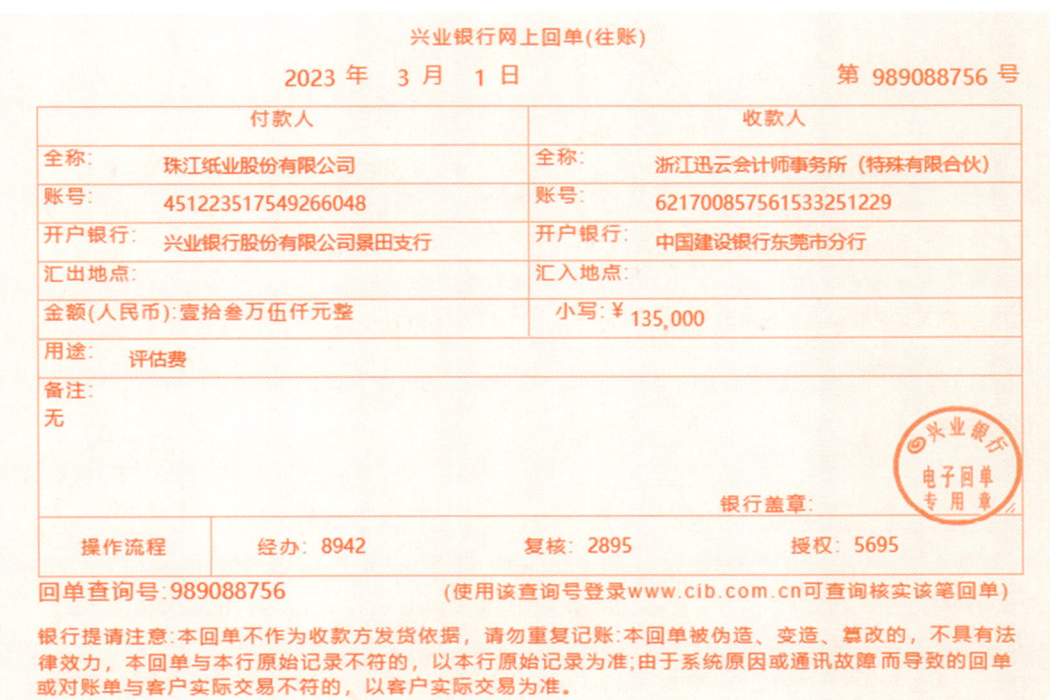

图 7-9 珠江纸业非公开发行股票评估费银行网上回单

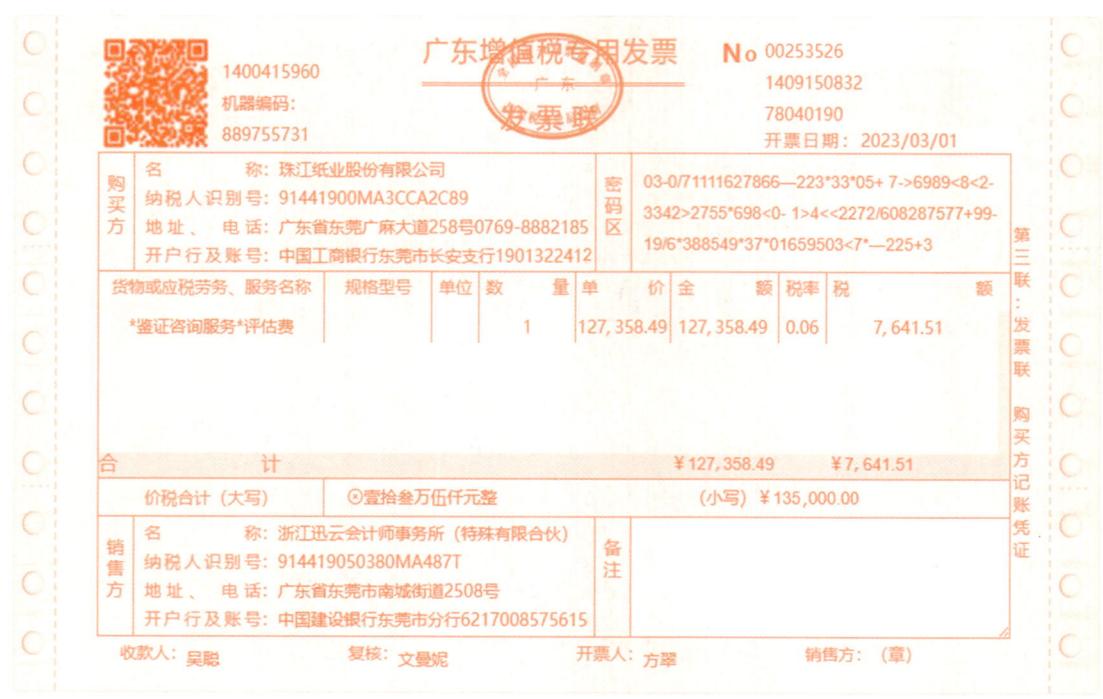

图7-10 珠江纸业非公开发行股票评估费专用发票

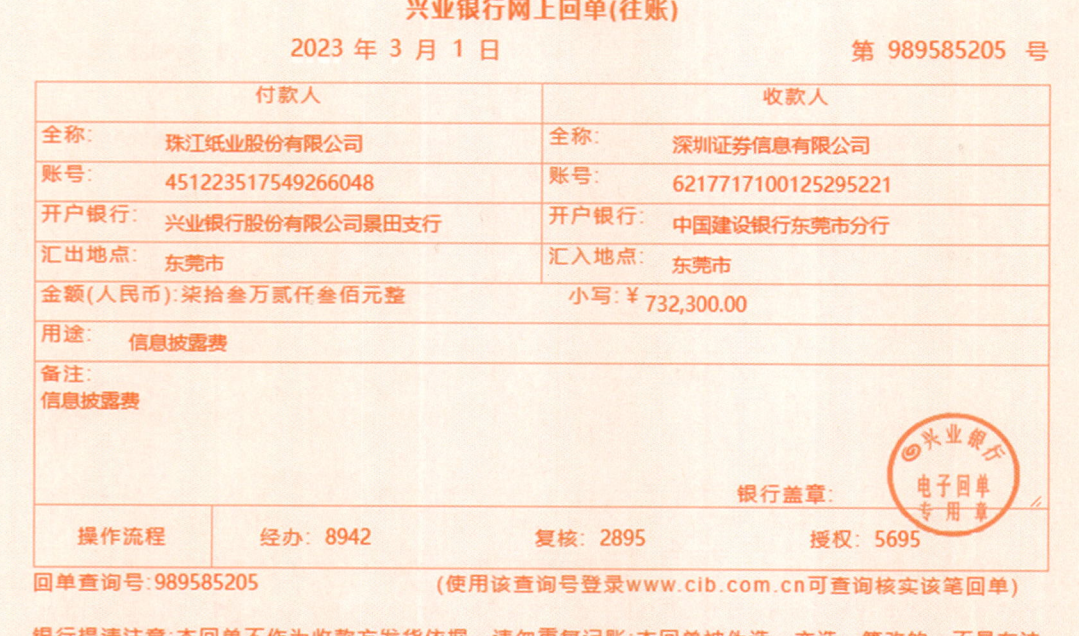

图7-11 珠江纸业非公开发行股票信息披露费银行网上回单

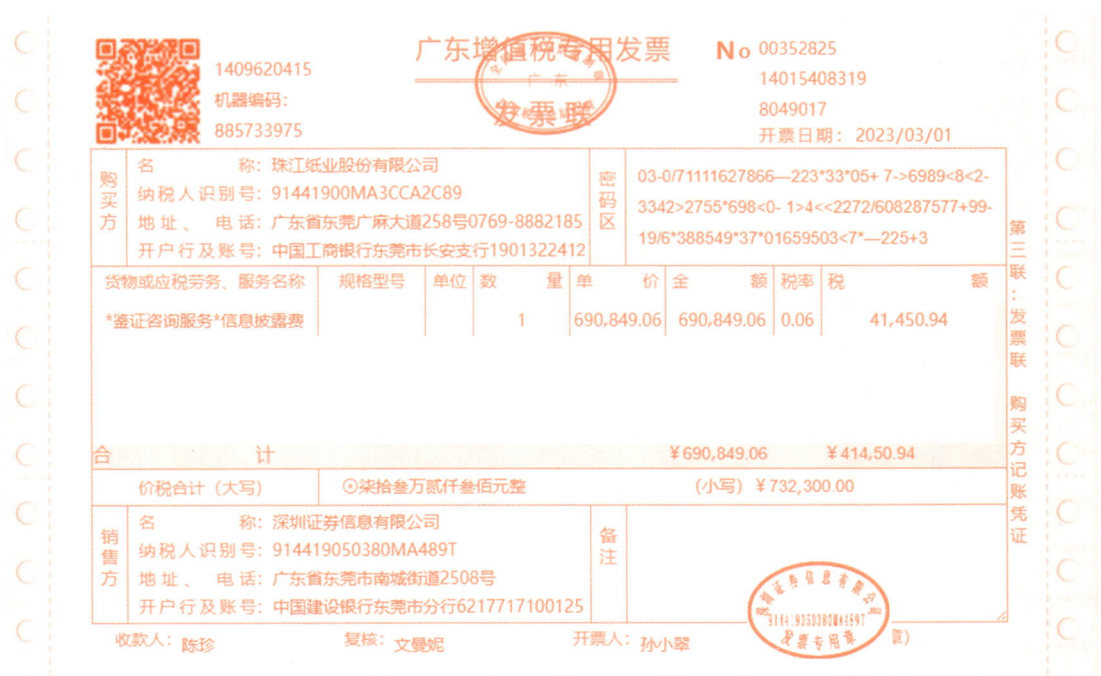

图7-12 珠江纸业非公开发行股票信息披露费专用发票

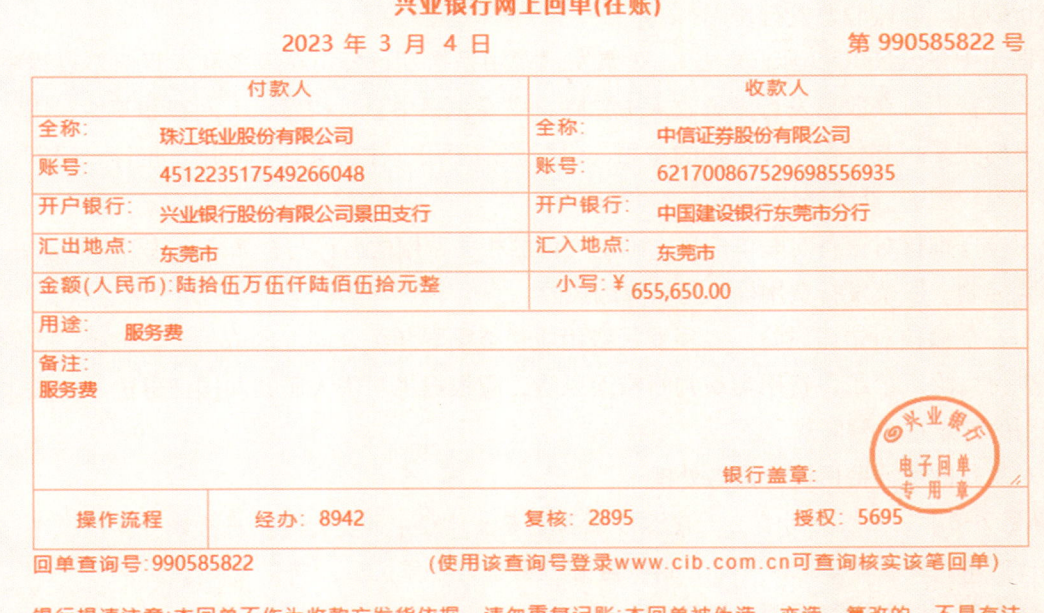

图7-13 珠江纸业非公开发行股票服务费银行网上回单

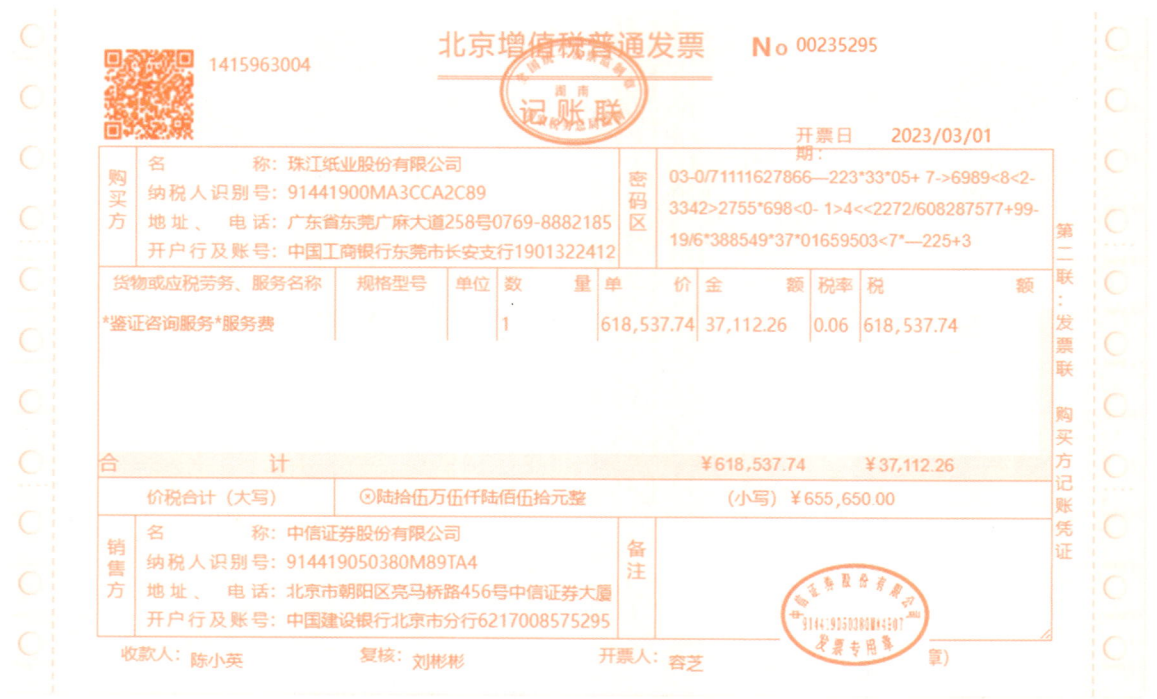

图 7-14　珠江纸业非公开发行股票服务费普通发票

分析研判　确认股票发行费用

根据《中华人民共和国证券法》，股票发行费用是指发行公司在筹备和发行股票过程中发生的费用。该费用可在股票发行溢价收入中扣除，主要包括中介机构费、上网费和其他费用。其中的中介机构费是指支付给中介机构的费用，包括承销费用、注册会计师费用（审计、验资、盈利预测审核等费用）、资产评估费用、律师费用等。

公司应仔细核对银行对账单信息，确定支付的相关费用的名称与金额等合法、合规。

风险控制　股票发行费用确认与核算的风险

第一，金额核对错误风险，各项发行费用应付金额与相关合同上的应付金额一致，否则导致多付或少付风险。第二，费用类型判断错误风险，应根据《中华人民共和国证券法》中关于股票发行费用的界定进行判断。

3. 对支付的发行费用进行账务处理

【场景7-6】 珠江纸业对非公开发行股票募集资金过程中的发行费用进行账务处理，珠江纸业根据银行回单，并填写了记账凭证。财务主管审阅了记账凭证后，确认无误并签字。

认知识别　股票发行费用的核算

公司股票发行费用除了服务费外，其他费用涉及的进项税额均可以抵扣，计入"应交税费——应交增值税（进项税额）"借方；扣除进项税额之后的股票发行费用应冲减"资本公积——股本溢价"，即计入该账户借方；均用银行存款支付，计入该账户贷方。

借：资本公积——股本溢价
　　应交税费——应交增值税（进项税额）
　　贷：银行存款

分析研判　确认资本公积和进项税额

珠江纸业非公开发行股票过程中支付的律师费为80,000元（进项税额为45,283.02元）；验资费为220,000元（进项税额为12,452.83元）；审计费为180,000元（进项税额为10,188.68元）；评估费为135,000元（进项税额为7,641.51元）；信息披露费为732,300元（进项税额为41,450.94元）；服务费为655,650元；承销费（进项税额为866,603.77元）。发行费用合计为18,032,950元，可抵扣的进项税额共983,620.75元，做如下账务处理。

借：资本公积——股本溢价　　　　　　　　　　　　　17,049,329.25
　　应交税费——应交增值税（进项税额）　　　　　　　　983,620.75
　　贷：银行存款　　　　　　　　　　　　　　　　　　　18,032,950

风险控制　股票发行费用账务处理风险

在账务处理阶段，存在科目选择不当、记账错误等导致的财务失真。

4. 对缴纳的印花税进行账务处理

【场景7-7】 珠江纸业对非公开发行股票过程中缴纳印花税246,062.67元，取得银行网上回单（见图7-15）。

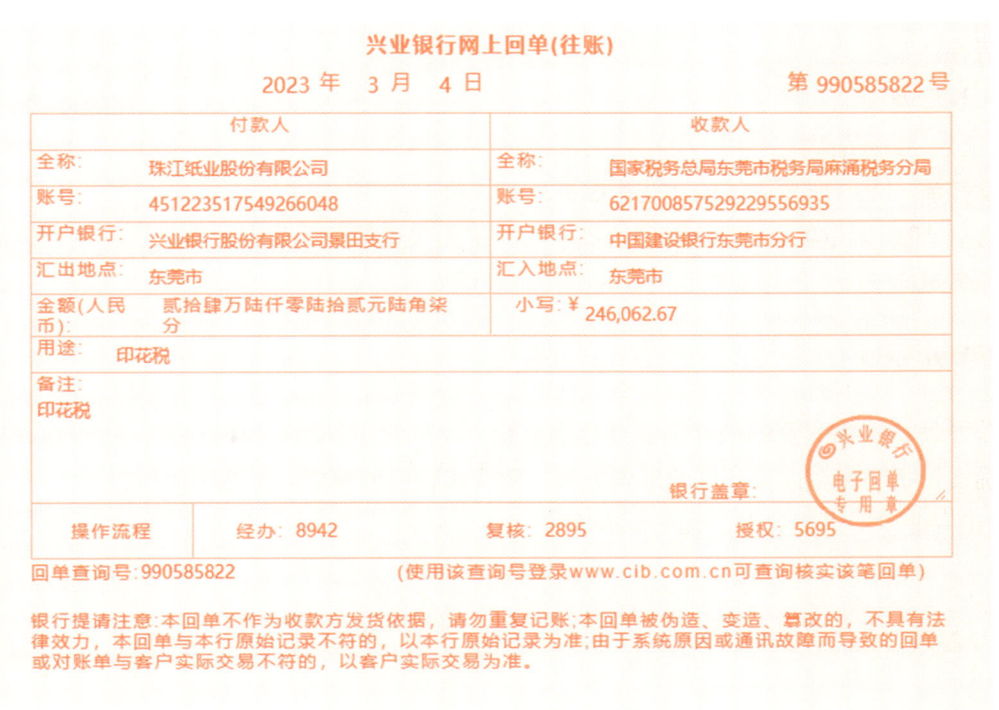

图7-15　印花税缴款回单

认知识别　印花税的性质

印花税是针对特定交易或行为征收的税费，它是对经济活动和经济交往中书立、领受具有法律效力的凭证的行为所征收的一种税。其征税对象包括立合同人、立账人、立据人、领受人和使用人等。

分析研判　确认印花税

珠江纸业根据经济业务及《中华人民共和国印花税法》，对非公开发行股票导致产生新增的股本和资本公积（发行溢价部分），应根据"营业资金账簿"，适用税率为0.50‰，再享受减半征收印花税。

风险控制　印花税计算缴纳风险

根据《中华人民共和国印花税法》计算的应纳印花税额是否与回单上的已纳金额一致。

认知识别　发行股票过程印花税的核算

发行股票缴纳的印花税与具体的资本交易相关，通常被视为税金及附加，因此，实际纳税的印花税额记入"税金及附加"借方，贷方记"银行存款"。

借：税金及附加
　　贷：银行存款

分析研判　确认税金及附加

应纳税额=实际募集资金=（985,990,000–15,310,000）×0.5‰÷2=246,062.67（元），与银行网上回单、税务局出具的税收缴款单核对一致，以实际支付的金额借方记"税金及附加"，贷方记"银行存款"。

借：税金及附加　　　　　　　　　　　　　　　　　　　246,062.67
　　贷：银行存款　　　　　　　　　　　　　　　　　　246,062.67

风险控制　发行股票缴纳的印花税账务处理风险

账务处理阶段风险主要有：科目选择不当、记账错误等导致的财务失真；税额计算错误，导致存在税务风险。

任务小结

非公开发行股票筹资的核算主要是募集资金、发行费用、印花税的核算，要明确募集资金净额；明确发行费用类型以及开具的发票类型；明确印花税的税额以及适用的科目。

"知识—业务"思维导图，如图7-16所示。

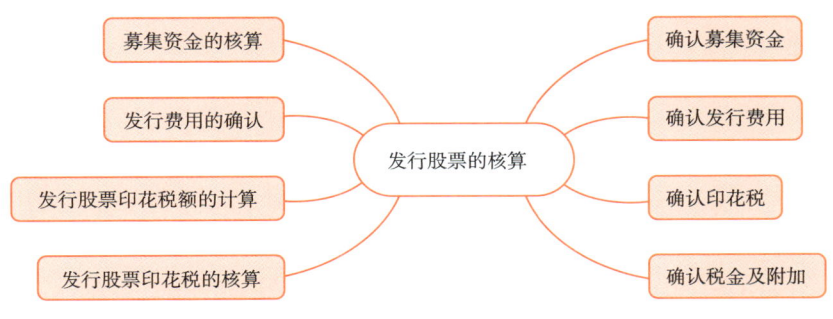

图 7-16 "知识—业务"思维导图

任务 3　应收账款保理的核算

【教学重点】应收账款的保理取得款项时、持有期间及保理到期的会计核算。
【教学难点】应收账款保理业务账务处理及相应的会计处理风险。

应收账款保理业务是以债权人转让其应收账款为前提，集应收账款催收、管理、坏账担保及融资于一体的综合性金融服务。债权人将其应收账款转让给商业银行等保理商，由保理商向其提供融资、催收等服务。

应收账款保理业务的核心是应收账款的转让，企业将应收账款转让给保理公司，由保理公司向企业提供融资。有追索权的保理相当于是将应收账款质押给了银行，从而获取筹集资金。银行有追索权，因此企业并没有将相应的风险进行转移，不直接冲减应收账款，而是将其视为一种短期借款。

企业应收账款保理的具体核算包括：收到款项的核算、持有期间的核算及保理到期时的核算。这有利于企业评估应收账款的合法性及保理资金到账的及时性，发现应收账款保理的业务处理风险及会计核算风险，从而对保理业务进行风险评估和监控，确保企业资金的安全和稳定。

任务导入

【场景 7-8】结合项目 6【场景 6-9】，2023 年 2 月 6 日，珠江纸业董事会（股东会）研究决定，同意向中国工商银行长安支行申请 3 个月附有追索权国内保理业务上限 634 万元资金，主要用于珠江纸业业务的运转。业务资料见图 6-14，董事会决议及应收账款转让清单图。

 任务实施

1. 收到款项的核算

【场景7-9】结合项目6【场景6-13】，2023年2月26日，珠江纸业收到中国工商银行长安支行开具的预付款支用回单。业务资料见表6-3，预付款支用回单。

认知识别　转让应收账款时的会计核算

珠江纸业将其对中国青少年出版总社的应收款以附有追索权的方式保理给中国工商银行，应收账款的风险实质上并未完全转移给中国工商银行，因此并不直接冲减应收账款，而是将其视为一种短期借款。

借：银行存款（按实际收到的款项）
　　财务费用（按办理保理业务时缴纳的手续费）
　　贷：短期借款

分析研判　确认应收账款保理的类型及到账金额

珠江纸业将9,054,149.45元的应收账款以附有追索权的方式保理给中国工商银行3个月，银行实际支付珠江纸业6,337,904.62元。

珠江纸业确认应收账款保理的类型和金额，编制会计分录：

借：银行存款　　　　　　　　　　　　　6,337,904.62（实际收到的款项）
　　贷：短期借款　　　　　　　　　　　　6,337,904.62（风险未转移）

风险控制　评估应收账款的合法性及保理资金到账的及时性

首先，在保理业务中，应收账款的合法性是资金到账确认的重要前提。因此，在签订销售合同时，需确保合同条款合法、有效，并符合相关法律法规。其次，卖方的信用评级也是影响保理业务的重要因素。信用评级较低的卖方可能面临较高的融资成本和风险。最后，在应收账款保理过程中，合同的履行情况也是影响资金到账的重要因素。如合同约定的付款期限、货物质量异议期等条款的履行情况，将直接影响应收账款的转让和资金到账。

2. 持有期间的核算

在持有期间，如果没有额外的利息收入或其他变动，通常不会有特定的会计分录。但公司应继续对应收账款进行管理和监控。

认知识别　如果企业销售货物发生了退回应收账款的会计核算

如果"转让应收账款时的会计核算"，珠江纸业应收账款保理给中国工商银行后，发生退货，具体会计处理如下。

借：主营业务收入
　　应交税费——应交增值税（销项税额）
　　贷：应收账款

3. 保理到期时的核算

【场景7-10】 结合项目6【场景6-19】，2023年4月27日，珠江纸业收到中国工商银行长安支行开具的买方付款回单。业务资料见表6-4，买方付款回单。

认知识别 应收账款保理到期的会计核算

（1）在保理款项处置时，保理融资有利息成本，需要按期计提并支付利息。

借：财务费用（或利息支出）
    贷：应付利息（或银行存款，如果已经支付）

（2）应收账款回收的会计分录。当保理公司从客户那里收回款项时，如果保理是无追索权的，企业不需要再做会计分录。如果是有追索权的保理，且客户已经支付，应做如下处理。

借：短期借款（冲减之前的短期借款）
    贷：应收账款

（3）如果是附有追索权的保理，且客户未能支付，应做如下处理。

借：短期借款
    贷：银行存款（或其他科目，如保理应付款）

分析研判 公司应收款保理到期的会计核算

珠江纸业收到中国工商银行长安支行开具的中国青少年出版总社付款回单。收到买方付款总金额为6,380,474.23元，预付款支用总金额为6,337,904.62元（本金），利率为4.03%，利息为42,569.61元。

（1）应收款保理到期，珠江纸业按期计提利息（利率为4.03%）。

借：财务费用　　　　　　　　　　　　　42,569.61（6,337,904.62×4.03%÷12×2）
    贷：应付利息　　　　　　　　　　　　　　　　　　　　42,569.61

（2）中国工商银行从中国青少年出版总社处收回本金及利息6,380,474.23元。

借：短期借款　　　　　　　　　　　　　6,337,904.62（冲减之前的短期借款）
    应付利息　　　　　　　　　　　　　　42,569.61
    贷：应收账款　　　　　　　　　　　　　6,380,474.23（收到的款项）

风险控制 应收账款保理的会计核算风险

在会计核算阶段，应收账款的合法性、是否存在其他权利限制以及是否经过多次转让，都是保理业务的核心风险。这些因素可能影响应收账款的真实性和有效性，从而影响会计核算的准确性。因此，在进行应收账款保理业务前，保理商应对应收账款进行严格的审核，确保其合法、无权利限制且未经过多次转让。同时应收账款的出售是否附有追索权，直接影响会计处理方式的选择。同时，保理业务中的融资、应收账款的转让和买方还款等环节，都需要进行准确的会计核算。公司应明确保理业务的会计处理方式，确保会计处理的准确性和合规性。对于附有追索权的应收账款出售，应按照相关规定进行会计处理。

任务小结

应收账款保理的核算主要包括应收账款保理的取得、持有期间及保理到期时的3个环节会计核算。在应收账款保理业务中,买方可能因各种原因无法按期偿还应收账款,形成坏账。坏账的产生将直接影响保理业务的收益和会计核算的准确性。所以在进行保理业务前,保理商应对买方进行严格的信用评估,确保其偿债能力和信用状况良好。同时,还应建立坏账准备制度,以应对可能发生的坏账风险。而卖方在收到款项后,需核对款项金额是否与合同约定的金额一致,确保资金准确无误。

"知识—业务"思维导图,如图7-17所示。

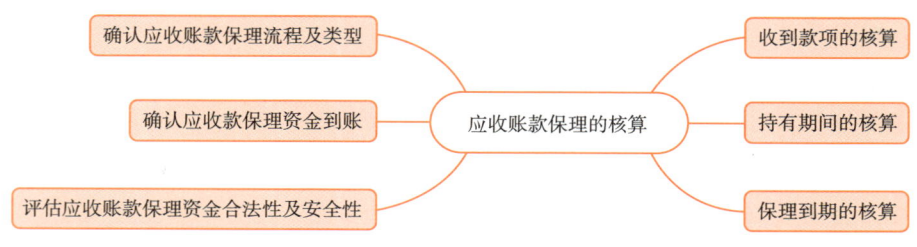

图7-17 "知识—业务"思维导图

任务4　融资租赁的核算

【教学重点】使用权资产的计量。

【教学难点】租赁负债的后续计量,使用权资产的后续计量。

任务导入

2021年6月25日,为解决珠江纸业中期资金需求,缓解资金压力,珠江纸业向中远设备融资租赁有限公司采用售后回租的方式租赁造纸机,已经进行了初始计量处理,售后回租的初始确认包括2个方面:资产出售和资产回租。

1. 资产出售

企业将资产出售给出租人时,会计分录:

借:银行存款(或其他应收款,代表出售资产的价款)

　　贷:固定资产——原资产(账面价值)

　　　　累计折旧(已计提的折旧)

2. 资产回租

企业将该资产从融资公司租回，会计分录：

借：使用权资产（租赁付款额现值）
　　未确认融资费用（差额，如果有的话）
　贷：租赁负债（租赁付款额现值）
　　　银行存款（或应付账款，如果支付了预付款项）

2023年珠江纸业售后回租业务的后续处理包括2个方面：支付融资租赁租金、计提使用权资产折旧。

为进一步了解融资租赁的核算流程，请扫码获取融资租赁初始计量的相关资料。

任务实施

1. 支付融资租赁租金

【场景7-11】2023年3月25日，珠江纸业向中远设备融资租赁有限珠江纸业按季度支付融资租赁租金。2023年珠江纸业支付融资租赁本金电子回单（见图7-18）和2023年珠江纸业支付融资租赁利息电子回单（见图7-19）。

	ICBC 中国工商银行	业务回单 付款	凭证
	日期：	回单编号：474529670	
收款人户名：中远设备融资租赁有限公司		收款人开户行：中国建设银行(北京东四十条支行)	
收款人账号：4367420026 1530124513			
付款人户名：珠江纸业股份有限公司		付款人开户行：中国工商银行东莞市长安支行	
付款人账号：1901322412455631285			
金额合计（大写）： 壹仟叁佰陆拾肆万肆仟零柒拾柒元贰角		小写：13,644,077.2	
业务（产品）种类：	凭证种类：4989025	凭证号码：86037595637541	
摘要： 融资租赁本金	用途：融资租赁本金	币种：人民币	
交易机构：102558590895	记账柜员：91004	交易代码：88699	渠道：网上银行
附言：无			
支付交易序号：34215013	报文种类：大额客户发起普通贷款	委托日期：2023-03-25	
业务类型（种类）：普通汇兑	指令编号：HQP938829559	提交人：4615898654522530	
最终授权人：无			
本回单为第一次打印，注意重复	打印日期：2023-03-25 打印柜员：15	验证码：930P1THS90UX	

图7-18　2023年珠江纸业支付融资租赁本金电子回单

图7-19　2023年珠江纸业支付融资租赁利息电子回单

认知识别　租赁负债的后续计量

在租赁期开始日后,承租人应当按会计准则规定对租赁负债进行后续计量。

(1) 确认租赁负债的利息时,增加租赁负债的账面金额。

借:财务费用——在建工程等

　　贷:租赁负债——未确认融资费用

(2) 支付租赁付款额时,减少租赁负债的账面金额。

借:租赁负债——租赁付款额

　　贷:银行存款

分析研判　支付融资租赁租金

珠江纸业按季度计提并支付融资租赁租金,首先确认第一季度租赁负债的利息为1,709,614.97元(租赁负债利息的计算在项目6任务6中有讲解),增加租赁负债的账面金额,同时增加损益计入财务费用。支付融资租赁租金,即本金与利息时,减少租赁负债的账面金额,同时减少银行存款。

编制确认租赁负债的利息时的会计分录:

借:财务费用　　　　　　　　　　　　　　　　　　　　　　　　1,709,614.97

　　贷:租赁负债——未确认融资费用　　　　　　　　　　　　　　　　1,709,614.97

编制支付租赁付款额时的会计分录：
借：租赁负债——租赁付款额　　　　　　　　　　　　　　15,353,692.17
　　贷：银行存款　　　　　　　　　　　　　　　　　　　　　　15,353,692.17

风险控制　售后租回支付资金保障

在融资租赁的售后回租模式下，珠江纸业通过将其拥有的造纸机设备出售给中远设备融资租赁有限公司，并立即以租赁方式将设备租回，以缓解中期的资金压力。从珠江纸业的角度出发，公司需要对其未来的现金流进行预测，以评估其是否有足够的资金来支付租金。预测应包括公司的营业收入、成本、税费、其他支出以及预期的投资回报等因素。公司需要保持合理的现金流为支付提供保障。

2. 对使用权资产计提折旧

【场景7-12】结合项目6【场景6-21】，2023年3月25日，珠江纸业对融资租赁租入的造纸机计提折旧，固定资产每月折旧额为1,844,831.84元。业务资料见表6-8，使用权资产折旧明细表。

认知识别　使用权资产的后续计量

在租赁期开始日后，承租人应当采用成本模式对使用权资产进行后续计量，即以成本减累计折旧及累计减值损失计量使用权资产。

承租人应当参照《企业会计准则第4号——固定资产》有关折旧规定，自租赁期开始日起对使用权资产计提折旧，具体的金额应根据使用权资产的用途，计入相关资产成本或当期损益。承租人在确定使用权资产的折旧方法时，应当根据与使用权资产有关的经济利益的预期实现方式做出决定。通常，承租人按直线法对使用权资产计提折旧，如果其他折旧方法更能反映使用权资产有关经济利益预期消耗方式的，应采用其他折旧方法。

借：制造费用等
　　贷：使用权资产累计折旧

分析研判　使用权资产计提折旧

珠江纸业对融资租赁租入的设备造纸机采用平均年限法（直线法）进行折旧，造纸机属于生产设备，生产设备的折旧计入制造费用，同时增加使用权资产累计折旧。

编制使用权资产计提折旧的会计分录：
借：制造费用　　　　　　　　　　　　　　5,534,495.52（1,844,831.84×3）
　　贷：使用权资产累计折旧　　　　　　　　　　　　　　　　　5,534,495.52

风险控制　计提折旧成本分配风险

售后回租下，珠江纸业需要对融资租赁租入的造纸机计提折旧，并计入制造费用，折旧费用作为制造费用的一部分，需要按照一定的方法分配到各个成本计算对象中。如果分配方法不合理或存在人为调整，可能导致成本计算不准确，影响产品定价和盈利能力。

任务小结

融资租赁期间,首先需要对使用权资产进行初始计量,确认租赁负债的金额;在持有资产期间,对使用权资产及租赁负债进行后续计量,包括使用权资产的折旧、租金的支付等。

"知识—业务"思维导图,如图7-20所示。

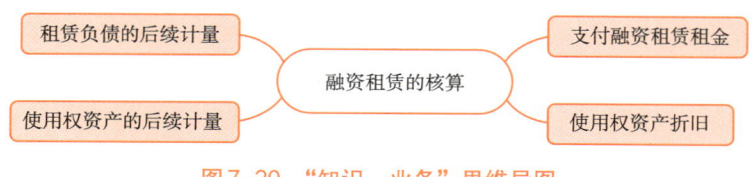

图7-20 "知识—业务"思维导图

任务5 发行债券的核算

【教学重点】公司债券的计量。
【教学难点】公司债券核算。

公司债券在初始计量及持有期间的核算包括:债券发行、计提利息并摊销、还本付息核算。

1. 债券发行

公司发行债券时,会计分录:

借:银行存款(或库存现金,代表实际收到的金额)
　　贷:应付债券——面值(债券票面价值)
借或贷:应付债券——利息调整(实际收到的款项与债券票面金额的差额)

2. 计提利息并摊销

摊销利息调整时,会计分录:

借:财务费用(或在建工程,或制造费用等,按应付债券的摊余成本和实际利率计算确定的债券利息费用)
　　贷:应付利息(分期付息)
　　　　应付债券——应计利息(一次还本付息)
借或贷:应付债券——利息调整(差额)

3. 还本付息

公司债券还本付息时,会计分录:

借：应付债券——面值
　　应付利息（分期付息）
　　应付债券——应计利息（一次还本付息）
　贷：银行存款

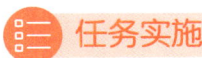 任务导入

2018年6月1日，为了保证足够的流动资金偿还到期借款，而不占用经营性资金预算的正常使用，珠江纸业通过对筹资方案的分析与选择，最后确定发行公司债券。

2023年珠江纸业债券到期业务的处理包括2个方面：债券最后一次计提利息时的核算、债券还本付息的核算。

任务实施

1. 债券计提利息时的核算

【场景7-13】2023年5月19日，珠江纸业发布付息公告，根据利息计算结果告知利息派发金额，公布债权登记日、债券付息日等（见图7-21和表7-1）。

证券代码：888888　　　　证券简称：珠江纸业　　　　公告编号：2023-047

珠江纸业股份有限公司
公司债券付息公告

本公司董事会及全体董事保证本公告内容不存在任何虚假记载、误导性陈述或者重大遗漏，并对其内容的真实性、准确性和完整性承担个别及连带责任。

重要内容提示：
· 债权登记日：2023年5月28日
· 债券付息日：2023年5月29日

珠江纸业股份有限公司于2018年5月27—29日发行的2017年公司债券（以下简称"本期债券"）将于2023年5月29日开始支付2022年5月29日至2023年5月28日期间的利息。为保证付息工作的顺利进行，方便投资者及时领取利息，根据《珠江纸业股份有限公司2017年公司债券（第一期）募集说明书》有关条款的规定及中国证券登记结算有限责任公司上海分公司（以下简称"中国结算上海分公司"）相关规定，现将有关事项公告如下：2019年5月29日开始支付2018年5月29日至2019年5月28日期间的利息。为保证付息工作的顺利进行，方便投资者及时领取利息，根据《珠江纸业股份有限公司2017年公司债券（第一期）募集说明书》有关条款的规定及中国证券登记结算有限责任公司上海分公司（以下简称"中国结算上海分公司"）相关规定，现将有关事项公告如下：

一、本期债券的基本情况
1.债券名称：珠江纸业股份有限公司2017年公司债券
2.债券简称：17珠纸01　　　　债券代码：999999

3.发行总额、债券期限、利率、形式：本期公司债券总额为人民币8.5亿元，期限为5年期（3+2）固定利率债券，每张票面金额为100元，票面利率为5.04%，在债券存续期内前3年固定不变，期限为5年，附第3年末发行人上调票面利率选择权及投资者回售选择权。

4.债券起息日、付息日、付息方式：

（1）起息日：为公司债券的发行首日，即2018年5月29日。

（2）付息日：本期债券存续期间，自2019年起每年5月29日为上一个计息年度的付息日（如遇法定节假日或休息日，则顺延至其后的第1个工作日）。

（3）付息方式：本期公司债券按年付息、到期一次还本。利息每年支付一次，最后一期利息随本金一起支付。本期债券若投资者部分或全部行使回售选择权，则回售部分债券的利息和本金在2023年5月29日一起支付。

公司债券付息的债权登记日为每年付息日的前1个交易日，到期本息的债权登记日为到期日前6个工作日。在债权登记日当日收市后登记在册的本期公司债券持有人均有权获得上一计息年度的债券利息或本金。

5.信用级别：公司的主体信用等级为AA，本期公司债券信用等级为AAA。

6.担保情况：本期债券由中国诚通控股集团有限公司提供全额不可撤销连带责任保证担保。

7.上市时间和地点：本期债券于2018年6月25日在上海证券交易所上市交易。

8.本期债券登记、托管、代理债券付息、兑付机构：中国结算上海分公司。

二、本次付息方案

本期债券"17珠纸01"的票面利率为5.04%，本次每10张"1701珠纸"派发利息人民币50.4元（含税）。扣税后个人、证券投资基金债券持有人取得的实际每10张派发利息为40.32元；扣税后非居民企业（包括QFII、RQFII）取得的实际每10张派发利息为45.36元。

三、付息债权登记日和付息日

1.债权登记日：2023年5月28日。

2.付息日：2023年5月29日。

……

图7-21 珠江纸业债券付息公告

表7-1 债券利息测算 单位：元

日期	本金	利息支付	财务费用	摊销（折+溢-）	账面价值	合计
2018年5月29日	850,000,000.00				871,165,000.00	871,165,000.00
2019年5月29日	0	42,840,000.00	37,827,726.87	−5,012,273.13	866,152,726.87	−42,840,000.00
2020年5月29日	0	42,840,000.00	37,610,083.94	−5,229,916.06	860,922,810.81	−42,840,000.00
2021年5月29日	−432,665,000.00	42,840,000.00	37,382,990.53	−5,457,009.47	422,800,801.34	−475,505,000.00
2022年5月29日	0	21,033,684.00	18,358,856.51	−2,674,827.49	420,125,973.85	−21,033,684.00
2023年5月29日	−417,335,000.00	21,033,684.00	18,242,710.15	−2,790,973.85	0	−438,368,684.00
合计	0	170,587,368.00	149,422,368.00	−21,165,000.00		−149,422,368.00

认知识别 债券的利息调整

在债券的存续期间内，债券的利息调整是一个重要的会计处理过程。当债券的实际购买价格与其票面价值存在差异时，这种差异通常被称为溢价或折价，需要通过"应付债券——利息调整"账户进行记录和摊销。为了确保会计信息的准确性和真实性，利息调整应在债券的存续期间内按照实际利率法进行摊销。

在进行利息调整的摊销时，需要首先确定债券的实际利率，该利率是使债券未来现金流量的现值等于其当前公允价值的折现率。基于计算得出的实际利率，企业需将溢价或折价金额在债券的预计寿命期内进行系统性摊销。对于溢价购买的债券，每期摊销会减少利息收入，因为溢价部分代表了债券持有人为获得高于市场利率的回报而预先支付的成本，这些成本通过摊销逐渐转化为利息收入的减少。相反，对于折价购买的债券，每期摊销则会增加利息收入，因为折价部分反映了债券持有人因接受低于市场利率的回报而获得的额外补偿，这些补偿通过摊销逐渐转化为利息收入的增加。

利息调整的摊销过程不仅影响各期的利息收入确认，还直接影响债券投资的账面价值。随着摊销的进行，债券投资的账面价值将逐渐趋近于债券的票面价值。在资产负债表日，企业应根据摊销后的账面价值列示债券投资，以反映其当前的经济价值。

认知识别 债券计息的相关会计科目

记录公司应付给债权人但尚未支付的利息金额应使用"应付利息"科目。根据每期的实际利率和期初债券账面价值计算当期的"利息费用"，并与按票面利率计算的"应计利息"进行比较，得出当期应摊销的溢价或折价金额。这一金额将计入"利息调整"账户，并在债券的存续期间内逐步摊销。

"应付债券——利息调整"（倒挤）这个账户通常用于记录由于债券的实际利率和票面利率不同而导致的利息支付与预期金额的差异。如果债券的实际利率高于票面利率，利息调整账户将是一个贷方余额（即正数），反之则为借方余额（即负数）。

分析研判 计提债券计息利息

2023年5月19日，珠江纸业发布付息公告，根据利息计算结果告知利息派发金额为21,033,684元，债券利息＝债券面值×票面利率＝417,335,000×5.04%＝21,033,684（元）（债券在2021年回售了432,665,000元，因此，8.5亿债券目前剩余面值为417,335,000元），测算出实际利率为4.3422000273%，因此，财务费用＝420,125,973.85×4.3422000273%＝18,242,710.15（元）。

计提债券利息时，公司的账务处理如下：

借：财务费用　　　　　　　　　　　　　　　　　　　　　　18,242,710.15
　　应付债券——利息调整　　　　　　　　　　　　　　　　　2,790,973.85
　贷：应付利息　　　　　　　　　　　　　　　　　　　　　　21,033,684

风险控制 公司债券计提利息账务处理风险

在公司债券的账务处理过程中，计提利息是一个重要且复杂的环节，涉及多个潜在风险点。这些风险点包括以下3个方面。

（1）计算错误：在计提债券利息时，如果计算错误，如票面利率、付息周期或债券面额等任何一项数据出现偏差，都可能导致计提的利息金额不准确，进而影响财务报表的真实性。

（2）科目使用不当：根据会计准则，计提的债券利息应计入相应的会计科目，如"财务费用"或"在建工程"等。如果科目使用不当，可能会误导投资者和监管机构对公司的财务状况和经营成果的理解。

（3）未及时计提：按照会计准则和合同约定，公司应及时计提债券利息。如果未能按时计提，可能会导致财务报表的滞后性，甚至引发违规风险。

为防范以上风险，公司应建立健全会计核算制度和内部控制制度，确保债券利息计提的准确性和及时性。

2. 债券到期时的核算

【场景7-14】结合项目6【场景6-23】，2023年5月29日，珠江纸业申请支付债券利息和回购本金共计438,368,684元。业务资料见图6-22、图6-23。

认知识别 债券到期的相关会计科目

当债券到期时，公司或发行方需要进行相应的会计处理，以确保其财务报表的准确性和合规性。债券到期通常涉及以下3个主要的会计科目。

（1）应付债券：债券发行时，公司会在其负债部分记录应付债券的金额。这包括债券的面值以及可能的溢价或折价部分。债券到期时，公司需要将该部分的金额从应付债券科目中减少或清零，以反映债券的偿还情况。

（2）应付利息：债券通常带有利息支付义务，公司需要定期（如每季度或每年）计提债券利息，并在"应付利息"科目中记录。在债券到期时，如果存在尚未支付的利息，公司需要将这部分利息从"应付利息"科目中划转，并进行支付。

（3）银行存款：债券到期时，公司需要支付债券本金和可能存在的未付利息。这部分支付的资金将从公司的银行存款（或现金）科目中划出，反映资金的流出和减少。

认知识别 债券到期的核算要点

（1）准确计算债券到期日：公司需要确保准确计算债券的到期日，以便及时准备资金进行支付。

（2）计提并支付债券利息：在债券到期前，公司需要确保已经计提并支付了所有应付的利息。如有未付利息，需要将其计入当期损益。

（3）调整应付债券余额：债券到期时，公司需要将应付债券的余额进行调整，将其减少至零（或剩余未偿还部分）。

（4）确保资金充足：公司需要确保在债券到期日有足够的资金进行支付，避免违约风险。

（5）记录并报告：公司需要在财务报表中准确记录债券到期的相关信息，并在相关报告中披露，以保持透明度和合规性。

分析研判 债券到期时还本付息

2023年5月18日，珠江纸业发布了2017年债券最后一期利息兑付和债券摘牌的公告，每手利息为50.4元，本金兑付为417,335,000元。2023年5月29日申请支付债券利息和回购本金共计438,368,684元。

债券兑付是债券发行人按照债券合约的规定，在债券到期或特定日期向债券持有人支付本金和利息的行为。珠江纸业按照公告，支付了每手债券的利息50.4元，并兑付了本金417,335,000元。珠江纸业在支付了最后一期利息和本金后，进行了债券摘牌，标志着该期债券的结束。债券兑付本金和利息是债券发行人必须履行的义务，也是保障债券持有人权益的重要措施。珠江纸业在申请后支付了总计438,368,684元的债券利息和本金。

2023年5月29日，珠江纸业债券到期时，还本付息的账务处理如下：

借：应付债券——面值　　　　　　　　　　　　　417,335,000
　　应付利息　　　　　　　　　　　　　　　　　　21,033,684
　　贷：银行存款　　　　　　　　　　　　　　　　　　438,368,684

风险控制　公司债券到期时还本付息的账务处理风险

在公司债券到期时，还本付息的账务处理过程同样面临着多重风险，这些风险可能影响公司财务报表的准确性、合规性以及资金安全。以下是债券到期时还本付息账务处理过程中可能遇到的风险点。

（1）记账错误风险：记账过程中的人为错误或系统错误可能导致还本付息金额的记录不准确。这包括金额计算错误、账户分配错误等，这会影响公司的财务状况和对外报告的准确性。

（2）合规问题风险：如果财务人员对债券还本付息的政策、法规或合同条款理解不足，可能导致公司在还本付息过程中产生合规问题。例如，未按照合同约定的时间和方式支付本息，可能引发法律纠纷和声誉损害。

（3）资金管理风险：不恰当的资金管理可能引发资金安全风险。在债券到期时，如果公司未能合理安排资金支付债券本息，可能导致资金流动性紧张，甚至引发违约风险。此外，如果资金管理过程中存在漏洞或疏忽，可能导致资金被挪用或滥用。

公司应建立完善的内部控制制度和科学的财务管理制度，确保账务处理的准确性和合规性的同时应提前规划好债券到期时的资金安排，确保有足够的资金用于还本付息。

知识拓展　债券的核算

为进一步了解债券的核算，请扫码获取债券发行与回售核算的相关资料。

任务小结

本任务重点讲解了公司债券利息计提时的核算和债券到期时还本付息的核算，其他相关核算在二维码中，重点在于公司债券的计量；难点在于公司债券计提利息时的核算，公司债券到期时核算。通过案例分析，掌握债券发行的核算方法，并理解核算过程中各账户之间的关联关系。

"知识—业务"思维导图，如图7-22所示。

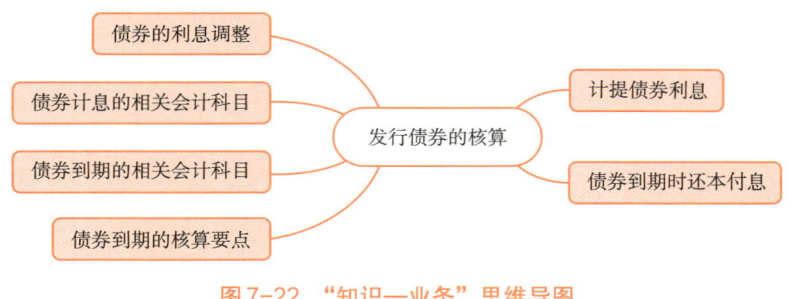

图 7-22 "知识—业务"思维导图

任务6　其他筹资方式的核算

【教学重点】政策补助的分类与确认条件，政府补助的核算，往来账目的会计处理原则。
【教学难点】准确运用会计准则对政府补助业务进行会计处理，评估和管理商业信用风险。

与资产有关的政府补助，主要是指企业从政府无偿取得的货币性资产或非货币性资产，用于购建或以其他方式形成长期资产，如固定资产、无形资产等。这类补助在确认时，企业应当在实际收到补助款项时，按照实际收到的金额计量将其确认为递延收益。在相关资产达到预定可使用状态或开始摊销时，企业需要将递延收益按照资产的预计使用寿命或相关摊销期限，系统地分摊计入资产的成本或当期的损益中。若相关资产在使用寿命结束前被出售、转让、报废或发生毁损，企业还需要将尚未分摊的递延收益余额一次性转入资产处置当期的损益中。

与收益有关的政府补助，则是指企业从政府无偿取得的货币性资产或非货币性资产，用于补偿企业已发生或即将发生的费用或损失。这类补助在确认时，若用于补偿企业已经发生的费用或损失，企业应当在实际收到补助款项时，按照实际收到的金额计入当期损益（其他收益或营业外收入）中。若用于补偿企业即将发生的费用或损失，企业则应当在实际收到补助款项时，将其确认为递延收益，并在确认相关费用的期间，计入当期损益中。这样，企业就能够更准确地反映政府补助对当期损益的影响，同时也能够更好地管理和利用政府补助资金。

子任务 1　政府补助的核算

任务导入

【场景7-15】政府部门对2023年度技改补助第一期资助计划公示，珠江纸业收到银行回单

2023年12月17日，东莞市工业和信息化局发布2023年东莞市技术改造资金项目第一期资助计划的公示，珠江纸业申报的APMP节能提质生产线项目也在公示之列。2023年12月25日，珠江

纸业收到一笔付款人是东莞市财政局的1,720,400元的银行回单，结合项目6【场景6-29】，需要确认是否是补助到账。

认知识别 核对与确认补助资金

珠江纸业收到技术改造资金政府补助到账后，应确认到账资金与政府补助文件或合同中的金额是否一致。核对银行对账单，确保资金已及时足额汇入企业账户。

分析研判 确认补助资金到账

珠江纸业财务调出了政府补助的相关文件和合同，仔细与银行对账单信息核对，这笔资金的金额和珠江纸业在合同中申请的补助金额完全一致，而且付款方也是政府指定的账户，确定是技术改造资金政府补助。

三 任务实施

【场景7-16】珠江纸业财务根据银行回单，将审核无误的原始凭证传递到会计岗位，编制记账凭证。同时，在会计账簿中为该笔政府补助资金设立了专门的收入科目。

认知识别 采用总额法核算与资产相关的政府补助

（1）收到政府补助资金时

借：银行存款
  贷：递延收益

（2）分摊递延收益原则：在相关资产使用寿命内按照合理、系统的方法分期计入损益。

借：递延收益
  贷：其他收益（与珠江纸业日常活动相关的政府补助）
    营业外收入（与珠江纸业日常活动无关的政府补助）

分析研判 确认补助资金的类型和金额

珠江纸业收到政府补助是与生产线这项资产的技术改造有关，所以这项政府补助属于与资产相关的政府补助，应确认递延收益。该项政府补助是政府直接拨款，初始计量应按照收到的和应收的金额1,720,400元计量。

编制收到第一期补助资金的会计分录：

借：银行存款   1,720,400
  贷：递延收益   1,720,400

风险控制 补助资金账务处理风险

公司在账务处理阶段存在多重风险，包括科目选择不当、记账错误等导致的财务失真；财务人员对政策理解不足或操作失误可能带来的合规问题；不恰当的资金管理可能引发资金安全风险；内部沟通不畅也会影响工作效率和准确性。

公司首先应加强财务人员培训，确保员工能够准确理解政策要求，提高账务处理的专业性和准确性；其次建立完善的账务管理制度，明确科目选择和记账标准，减少财务失真风险，强化资金管理，确保补助资金的安全使用；最后加强内部沟通，提高工作效率和准确性。

分析研判 递延收益摊销的账务处理

2023年12月31日摊销递延收益，该生产线预计使用年限是10年，收到政府补助时已经摊销8个月，那么递延收益在剩余的期间内摊销，摊销期限为12×10-8=112（月），每月摊销金额为1,720,400÷112=15,360.71（元），每月编制摊销记账凭证。

每月摊销递延收益：
借：递延收益　　　　　　　　　　　　　　　　　　　　　15,360.71
　　贷：其他收益　　　　　　　　　　　　　　　　　　　　15,360.71

子任务 2　商业信用融资的核算

任务导入

【场景7-17】 珠江纸业有一份与广东丰云绳网带有限公司签订的采购合同结合项目6【场景6-33】，合同优惠折扣条款为：购买方在信用期内10天付款，可享受2%的现金折扣。珠江纸业根据资金需求安排，确定采用应付账款作为融资方式。

认知识别 公司商业信用融资的确认与核算

企业确定融资需求后，可选择应付账款或商业票据等商业信用融资方式，并与供应商或金融机构明确融资条款。随后，需在财务账簿中记录相关信息，核算融资成本，并定期跟踪监控到期情况以确保按时还款。融资期限结束时，企业按约定还款并结算。这种融资方式有助于企业灵活筹集资金，促进经营发展。

分析研判 商业信用融资确认条件

公司根据合同条款，确认商业信用融资筹资方式，主要关注交易合同中明确的信用条款，如延期付款、预收货款等。

风险控制 商业信用融资确认与核算的风险

对公司来说，在商业信用融资确认与核算环节存在多重风险。首先是信用风险，若供应商或金融机构出现问题，企业资金流可能受阻。其次是流动性风险，若无法按时偿债，将影响企业信誉和融资能力。再次是利率风险，市场变动可能导致融资成本上升。最后是核算风险，处理商业信用交易时需准确无误，否则会影响财务决策。

任务实施

1. 确认应付账款的核算

【场景7-18】 珠江纸业收到广东丰云绳网带有限公司开具的采购发票，确认应付账款的金额（见图7-23）。

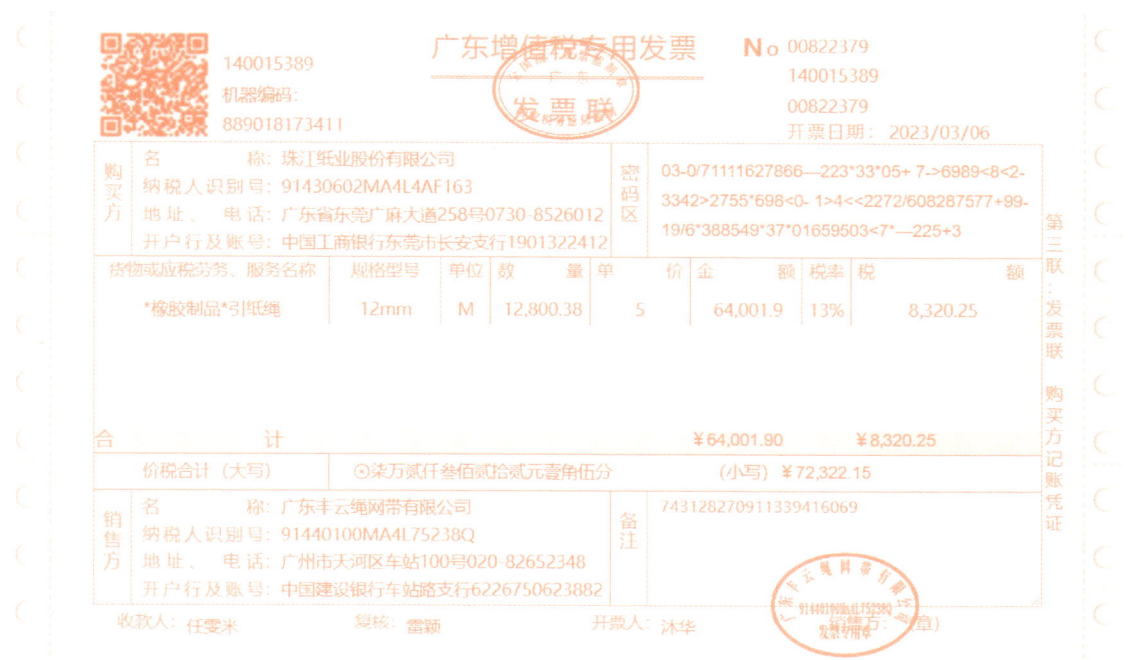

图7-23 珠江纸业收到采购发票

认知识别 审核发票内容

发票审核主要涉及以下内容。第一，要验证发票的完整性和真实性，确保无涂改且发票专用章清晰，同时核对发票抬头是否正确。第二，要审核发票内容，包括商品编码、品目名称、税率等是否与实际交易一致，确保税务合规。

分析研判 发票内容审核无误

核对发票上的商品名称、数量、单价等信息与采购合同和实际收货是否一致，以验证交易的真实性。同时，检查税率和税额计算是否正确，以确保税务合规。同时审核发票的开具时间、有效期等。通过综合研判发票内容，确保采购活动的合法性和企业利益的最大化。

风险控制 发票审核环节存在的风险

采购发票审核存在的风险主要包括：一是发票真实性和合法性风险，如发票涂改或伪造，可能带来税务和法律问题；二是税务合规性风险，涉及纳税人识别号错误、商品编码选择不当等，可能导致税务违规；三是数据与备份风险，若发票数据未能及时上传或备份，可能造成数据丢失，影响税务申报。这些风险点直接影响企业的税务合规、财务准确性和法律责任，因此，严格审核采购发票至关重要，以确保企业运营的合规、稳健。企业需建立完善的审核机制，加强员工培训，增强风险防范意识，从而有效规避相关风险。

认知识别 根据审核无误的发票填制记账凭证

当企业购买商品并享受现金折扣时，应将折扣前的采购金额作为应付账款入账。若在折扣期内付款，享受到的现金折扣应冲减财务费用，同时减少应付账款。若超过折扣期付款，则需按原金额支付。在会计处理上，企业需根据采购发票和合同条款，准确记录应付账款，并密切关注折扣期限，及时处理现金折扣的账务调整。

当企业购买商品时，应根据采购发票和合同条款等，做如下会计处理：

借：材料采购——原材料等（采购商品的金额，即折扣前的金额）
　　应交税费——应交增值税（进项税额，若涉及增值税）
　贷：应付账款（折扣前的采购金额）

分析研判　根据审核无误的发票编制记账凭证

2023年3月6日，珠江纸业财务根据审核无误的发票填制记账凭证：

借：材料采购　　　　　　　　　　　　　　　　　　　　　　　64,001.90
　　应交税费——应交增值税（进项税额）　　　　　　　　　　　8,320.25
　贷：应付账款——广东丰云绳网带有限公司　　　　　　　　　72,322.15

2. 支付货款的核算

【**场景7-19**】珠江纸业决定享受现金折扣，填写付款申请单并支付广东丰云绳网带有限公司开具的采购款结合项目6【**场景6-34**】，编制支付款项会计分录。

认知识别　付款流程

（1）付款申请：采购部门需根据发票和采购合同向财务部提交付款申请，明确付款金额、付款方式等关键信息。

（2）审批流程：付款申请需经过适当的审批流程，包括部门负责人、财务总监等的审批，确保付款的合规性和准确性。

（3）付款执行：财务部在审批通过后，按照合同约定的付款方式进行付款，并确保付款的及时性和准确性。

分析研判　享受现金折扣，进行应付账款支付的确认

公司应首先明确合同中的折扣条款细节，准确理解折扣比例和期限。接着评估企业资金状况和流动性，权衡享受折扣的经济效益，并据此做出决策。

风险控制　付款流程风险

未经授权的付款可能导致资金流失，需确保付款经过严格审批并获得授权。同时，要仔细核对付款与发票金额以防错误。选择适当的付款方式也至关重要，以避免资金安全风险及额外财务成本。这些措施共同确保付款的准确性和资金的安全性。

认知识别　还款记账凭证的填制

（1）在折扣期内付款的记账凭证。

如果企业在折扣期内付款并享受了现金折扣，应进行以下账务处理：

借：应付账款（折扣前的采购金额）
　贷：银行存款（实际支付的金额，即折扣后的金额）
　　　财务费用（现金折扣的金额，以红字冲减或贷方记录）

（2）超过折扣期付款的记账凭证。

若企业未能在折扣期内付款，则需按原金额支付，记账凭证如下：

借：应付账款（折扣前的采购金额）
　　贷：银行存款（折扣前的采购金额）

分析研判　编制付款记账凭证

珠江纸业根据资金安排计划，决定享受现金折扣，编制如下记账凭证。

借：应付账款——广东丰云绳网带有限公司　　　　　　　　72,322.15
　　贷：财务费用　　　　　　　　　　　　　　　　　　　　1,446.44
　　　　银行存款　　　　　　　　　　　　　　　　　　　70,875.71

风险控制　财务在编制支付款项环节存在的风险

珠江纸业采购时，采用现金折扣优惠方式进行采购，在货款支付环节主要有如下的风险点和相应的应对措施（见表7-2）。

表7-2　　　　　　　　支付采购款项环节存在的风险及应对措施

风险名称	风险具体内容	应对措施
折扣计算错误	现金折扣的计算可能因人为错误或系统问题而出现偏差，导致记账凭证中的折扣金额不准确	财务应严格按照合同中的折扣条款计算折扣金额，并进行复核，以确保计算无误
支付时间把控不严	若未能严格把控支付时间，可能导致错过现金折扣期限，从而增加采购成本	财务应制订详细的支付计划，并监控支付进度，确保在折扣期限内完成支付
账务处理不当	在编制记账凭证时，可能因账务处理不当而导致会计科目使用错误或遗漏，影响财务报表的准确性	财务应熟悉相关会计准则和法规，确保账务处理正确无误，并进行定期的内部审核

任务小结

其他方式筹资的核算主要是政府补助的核算。要确认收到政府补助资金的类型是与收益相关还是与资产相关，与资产相关的业务还涉及递延收益的摊销业务。商业信用筹资的核算主要是确认与付款2个环节的核算。

"知识—业务"思维导图，如图7-24所示。

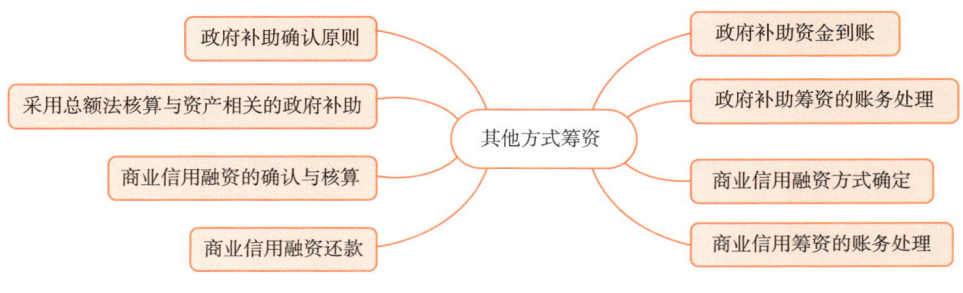

图7-24　"知识—业务"思维导图

项目 8　筹资分析与考评

学习目标

知识目标
1. 理解筹资分析考评与企业价值的关系；
2. 理解筹资分析考评的相关指标内涵及应用；
3. 掌握筹资业务分析考核表数据收集、汇总、统计与分析。

技能目标
1. 能够运用 Python 或其他相关工具软件进行数据采集与分析；
2. 能够运用相关工具熟练绘制筹资分析与考评相关考核汇总表；
3. 能够对数据进行有效分析，进行筹资绩效评估和决策。

素质目标
1. 具有坚持客观公正、实事求是的工作作风；
2. 具备良好的沟通能力、团队合作能力和系统思维能力；
3. 具有较强的思辨能力，有能力应对公司内外环境的变化，并分析解决问题。

筹资分析与考评是针对筹资业务活动开展过程中的资金运营效果、资金成本、资金风险、资金结构的目标完成情况以及公司整体筹资业务活动实施效果的系列分析与考核活动，其根本目的是考核公司资金加权平均资金成本的控制水平及其对公司价值的贡献度。

筹资分析与考评主要包括：资金运营分析与评价、资金成本、风险与结构分析与考核以及筹资活动绩效评价3个方面内容。

任务1　资金运营分析与评价

【教学重点】资金运营分析路径，考核指标数据抓取与统计。
【教学难点】资金运营相关指标设计与效果评价。

资金运营分析与评价是指对企业资金在不同时间点上的流动、使用、配置及其效果进行系统性、连续性的监测、分析和评估的过程。这一过程旨在深入理解企业资金运作的实际情况,揭示其内在规律和特点,为企业的财务决策、战略规划和风险管理提供有力支持。

资金运营分析与评价的目的主要在于全面、系统地了解企业短期或临时性资金调动的状况,以衡量其效果和效率,并为企业未来的资金运营决策提供依据。其内容具体包括:揭示资金运营状况、评估资金运营效果、优化资金配置、提供决策支持,以及风险预警与防控。

任务导入

【场景8-1】2023年12月25日,珠江纸业召开会议,启动2023年资金运营分析与评价工作,形成如下会议纪要(见表8-1)。

表 8-1　　　　　　　　2023 年 12 月 25 日资金运营分析与评价启动会会议纪要

会议形式	线上会议	会议时间	2023年12月25日
会议主题	2023年资金运营分析与评价启动会		
参会人员	钟淮敏、易子文、赵云飞、尤一辰、杨术案、胡洋、王旗		
主持人	钟淮敏		
会议议程	① 钟淮敏阐述资金运营分析与评价的重要意义 ② 财务部介绍公司2023年资金运营基本情况 ③ 王旗做资金运营分析与评价工作重要批示要求		
会议内容	① 财务部整理相关文档资料 ② 财务部编制公司资金运营分析表 ③ 人力资源部评价财务部负责的2023年资金运营总体情况 ④ 提出2023年资金运营存在的问题及相应对策		

认知识别　资金运营分析与评价指标

资金运营分析与评价指标包括以下2点。

(1)基于业务视角的价值创造评价指标。①毛利也称为"毛利润",是企业在一定时期内(如月度、季度或年度)的产品销售收入,扣除直接成本(包括材料成本、生产成本、税费等,但不包括管理费用、财务费用、销售费用等)后所剩余的利润部分。本任务的毛利是指临时性筹资满足临时性大额订单后,临时性大额订单创造的毛利。②毛利率,企业在一定时期内毛利额与销售收入净额之间的比率,它反映了企业销售收入的盈利能力。具体计算公式为:

毛利率=(毛利÷销售收入净额)×100%

毛利大于0表明,企业通过其销售活动创造了经济价值。这是企业持续运营和增长的基础,也是投资者和债权人评估企业财务健康状况的重要指标之一。

③边际贡献:边际贡献是从销售收入中减去变动成本之后的余额。边际贡献作为销售收入同变动成本的差额,应是从一定数额的销售收入中扣除与之相关联的全部变动成本(直接材料费、直接人工费、变动性制造费用、变动性销售费用和行政管理费用)的结果。这里所说的变动成本

是为取得某项销售收入而必需且直接发生的。④边际贡献率：边际贡献率是指边际贡献在销售收入中所占的百分比。通常，边际贡献率是指产品边际贡献率，可以理解为每1元销售收入时边际贡献所占的比重，它反映产品给企业作出贡献的能力。边际贡献是指销售收入减去变动成本后的余额。它是管理会计中一个经常使用的十分重要的概念。具体计算公式为：

边际贡献＝销售收入－变动成本

边际贡献率＝（边际贡献÷销售收入）×100%

（2）基于财务视角的风险控制评价指标：财务预留使用率：财务预留是企业为了应对未来可能产生的费用、损失或特定需求而暂时设置并保留的一部分资金。财务预留使用率是企业应对额外资金需求时财务预留被使用的比率。这一指标反映财务预留被使用的比例，该指标越大企业筹资风险越大。

认知识别 资金运营分析与评价路径

资金动态运营分析与评价路径是围绕资金赋能价值创造的一个动态过程。主要路径为：陆续调取实际销售订单信息表、销售成本信息表，分析项目毛利额、毛利率、边际贡献、边际贡献率指标计算该公司价值创造，并与公司当年实际毛利率、边际贡献率指标估算价值创造与公司当年预算数进行比较分析；陆续调取现金日记账和银行日记账等获取相关信息，分析财务预留使用率以便评价临时大额资金需求是否能满足需要，即企业基于财务视角的风险控制情况。

任务实施

1. 基于业务视角的价值创造分析与评价

【场景8-2】2024年1月10日，珠江纸业人力资源部对财务部2023年11月5日应对客户广东高元教育出版社有限公司大规模采购引起的临时性大额订单资金运营的落实价值创造情况开展分析与评价。

分析研判 编制临时性大额订单项目毛利率分析表

调取2023年11月向客户广东高元教育出版社有限公司实际销售订单信息表（见表4-2）销售成本信息以及2023年利润表等相关信息，编制临时性大额订单项目毛利额、毛利率分析表（见表8-2）。

表 8-2　　　　　临时性大额订单项目产生的毛利额、毛利率分析表

项目	销售收入（元）	销售成本（元）	毛利额（元）	毛利率（%）
临时性订单	161,103,590.70	147,893,096.26	13,210,494.44	8.20
2023年全年	5,495,591,543.70	4,734,542,898.82	761,048,644.88	13.85

表 8-3　　　　　临时性大额订单边际贡献分析

项目	金额/比率
销售收入（元）	161,103,590.70
直接材料费（元）	130,145,924.71

续表

项目	金额/比率
直接人工费（元）	3,401,541.21
变动制造费用（元）	2,841,869.37
变动销售费用（元）	6,170,267.52
边际贡献（元）	18,543,787.89
边际贡献率（%）	11.51

认知识别 成本性态与边际贡献

成本性态又称成本习性，是指成本总额对业务量的依存关系。成本总额与业务量的依存关系是客观存在的，而且具有规律性。按成本性态可以将企业的全部成本分为固定成本、变动成本和混合成本。

固定成本，是指总额在一定时期或一定业务量范围内，不受业务量变动的影响而保持固定不变的成本。例如，珠江纸业按直线法计提的固定资产折旧费等。

变动成本，是指在一定时期内和一定业务量范围内，总额随着业务量的变动而发生正比例变动的成本。例如，珠江纸业造纸所耗费的材料等。

混合成本，是指成本总额随着业务量的变动而变动，但不与其成正比例变动。例如，珠江纸业全年机器设备的维护保养费等。

边际贡献又称贡献毛益，是指销售收入减去变动成本以后的数额。

分析研判 临时性大额销售价值创造分析与评价

从毛利角度分析，珠江纸业2023年11月5日的临时性大额订单毛利率为8.20%，2023年珠江纸业全年毛利率为13.85%，比全年毛利率低5.65%。虽然与珠江纸业全年的毛利率相比较盈利能力较弱，但是2023年11月企业承接该笔销售业务，给企业带来了13,210,494.44元的毛利收益，该项目还是获得了一定的现金流量。

从边际贡献角度分析，珠江纸业2023年11月5日的临时性大额订单可为珠江纸业带来边际贡献18,543,787.89元，边际贡献率达11.51%。在珠江纸业生产产能剩余且生产产能不能转移的情况下，此笔临时性大额订单给公司全年利润增加了18,543,787.89元，为珠江纸业创造了价值。

风险控制 基于业务视角的价值创造分析与评价指标选择不科学导致决策失误

珠江纸业该项临时性采购项目采用毛利额和毛利率作为该项目是否可行的评价指标，存在一定的决策风险。因为该项目没有导致珠江纸业额外增加固定资产投资，在分析时不需要考虑固定成本。因此，还需考虑额外的增量变动成本，即应用成本性态分析原理，结合边际贡献、边际贡献率指标来分析与评价该临时性订单项目的价值创造能力会更科学。

2. 基于财务视角的风险控制分析与评价

【场景8-3】2024年1月10日，珠江纸业人力资源部对财务部应对2023年11月5日广东高元教育出版社有限公司大规模采购引起的临时性大额订单资金运营的风险控制情况开展分析与评价。

分析研判 计算基于财务视角的风险控制分析与评价指标

财务预留数据来源，查看项目四"预计资金安全量的测算"中获取财务预留为30,000,000元。

财务预留使用金额的数据来源，查看珠江纸业2023年11月5—25日银行存款日记账余额，发现余额均大于30,000,000元，故财务预留使用金额为0。

财务预留使用率＝支付期间财务预留平均使用金额÷财务预留金额＝0÷30,000,000×100%＝0

分析研判 基于财务视角的风险控制评价

2023年11月5日珠江纸业客户广东高元教育出版社有限公司大规模采购引起的临时性大额订单资金运营实际财务预留使用率为0，表明财务部在满足销售部在正常开展业务的同时有效地控制了风险，没有影响珠江纸业其他日常经营活动正常开展。

风险控制 基于财务视角的风险控制分析与评价指标选择不科学导致决策有误

基于财务视角的风险控制分析与评价指标有很多，主要分为两个方面。一方面是过程性指标，主要有资金到位率、资金及时率等。该类指标计算资金运营过程中资金到位及资金及时情况，但计算比较复杂，而且偏重过程轻结果；另一方面是结果性指标，主要有财务预留使用率。该指标计算资金运营结果财务预留使用情况，计算简单方便，偏重结果轻过程。本任务选择财务预留使用率，轻过程更偏重结果。

3. 资金运营管理存在的问题及相应对策

珠江纸业2023年11月25日的生产线临时性采购因11月25日预计可动用的现金量（213,428,499.54元）小于预计需求量（330,500,000.00元），导致此次生产线不能采购，丧失了低价购入生产线的商业机会。分析发现问题主要有：①新增授信银行和授信额度少。②可向战略供应商延期支付的金额较小。③预计可出售的金融资产金额较小。对此，建议珠江纸业：①应积极拓宽筹资渠道，与未合作的银行建立友好关系，提高新增授信额度。②寻找更多战略性供应商，与他们建立战略合作关系，提高临时资金筹集时延期支付金额。③购买更多金融资产，提高企业临时资金运营管理能力。

任务小结

资金运营分析与评价通过对公司资金流动情况实施实时动态管理，旨在揭示企业资金使用的安全性、及时性，保证公司日常经营活动的正常开展，并能够为临时性资金需求提供资金决策支持。资金运营分析与评价可以通过毛利额、毛利率、边际贡献、边际贡献率及财务预留使用率等指标，从业务视角对资金运营决策是否实现价值创造以及从财务视角对资金运营结果是否实现风险控制进行分析与评价。

"知识—业务"思维导图，如图8-1所示。

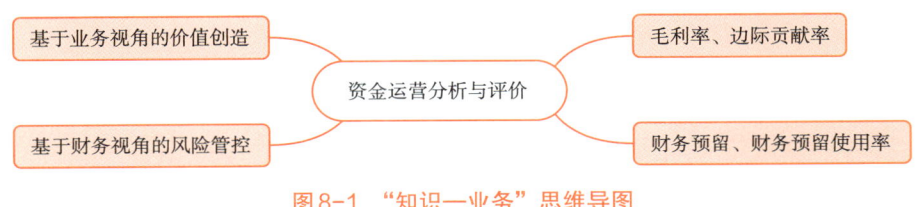

图8-1 "知识—业务"思维导图

任务2 筹资分析与评价

【教学重点】筹资成本、筹资风险及筹资结构分析关键指标的应用。
【教学难点】筹资成本、筹资风险及筹资结构评价。

筹资分析与评价，是指以公司战略目标指引下的筹资预算成本、风险以及结构为基准，运用个别资本成本率、经营杠杆系数、复合杠杆系数以及税后加权平均资本成本等指标，系统分析公司本年度筹资业务活动中实际形成的筹资成本、风险以及结构数据与预算数、历史数以及行业标杆数之间的差异，找出差异原因，评价财务部在筹资工作中优化资金结构，降低资金成本，提高资金使用效率方面的表现，并提出相应对策，确保公司财务稳健发展方面发挥的作用。

1. 筹资分析与评价小组的工作流程

筹资分析与评价小组的工作流程一般包括以下3个步骤。
（1）准备阶段：制定筹资分析与评价方案，明确分析评价目的、标准等。
（2）实施阶段：收集筹资分析与评价资料，开展相关分析评价工作。
（3）总结阶段：对筹资分析与评价工作进行总结和分析，提出改进意见。

2. 筹资分析与评价目的

通过筹资分析，评价公司面临的筹资风险，规范筹资行为，降低筹资风险，优化资本结构，提高企业价值。筹资分析主要是为了肯定成绩、总结经验、发现问题、挖掘潜力，为优化筹资预算提供依据。

3. 筹资分析与评价指标和标准

筹资分析与评价指标主要包括3个方面：第一，资金成本率指标：项目贷款、流动资金贷款、银行承兑汇票、融资租赁、内部贷款、债券融资以及股本等个别资金成本率；筹资风险指标：第二，经营杠杆系数、财务杠杆系数以及复合杠杆系数；第三，资本结构指标：每股收益、资产负债率、权益乘数及税后加权平均资本成本等。

筹资分析与评价标准主要包括，预算数与历史数、预算数与实际数以及预算数与行业标杆之间的差异分析与评价，本任务主要分析预算数与实际数之间的差异。

任务导入

【场景8-4】 2023年12月20日,珠江纸业启动2023年筹资分析与评价动员会(见表8-4),以全面统揽2023年珠江纸业资金成本、风险及结构等有关筹资业务的执行情况。

表8-4　　　　　　　2023年12月20日珠江纸业筹资分析与考核动员会会议纪要

会议形式	研讨会议	会议时间	2023年12月20日
会议主题	2023年筹资分析与评价动员会		
参会人员	钟淮敏、胡洋、唐雪、于洪、马跃、唐伯瑞		
主持人	钟淮敏		
会议议程	①胡洋明确筹资分析与评价的重要性 ②财务部做资金计划执行情况、资本成本、筹资风险及筹资结构等有关筹资工作汇报 ③钟淮敏做筹资分析与评价动员大会总结		
会议内容	会议中有关筹资分析与评价的工作部署: ①各相关职能部门高度重视筹资分析与考评工作 ②财务部客观、公正分析与评价本部门筹资业务开展落实情况 ③财务部针对筹资业务开展自查自纠活动,为奖优罚劣补漏提供依据,不断提高筹资业务能力,为提高公司价值提供支持		

分析研判　筹资分析路径

筹资分析与评价路径是一个复杂而多维度的过程,涉及对企业资金筹资目标完成度、筹资成本、资本结构及筹资风险等多方面的综合考虑。

珠江纸业根据2023年初编制的年度筹资计划表单及珠江纸业资金池2022—2023年度筹资汇总表,陆续调取计算2023年筹资资金目标完成度、筹资成本、资金结构及筹资风险需要的预算数、实际数、历史数及行业标杆数,并进行分析与评价。

任务实施

1. 筹资风险预算数与实际数的分析与评价

【场景8-5】 2024年1月5日,公司财务总监钟淮敏根据历年工作任务安排,编制2023年筹资风险计算表(见表8-5),分析并评价2023年筹资风险与实际执行情况。

表8-5　　　　　　　　　2023年筹资风险计算表

指标	2023年预算	2023年实际
主营业务收入(元)	5,493,606,405.16	5,495,591,543.70
净利润(元)	143,823,444.80	203,119,015.30
年末资产总额(元)	12,943,325,592.21	12,686,483,805.48
年末负债总额(元)	4,581,725,008.20	4,410,399,362.46
年末资产负债率(%)	35.40	34.76

续表

指标	2023年预算	2023年实际
年末普通股股数（股）	1,552,733,148.00	1,863,279,778.00
每股净资产（元）	5.39	4.44
本期费用化利息支出（元）	156,024,657.31	147,699,522.23
税前利润（元）	62,571,239.72	31,578,003.02
息税前利润（EBIT）（元）	218,595,897.03	179,277,525.08
固定成本	619,307,737.12	670,192,353.30
经营杠杆（DOL）	3.83	4.73
财务杠杆（DFL）	3.49	5.68
复合杠杆（DTL）	13.37	26.87
利息保障倍数	1.28	1.16
总资产周转率（%）	0.42	0.43
净资产收益率（%）	1.72	2.45
销售净利率（%）	2.62	3.70

认知识别 绝对数分析

绝对数分析，是通过对各类筹资资金的绝对数值进行对比，确定数量差异的一种方法，它是应用最广泛的一种方法。其作用在于揭示客观存在的差距，发现值得研究的问题，为进一步原因分析指明方向。根据不同的分析目的可以作两种比较分析，即将预算数与实际数对比分析。在公司筹资绝对数分析过程中，通常使用新增筹资额、利息支出等指标。

认知识别 相对数分析

相对数分析指标，是指通过计算、对比资金成本率等相对数指标比率，确定相对差异的一种分析方法。利用这一方法，可以把某些不同条件下不可比的指标，变为可比指标，进行对比分析。针对分析的不同目的，可计算出不同的比率指标并进行对比。相对数指标通常包括：项目贷款资金成本率、流动资金贷款资金成本率、债券筹资资金成本率、股权融资资金成本率、经营杠杆系数、财务杠杆系数、复合杠杆系数等指标。

分析研判 筹资风险评价

2023年珠江纸业的筹资风险总体控制较好。其中，复合杠杆系数上升100.97%，财务杠杆系数上升62.75%，经营杠杆系数上升23.50%，年末资产负债率下降1.81%。也就是说，公司的经营风险、财务风险和复合风险与2023年初预算数相比，都出现不同程度的上升，主要是由于公司调整非经营性净损益后的税前利润及息税前利润较预期低，导致筹资风险总体有所上升（见表8-6）。

表8-6　　　　2023年度筹资风险预测水平与实际执行情况对比表

风险系数指标值	预算数	实际数	增减变动额	预算差异变动率
经营杠杆系数	3.83	4.73	0.90	23.50%
财务杠杆系数	3.49	5.68	2.19	62.75%

续表

风险系数指标值	预算数	实际数	增减变动额	预算差异变动率
年末资产负债率	35.40%	34.76%	−0.64%	−1.81%
复合杠杆系数	13.37	26.87	13.50	100.97%

2. 筹资成本预算数与实际数的分析与评价

【场景8-6】2024年1月5日，珠江纸业财务部调取珠江纸业2023年筹资成本的预算数和实际数，编制2023年度筹资成本预算、实际执行情况对比表并进行分析和评价（见表8-7）。

表8-7　2023年度筹资成本预算、实际执行情况对比

筹资成本指标值	2023年预算数	2023年实际数	增减变动	预算差异变动率
利息费用（元）	171,144,473.17	154,730,655.09	−16,413,818.08	−9.59
项目贷款资金成本率（%）	0.60	0.54	−0.06	−10.00
流动资金贷款资金成本率（%）	0.43	0.42	−0.01	−2.33
融资租赁资金成本率（%）	0.04	0.04	0	0
内部贷款资金成本率（%）	0.03	0	−0.30	—
债券融资资金成本率（%）	0.05	0.05	0	0
股权融资资金成本率（%）	5.14	5.26	0.12	2.33
税后加权平均资金成本率（%）	6.29	6.31	0.02	0.32

认知识别　预算差异分析

预算差异分析就是通过比较实际执行结果与预算目标，确定其差异额及其差异原因。主要计算指标：预算差异额＝实际完成数据−预算数据；预算差异率＝（实际完成数据−预算数据）÷预算数据×100%。

如果实际完成数据与预算目标差异重大，企业管理层应审慎调查，并分析其发生原因，以便采取恰当的措施纠正偏差。

认知识别　应用比较分析法

（1）与预算数对比，分析计划完成的程度，找出实际与预算的差距，为进一步分析指明方向。

（2）与历史数对比，如与上月、上季度、上年度同期对比，可反映筹资资金成本的发展动态，考察资金成本的执行情况。

（3）与行业标杆数对比，可以找出同先进水平的差距，有利于吸收和推广先进经验，挖掘潜力，提高工作效率和业绩成果。

认知识别　应用系统思维开展筹资分析与评价

公司要应用系统思维开展筹资风险分析与评价，公司的经营活动"牵一发而动全身"，很多经营活动是此消彼长的关系。例如，增加债务资金比重，降低了公司加权平均资金成本率，提高

了公司价值。因此，我们需要应用系统思维，综合全面地分析和解决问题，避免以偏概全。

分析研判 公司资金成本评价

2023年珠江纸业的资金成本整体控制效果较好，利息费用总额降低9.59%；项目贷款、流动资金贷款资金成本率都呈现下降趋势；股权融资资金成本率上升2.33%，进而导致税后加权平均资金成本提高0.32%。总体而言，珠江纸业2023年在固定资产规模增加、债务资金成本下降、整体盈利能力提高等综合作用下，资金成本整体控制效果较好。

3. 筹资结构预算与实际数的分析与评价

【场景8-7】2024年1月5日，珠江纸业财务部编制2023年度筹资结构的预算与实际执行情况对比表并进行分析和评价（见表8-8）。

表8-8　2023年度筹资结构预算与实际执行情况对比

相关指标值	预算数	实际数	增减变动	预算差异变动率
息税前利润（EBIT）	218,595,897.03元	179,277,525.25元	−39,318,371.78元	−17.99%
本期费用化利息支出	156,024,657.31元	147,699,522.23元	−8,325,135.08元	−5.34%
税后加权平均资金成本率	6.29%	6.31%	0.02%	0.32%
每股收益	0.09元	0.11元	0.02元	22.22%
权益乘数	1.55	1.53	−0.02	−1.29%

分析研判 筹资结构评价

2023年度珠江纸业的资金结构整体优化效果较好，每股收益提高22.22%，息税前利润增长率为−17.99%，珠江纸业经营活动的盈利能力表现出较好的增长势头；同时权益乘数下降1.29%，反映出珠江纸业的负债比重有所降低，财务杠杆系数变小，珠江纸业面临的财务风险也变小了；虽然税后加权平均资金成本率提高0.32%，但是2023年本期费用化利息支出还是有较大幅度的减少，降低5.34%。总体而言，珠江纸业2023的资金结构总体优化效果较好。

风险控制 筹资分析的局限性

筹资分析所运用的计算指标数据大多数来源于财务报表，由于会计政策的选择及财务人员主观调整等因素，公司财务报表、分析指标等往往存在一定的局限性，从而对筹资分析的客观性产生不利影响，使分析结果与真实情况不够客观。

公司应加强审计与内控，确保财务报表真实性；采用多源数据验证，减少依赖单一来源；考虑行业标准与历史数据对比，提升分析的客观性；引入专家意见，综合评估筹资决策。

4. 筹资指标实际数与行业标杆数的分析与评价

【场景8-8】2024年1月10日，为了更大限度发挥筹资活动在提升公司价值方面的核心作用，经总经办决策同意，以同行业纸业公司的每股收益、净资产收益率和每股收益为衡量标准，利用大数据技术抓取排名前4名的造纸业行业标杆企业的每股收益、净资产收益率和每股收益指标，并与公司 2023 年相关指标的实际数进行比较分析。请运用大数据搜集 2023 年公司同行业净资产收益率指标排名前 4 名的纸业公司，获取其资产负债率（期末数）、每股收益，完成表格（表 8-9、表 8-10）的填制与计算，并做简单的评价。

表 8-9　　　　　　　　　　2023 年度造纸行业标杆企业相关指标数据

股票代码	净资产收益率	资产负债率	每股收益

表 8-10　　　　　　　2023 年度造纸行业标杆企业相关指标数据比较分析

财务指标值	珠江纸业	造纸业行业标杆企业指标简单算术平均数	差异
净资产收益率			
资产负债率			
每股收益			

分析研判　利用 Python 从财经网站爬取数据

（1）初始化。

```
import tushare as ts
import pandas as pd
# 初始化pro接口
pro=ts.pro_api('41addd8c3955aea5623099855def5d5ae794632258ad289d8fd02fb6')
```

（2）获取造纸行业上市公司股票代码。

```
# 获取股票列表
data=pro.stock_basic(exchange='',list_status='L',fields='ts_code,symbol,name,area,industry,list_date')

# 获取造纸行业的股票
data=data[data['industry'] == '造纸']
```

结果预览，如图 8-2 所示。

ts_code	symbol	name	area	industry	list_date
000488.SZ	000488	晨鸣纸业	山东	造纸	20001120
000815.SZ	000815	美利云	宁夏	造纸	19980609
001206.SZ	001206	依依股份	天津	造纸	20210518
002012.SZ	002012	凯恩股份	浙江	造纸	20040705
002067.SZ	002067	景兴纸业	浙江	造纸	20060915
002078.SZ	002078	太阳纸业	山东	造纸	20061116
002235.SZ	002235	安妮股份	福建	造纸	20080516
002303.SZ	002303	美盈森	深圳	造纸	20091103
002511.SZ	002511	中顺洁柔	广东	造纸	20101125
002521.SZ	002521	齐峰新材	山东	造纸	20101210

图 8-2　结果预览

（3）获取所有股票的净资产收益率，基本每股收益，资产负债率。

```
# 新建一个DataFrame对象
all_fina_indicator_df=pd.DataFrame()
# 获取数据
for code in data['ts_code']:
    fina_indicator_df=pro.fina_indicator(ts_code=code,period='20231231',fields='ts_code,end_date,roe,eps,debt_to_assets')
    #合并数据
    all_fina_indicator_df=pd.concat([all_fina_indicator_df, fina_indicator_df])
```

（4）数据清洗。

```
# 去重
all_fina_indicator_df.drop_duplicates(inplace=True)
# 更改列名
all_fina_indicator_df.rename(columns={'roe': '净资产收益率', 'eps': '每股收益', 'debt_to_assets': '资产负债率'}, inplace=True)
```

结果预览，如图 8-3 所示。

ts_code	end_date	每股收益	净资产收益率	资产负债率
000488.SZ	20231231	-0.4500	-7.1627	73.4575
000815.SZ	20231231	-0.0300	-0.9477	31.9601
001206.SZ	20231231	0.5600	5.7666	10.6000
002012.SZ	20231231	0.1000	3.1340	13.4094
002067.SZ	20231231	0.0800	1.6492	31.8208
002078.SZ	20231231	1.1000	12.5600	48.2593
002235.SZ	20231231	-0.4800	-32.3602	38.3847
002303.SZ	20231231	0.1281	3.9225	33.5620
002511.SZ	20231231	0.2600	6.2485	42.6537
002521.SZ	20231231	0.4800	6.5069	25.4822

图 8-3　结果预览

（5）根据净资产收益率排序，截取排名前四的数据，并求平均值。

```
# 根据净资产收益率排序，截取前四的数据
all_fina_indicator_df.sort_values(by='净资产收益率', ascending=False, inplace=True)
all_fina_indicator_df=all_fina_indicator_df.head(4)
all_fina_indicator_df[['净资产收益率','每股收益','资产负债率']].mean()
```

结果预览，如图8-4所示。

ts_code	end_date	每股收益	净资产收益率	资产负债率
003006.SZ	20231231	0.5600	17.8679	26.4016
833394.BJ	20231231	0.6166	17.1222	17.9318
605377.SH	20231231	1.7200	14.8628	35.4398
605009.SH	20231231	2.8400	14.0770	30.7602

	<unnamed>
净资产收益率	15.982475
每股收益	1.434150
资产负债率	27.633350

图8-4 结果预览

分析研判 珠江纸业与造纸行业标杆企业相关指标比较分析（见表8-11、表8-12）。

表8-11 2023年度造纸行业标杆企业相关指标数据

股票代码	净资产收益率（％）	资产负债率（％）	每股收益（元）
003006.SZ	17.87	26.40	0.56
83394.BJ	17.12	17.93	0.62
605377.SH	14.86	35.44	1.72
605009.SH	14.08	30.76	2.84

表8-12 2023年度珠江纸业与造纸行业标杆企业相关指标数据比较分析

财务指标值	珠江纸业	造纸行业标杆企业简单算术平均数	差异
净资产收益率（％）	2.45	15.98	−13.53
资产负债率（％）	34.76	27.63	7.13
每股收益（元）	0.11	1.43	−1.32

分析研判 筹资指标与行业标杆指标的对比分析

2023年珠江纸业净资产收益率比同行业排名前4名的标杆企业的平均净资产收益率低13.53％，表明珠江纸业的净资产获利能力偏低；珠江纸业资产负债率指标比同行业标杆企业高7.13％，说明珠江纸业负债水平偏高；2023年珠江纸业的资产负债率指标为34.76％，说明珠江纸业还有很大弹性筹资债务资金，以最大限度发挥债务资金的财务杠杆；珠江纸业的每股收益相比

较同行业标杆企业每股低1.32元。

综上所述，珠江纸业的资金成本、风险与结构与同行业标杆企业比较，还有较大的提升空间，需要财务部深入调研，开展横向、纵向比较，不断降低筹资成本、降低风险，调整优化筹资结构，实现珠江纸业价值最大化。

任务小结

筹资分析与评价通过公司本年度筹资业务活动的筹资成本、风险以及结构相关指标的实际数与预算数或者与同行业标杆企业同类指标之间的计算比较，分析公司在降低资金成本、控制风险以及优化结构方面的工作成绩，为公司评价和考核财务部筹资绩效提供依据。

"知识—业务"思维导图，如图8-5所示。

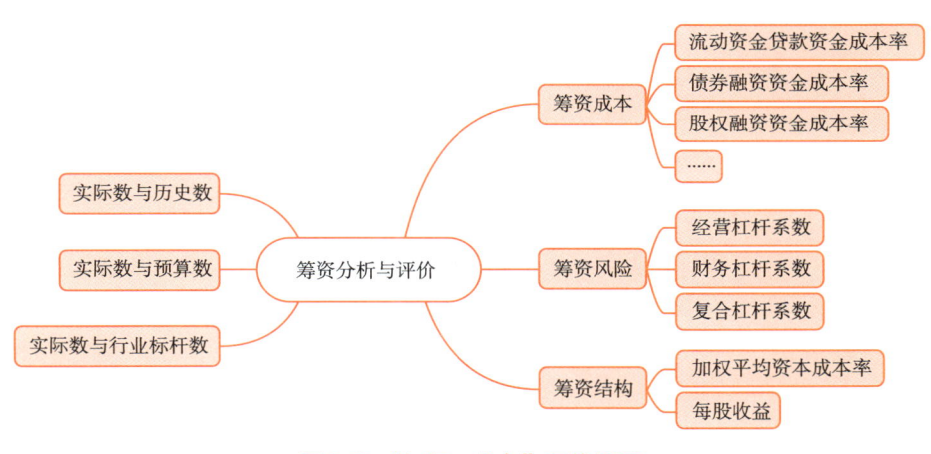

图8-5 "知识—业务"思维导图

任务3　筹资绩效考评

【教学重点】筹资绩效考核评价目标、指标和权重的确定。
【教学难点】筹资绩效方案的制定与评价。

筹资绩效评价是一个系统性的过程，旨在通过一定的评价方法、量化指标及评价标准，对财务部筹资业务日常运营、工作成果和日常管理等进行客观、科学的分析、考核与评价的过程，旨在提高其筹资业务工作效率，通过不断改善筹资业绩来提升公司的价值。

筹资绩效考核包括定性考核和定量考核2个方面。定性考核一般用于主观考核，定量考核一般用于客观考核。在2类考核中，定量考核主要采用根据指标计算结果客观、有效地考核财务部及人员的业绩，定性考核主要采用定性指标，依据主观经验评价打分考核财务人员的主要工作活动的规范性、科学性等。

1. 定量考核

定量考核衡量的是财务部及人员筹资相关的资金成本和对风险的管控效果，是针对筹资活动的绩效考核。

（1）资金成本考核，如借款利率、债券利率、普通股资金成本等。

（2）资金结构考核，如权益乘数、税后加权平均资金成本率、每股收益等。因公司资本在最佳资本结构时，税后加权平均资金成本率最小、每股收益最大，故也选择税后加权平均资金成本率、每股收益作为资金结构考核的指标。

（3）筹资风险考核，如经营杠杆系数、财务杠杆系数、复合杠杆系数等。

2. 定性考核

（1）资金安全性：能否保障筹资金额、筹资及时性。

（2）保障临时资金调配：能否及时满足超出正常经营活动外的临时性、计划外的资金需求。

（3）优化筹资来源：是否新增了创新型筹资渠道。

（4）日常管理：与筹资相关的制度执行、流程优化、风险控制等方面的管理工作是否规范。

筹资绩效考核的意义有以下5个方面。

1. 筹资绩效考核有助于实现企业的筹资目标

筹资绩效考核开始于筹资目标的制定，它也是其他工作环节的最终目的。在对财务部及工作人员的绩效考核过程中，企业可以根据筹资目标执行过程中出现的偏差深入查找原因，给予资金管理组及工作人员针对性的指导，引导财务部及工作人员朝着有利于筹资目标的方向努力，从而实现组织筹资目标；如发现筹资业务活动存在不合理之处，也可以及时修正，进一步完善筹资计划。

2. 筹资绩效考核有助于提高企业的生产效率和竞争力

财务部及工作人员工作效率的高低决定了组织的生产效率和竞争力的强弱，个人业绩的集合反映了组织整体效益。筹资绩效考核通过对财务部及工作人员工作业绩的记录、工作行为的分析、工作态度的衡量，有针对性地提出措施改善资金管理人员的态度、提高筹资管理能力，从而提高工作效率和业绩，最终实现整个组织的工作效率和竞争力。

3. 筹资绩效考核是企业确定薪酬和奖惩的依据

科学的筹资绩效考核，公平的报酬，对激励财务人员有着重要的意义。有效的绩效考核方案是对财务人员的行为、态度、业绩等方面进行全面而公正的考评，能够对财务人员的综合表现给出比较客观的评价，并将其与员工的薪酬、晋升、奖励、培训等挂钩。不同表现的财务人员最终获得不同的结果，有助于形成相互竞争、不断进取的组织氛围。

4. 筹资绩效考核可以帮助企业发掘和培养人才

通过筹资绩效考核可以有效地衡量财务人员的实际资金管理能力。绩效评价的结果能够对财务人员是否适合筹资管理工作做出比较客观的判断。通过绩效评价可以发现他们是否具备相应的专业技能从事筹资管理工作。从而进行有针对性的培训和改进，也可以挖掘财务人员潜力，给予财务人员更多的机会施展其才华。

5. 筹资绩效考核有利于加强企业对财务人员及其筹资活动的管理

一般情况下，财务部经理定期都会对财务人员进行绩效评价。定期的绩效评价可以让财务人员及时了解自己的工作业绩情况，督促其不断地发现问题、改进工作技能、提高筹资活动的效率，从而也提高了资金管理部门的工作效率。同时，筹资绩效考核会让财务部经理随时监控财务人员的行动计划，及时发现偏差，进行计划修正。

任务导入

【场景8-9】2024年1月5日，珠江纸业召开公司筹资绩效考核动员大会，形成筹资绩效考核启动会议纪要（见表8-13）。

表8-13　　　　　　　　　2024年1月5日珠江纸业筹资绩效考核会议纪要

会议形式	线上会议	会议时间	2024年1月5日
会议主题	2023年公司筹资绩效考核工作动员大会		
参会人员	王旗、高陶涛、李亚南、钟淮敏、易子文、赵云飞、尤一辰、杨术案、胡洋		
主持人	总经理王旗		
会议议程	① 总经理王旗明确筹资绩效考核的重要性 ② 财务部胡洋做筹资业务工作汇报 ③ 筹资绩效考核动员大会总结		
会议内容	会议中有关筹资绩效考核的工作进度： ① 成立了绩效考核小组 ② 通过了公司筹资考核方案 会议中有关筹资绩效考核的工作部署： ① 相关职能部门积极配合筹资绩效考核工作 ② 客观公正、实事求是调取相关指标数据，保证筹资绩效考核的科学性和合理性 ③ 公司2023年筹资绩效考核结果评价		

认知识别　筹资绩效考核小组

筹资绩效考核小组是企业中负责筹资绩效考核工作的专门组织，其成员和职责可能因企业规模、行业特性和组织结构的不同而有所差异。

（1）筹资绩效考核小组的成员构成。绩效考核小组的成员通常包括组长和若干组员。组长一般由企业高层管理人员担任，如总经理、人力资源总监等，负责统一部署和管理筹资绩效考核工作。组员则可能包括各部门负责人、人力资源部门的专业人员以及其他相关职能部门的代表。

公司筹资绩效考核小组以人力资源部为核心，负责对财务部的筹资进行全面、客观的考核，并根据考核结果制定相应的奖惩机制。

（2）筹资绩效考核小组的职责。制定筹资绩效考核方案：根据企业的战略目标和经营计划，制定筹资绩效考核方案，明确考核目的、考核对象、考核周期、考核标准、考核方法等。

组织筹资绩效考核工作：负责组织和协调筹资绩效考核工作的实施，包括培训考核者、收集考核数据、进行考核评分等。

审核筹资考核结果：对考核结果进行审核，确保考核结果的公正性、客观性和准确性。对于存在争议的考核结果，要进行调查和仲裁。

反馈与沟通：将考核结果反馈给被考核者，并进行必要的沟通和解释。同时，收集被考核者的反馈意见，为后续的筹资绩效考核工作提供参考。

制定改进措施：根据考核结果和反馈意见，制定改进措施，帮助被考核者提高工作绩效，实现个人和企业的共同发展。

监督与检查：对筹资绩效考核工作的全过程进行监督和检查，确保筹资绩效考核工作的规范性和有效性。

完善绩效考核体系：根据企业的实际情况和筹资绩效考核工作的效果，不断完善筹资绩效考核体系，提高筹资绩效考核工作的科学性和有效性。

分析研判 筹资绩效考核小组的工作流程

筹资绩效考核小组的工作流程一般包括以下4个步骤。

（1）准备阶段：制定筹资绩效考核方案，明确考核目的、考核对象、考核周期、考核标准等。

（2）实施阶段：组织筹资绩效考核者进行培训，收集绩效考核资料，进行考核评分定级等。

（3）反馈阶段：公示考核结果，针对异议进行沟通和解释，确保考核结果的公正、客观和准确。

（4）总结阶段：对筹资绩效考核工作进行总结和分析，提出改进意见，帮助资金组提高绩效，更好服务公司发展战略。

分析研判 筹资绩效考核指标及标准

公司财务部筹资绩效考核指标主要包括3个方面：资金计划指标、工作指标和管理指标，财务部根据年初确定的筹资预算目标作为基准，运用本年度筹资实际执行的相关指标进行比较开展筹资绩效考核工作。

依据公司战略发展需要，财务部选择并确定下列具体指标：资金计划指标包括新增筹资额、筹资及时性、保障临时资金调配以及利息费用；工作指标包括个别资金成本率指标、资金结构考核指标、筹资风险考核指标；管理指标包括优化筹资来源、日常管理和其他工作等。

三 任务实施

（一）准备阶段

【场景8-10】运用定量、定性考核方法开展2023年度筹资绩效考核。珠江纸业总经理王旗签发绩效考核通知，明确考核目的、考核对象、考核周期、考核标准、考核方法及其他安排等（见图8-6）。

珠江纸业股份有限公司筹资绩效考核方案

珠江纸业股份有限公司总经办字〔2023〕4号　　　　　　　　　　　　　　　　　　　　签发人：王旗

为进一步为规范公司经营运作中的筹资行为，降低资本成本，减少筹资风险，提高资金运作效率，特制定本制度。

一、公司筹资绩效考核小组

组长：

副组长：财务部副经理（或指定资深财务专员）

成员：

财务部筹资业务相关岗位代表

其他相关部门（如市场部、法务部）代表（各1名）

人力资源部代表（负责奖惩机制协同制定）

成立以分管人事副总经理为组长，人力资源部、运营管理部、财务部、党政办为成员的公司绩效考核小组，考核小组办公室设在人力资源部。

二、部门考核

（1）考核对象：财务部。

考核周期：年度考核（2023年1月1日—12月31日）。

（2）考核内容及权重，如下所示。

一、资金计划指标（50分）

项目	指标	分值（分）	指标值	实际执行	考核得分	计分办法
资金成本率考核	项目贷款资金成本率	2				完成目标值得满分，每低于目标值20%加1；若未采用该筹资方式，得0分
	流动资金贷款资金成本率	2				完成目标值得满分，每低于目标值20%加1分；若未采用该筹资方式，得0分
	融资租赁资金成本率	2				完成目标值得满分，每低于目标值20%加1分；若未采用该筹资方式，得0分
	内部贷款资金成本率	1				完成目标值得满分，每低于目标值20%加1分；若未采用该筹资方式，得0分
	债券融资资金成本率	2				完成目标值得满分，每低于目标值20%加1分；若未采用该筹资方式，得0分
资金成本率考核	股权融资资金成本率	2				完成目标值得满分，每低于目标值20%加1分；若未采用该筹资方式，得0分

续表

项目	指标	分值（分）	指标值	实际执行	考核得分	计分办法
资金结构考核	税后加权平均资金成本率	14				完成目标值得满分，每低于目标值20%加1分
	每股收益	5				完成目标值得满分，每超过或低于目标值10%加减1分
	权益乘数	5				完成目标值得满分，每超过或低于目标值10%加减1分
现有筹资风险分析	经营杠杆系数	5				完成目标值得满分，每低于目标值20%加1分
	财务杠杆系数	5				完成目标值得满分，每低于目标值20%加1分
	复合杠杆系数	5				完成目标值得满分，每低于目标值20%加1分
小计		50				

二、工作指标（30分）

项目	指标	分值（分）	指标值	实际执行	考核得分	计分办法
年度目标完成度	新增筹资额	5				完成目标值得满分，每超过或低于目标值10%加减1分
	筹资及时性	10	完成目标			完成目标值得满分，未达到目标的最多扣10分
	保障临时资金调配	5	及时满足超出正常经营活动外的临时性、计划外的资金需求			完成目标值得满分，未达到目标的最多扣5分
	利息费用	10				完成目标值得满分，每低于目标值5%减1分，每超过目标值5%加1分
小计		30				

三、管理指标（20分）

项目		分值（分）	指标值	实际执行	考核得分	计分办法
优化筹资来源	新增1个创新型筹资来源	5	完成目标			完成目标值得满分，每超过或者低于目标值1个加减5分
	日常管理	10	执行《筹资管理办法》等相关筹资制度文件			完成目标值得满分，如出现监察与纪检通报批评的现象则扣5分，最多扣10分

续表

项目	分值（分）	指标值	实际执行	考核得分	计分办法
其他工作	5	完成目标			上述未列示筹资考核事项但经考核小组审议后可认可的筹资事项，最多加5分
小计	20				
合计	100				

（3）考核评级：考核评级分为5档，分别是：A档（优秀）、B档（良好）、C档（合格）、D档（待改进）、E档（不合格）。按得分采用强制分布法。

分档	绩效评价标准
A	分值（105,~]
B	分值位于（90,105]
C	分值位于（80,90]
D	分值位于（60,80]
E	分值位于［-20,60]

（4）部门季度考核结果运用：

部门考核奖罚：排名A档人均奖励3,000元；B档人均奖励1,500元；C档奖罚为0；D档人均扣罚1,500元；E档人均扣罚3,000元。

由分管领导及部门负责人结合部门人员的季度考核情况进行二次分配，拉开分配差距。其中，个人季度考核排E档的员工，由部门负责人给予诫勉谈话；累计两次季度考核排E档的员工，安排转岗；年度考核排E档的员工，安排转岗。

（5）部门年度考核结果运用：

部门员工年终奖总额＝人数×总部员工月平均工资×3×部门考核系数

部门考核系数：排名A档系数1.5;B档系数1.2;C档系数1;D档系数0.8;E档系数0.5。

由部门负责人结合部门员工的年度考核结果进行二次分配，拉开分配差距。排名A档的部门，员工评A档的比例可增加1倍；排名D、E档的部门，员工不得排为A档。

图8-6　珠江纸业筹资绩效考核方案

分析研判　筹资绩效考核目标的确定

公司筹资绩效考核目标主要有保证资金安全、降低资金成本、优化资金结构、降低筹资风险等。其中，保证资金安全包括实施有效的资金监控、加强资金运营管理、不断拓展新的筹资渠道等；在资金成本控制方面，追求加权平均资本成本最低，实现企业价值最大化；不断优化资金结构，降低筹资风险等，为公司业务的顺利开展和可持续发展服务。

风险控制　筹资绩效考核风险表现

筹资绩效指标的选择和权重事关结果的准确性和有效性，若指标选择不科学或权重设置不合理都将导致考核结果不准确。

公司筹资绩效指标选择的原则包括可量化性、相关性、可操作性。

（1）可量化性：筹资绩效指标应具备可量化的特点，以便于对筹资活动进行准确评估和比较，如新增筹资额、利息费用减低额等。

（2）相关性：筹资绩效指标应与企业筹资活动密切相关，能够直接反映筹资活动的绩效，如财务杠杆系数、复合杠杆系数等。

（3）可操作性：筹资绩效指标应易于资金管理获取和计算，便于企业进行日常管理和监控。

公司依据筹资绩效考核目标设置筹资绩效相关考核指标的权重。公司筹资绩效考核目标为追求加权平均资金成本最低，实现企业价值最大化。为此，将公司筹资绩效考核的工作指标，即各种筹资方式的个别资金成本率以及加权平均资金成本率的权重设置为50%，突出重点，实现公司筹资绩效考核目的。

风险控制 绩效评价标准的制订风险

绩效评价标准，是指通过测量或其他方式所得到的衡量被评价者各项指标得分的基准。要合理开展筹资绩效评价，除了要有完整的评价指标体系以外，还要有合理的标准。绩效评价标准有2种：一是为实现公司特定目标而制定的特别标准，如战略性筹资目标达成度；二是一般标准，例如，历史水平、先进水平、平均水平等。不管采用何种标准，绩效评价总的原则有2条：是否实现企业价值最大化；是否有助于提高组织运行效率。

（二）实施阶段

【场景8-11】 人力资源部收集珠江纸业2023年度筹资绩效评价的基础资料（见图8-7）。

关于收集筹资绩效定性指标评价资料的通知

财务部：

为全面评估公司筹资绩效，优化筹资策略，提升资金管理水平，现需报送与筹资活动相关的定性指标评价资料。具体事项通知如下：

一、报送内容

针对以下筹资绩效定性指标，整理并提供相关评价资料：

1.筹资及时性：评估在筹资过程中是否能在规定时间内完成筹资任务，以及是否存在因筹资不及时而影响公司运营的情况。

2.保障临时资金调配：评估在面临临时资金需求时，是否能够迅速、有效地进行资金调配，保障公司运营的连续性和稳定性。

3.新增创新型筹资来源：评估是否积极探索并成功引入新的、创新的筹资渠道或方式，为公司提供多元化的筹资来源。

4.日常管理：评估在筹资活动中的日常管理表现，包括但不限于与筹资相关的制度执行、流程优化、风险控制等方面。

5.其他方面：上述未列示筹资考核事项但经考核小组审议后可以认可的筹资事项。

二、报送要求

1.指定专人负责此项工作，确保报送资料的真实、准确、完整。

2.报送资料应包含但不限于文字描述、案例分析、数据支撑等材料，以便进行综合评价。

3.应于接到本通知之日起15天内完成资料整理，并通过电子邮件形式报送至人力资源部邮箱。

> **二、注意事项**
> 1. 在报送资料时，请务必注明部门名称、报送人姓名及联系方式，以便后续沟通。
> 2. 如有特殊情况无法按时报送，请提前向人力资源部申请延期，并说明原因。
> 3. 公司将根据收集到的资料进行综合评价，评价结果将作为改进筹资策略、提升管理水平的重要依据。
>
> 感谢财务部对筹资绩效评价工作的支持与配合！如有任何疑问，请随时与人力资源部联系。
>
> **特此通知！**
>
> 人力资源部
2024年1月5日

图8-7　珠江纸业2023年度筹资绩效评价的基础资料

分析研判　筹资绩效评价所需资料

珠江纸业需提供信贷台账、筹资合同、2023年末报表以及数字化平台实际数据等资料，用于定量指标计算。此外，还需要财务部报送相关资料以及筹资管理的各种文件资料，包括资金日报、周报、月报、年度预算及月度预算分解执行情况等，评估珠江纸业资金安全运转和日常管理等定性指标。

【场景8-12】 珠江纸业人力资源部开展筹资绩效评价并确定绩效（见表8-14）。

表8-14　　　　　　　　　　珠江纸业2023年度绩效评价　　　　　　　　　　单位：元

一、资金计划指标（50分）

项目	指标	分值（分）	指标值	实际执行	考核得分（分）	计分办法
资金成本率考核	项目贷款资金成本率	2	0.60%	0.54%	2.50	完成目标值得满分，每低于目标值20%加1分；若未采用该筹资方式，得0分
	流动资金贷款资金成本率	2	0.43%	0.42%	2.12	完成目标值得满分，每低于目标值20%加1分；若未采用该筹资方式，得0分
	融资租赁资金成本率	2	0.04%	0.04%	2.00	完成目标值得满分，每低于目标值20%加1分；若未采用该筹资方式，得0分
	内部贷款资金成本率	1	0.03%	0	0	完成目标值得满分，每低于目标值20%加1分；若未采用该筹资方式，得0分
	债券融资资金成本率	2	0.05%	0.05%	2.00	完成目标值得满分，每低于目标值20%加1分；若未采用该筹资方式，得0分
	股权融资资金成本率	2	5.14%	5.26%	1.88	完成目标值得满分，每低于目标值20%加1分；若未采用该筹资方式，得0分

续表

项目	指标	分值（分）	指标值	实际执行	考核得分（分）	计分办法
资金结构考核	税后加权平均资金成本率	14	6.29%	6.31%	13.98	完成目标值得满分，每低于目标值20%加1分
	每股收益	5	0.09	0.11	7.22	完成目标值得满分，每超过或低于目标值10%加减1分
	权益乘数	5	1.55	1.53	4.87	完成目标值得满分，每超过或低于目标值10%加减1分
现有筹资风险分析	经营杠杆系数	5	3.83	4.73	3.83	完成目标值得满分，每低于目标值20%加1分
	财务杠杆系数	5	3.49	5.68	1.86	完成目标值得满分，每低于目标值20%加1分
	复合杠杆系数	5	13.37	26.87	0	完成目标值得满分，每低于目标值20%加1分
小计		50	—	—	42.26	—

二、工作指标（30分）

项目	指标	分值（分）	指标值	实际执行	考核得分（分）	计分办法
年度计划标杆完成度	新增筹资额	5	3,725,543,444.80元	3,887,274,208.03元	5.43	完成目标值得满分，每超过或低于目标值10%加减1分
	筹资及时性	10	完成目标	完成目标	10.00	完成目标值得满分，未达到目标的最多扣10分
年度计划标杆完成度	保障临时资金调配	5	及时满足超出正常经营活动外的临时性、计划外的资金需求	能及时满足	5.00	完成目标值得满分，未达到目标的最多扣5分
	利息费用	10	171,144,473.17元	154,730,655.25元	11.92	完成目标值得满分，每低于目标值5%减1分，每超过目标值5%加1分
小计		30	—	—	32.35	—

三、管理指标（20分）

项目	指标	分值（分）	指标值	实际执行	考核得分（分）	计分办法
优化筹资来源	新增1个创新型筹资来源	5	完成目标	完成目标	5.00	完成目标值得满分，每超过或者低于目标值1个加减5分
	日常管理	10	执行《筹资管理办法》等相关筹资制度文件	完成目标	10.00	完成目标值得满分，如出现监察与纪检通报批评的现象则扣5分，最多扣10分

续表

项目	指标	分值（分）	指标值	实际执行	考核得分（分）	计分办法
	其他工作	5	完成目标	完成目标	5.00	上述未列示筹资考核事项但经考核小组审议后可认可的筹资事项，最多加5分
	小计	20	—	—	20.01	—
	合计	100	—	—	94.61	—
考核等级						B

考核人：周青、钟淮敏　　　　　　　　　　　考核日期：2024年1月10日

审核人：王旗　　　　　　　　　　　　　　　审核日期：2024年1月20日

分析研判　考核得分计算

（1）定量指标得分。数据来源：指标值主要根据2023年预算数据分析填列，实际值主要根据2023年实际数据分析填列。具体如表8-8至表8-11所示。

考核得分：如标准为每低于目标值10%减1分，低于目标值11%，则应减的分值为$1 \times 11\% \div 10\% = 1.1$（分）。

（2）定性指标得分。筹资及时性、保障临时资金调配、新增1个创新型筹资来源、日常管理、其他工作等定性指标，根据各部门报送的资料，经考核小组审议后打分。

（三）反馈阶段

【**场景8-13**】珠江纸业人力资源部公示筹资绩效评价结果并收集反馈意见（见图8-8）。

筹资绩效评价结果公示

尊敬的全体员工：

　　为了进一步提升部门工作效率与质量，激励团队成员积极进取，公司近期对财务部的筹资等进行了全面而细致的考核。本次考核严格遵循公平、公正、公开的原则，采用了定量与定性相结合的考核方法，旨在全面、客观地评价每位成员的工作表现与贡献。

　　经过严谨的数据分析与综合评估，现将财务部筹资工作的考核结果予以公示。

2023年度公司财务部筹资工作的考核结果

考核内容	标准分	考核得分
资金计划指标	50分	42.29分
工作指标	30分	32.35分
管理指标	20分	20.00分
合计	100分	94.64分
考核等级		B级

> 此次考核结果不仅反映了财务部员工在过去一段时间内的工作成效，也是对未来工作改进和个人成长的重要参考。为确保考核结果的公正性、客观性和准确性，我们特此公告如下：
> 1. 公示期：考核结果自即日起公示三天，任何员工如有异议，可在公示期内向人力资源部提出。
> 2. 异议处理：对于提出的异议，公司将组织专门小组进行复核，并在收到异议后的五个工作日内给予答复，确保每位员工的权益得到充分保障。
> 3. 沟通机制：鼓励所有员工就考核结果进行积极、建设性的沟通。人力资源部将安排一对一反馈会议，对考核细节进行解释，帮助每位成员理解自身表现及提升空间。
> 4. 保密原则：在考核结果的沟通与解释过程中，我们将严格遵守公司保密规定，确保个人信息的安全与隐私。
>
> 我们坚信，通过此次考核与公示，不仅能够有效激励资财务部的持续进步，也能促进部门内部的沟通与理解，共同推动公司财务管理工作的不断优化与发展。
>
> 敬请全体员工关注并支持本次考核工作，如有任何建议或疑问，欢迎随时向财务经理反馈。
>
> 特此公告。
>
> 人力资源部
2024年1月20日

图8-8　筹资绩效评价结果公示

分析研判　反馈筹资绩效考核结果

公司完成筹资绩效考核后，一定要及时向财务部全体成员反馈筹资绩效考核结果，这是绩效评价工作中很重要的环节。因为绩效考核的重要目的之一就是不断提升绩效，提高公司价值。财务部工作人员要根据考核结果积极制订绩效改进计划，优化下一个绩效管理周期的目标与绩效标准。

（四）总结阶段

【场景8-14】 珠江纸业人力资源部按照资金计划指标、工作指标、管理指标3类指标评价财务部筹资绩效，经计算2023年资金计划指标得分42.26分，工作指标得分32.35分，管理指标得分20分，总分94.61分，分析、评价筹资绩效考核结果，并对筹资工作提出改进措施。

分析研判　筹资绩效考核结果分析

资金计划指标得分（42.26分）：在筹资金额和利息支出的控制方面，筹资金额与业务需求相匹配，能满足临时性资金需求，并能控制利息的合理支出。

工作指标得分（32.35分）：该项得分较高，说明珠江纸业在筹资风险、筹资成本和筹资结构的控制方面做得较好。这意味着珠江纸业已经建立了有效的筹资策略，能够合理平衡筹资成本和风险，实现了较为良性的筹资结构。然而，尽管得分较高，但珠江纸业仍然需要关注这些方面的持续优化，以确保在变化的市场环境中保持竞争力。

管理指标得分（20.00分）：表明珠江纸业在增加创新型筹资渠道和日常管理方面还有较大的提升空间。珠江纸业需要探索新的筹资方式，如绿色债券、众筹等，以拓宽筹资渠道，降低筹资成本。同时，珠江纸业还需要加强筹资的日常管理，确保筹资活动的顺利进行，并及时发现和解决潜在问题。

总体来看，珠江纸业在筹资绩效方面整体表现优秀，达到了预期筹资目标。

分析研判　筹资绩效考核改进意见

为了进一步优化筹资绩效评价体系，提高评价的科学性、公正性和有效性，根据财务部员工的反馈意见拟做如下调整。

（1）引入多元化评价主体。除了财务部内部评价外，可以邀请其他部门或外部专家参与评价，增加评价的客观性和公正性。

（2）注重长期效益评价。在考核中，除了关注短期的筹资成果外，还应重视筹资项目对珠江纸业的长期影响，如资金使用的持续性、对珠江纸业战略目标的支持程度等。

（3）强化激励与约束机制。协同人力资源部，根据考核结果，设立相应的奖励机制，对表现优秀的员工给予物质或精神上的奖励。同时，对于考核不合格的员工，应制订明确的改进计划和帮扶措施，必要时进行岗位调整或培训提升。

以上改进意见可以进一步提升筹资绩效评价的科学性和有效性，激发员工的工作积极性和创造力，从而推动珠江纸业筹资工作的持续健康发展。

分析研判　筹资绩效考核结果应用

对筹资绩效进行考核时，筹资绩效评价体系的设计要遵循动态调整的原则，公司要随时根据内外筹资环境的变化，厘清筹资考核指标，不断修正完善筹资绩效评价体系。在筹资绩效考核工作结束以后，进一步开展绩效分析、绩效反馈与沟通，及时奖优罚劣补漏，改进并提高筹资业务活动水平，不断提高公司价值。

风险控制　筹资绩效考核流程可能存在风险

（1）公司筹资考核失真风险。如果筹资绩效考核流程过于简化或时间不足，可能导致考核结果失真，无法真实反映企业的筹资绩效。

（2）公司筹资考核公正性风险。在考核方案中，除了定量指标还有定性指标。如果定性指标打分尺度松紧不一或存在人情分数等情况，可能影响考核的公正性。

公司应适当增加筹资考核流程的透明度，引入监督机制，灵活应对市场变化，调整考核策略，确保筹资绩效考核的有效性和准确性。

任务小结

筹资绩效考核是公司筹资业务活动的终点，既是对公司年度筹资业务活动的全面总结，也可以为下年度筹资业务活动提供决策参考。筹资绩效考首先要确定工作流程：制定评价方案、收集并汇总评价资料以及筹资绩效评价并反馈结果；其次是确定基于筹资业务活动的考核指标、资金计划指标、工作指标和管理指标。筹资绩效考核的设计既考虑日常筹资业务活动，也兼顾例外事项，奖优罚劣补漏以便综合考核财务部的筹资活动业绩，为公司业务活动保驾护航并创造价值。

"知识—业务"思维导图，如图8-9所示。

图8-9 "知识—业务"思维导图